全国中等职业技术学校汽车类专业教材

汽车涂装

人力资源和社会保障部教材办公室组织编写

中国劳动社会保障出版社

简介

本书的主要内容包括：汽车涂装概述、汽车涂装设备的使用、汽车修补涂装前准备、底涂层涂装、原子灰涂层涂装、中涂底漆涂层涂装、面涂层涂装、特殊涂装与新型涂装、涂膜缺陷分析与防治等。

本书由胡小牛主编，董鹏、李新浩、马洁、郭晓忠、羌春晓参加编写，祖国海审稿。在本书的编写过程中，庞贝捷漆油贸易（上海）有限公司给予了支持和帮助，在此表示感谢。

图书在版编目(CIP)数据

汽车涂装/胡小牛主编. —北京：中国劳动社会保障出版社，2013

全国中等职业技术学校汽车类专业教材

ISBN 978 - 7 - 5167 - 0798 - 2

Ⅰ.①汽…　Ⅱ.①胡…　Ⅲ.①汽车-涂漆-中等专业-学校-教材　Ⅳ.①U472.44

中国版本图书馆 CIP 数据核字(2013)第 312722 号

中国劳动社会保障出版社出版发行

（北京市惠新东街 1 号　邮政编码：100029）

*

中国铁道出版社印刷厂印刷装订　　新华书店经销

787 毫米×1092 毫米　16 开本　19.5 印张　415 千字

2014 年 1 月第 1 版　　2019 年 4 月第 9 次印刷

定价：39.00 元

读者服务部电话：(010) 64929211/84209101/64921644

营销中心电话：(010) 64962347

出版社网址：http://www.class.com.cn

http://zyjy.class.com.cn

前　言

为了更好地适应中等职业技术学校汽车类专业教学要求，全面提升教学质量，人力资源和社会保障部教材办公室组织有关学校的骨干教师和行业、企业专家，在充分调研企业生产和学校教学情况、广泛听取教材用户反馈意见的基础上，对全国中等职业技术学校汽车类专业教材进行了修订和补充开发。

本次教材修订和补充开发工作的重点主要体现在以下几个方面：

第一，完善教材体系，更好地满足教学需求。

结合职业院校汽车类专业设置和办学特点，调整并完善了教材体系，与专业通用基础教材相衔接，开发了汽车维修、汽车电器维修、汽车钣金与美容、汽车检测、汽车营销等专业方向教材，构建了“通用基础平台＋不同专业方向平台”的教材体系。此外，还针对学校对电控技术、车载网络技术、新能源汽车等高新技术的教学需求，开发了相应的教材。

第二，反映技术发展，适应岗位职业能力需求变化。

随着汽车制造水平的不断提高，汽车维修的内容和工艺发生了相应变化；伴随着私家车保有量的不断增长，汽车营销、汽车美容等相关从业人员的职业能力要求也在发生相应变化。因此，本次修订工作注重在教材中增加新知识、新技术、新材料、新工艺等方面的内容，体现教材的先进性。同时，根据中级工从事相关岗位工作的实际需要，合理确定学习目标，对教材内容的深度、难度做了适当调整，同时注重综合职业能力的培养。

第三，融入先进教学理念，创新教材表现形式。

专业通用基础教材的编写以汽车及其零部件为载体，充分体现专业特色；专业方向教材的编写根据学校教学实际，充分体现一体化教学思路，增加了实训内容在教材中的比重。为了增强教材的表现效果，提高学生的学习兴趣，教材中使用了大量高质量的实物图片，部分教材采用双色或彩色印刷。

第四，开发辅助产品，提供教学服务。

为了方便教学，配套开发了习题册、教学参考书和电子课件。电子课件可通过中国人力资源和社会保障出版集团网站（http：//www. class. com. cn）免费下载。

本次教材修订工作得到了河北、江苏、浙江、山东、山西、广东、广西、陕西等省、自治区人力资源和社会保障厅及有关学校的大力支持，在此表示诚挚的谢意。

人力资源和社会保障部教材办公室

2012 年 7 月

目　录

单元一　汽车涂装概述

课题 1　汽车涂装的作用

学习目标

1. 了解汽车涂装的发展概况。
2. 了解汽车涂装的作用和特点。
3. 掌握汽车涂装的分类和要素。
4. 掌握汽车涂装的基本工艺。
5. 掌握汽车涂装的涂装方法。

知识准备

汽车外表的 90% 以上是涂装表面。涂层的外观、颜色、光泽等的优劣是人们对汽车质量的直观评价，它直接影响汽车的市场竞争能力。同时，汽车涂装也是提高汽车产品的耐蚀性和延长使用寿命的主要措施之一，无论是在汽车制造行业还是在汽车维修行业，汽车的表面涂装都是一项非常重要的工作。

汽车涂装是指将涂料涂覆于经过处理的汽车底材的表面上，经干燥成膜的工艺。已经固化了的涂料膜称为涂膜，由两层以上的涂膜组成的复合层称为涂层。汽车表面涂装就是典型的多涂层涂装。

一、汽车涂装发展概况

1. 汽车涂装的发展历史

汽车自 1886 年被发明以来就与涂装结下了不解之缘，汽车创始人卡尔·本茨在德国斯图加特制造第一辆汽车时，就用过油漆进行防锈和装饰。以前的汽车涂装是以刷涂、自然干燥为主的小批量生产的手工作坊方式，到近代才发展成为以喷涂、烘干为主的批量生产的流水作业方式。

（1）世界汽车涂装的发展过程

由于工业发展条件和基础的差异，世界各国汽车工业的涂装发展水平也很不平衡。总体来说，世界汽车涂装的发展过程可以划分为五个阶段，见表 1—1—1。

表 1—1—1 汽车涂装发展的五个阶段

阶段	涂装方法	采用涂料	涂装前处理	干燥方法	生产效率（工时/台）
第一阶段（1930 年以前）	手工刷漆	自干型油基涂料	手工擦洗	自然干燥	20～80
第二阶段（1930—1946 年）	手工喷涂	硝基、醇酸树脂类涂料	碱液清洗	自然干燥或烘干	5～20
第三阶段（1947—1963 年）	浸涂底漆、静电喷涂和手工喷涂面漆	水性底漆、氨基面漆、丙烯酸面漆	磷化处理	人工烘干和湿碰湿喷涂烘干	3～5
第四阶段（1964—1974 年）	阳极电泳和自动静电喷涂	阳极电泳涂料和金属闪光漆	磷化处理	辐射和对流结合烘干	3
第五阶段（1975 年以来）	阴极电泳、高速静电喷涂、污染废物无害处理	阴极电泳涂料、粉末涂料、高固体分涂料、水性涂料、金属漆	磷化处理、钝化处理、对回收液的回收和再利用	烘干室烘干、废气燃烧净化	<3

（2）我国汽车涂装的发展过程

我国汽车工业起步于 20 世纪 50 年代，第一辆解放牌汽车下线以前，我国只有汽车修配业，汽车涂装只是作坊式的汽车修补涂装。经过 50 多年的发展，我国汽车涂装逐步走向现代化，并逐渐向世界水平靠拢。我国汽车涂装变革过程可以分为以下四个阶段。

第一阶段：引进汽车涂装技术的消化阶段（1956—1965 年）。

第二阶段：阳极电泳阶段（1966—1985 年）。

第三阶段：阴极电泳、普及涂装前磷化处理阶段（1986—1995 年）。

第四阶段：现代化、经济规模化阶段（1996 年至今）。

2. 现代汽车涂装的发展趋势

目前，汽车涂装在保证高保护、高装饰性的同时，正朝着低污染、低能耗的方向发展。在今后的一段时期里，汽车涂装的发展趋势主要集中在以下几方面。

（1）为了适应市场竞争的需要，整个行业将努力提高汽车涂层的外观装饰性、抗石击性和耐候性。

（2）为了使汽车涂装生产带来的环境污染得到有效控制，减少挥发性有机化合物（VOC）的排放量，汽车涂料正朝着水性化和粉末涂料方向发展。

（3）为了提高生产效率，降低能源消耗，中涂、面漆的喷涂将普遍采用高速旋转杯式自动静电喷涂机喷涂和机械手补喷涂工艺。

总之，汽车涂装领域未来的发展方向就是在不提高汽车成本的条件下，提高产品质量、减少甚至消除对环境的污染。

二、汽车涂装的作用

1. 保护作用

汽车运行环境复杂，经常会受到水分、微生物、紫外线和其他酸碱气体、液体等的侵蚀（见图1—1—1），有时会被磨、刷而造成损伤。如果在车身表面涂上涂料，就能保护汽车免受损坏，延长汽车的使用寿命。涂料对汽车保护的机理是使零件的外表面与大气环境隔绝，防止零件的锈蚀；有些涂料还能与金属发生化学反应生成一层保护膜，延缓金属的腐蚀。

2. 装饰作用

汽车涂装可以使车身表面具有一定的色泽，给人以美的享受。这主要体现在涂层的色彩、光泽、鲜艳程度和外观等方面。绚丽的色彩与优美的线条（见图1—1—2）使汽车具有更佳的艺术美感。

图1—1—1　锈蚀的车门

图1—1—2　装饰优美的汽车

3. 标识作用

汽车涂装的标识作用由涂料的颜色来体现。用颜色做标识广泛应用在各个方面，目前已经逐渐标准化了。例如，消防车涂成大红色（见图1—1—3），邮政车涂成橄榄绿色，救护车涂成白色并有红十字标记，工程车涂成黄色与黑色相间的条纹等。

4. 特殊作用

应用涂料的特殊性能，使汽车具有特殊功能，用来完成特种作业或适应特定的使用条件。例如，化工物品运输车辆要在车体表面或货箱、罐仓内部涂布耐酸碱、耐油、耐热、绝缘等涂料，以防止化学品的腐蚀和渗漏；军用汽车（见图1—1—4）采用保护色达到隐蔽的目的等。

图 1—1—3　消防车

图 1—1—4　军用汽车

三、汽车涂装的特点

1. 高级保护性涂装

汽车属于户外用品，所覆盖的涂层对车身机体有极高的防腐蚀作用，其自身也应具有很好的耐蚀性、耐候性、耐化学制剂性等，以适应不同的气候环境。

2. 中、高级装饰性涂装

汽车外观的装饰性主要体现在车型设计和涂装方面，而涂层的装饰性则主要取决于色彩、光泽、鲜映性、丰满度等方面。色彩一般根据车辆类型、外形设计及时代流行色来选择。汽车涂装必须进行精心设计和施工，才能达到平整光滑，得到丰满度和鲜映性高的装饰性涂层。

3. 多涂层体系

因单涂层达不到上述的高保护性、高装饰性要求，所以汽车涂装采用多涂层体系。例如，轿车涂层由底涂层、中涂层、面涂层、罩光涂层组成，其涂层总体厚度一般控制在 100 μm左右。轿车车身涂层结构如图 1—1—5 所示。

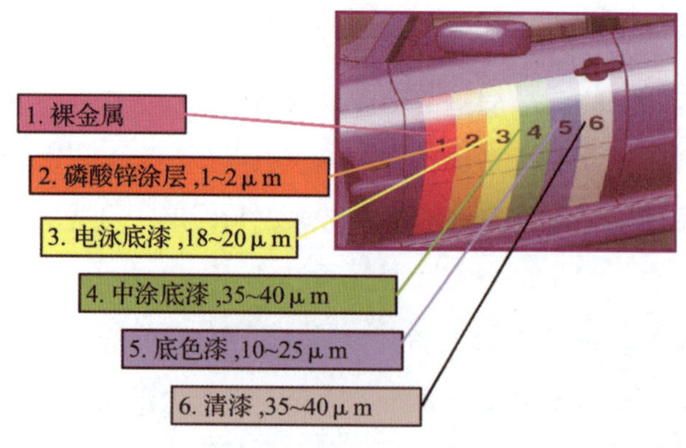

图 1—1—5　轿车车身涂层结构

4. 典型的工业涂装

新车涂装的生产节奏快，一般为几十秒至几分钟，因而必须选用高效、快速的涂装前处理、涂装、干燥及传输设备等组成工业涂装生产线。

四、汽车涂装的分类

由于汽车涂装的对象、涂装的目的不同，涂装技术的要求千差万别，采用的涂料和涂装工艺也相差甚远。汽车涂装按照涂装的对象大体可以分为新车制造涂装和旧车修补涂装，如图 1—1—6 所示。

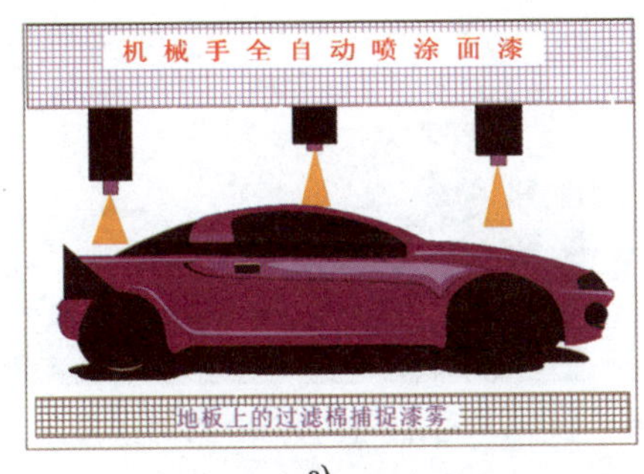

a)

b)

图 1—1—6　汽车涂装的分类

a) 新车制造涂装　b) 旧车修补涂装

新车制造涂装根据汽车的类型和结构分为车身外表涂装、车厢内部涂装、车身骨架涂装、底盘部件涂装、发动机部件涂装和电气设备涂装。

旧车修补涂装是恢复汽车原有的涂层技术标准，达到无痕迹修补的目的。旧车修补涂装根据需要修补部位和修补面积的大小可以分为整车重涂和局部修补。

本书从汽车修理行业的实际需求出发，重点介绍现代轿车的修补涂装。

五、汽车修补涂装的涂装工艺

现代汽车的修补涂装工艺按照涂装作业顺序可以分为 6 个基本工序，即汽车涂装前准备、底涂层涂装、原子灰涂层涂装、中涂底漆涂层涂装、面涂层涂装、涂膜缺陷分析与防治。汽车修补涂装的工艺流程如图 1—1—7 所示。

1. 汽车涂装前准备

汽车涂装前准备是整个涂装施工的前提和基础，其主要内容包括车身表面的清洁（见图 1—1—8），修补涂装工艺的确定，车身底材、原涂层材料的鉴别和车身表面的预处理等。

2. 底涂层涂装

底涂层涂装的作用是增强车身底材与中间涂层或面涂层之间的附着力，防止底材腐蚀和提高底材的防腐能力。进行车身底涂层涂装必须了解底漆选用和调制的方法、喷涂前遮盖（见图 1—1—9）的方法和底漆喷涂的方法。

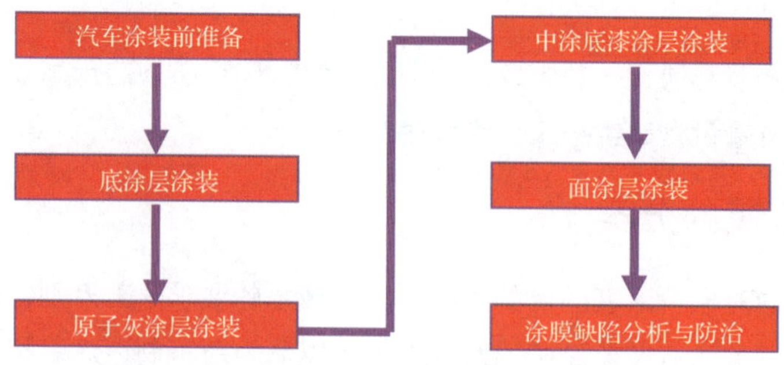

图 1—1—7 汽车修补涂装的工艺流程

图 1—1—8 车身表面的清洁

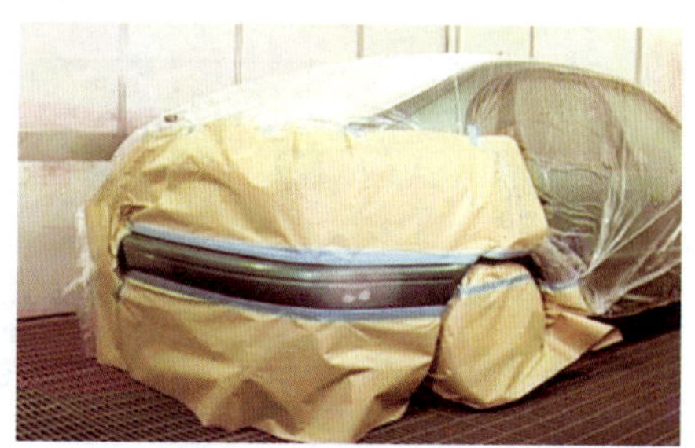

图 1—1—9 喷涂前遮盖

3. 原子灰涂层涂装

原子灰涂层的涂装包括原子灰的选用、原子灰的刮涂（见图 1—1—10）和原子灰涂层的修整。

图 1—1—10 原子灰的刮涂

4. 中涂底漆涂层涂装

中涂底漆涂层涂装包括中涂底漆的喷涂与干燥、中涂底漆涂层的修整等内容。原子灰涂层的涂装和中涂底漆涂层的涂装都属于车身中间涂层涂装。

5. 面涂层涂装

面涂层涂装为车身提供美丽的外观，其装饰性能是汽车的一个重要评价指标。因此，面涂层涂装是汽车涂装工艺中最为关键的环节。面涂层涂装包括面漆喷涂前准备、面漆整体喷涂、面漆局部修补喷涂以及漆面的修理与抛光（见图 1—1—11）等内容。

其中，面漆喷涂前准备是汽车修补涂装中难度最大的涂装工序，涂料的选用是否合理、颜色的调配是否准确，都直接影响涂装工作的成败。面漆喷涂前准备包含面漆喷涂前遮盖、面漆的选用与用量估计、面漆颜色的调配（见图 1—1—12）、面漆涂料的配制和待涂表面的清洁等内容。

6. 涂膜缺陷分析与防治

由于受喷涂环境和喷涂条件的影响，涂装表面或多或少存在一些涂膜缺陷。为了提高涂膜质量，防止涂膜缺陷的产生，往往需要分析缺陷产生的原因，找出涂膜缺陷的防治措施，补救涂膜缺陷。涂膜缺陷分析与防治的主要内容有喷涂后和汽车使用过程中涂膜产生缺陷的原因分析、防治方法分析和缺陷补救措施等。

图 1—1—11　漆面抛光

图 1—1—12　面漆调色

六、汽车修补涂装的涂装方法

涂装工艺的选择在某种意义上是涂装方法的选择，不同的涂装方法适用于不同条件下的涂装，因此选择正确的涂装方法是非常重要的。汽车修补涂装的涂装方法主要有喷涂、刮涂和刷涂三种。

1. 喷涂

喷涂（见图 1—1—13）是用特制的喷涂设备（主要是空气喷枪）将涂料雾化，并涂布在被涂物表面的涂装方法。喷涂的涂装方法应用范围很广，大多数的零部件可以使用喷涂的方法进行涂装。喷涂可以使涂料相对节省，涂装质量较好，涂膜质量容易控制，但是对操作人员的技术水平要求比较高，对喷涂设备的要求比较严格，对环境的危害也比较严重。

图 1—1—13　喷涂

2. 刮涂

刮涂是用刮板将涂料刮于被涂物表面的涂装方法。刮涂对涂装设备的要求较低，对操作人员的技术要求较高，涂料浪费较少。刮涂多用于汽车修补涂装中凹陷的填充与外形修复。车身凹陷处原子灰的刮涂如图 1—1—14 所示。

3. 刷涂

刷涂（见图 1—1—15）是一种古老但又被普遍采用的涂装方法，是使用不同规格尺寸的毛刷蘸上涂料后，按照一定的操作方法把涂料刷涂在物体表面上，经干燥形成涂膜。刷涂的特点是使用设备简单，操作容易，涂料浪费少，适用于不同形状、大小物体的涂装。但刷涂的涂装质量差，劳动强度大，生产效率低。

图 1—1—14 刮涂

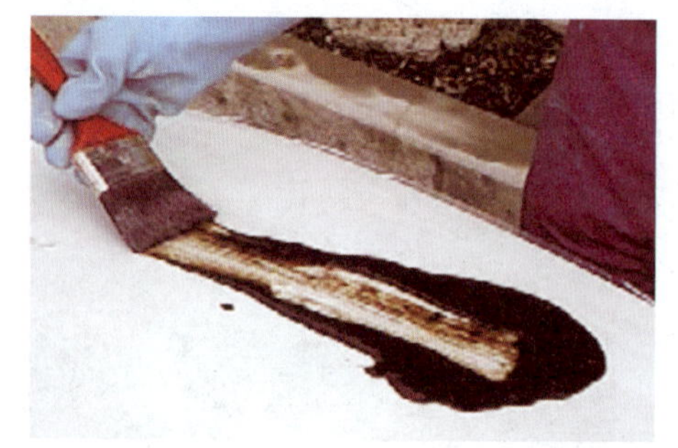

图 1—1—15 刷涂

七、汽车涂装的三要素

为了使涂层满足汽车高保护性和高装饰性的要求，必须精心选用涂装材料、设计涂装施工工艺、控制影响涂装质量的各种因素，获得最佳的涂装效果。汽车涂装的基本要素包括涂装材料、涂装工艺和涂装管理，称为汽车涂装的三要素。

1. 涂装材料

涂装材料的质量和作业配套性是获得优质涂层的基本条件。汽车修补涂装常用的材料有原子灰、底漆、面漆和溶剂等，如图 1—1—16 所示。在选择这些材料时，要从涂膜性能、作业性能和经济效果等方面综合衡量。

a)

b)

c)

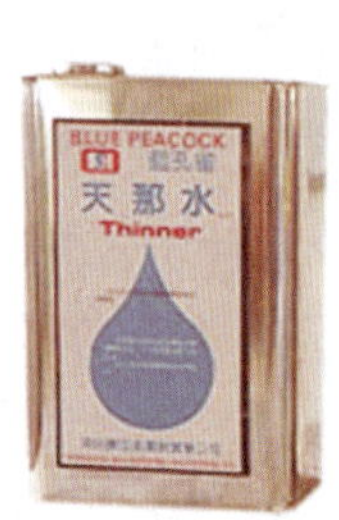

d)

图 1—1—16 汽车修补涂装常用的材料

a）车用原子灰 b）汽车底漆 c）汽车面漆 d）溶剂

2. 涂装工艺

涂装工艺的合理性、先进性是获得优质涂层的必要条件，是降低生产成本、提高经济效益的先决条件。涂装工艺包括涂装工艺参数的合理性和先进性，涂装工具的先进性和可靠性，涂装工艺顺序的合理性，涂装环境条件及涂装操作人员的技能、素质等。如果涂料施工参数不合理，就不可能得到满意的涂层；如果涂装工具或设备可靠性差，就会造成材料浪费，工作效率低下，涂层质量得不到保证；此外，操作人员的素质、技能水平，环境的温度、湿度和空气的洁净度等都对车身涂层质量影响很大。

3. 涂装管理

汽车涂装管理包括涂装工艺管理和涂装作业管理两个方面。涂装工艺管理是保证涂装工艺得到正确实施不可缺少的环节。一般汽车产品的涂装，从涂装前表面预处理到最终成品要经过多道工序才能完成，每道工序都有几个甚至几十个因素或工艺参数直接影响涂层质量，要保证这些因素或参数满足要求，主要靠工艺管理来实现。现代汽车维修企业的汽车涂装作业管理主要推行“6S”管理。“6S”管理的核心内容是“整理”“整顿”“清扫”“清洁”“素养”“安全”六个方面。“6S”管理的基本内涵如图 1—1—17 所示。

图 1—1—17　“6S”管理的基本内涵

上述三个涂装基本要素是相互依存、相互制约的，忽视哪一个环节，都不可能达到预想的涂装效果和经济效益。

课题 2　汽车涂装作业的安全生产

学习目标

1. 了解汽车涂装作业的危害。
2. 熟悉汽车涂装车间的环保措施。
3. 熟悉安全防护用品的种类和用途。
4. 掌握汽车涂装作业的安全操作规范。
5. 掌握安全防火技术。
6. 能做好个人的卫生防护工作。
7. 能正确使用灭火器进行灭火。

知识准备

一、汽车涂装作业的危害

在汽车涂装作业中，汽车涂料及挥发的气体、汽车修补涂装中产生的粉尘等都对操作人员的身体造成不同程度的损害，操作人员容易出现急性和慢性中毒、皮肤斑疹，患职业病。在涂装过程中形成的漆雾、有机溶剂蒸气、粉尘与空气混合积聚到一定的含量范围时，一旦接触明火，就很容易引起火灾或爆炸事故。另外，在涂料干燥过程中挥发出来的大量有机溶剂、随意丢弃的剩余涂料和溶剂、耗材等，都将给环境造成较大的污染和危害。

1. 汽车涂装作业对人体的危害

汽车涂装绝大部分涂料及溶剂都是易燃和有毒物质，这些有毒物质可以使人体的神经组织麻痹，产生行动和语言的障碍。汽车涂料中主要的有害物质是有机溶剂型混合物或挥发气体，如甲氧基醋酸丙酯乙醇、丁醇、二甲苯、醋酸乙酯和醋酸丁酯；含有苯乙烯的聚酯类，如中涂底漆和原子灰；固化剂中的异氰酸盐和有机类过氧化物，水性涂料中的胺类化合物；侵蚀性防锈底漆以及含有重金属铬、铅和锌的涂料。另外，打磨区研磨产生的细微粉尘对人体呼吸系统的危害不可忽视。油漆中苯蒸气达到一定的浓度可致人死亡，长期接触苯会引起慢性中毒，形成白细胞减少、血小板降低、骨髓造血功能发生障碍等疾病。有害物质对人体的损害如图 1—2—1 所示。

2. 汽车涂装作业对环境的危害

汽车涂装是一个高污染的行业，会形成废水污染、废气污染和废渣污染。

（1）废水污染。很多汽车修理厂在涂装作业前和作业后都要进行整车清洗，在涂装作业中采用原子灰水磨和水帘柜喷漆，这些环节都会产生大量的污水。这些污水中酸或磷酸盐的含量大多超标，通常不经处理就直接排放到环境中。

（2）废气污染。涂料在使用过程中挥发，产生大量的有害气体，如苯、甲苯、二甲苯、苯酚、醛、酮和胺等，涂层在干燥过程中产生大量含有苯类和酯类等有害物质的有机废气。这些有机化合物循环至大气层中，除了会发生光化学污染以外，还会随着降雨抵达地球各个角落，直接危害动植物的生长。高毒性的苯和苯系化合物还会通过生物链进入人体，造成生理危害。

（3）废渣污染。废渣污染主要来自于涂装作业中产生的漆雾颗粒、打磨粉尘，用剩、变质固化的涂料和耗材以及回收稀料时产生的废渣等。这些废料未经处理就丢弃，对环境产生了相当严重的污染。

汽车涂装作业带来的危害是巨大的，这就要求工作人员在实际的工作中做好卫生防护、安全操作、预防爆炸和火灾、保护好环境，以确保汽车涂装作业的安全进行。

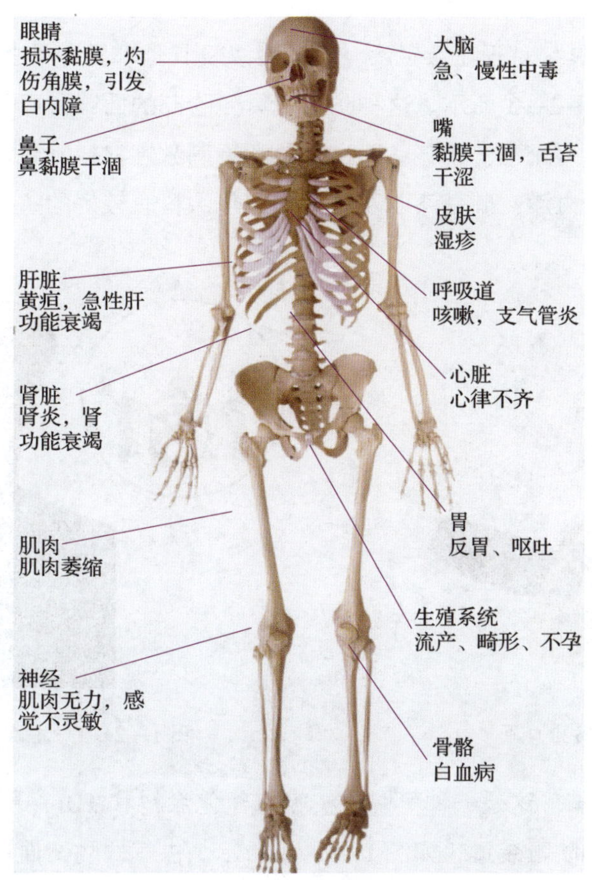

图 1—2—1 有害物质对人体的损害

二、安全防护用品与安全操作规范

1. 安全防护用品

虽然涂装作业具有一定的危害，但只要采取适当的防护措施，这些危害都可以避免或将危害减轻到最低限度。为保障工作人员的人身安全，减少职业病的发生，涂装作业时要求佩戴防护用具，这也是保证涂装质量的必要措施。

(1) 呼吸系统的保护

磨料的粉尘、腐蚀性溶液和溶剂所蒸发的气体、喷漆时的漆雾都会给呼吸系统带来危害。即使在通风良好的环境下，操作者仍需要佩戴呼吸保护器。常见的呼吸保护器有防尘口罩、滤筒式防毒面具和供气式防毒面罩三种。

1) 防尘口罩。防尘口罩适合在修补涂装中处理底材、手工除锈、除旧漆和干磨原子灰时使用，基本可以滤掉上述作业过程中 90% 以上的尘埃颗粒，但不适合喷漆或有气态化学危害物质的场合，不能用防尘口罩代替防毒面具使用。防尘口罩有纸质过滤和海绵过滤两种，如图 1—2—2 所示，图中上方为纸质防尘口罩，这种防尘口罩是一次性的，一般不重复使用。

2）滤筒式防毒面具。对于喷涂磁漆、硝基漆以及其他非氰化物的油漆时，可以佩戴滤筒式防毒面具，如图1—2—3所示。这种防毒面具由脸部的面罩和可更换的滤毒罐组成。滤毒罐的活性炭滤芯通常用无毒、无味、无过敏源和无刺激性材料制成，可以随时更换。喷涂作业中，活性炭面罩对磁漆、硝基漆以及其他非氰化涂料有较好的防护效果，但对氰化涂料则无防护作用。

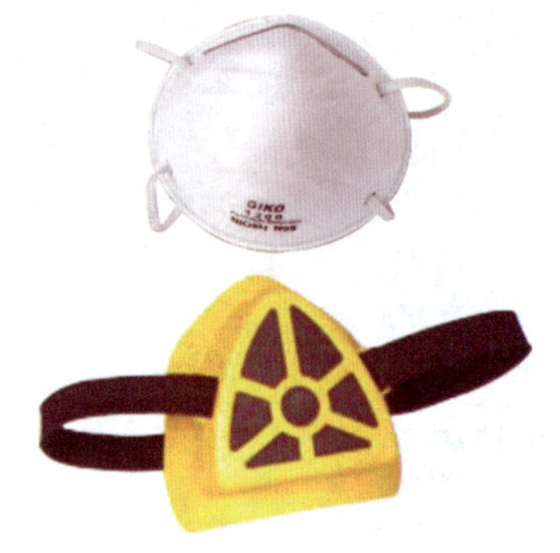

图1—2—2 防尘口罩

图1—2—3 滤筒式防毒面具

3）供气式防毒面罩。这是一种可以防护吸入氰化涂料和TDI（甲苯二异氰酸酯）物质蒸气、喷雾引起过敏的防毒装置，如图1—2—4所示。供气式防毒面罩是由一台小型无油空气泵来供给空气，该气泵的空气入口必须置于空气清洁、远离喷漆的地区，或者来源于经三个油水分离器过滤后的压缩空气。供气式防毒面罩有半面式和全面式两种，全面式防毒面罩可以让空气充满整个面罩，不仅保护工作人员的呼吸系统，就连整个头部都能保护到，但是眼睛部分视线受阻，所以视觉上没有半面式好用。

（2）人体其他部位的保护

1）头部的保护。头部保护的主要用具是工作帽，如图1—2—5所示。工作帽的作用是防止粉尘和漆雾等有害物质黏附在头发上，保持头部的清洁。喷漆连体工作服上的帽子可以代替工作帽使用，全面式供气面罩保护整个头部，也具有工作帽的作用。留有长发的工作人员要将长发扎结在头后，使工作帽完全包裹才能从事喷漆或其他修理作业。

2）眼睛和脸部的保护。涂装作业时有飞扬的灰尘和碎屑，有蒸发的涂料蒸气和滴洒的涂料，可能会伤及眼睛。眼睛和脸部的防护用具有防尘镜、护目镜和防护面具，如图1—2—6所示。眼睛防护用具都进行了特殊处理，镜片具有不起雾功能，以保证涂装作业的顺利进行。

3）耳朵的保护。空气压缩机或机械打磨时所发出的噪声，会对人们的听觉产生不利的影响，长期工作会使操作人员听力下降，甚至会损伤耳膜导致耳聋，因此涂装作业时应佩戴耳塞。耳塞有多种样式（见图1—2—7），涂装作业中以便于工作的原则选用。

半面式供气面罩　　全面式供气面罩

图 1—2—4　供气式防毒面罩

图 1—2—5　工作帽

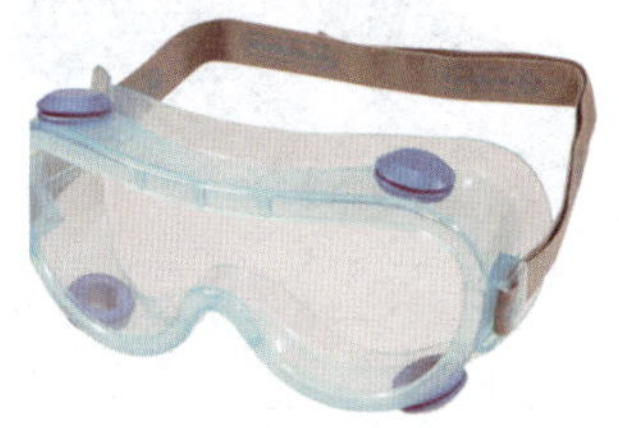

防尘镜

护目镜

防护面具

图 1—2—6　眼睛和脸部的防护用具

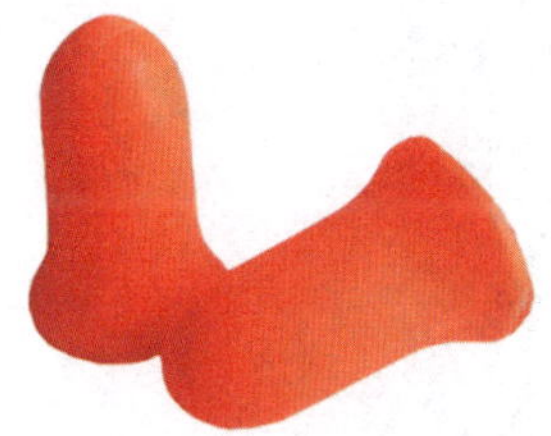

图 1—2—7　各式耳塞

4）手的保护。为防止涂装作业产生的铁屑、粉尘、涂料对手造成伤害，工作时应佩戴安全手套。当手上沾有难以洗净的涂料时，必须用专门的洗手膏（见 1—2—8）清洗，切不可用稀料洗手。汽车涂装作业经常使用的手套有棉纱手套、乳胶手套、防溶剂手套三种，如图 1—2—9 所示。棉纱手套适用于打磨、除尘、清理等场合，乳胶手套适用于刮涂、调色、喷涂等与溶剂不直接接触的场合，防溶剂手套适用于除油、清洗喷枪等与溶剂直接接触的场合。

图 1—2—8　洗手膏

5）脚的保护。在涂装作业时，应穿带有金属脚尖衬垫及防滑的安全工作鞋，金属脚尖衬垫可以保护脚趾不受落下的物体砸伤，安全工作鞋如图 1—2—10 所示。

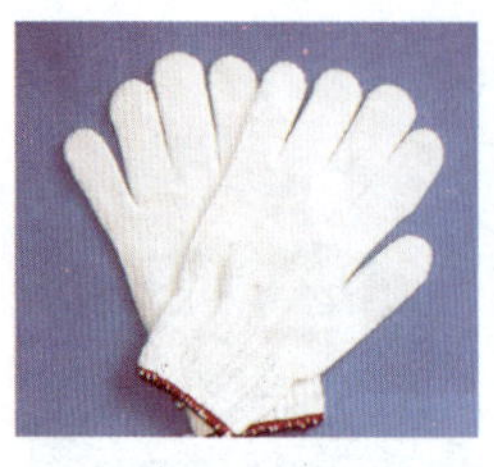

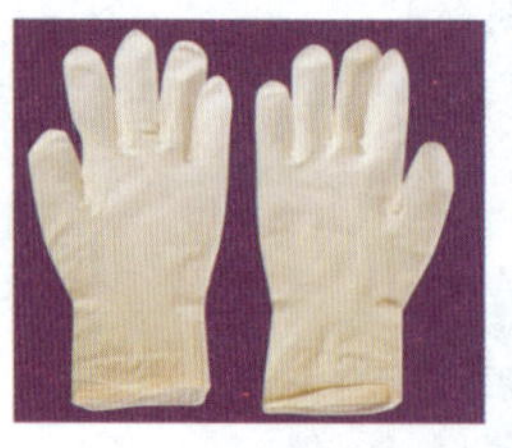

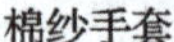

棉纱手套　　乳胶手套　　防溶剂手套

图 1—2—9　各种防护手套

6）身体的保护。身体的保护用具主要是工作服。工作服面料应不起毛，以免影响喷漆质量。工作服的上衣应是长袖，工作裤要有足够的长度，以能盖到鞋头为好。涂装作业的工作服有棉质工作服和防静电工作服两种，棉质工作服主要用于打磨、贴护等场所，防静电工作服用于喷漆、调色等环境，俗称喷漆服。涂装作业所用的工作服如图1—2—11所示。

图 1—2—10　安全工作鞋

棉质工作服

防静电工作服

图 1—2—11　涂装作业工作服

2. 安全操作规范

汽车涂装作业中所用的涂料、稀释剂、固化剂等不但是易燃、易爆物品，同时也是有害气体产生之源；电动打磨机、空气压缩机、烤漆房等机电设备使用的均为高压交流电；车辆及各种气动工具、设备本身也存在许多不安全因素。如果操作人员安全意识淡薄，就很容易发生事故，严重时还会造成人员伤亡。因此，汽车涂装作业人员应严格遵守安全操作规范，预防工伤事故和职业病的发生。

汽车涂装作业安全操作规范如下。

（1）汽车涂装作业时，做好安全保护措施。操作前根据作业要求，穿好三紧或连裤工作服和工作鞋，戴好工作帽、手套、耳塞、脸部防护用具和呼吸保护器。

（2）手动工具要保持清洁和完好，以免使用时发生事故。

（3）使用电动工具之前应检查是否接地，导线绝缘是否良好，确认电动工具上的电路开关处于断开位置后，才允许接通电源。

（4）电动工具使用中发现异常（如火花、异响、过热、冒烟或转速过低等），应立即停止使用，并由专业维修人员进行检修。

（5）清理电动或气动工具上的切屑时，必须先让电动或气动工具停止转动，切勿在转动过程中用手或刷子去清理。

（6）气动工具必须在规定的压力下工作，吹尘用压缩空气的压力应保持在 200 kPa 以下。

（7）喷涂结束后，将设备工具清理干净并妥善保管，操作现场应保持清洁，废纸及废砂纸等要放置到垃圾箱内；用过的残漆、剩余涂料和稀释剂等应妥善处理，防止挥发。

（8）汽车涂装车间应使用防爆灯和防爆开关，工作灯必须使用 36 V 的安全电压。

（9）喷漆房内不得进行喷涂以外的作业，烤漆房的使用和保养应按说明书规定执行，并由专人管理。

三、安全防火技术

1. 火灾产生的原因

汽车涂装车间发生火灾和爆炸的原因有以下几个方面。

（1）气体爆炸。由于喷涂车间或喷漆烤漆房空间太小，加之换气不良，充满溶剂蒸气，在达到爆炸极限时遇明火就会爆炸。

（2）粉尘爆炸。有些颜料（如铝粉、有机颜料等）、干漆雾粉尘和各种粉末涂料等属于易燃性粉末，正常情况下这些粉末不易点燃，当这些粉末在空气中形成一定浓度时，遇上明火或静电放电就能发生爆炸和火灾。

（3）电气设备选用不当或损坏后未及时维修，有产生火花的危险。

（4）原子灰废渣、漆雾沫、废遮盖物以及被涂料和溶剂污染的废抹布等保管不善，堆积在一起产生自燃。

（5）不遵守防火规则，防火安全意识淡薄，在涂装现场使用明火或抽烟。

2. 防火安全措施

（1）汽车修补涂装车间属于火灾危险区，应设置相应的消防设施，一般布置在厂房的一侧，并用防火墙与其他车间隔开。

（2）汽车修补涂装车间的所有构件都应尽量采用防火性能好的材料。

（3）所有电气设备和开关都应有防爆装置（见图 1—2—12），电源应设置在防火区以外。

（4）涂装车间的所有金属设备都应可靠接地，防止静电积聚和放电。

（5）涂装车间内严禁烟火，不许带火柴、打火机等火种进入车间。

（6）存储涂料应放在远离工作区的地方，工作区最多保留一天的用量。

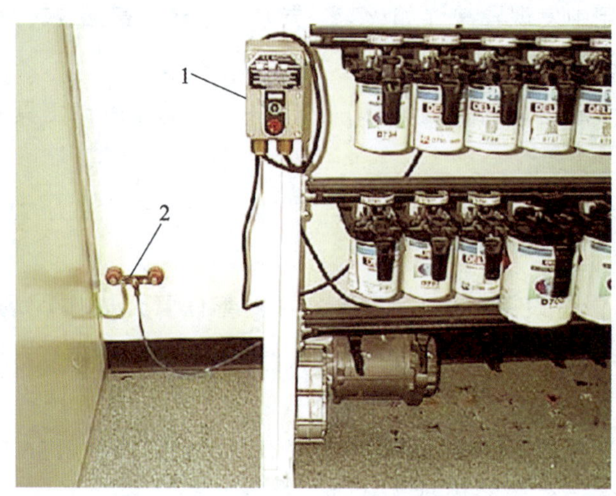

图 1—2—12 调漆机的防爆装置

1—防爆开关 2—接地柱

（7）擦过溶剂和涂料的棉纱、抹布等应放在专用的带盖铁箱中，并应及时处理。

（8）严禁向下水道倾倒易燃溶剂和涂料。

（9）在涂装过程中应尽量避免敲打、碰撞、冲击、摩擦等动作，以免发生火花或静电放电而引起着火燃烧。

3. 常用灭火方法

常用灭火方法有以下三种。

（1）移去或隔离火源，使之熄灭。

（2）隔绝空气（即切断氧气）使之窒息，比如将二氧化碳气体直接喷射到燃烧物体上。

（3）用冷却法使被燃烧物体的温度降低到着火点以下。

涂装车间作业人员应熟知安全防火知识、火灾类型及灭火方法，会使用各种消防工具，一旦发生火灾，尤其是在电器附近着火，应立即切断电源，以防火势蔓延。当工作服上着火时切勿惊慌失措，应就地打滚将火熄灭。常用的灭火器类型及适用范围见表 1—2—1。常见火灾类型及灭火方法见表 1—2—2。

表 1—2—1 常用的灭火器类型及适用范围

灭火器类型	药液化学成分	适用灭火类型
酸碱式	硫酸、碳酸氢钠	适用于非油类及电器的一般火灾
泡沫式	硫酸铝、碳酸氢钠	适用于液体溶剂、涂料类失火
高倍数泡沫	脂肪醇、硫酸钠加稳定剂、抗燃烧剂	适用于火源集中、泡沫容易堆积等场合的火灾
二氧化碳	液态二氧化碳	适用于电器失火

续表

灭火器类型	药液化学成分	适用灭火类型
干粉灭火	碳酸氢钠等盐类，并加有适量润滑剂和防潮剂	适用于扑救涂料类、可燃气体和遇水燃烧等物品的初期起火
四氯化碳	液态四氯化碳	适用于电器失火
1211	CF_2ClBr	适用于油类、有机溶剂、高压电气设备、精密仪器等

表 1—2—2　　常见火灾类型及灭火方法

序号	燃烧物	火灾初起时的灭火方法	原理
1	有机纤维类普通燃烧材料（例如，擦漆用的废棉纱和抹布之类）	用黄沙扑火或用水或酸碱、泡沫灭火器扑火	起冷却降温、隔离空气的作用
2	不溶于水的有机溶剂、涂料（例如，稀释剂、清漆、色漆之类）	用二氧化碳灭火器扑火或用泡沫灭火器和石棉毯压盖	隔绝空气
3	可溶于水的有机溶剂（如醇和醚类等）	用水扑灭	冲淡溶液而灭火或将容器盖严而隔绝空气
4	在电气设备、仪器上或附近燃烧（如空气压缩机、静电设备等仪器仪表）	用四氯化碳或二氧化碳灭火器扑火	四氯化碳蒸气比空气重，可在物体上形成隔绝空气的气体及冲淡氧气作用，但只能用于通风之处，因其蒸气有毒

四、汽车涂装车间的环保措施

1. 对有机物排放的环保措施

（1）通过选择固体含量高的涂料及水性涂料来降低涂料中有机溶剂的使用。

（2）通过对喷涂设备的选择来降低涂料的浪费。如 HVLP（环保型）喷枪的使用可以提高涂料的使用率，从而达到降低 VOC 的目的。

另外，无气喷涂和静电喷涂能更好地降低 VOC，但是目前在一般轿车修理厂还不可能应用，在大客车或卡车修理工厂可以采用。

2. 对废气的处理

常见的废气处理方法有活性炭吸附法、催化燃烧法、液体吸收法和直接燃烧法等。

（1）活性炭吸附法。利用活性炭作为物理吸附剂，将有机物吸附在活性炭表面，使废气净化。具有吸附能力的物质还有氧化硅、氧化铝等，其中以活性炭应用最广泛。

（2）催化燃烧法。利用催化剂使废气中可燃物质在较低温度下氧化分解成二氧化碳和水，使废气净化。

（3）液体吸收法。用吸收液吸收废气中的有机溶剂使废气净化。涂装作业废气中含甲苯、二甲苯最多，可以用柴油或机油等洗涤吸收。

（4）直接燃烧法。将含有有机溶剂气体的混合气直接燃烧生成水和二氧化碳，放出的热量还可用于涂膜干燥，是一种经济简便的废气处理方法。

3. 对废弃物的处理

汽车修补涂装产生的废弃物有废涂料、废溶剂、废渣以及废涂料桶和溶剂罐、废抹布、手套、废遮盖纸、胶带等。根据我国有关法律规定，废油漆的处理是禁止深埋和投入海洋的，必须进行焚烧处理。焚烧处理必须注意以下几点。

（1）焚烧时可能产生有害气体，应在焚烧炉内设置有害气体吸收装置。

（2）焚烧后的残留物是否含有害物质，在一定程度上取决于残留物的处理方法。焚烧含有铅、铬化合物颜料的涂料时，必须进行必要的有害物质分析检查，单独焚烧，进行最终处理。焚烧产生的粉尘对大气有污染，必须设置静电除尘装置或抽引式洗涤器。

（3）焚烧时要注意个人卫生安全，穿戴好各种防护用具，尤其不要灼伤自己，做好防火安全准备工作，避免事故的发生。

（4）经常注意焚烧炉内的燃烧状况、炉内温度、废弃物投入炉内的均匀性，否则异常燃烧会产生恶臭和黑烟，甚至发生爆炸事故。

焚烧后产生的残留物如果不含有害物质，可以直接深埋处理；如果含有害物质，应符合含有害物质的污泥标准。

技能训练

操作一　防护用品的使用

1. 打磨、抛光作业防护

方法：

操作者戴工作帽、防尘镜、耳塞、防尘口罩、棉纱手套，穿棉质工作服、安全鞋。

提示：

打磨作业的典型危害是打磨粉尘和噪声。

2. 化学除旧漆、除锈、除油、清洗喷枪作业防护

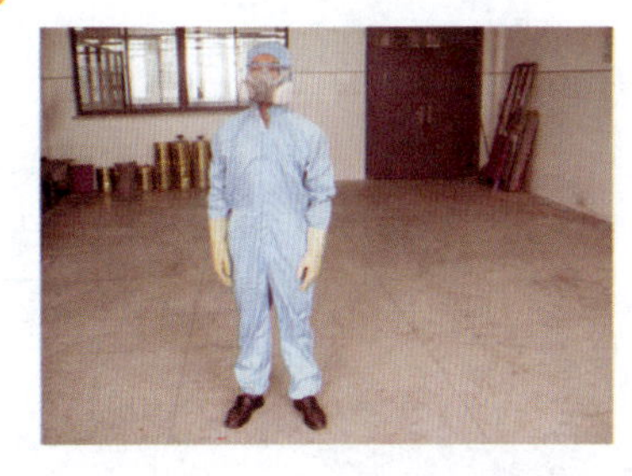

方法：

操作者戴工作帽、护目镜、防毒面具、防溶剂手套，穿防静电工作服、安全鞋。

提示：

该作业中，主要针对皮肤接触化学品、呼吸系统吸入有机气体进行防护。

3. 原子灰刮涂、调色、非氰化涂料喷涂作业防护

方法：

操作者戴工作帽、护目镜、防毒面具、乳胶手套，穿防静电工作服、安全鞋。

提示：

乳胶手套不耐溶剂但能阻隔溶剂，能便于汽车涂装作业的进行。

4. 氰化涂料喷涂作业防护

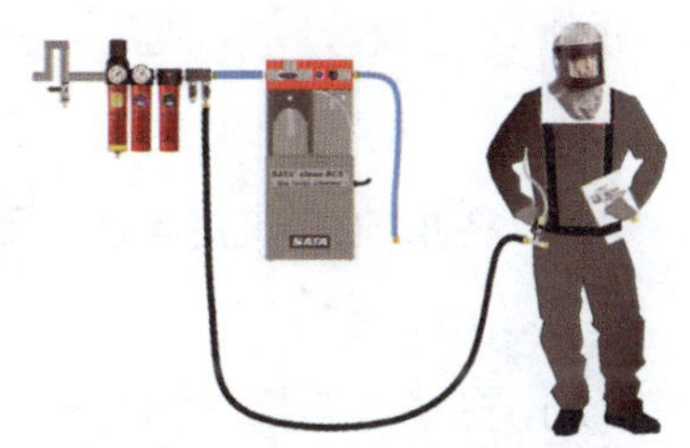

方法：

操作者戴全面式供气防毒面罩、乳胶手套，穿防静电工作服、安全鞋。

提示：

全面式供气防毒面罩罩住整个头部，能对头部进行有效的保护。

5. 遮盖、漆膜测试作业防护

方法：

操作者戴工作帽、护目镜，穿棉质工作服、安全鞋。

提示：

该作业的灰尘少，不与有机气体接触，只需要基本防护即可。

操作二　滤筒式防毒面具的维护

1. 防毒面具的检查

方法：

(1) 检查面具有无裂痕、脏物。

(2) 检查呼吸阀有无变形、撕裂，内部有无脏物。

(3) 检查头带是否完整、有弹性。

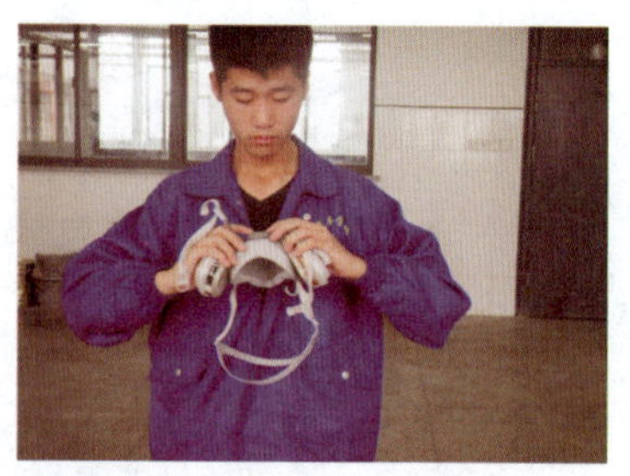

(4) 检查过滤罐座是否良好，有无裂痕。

(5) 检查呼吸是否顺畅，防毒面具有无漏气。

提示：

(1) 呼吸不顺畅时，应马上更换滤毒罐。

(2) 活性炭滤毒罐的有效工作时间为 8～10 h。

2. 防毒面具的清洗

方法：

(1) 拆下过滤棉和滤毒罐。

(2) 将防毒面具浸入不超过 50℃ 的温水中，加入中性清洗剂，用软刷刷洗至清洁。

(3) 用干净的温水冲洗，晾干。

(4) 置于工作区外，密封保存。

提示：

(1) 过滤棉和滤毒罐不能清洗。

(2) 建议每次使用防毒面具后都进行清洁。

3. 防毒面具的组装

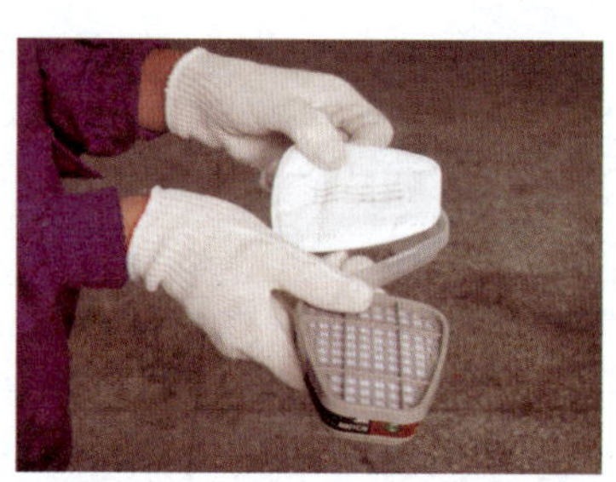

方法：

(1) 将滤棉印有文字的一面朝向滤毒罐，放入塑料盖中。

(2) 将塑料盖扣向滤毒罐并卡定。

(3) 将滤毒罐上的标记对准面具上的标记，然后扣上。

(4) 以顺时针方向转动滤毒罐至卡定位置。

提示：

组装时，确保各部件安装到位并卡定。

4. 防毒面具的测试

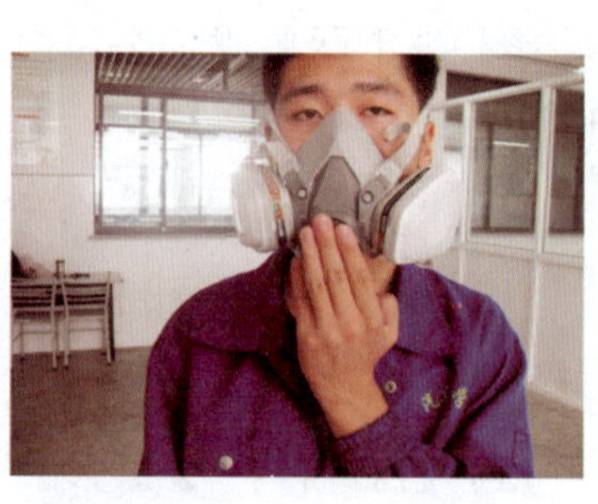

(1) 正压测试

方法：

用手掌盖住呼气阀并慢慢向外呼气，密封性良好的防毒面具应该向外轻轻鼓胀，没有气体从面部和面具的接合处泄漏。

提示：

若有泄漏，应重新调整面罩的位置、头带的松紧度，直至密封良好。

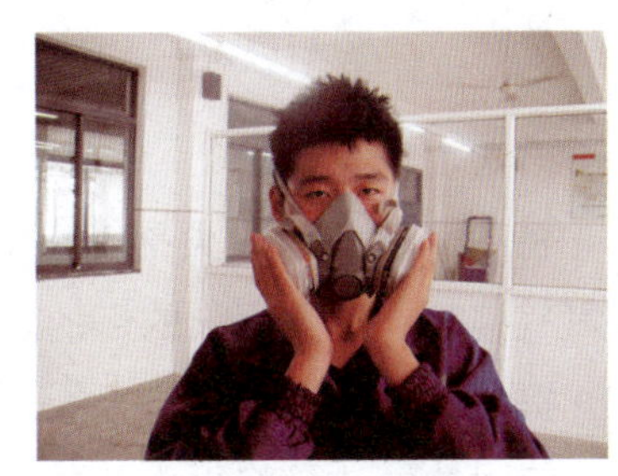

（2）负压测试

方法：

用手掌盖住滤棉的中心位置，轻轻吸气，密封性良好的防毒面具会有轻微塌陷，并向脸部靠拢，感觉不到气体漏进。若有气体漏进，则应进行调整。

操作三　干粉灭火器的使用

1. 提起灭火器

方法：

涂装作业现场着火时，提起干粉灭火器的提把，赶到着火现场。

提示：

（1）奔跑过程中注意障碍物，以防摔倒。

（2）室外着火，应站在火源的上风处。

2. 拉开安全插销

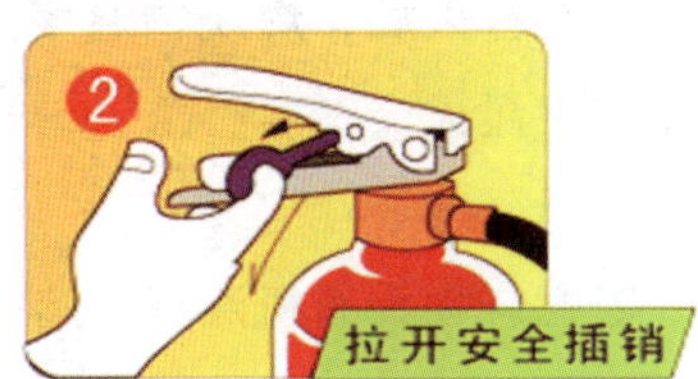

方法：

一手扶住灭火器罐体，一手迅速拔出安全插销。

提示：

紧张状态下，操作者经常会压紧灭火器提把上的“鸭嘴”，导致安全插销被卡住拔不出来。

3. 将喷射管对准火堆

方法：

站在距离火堆边缘 2 m 以外的地方，用手握住喷射管，对着火堆的根部。

提示：

操作人员距离火堆过近，可能引起身上衣服着火，过远则难以发挥灭火器的作用。

4. 喷射灭火剂

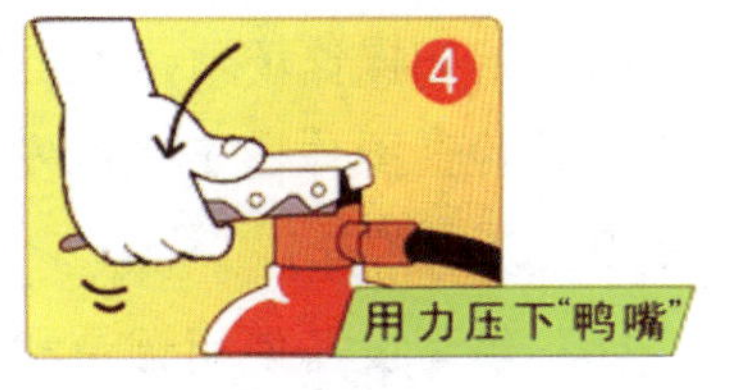

方法：

用力压下灭火器上的“鸭嘴”，大量的灭火剂从喷射管喷出。

提示：

要将灭火器上的“鸭嘴”压到极限位置，以确保灭火效果。

5. 开始灭火

方法：

将高速喷出的灭火剂朝火源的根部喷射，以阻隔原料与氧气接触，达到灭火的目的。

提示：

错误的做法是将灭火剂向火堆上方喷射，这样不仅不能灭火，还可能错失良机。

6. 左右移动灭火

方法：

喷射灭火剂时，要左右移动喷射，确保灭火剂完全覆盖火源。

提示：

单一的喷射位置难以达到灭火的目的。

7. 扑灭后降温

方法：

火焰扑灭后，燃烧物温度还是很高，需要用冷水降温，防止再度起火。

提示：

若燃烧物为有机涂料或溶剂，要及时开窗，排出有毒气体。

8. 保持监控

方法：

火堆熄灭后，可能还会冒出烟雾，甚至还有零星的火星，要反复检查，用灭火剂浇灭可能存在的隐患，保持监控。

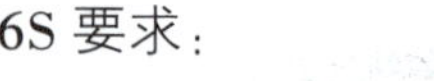

6S 要求：

(1) 整理防护用品和维护用的材料。

(2) 清洁操作过程中使用的工具和设备。

(3) 将工具设备分类存放、合理摆放。

(4) 清扫操作场地，美化车间环境。

(5) 检查操作留下来的安全隐患，一旦发现，及时排除。

(6) 填写设备使用记录和设备保养记录。

训练评价

训 练 评 价

考核要求

1. 在规定的时间内完成防护用品的使用和维护，使之符合技术标准。
2. 在操作过程中出现的违规操作，应及时指正。
3. 符合安全文明生产的要求。

考核标准

考评标准表——涂装作业防护用品的使用

考核时间	考核项目	分值	评分标准与指导	评价结果
30 min	打磨作业防护用品的使用	10	按要求酌情扣分，并指正	
	除油作业防护用品的使用	10	按要求酌情扣分，并指正	
	调色作业防护用品的使用	10	按要求酌情扣分，并指正	
	喷涂氰化涂料防护用品的使用	10	按要求酌情扣分，并指正	
	遮盖作业防护用品的使用	10	按要求酌情扣分，并指正	
	防毒面具的检查	10	按要求酌情扣分，并指正	
	防毒面具的清洗	10	按要求酌情扣分，并指正	
	防毒面具的组装	10	按要求酌情扣分，并指正	
	防毒面具的测试	10	按要求酌情扣分，并指正	
	工作符合“6S”要求	10	每项扣 2 分，扣完为止	
	遵守相关安全操作规范 在规定的时间内完成		因违规操作发生人身和设备事故，终止考核，成绩按 0 分计；超时每分钟扣 2 分，超时 5 min 终止考核	
	分数合计	100		

实训报告

1. 喷涂非氰化涂料需要使用哪些防护用品？
2. 防毒面具维护的步骤是怎样的，具体包括哪些内容？

单元二　汽车涂装设备的使用

课题 1　空气喷枪的使用

学习目标

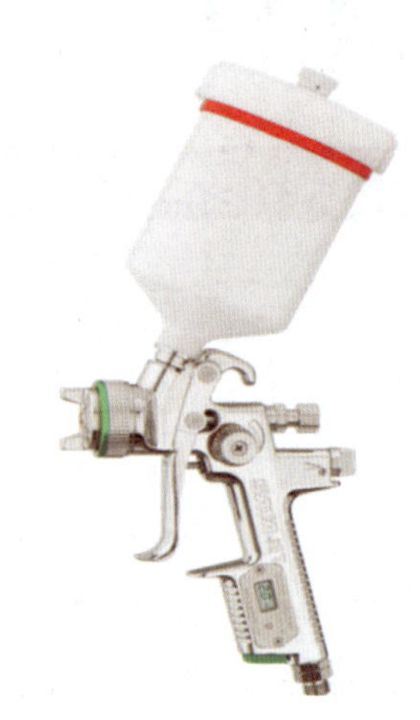

1. 了解空气喷枪的作用和工作原理。
2. 熟悉空气喷枪的结构。
3. 熟悉空气喷枪的类型和选用方法。
4. 能正确进行空气喷枪的调整和测试。
5. 能正确使用空气喷枪进行喷涂操作。
6. 能正确维护空气喷枪。

知识准备

一、空气喷枪的作用

喷枪是汽车涂装的关键设备之一，它利用压缩空气的压力使液体涂料雾化，形成雾状喷射流，将涂料喷涂到被涂物面上，形成厚薄均匀、具有光泽的涂膜。

二、空气喷枪的基本工作原理

如图 2—1—1 所示，用嘴吹空气管，使空气快速流过竖直管的上端，竖直管内的气压下降，容器中的液体就会通过竖直管被吸出，再被上端高速流动的空气吹散。

空气喷枪的工作原理与上述原理相似。当压缩空气从气帽的气孔中排出时，在涂料喷嘴处形成一个负压，该负压将涂料杯中的涂料吸出，经气帽里压缩空气的作用，被吸出的涂料以雾化涂料形式喷出。

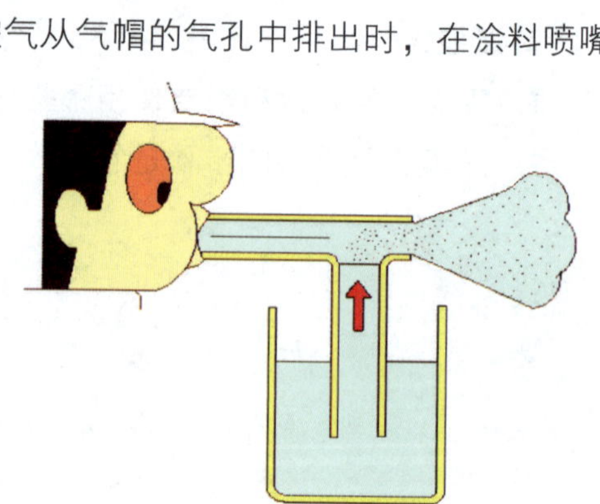

图 2—1—1　液体雾化原理

三、空气喷枪的结构

空气喷枪主要由气帽、喷嘴、针阀、扳机、空气阀、调节旋钮和手柄等组成，空气喷枪的结构如图 2—1—2 所示。

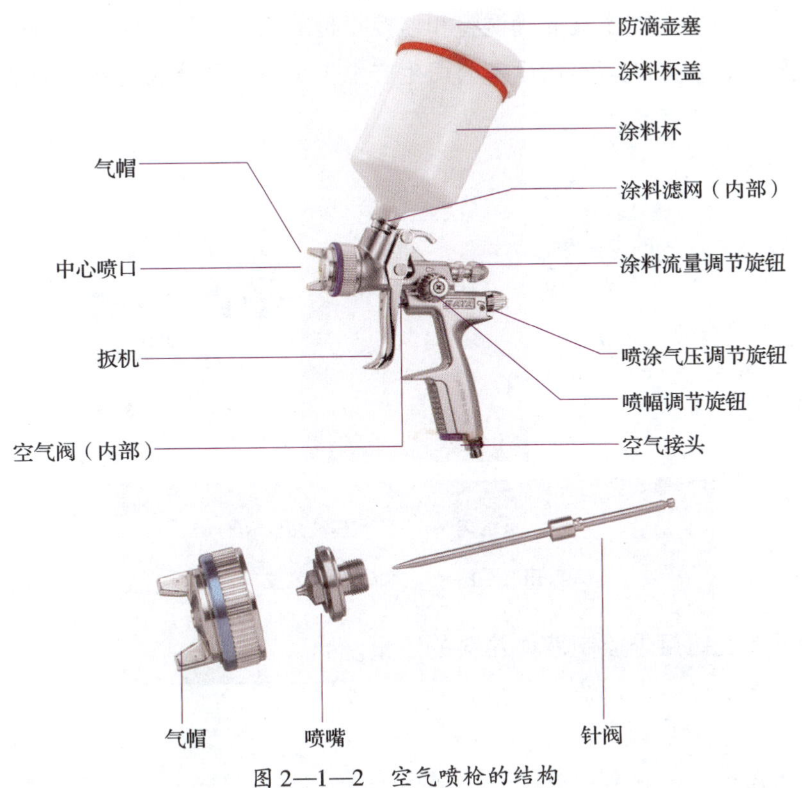

图 2—1—2　空气喷枪的结构

气帽的作用是把压缩空气流吸上来的油漆雾化并形成一定形状。气帽上有三个空气喷口，分别是中央喷口、侧喷口和辅助喷口，如图 2—1—3 所示。中央喷口位于喷嘴末端，产生喷出涂料所需的负压。辅助喷口可促进涂料的雾化，喷出空气量的多少与涂料雾化好坏有很大关系，如图 2—1—4 所示。侧喷口的作用是借助空气压力控制雾束形状。

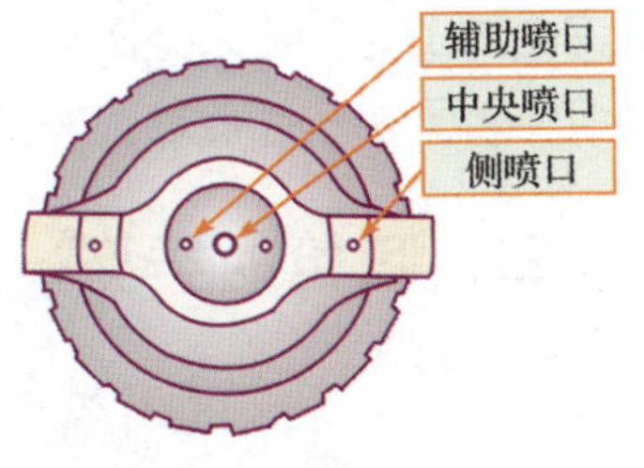

图 2—1—3　气帽上的三个喷口

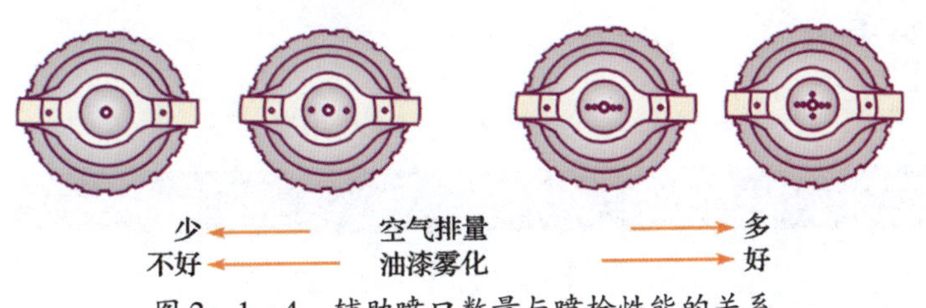

图 2—1—4　辅助喷口数量与喷枪性能的关系

喷嘴与针阀配合，用于控制喷涂涂料的流量。喷枪喷出的实际涂料量由针阀的开度大小来决定。

扳机与空气阀相配合，控制空气和涂料的流量。扣动扳机至一半时，空气阀打开，压缩空气高速喷出，并在涂料喷嘴前形成负压；继续扣下扳机，涂料喷嘴打开，涂料喷出。

喷涂气压调节旋钮用来调节涂料喷涂时的气流压力，将旋钮完全关上，即使扣动扳机也没有空气喷出；旋钮完全打开，则喷涂气压与供气软管中的气压一致。喷涂前可以转动旋钮来调节喷涂所需的气压。为了能准确调整和监控喷枪的工作气压，业内人员往往在喷枪的尾部安装一个气压表，德国萨塔喷涂设备公司生产出带气压电子液晶显示屏的空气喷枪。气压监控装置如图 2—1—5 所示。

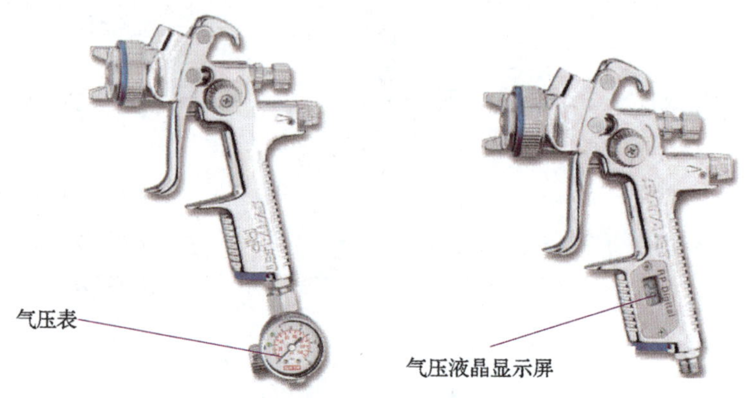

图 2—1—5　气压监控装置

涂料流量调节旋钮用于控制液体涂料的流量。当它全关时，扣下扳机没有涂料流出；全开时，液体涂料的流量最大。

喷幅调节旋钮用于控制喷雾形状。当喷幅调节旋钮完全关上时，雾束是圆形；当喷幅调节旋钮完全打开时，雾束形状变成椭圆形，如图 2—1—6 所示。

a)　　b)

图 2—1—6　侧喷口气流控制喷雾的形状

a）喷幅旋钮全开时　b）喷幅旋钮全关时

四、喷枪的类型

1. 根据涂料的供给方式分类

喷枪按照涂料的供给方式分为吸力式喷枪、重力式喷枪和压力式喷枪。各种类型喷枪的特点和用途见表 2—1—1。

表 2—1—1　各种类型喷枪的特点和用途

类型	图示	特点	用途
吸力式喷枪		吸力式喷枪的涂料杯位于喷嘴的后下方，喷涂时利用气流作用将涂料吸上来，在喷嘴处形成喷雾。吸力式喷枪的优点是喷涂稳定性好，便于涂料的添加和更换；缺点是喷涂水平表面比较困难，涂料黏度的变动会导致喷涂量的变化	吸力式喷枪主要喷涂黏度较小的涂料，广泛应用于汽车修补涂装、家具涂装、建筑装潢行业及批量较小的产品涂装

续表

类型	图示	特点	用途
重力式喷枪		重力式喷枪的涂料杯在喷嘴的上方，利用涂料的重力和气流的吸力将涂料引入喷枪雾化。重力式喷枪的优点是涂料黏度的变化对喷涂量的影响不大，操作容易；缺点是杯体容积小，不适合喷涂较大表面	重力式喷枪适用于较稠的涂料，如喷涂中涂底漆、油灰等车身填料
压力式喷枪		压力式喷枪的喷嘴与气帽正面平齐，不形成真空。涂料被压向气帽，压力由一个独立的压力杯提供。压力式喷枪的优点是涂料容器大，可连续喷涂，操作简单；缺点是不适合小面积喷涂，更换涂料和清洗喷枪比较麻烦	压力式喷枪适用于大面积的喷涂

2. 根据喷枪的用途分类

喷枪按照用途分为底漆喷枪、面漆喷枪和小修补喷枪三种。各种类型喷枪的特点和用途见表2—1—2。

表2—1—2　　各种类型喷枪的特点和用途

类型	图示	特点	用途
底漆喷枪	过度雾化区 雾化区 中心湿润区	底漆喷枪要求具有很强的填充性，不强调雾化效果，大多数底漆喷枪的气帽上无辅助喷口。底漆喷涂的填充性主要靠湿润层来完成，在底漆喷枪喷出的喷幅中，湿润区比雾化区宽大，雾化区比过度雾化区小	底漆喷枪是专门用于底漆、中涂涂层喷涂的喷枪
面漆喷枪	过度雾化区 雾化区 中心湿润区	面漆喷枪强调雾化效果，喷涂的面漆必须颜色均匀、流平性好，在面漆喷枪的喷幅中，雾化区比中心湿润区宽大	面漆喷枪主要用于色漆、清漆层的喷涂

续表

类型	图示	特点	用途
小修补喷枪		小修补喷枪所需气压较低，反弹的漆雾较少，可以轻易地喷出较薄的涂层，有效地控制了喷涂区域	小修补喷枪是专门用于小面积修补的小喷枪，目前广泛用于汽车修理厂、汽车美容店等场所

3. 根据喷枪的喷涂气压分类

喷枪按照喷涂气压可分为传统高气压喷枪、环保型高流量低气压（HVLP）喷枪和低流量中气压（RP）喷枪三种。各种类型喷枪的特点和技术参数见表2—1—3。

表2—1—3　　各种类型喷枪的特点和技术参数

类型	图示	特点	技术参数
传统高气压喷枪		工作压力高，空气流速快，雾化效果好，喷涂质量高；但涂料反弹率高，涂料利用率低，环境污染大，逐渐被其他先进喷枪代替	喷涂气压：0.3～0.5 MPa 喷涂距离：18～23 cm 耗气量：380 L/min 雾化压力：0.25 MPa（气压雾化）
环保型高流量低气压喷枪		工作气压低，非常安静，涂料的反弹率小，涂料的利用率在65%以上；但因其喷涂速度比较慢，工作效率相对较低	喷涂气压：0.15～0.2 MPa 喷涂距离：13～17 cm 耗气量：430 L/min 雾化压力：0.07 MPa（气流雾化）
低流量中气压喷枪		低流量中气压喷枪将传统高气压喷枪工作速度快、喷涂质量好的优点与高流量低气压喷枪经济性好、传递效率高的优势完美地结合起来，是一款高性能的喷枪	喷涂气压：0.2～0.25 MPa 喷涂距离：18～23 cm 耗气量：220 L/min 雾化压力：0.12 MPa（气流、气压雾化）

五、喷枪的选用

喷枪的种类繁多，在使用前，要正确地进行选择。总体来说，整车喷涂选用压力式喷枪或吸力式喷枪，整板喷涂或小面积喷涂选用重力式喷枪，点修补或做驳口则多选用小修补喷枪。面漆喷涂选用面漆喷枪，底漆喷涂选用底漆喷枪。除了选用喷枪的类型外，还要根据喷涂涂料、喷涂要求的不同对喷枪口径进行选择。各种喷枪的口径和适应涂层见表2—1—4。

表2—1—4　　各种喷枪的口径及其适应的涂层

喷枪类型	喷枪口径（mm）	适应涂层
重力式喷枪和吸力式喷枪	1.2	纯色漆和清漆喷涂
	1.3	银粉漆、珍珠漆喷涂
	1.4	清漆喷涂最佳
	1.6	底漆、中涂底漆喷涂
	1.8	
	2.0	原子灰喷涂
小修补喷枪	0.3	设计工作
	0.5	设计和喷涂
	0.8	纯色漆、底色漆、清漆喷涂
	1.0	
	1.1	水性漆喷涂
压力式喷枪	0.8	面漆喷涂
	1.1	

技能训练

操作一　空气喷枪的调整

1. 最佳喷涂气压的调整

方法：

（1）扣下喷枪扳机，使压缩空气全速排出。

（2）一边用左手转动气压调节旋钮，一边观察喷枪上气压表的变化，直至气压表显示的气压达到要求。

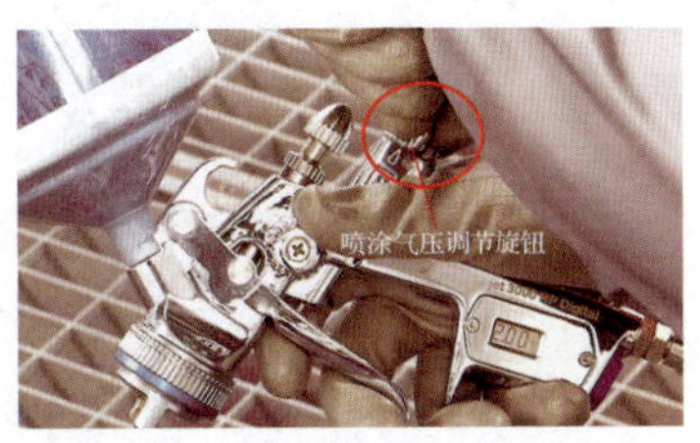

提示：

顺时针转动气压调节旋钮，喷枪工作气压减小；逆时针转动气压调节旋钮，喷枪工作气压增大。

2. 最佳出漆量的调整

方法：

（1）压下喷枪扳机试喷涂，观测喷雾。

（2）转动涂料流量调节旋钮，使喷雾符合要求。

提示：

拧进涂料流量调节旋钮，涂料喷出量减少，喷雾变稀；拧出旋钮，涂料喷出量增大。

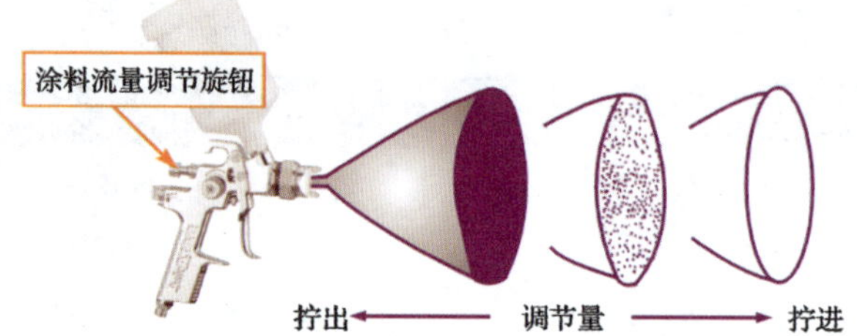

3. 最佳喷幅图形的调整

方法：

（1）向距离喷枪 20 cm 处的遮盖纸喷射涂料，观察喷幅的大小。

（2）转动喷幅调节旋钮，至喷幅图形符合要求。

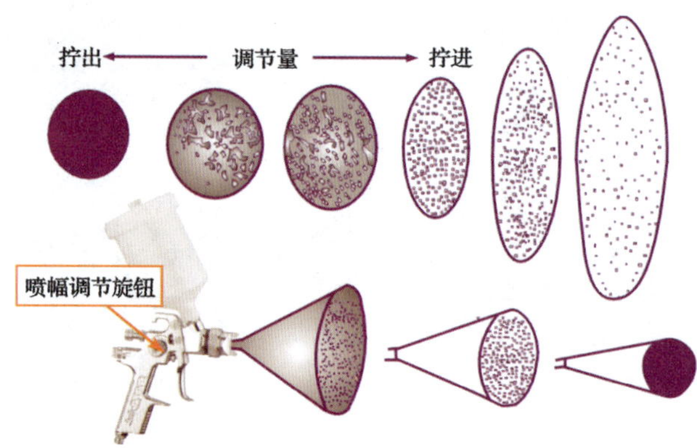

提示：

拧出喷幅调节旋钮至最大，喷幅变为圆形；拧进喷幅调节旋钮，喷幅为最大的椭圆。旋钮在两极限位置间转动，喷幅则在圆形和最大椭圆间变化。

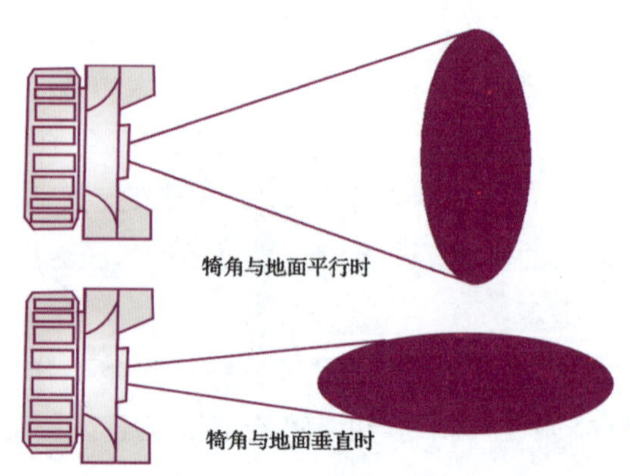

4. 雾束方向的调整

方法：

（1）将气帽的犄角旋转到与地面平行，喷雾图形是一个纵向的椭圆。

（2）将气帽的犄角旋转到与地面垂直，喷雾图形是一个横向的椭圆。

提示：

纵向椭圆雾束适用于自左向右的走枪方式，实际生产中运用最多。横向椭圆雾束适用于自上而下的走枪方式，很少采用。

操作二　空气喷枪的测试

1. 贴上试枪遮盖纸

方法：

在合适的地方用胶带贴几张遮盖纸。

提示：

（1）遮盖纸要垂直粘贴在烤漆房的墙壁上。

（2）遮盖纸要足够大，避免漆雾污染烤漆房墙体。

2. 确定试枪的喷涂距离

方法：

用小指压在遮盖纸上，张开拇指和小指，两者的距离大致等于喷枪的喷涂距离。

提示：

（1）一般张开的拇指和小指之间的距离为 15 ~ 17 cm。

（2）不同的喷枪，其喷涂距离也不一致，要根据喷枪的技术参数来定。

3. 水平雾束测试

方法：

将喷枪犄角调整到与地面垂直，向遮盖纸喷涂直至涂料流挂，观察流痕。

提示：

（1）合适的喷涂图形，喷枪调整正确。

（2）分离的喷涂图形，喷幅太宽所致。

（3）中间过重的喷涂图形，喷幅太窄或出漆量太大所致。

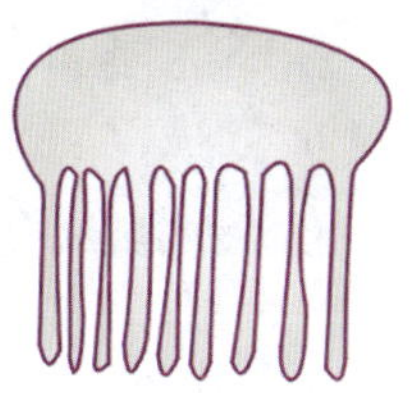

(1) 合适的喷涂图形

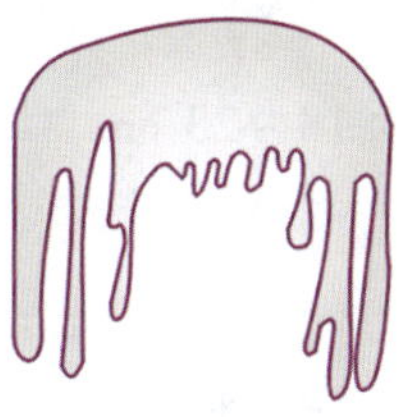

(2) 分离的喷涂图形

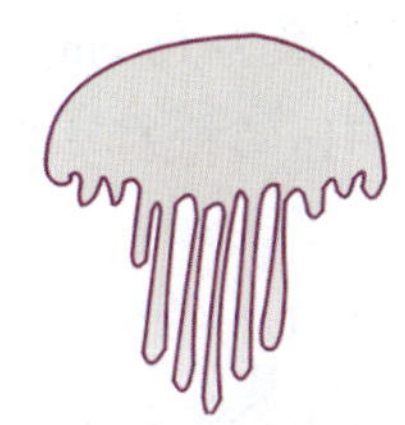

(3) 中间过重的喷涂图形

4. 竖直雾束测试

方法：

将喷枪的犄角调整到与地面平行，让竖直的雾束喷涂在遮盖纸上。

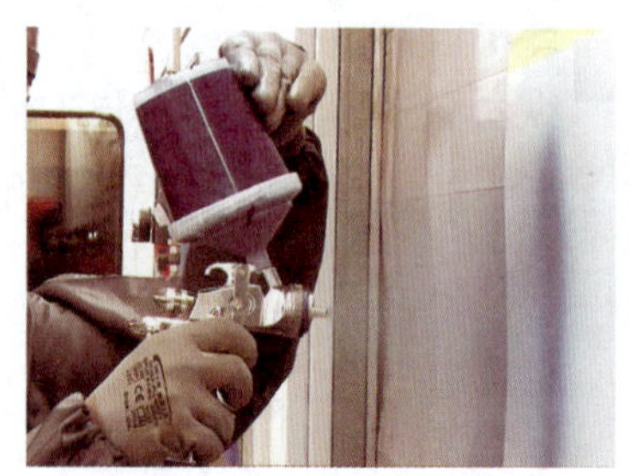

提示：

喷涂的时间不要太长，不能出现流挂现象。

5. 竖直雾束形状分析

（1）规范合格的喷幅图形

（2）重心偏向一侧。气帽的中心孔有污物或变形损坏。

（3）雾束弯向一侧。气帽一侧雾化孔堵塞或有污物。

（4）喷幅一头大一头小。气帽中心雾化孔一侧堵塞、有污物或变形。

（5）喷幅两头雾化不好，中间太湿。喷涂雾化气压过低，涂料黏度过高，出漆量过大。

（6）喷幅呈跳跃式。喷嘴或针阀松，涂料杯堵塞。

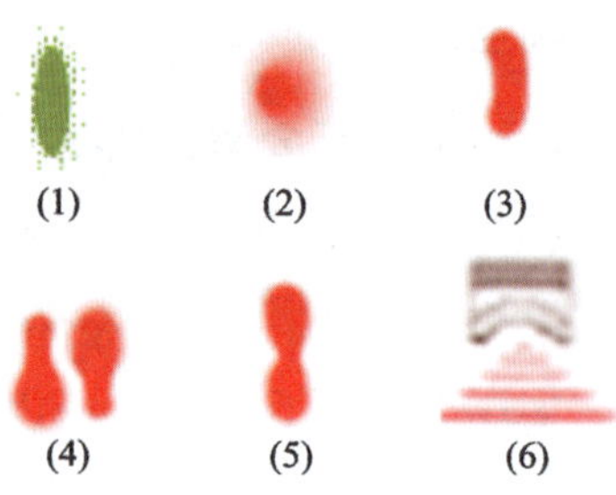

操作三　喷涂规范练习

1. 喷枪与工件表面的角度

方法：

喷枪与被涂表面之间的角度应始终保持在 90°，绝不可由手腕或手肘做弧形摆动。

提示：

为了始终保持喷枪与被涂物表面垂直，喷涂时，喷枪位置要随板件形状发生变化。

2. 喷枪与被涂表面的正确距离

方法：

（1）环保型高流量低气压喷枪的喷涂距离为 13～17 cm，最佳喷涂距离为 15 cm。

（2）传统高气压喷枪的喷涂距离为 18～23 cm，最佳喷涂距离为 20 cm。

提示：

（1）不同喷枪喷涂距离也不完全一样，喷涂时要根据所用喷枪的类型、喷涂要求来选择喷涂距离。

（2）喷涂时要保证喷距一致，不能忽近忽远。

3. 喷枪移动的速度

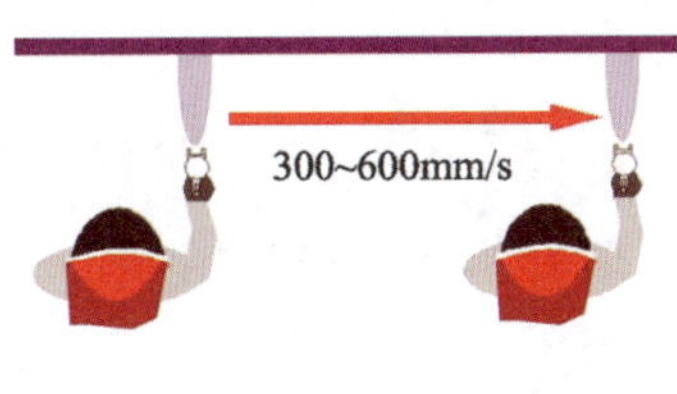

方法：

（1）移动速度一般在 300～600 mm/s 范围内。

（2）由于喷涂要求、涂料的施工黏度、喷涂距离发生变化，喷枪的移动速度也要随之发生变化。

提示：

（1）喷枪移动的速度要均匀，不能忽快忽慢。

（2）喷枪的移动速度以获得最佳的涂膜质量为准。

4. 喷涂的喷幅重叠

方法：

喷涂时，后一道的喷幅应在前一道喷幅上重叠 1/2～2/3 的宽度，以确保喷涂涂层均匀、流平性好。

提示：

（1）喷幅重叠要求宽度一致，不能忽宽忽窄。

（2）喷幅重叠小于其宽度的 40% 就不能形成质量良好的涂膜。

5. 扳机的控制

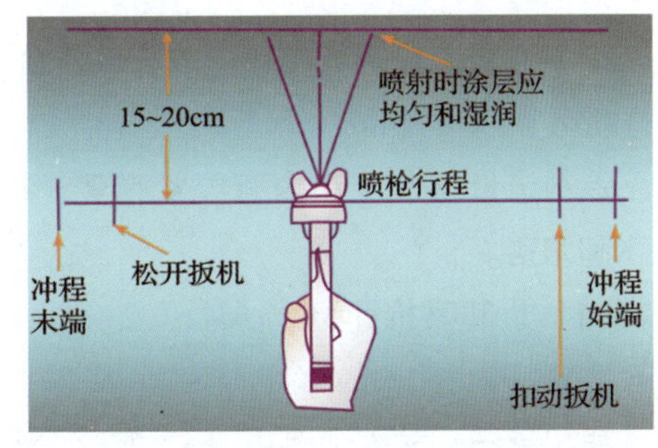

方法：

（1）喷枪在移动状态下才能扣动扳机，即在每次喷涂开始时扣动扳机，终了时松开扳机。

（2）先从遮盖纸处开始走枪，扣下扳机的一半，仅放出空气；当走到喷涂表面边缘时，完全扣下扳机，喷出涂料；当走到另一头时，松下扳机一半，涂料停止流出；反向喷涂再向前移动几厘米，然后重复上述操作步骤。

提示：

喷涂过程中要完全扣下扳机，手指不能忽松忽紧。

6. 两次喷涂之间搭接

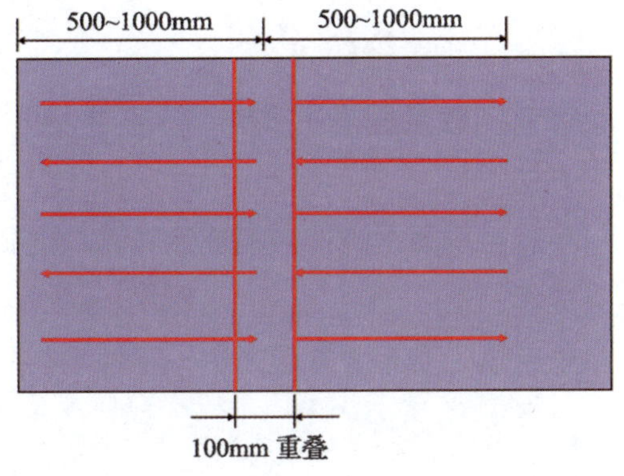

方法：

（1）手提式喷枪每次有效的移动距离为 500～1 000 mm，如果需喷涂的长度大于 1 000 mm，就需分段喷涂。

（2）两段之间的重叠区一般为 100 mm，在重叠区操作时，要注意扣动扳机的时机和程度。

提示：

搭接区域容易出现双涂层的“厚湿边缘”，控制不好，极易产生“流挂”。

操作四　空气喷枪的维护

1. 空气喷枪的拆卸

（1）拆卸喷枪气帽

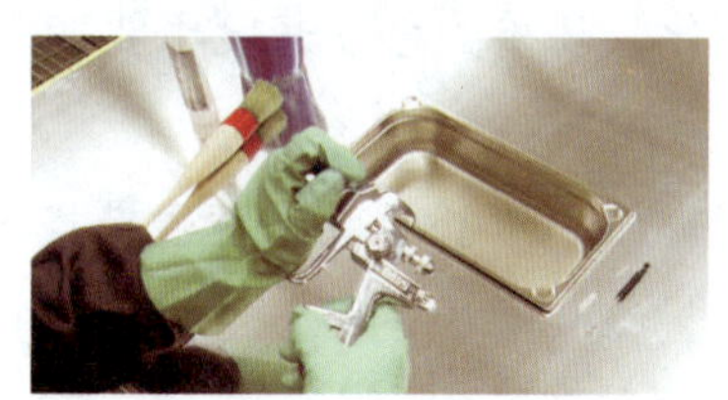

方法：

旋下气帽，将气帽放入装有干净清洗液的油盘中。

提示：

气帽不要长时间浸泡，防止脏物黏结在气帽上。

（2）拆卸喷枪喷嘴

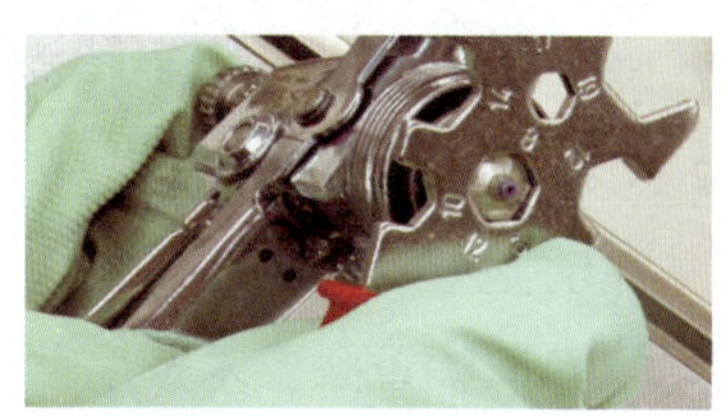

方法：

扣紧扳机，使针阀往后移动，用专用扳手旋松喷枪喷嘴，然后用手旋下喷枪喷嘴，放入油盘中。

提示：

一定要用专用工具拆卸，拆卸时要防止扳手滑角和喷嘴变形。

（3）拆卸涂料流量调节旋钮

方法：

旋下涂料流量调节旋钮，放在工作台上。

提示：

涂料流量调节旋钮内有压紧弹簧，拆卸时要防止弹簧弹飞和滚落。

（4）拆卸喷枪针阀

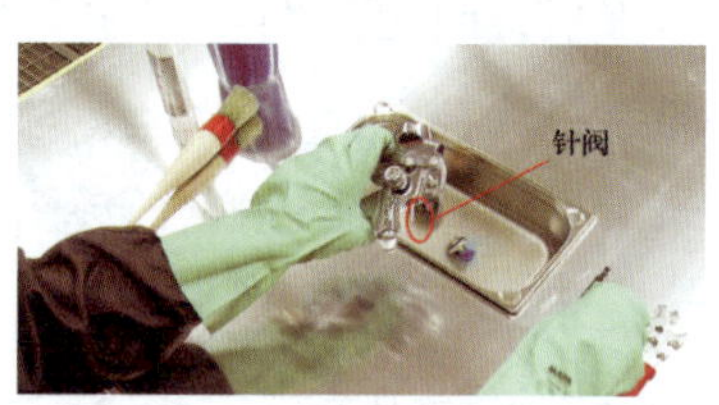

方法：

拔出针阀，放入油盘中。

提示：

拆卸出来的针阀要轻拿轻放，防止针阀弯曲、针锥变形和磨损。

2. 空气喷枪的清洗

（1）用软毛刷清洗涂料入口通道

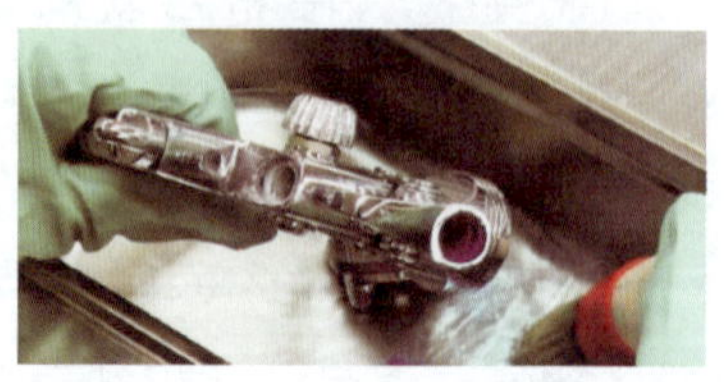

方法：

用软毛刷蘸上清洗液刷洗涂料入口通道。

提示：

软毛刷的刷毛要软硬适中，不掉毛。

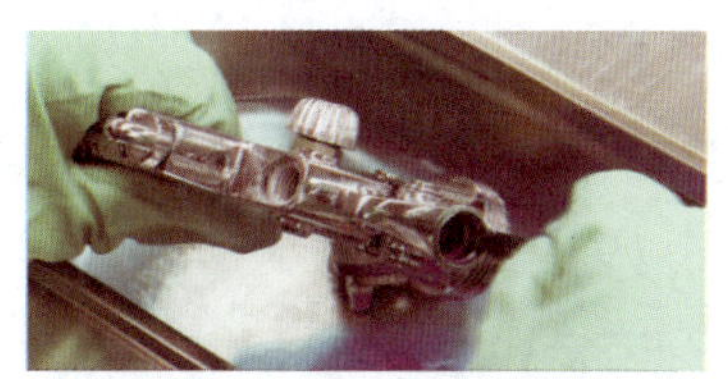

(2) 用专用清洁刷清洗涂料入口通道

方法：

用黑色的专用清洗刷清洁涂料入口通道，直至黏附在通道内的涂料完全被清除。

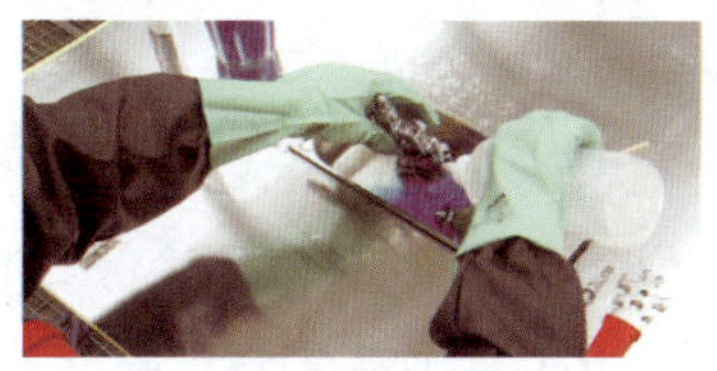

(3) 用清洗液冲洗涂料入口通道

方法：

用干净的清洗液冲洗涂料入口通道，使涂料入口通道彻底清洁。

提示：

冲洗后，检查通道内是否有刷毛和污物。

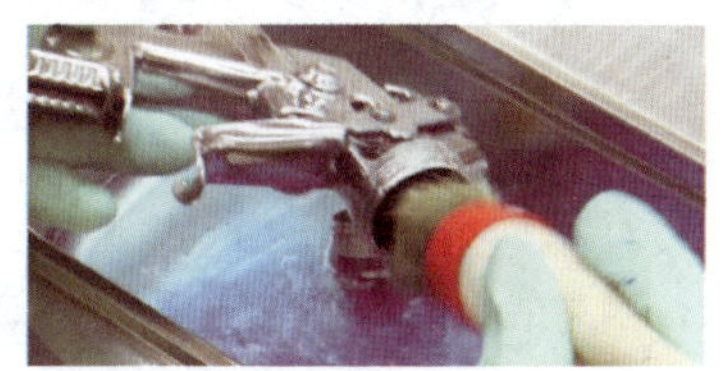

(4) 清洗喷枪内涂料通道

方法：

用软毛刷和专用清洗刷清洗喷枪内涂料通道，方法同上。

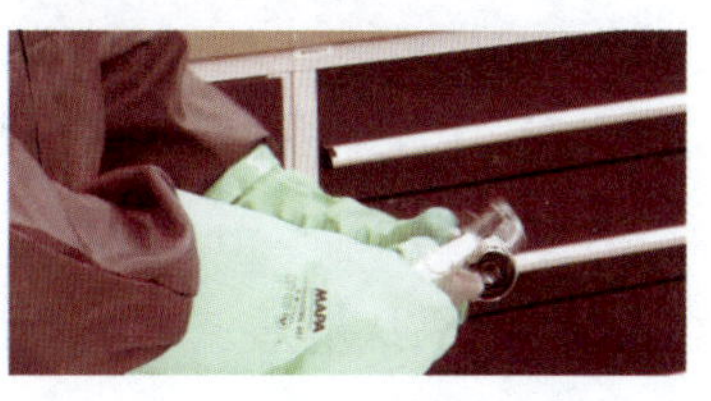

(5) 用空气枪吹干喷枪上的清洗液

方法：

用空气枪吹干喷枪外表面和涂料通道内的清洗液。

提示：

吹后仔细检查，确保喷枪内无清洗液、涂料和其他污物。

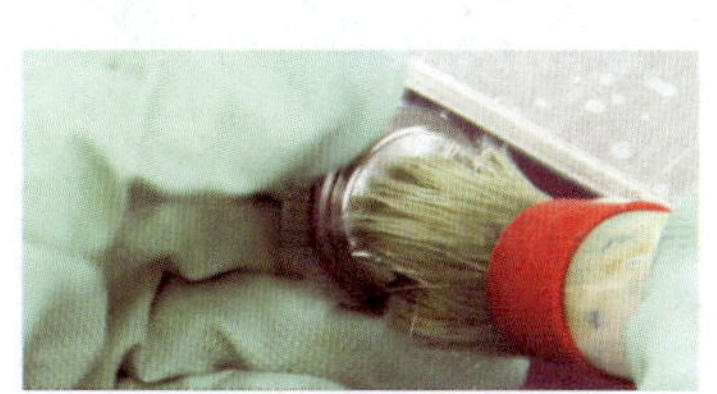

(6) 用软毛刷清洗气帽

方法：

清洗气帽外表和各孔道内残存的涂料。

提示：

此处只能是预清洗，各孔道内大多残存涂料不能被清除。

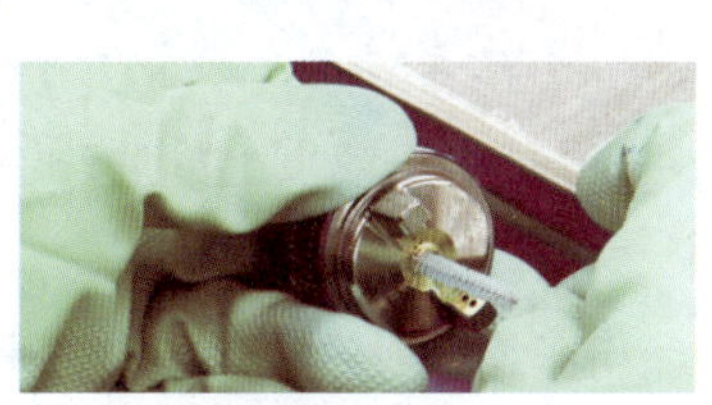

(7) 用双头刷清洗气帽上的大孔道

方法：

气帽上的大孔一般用白色的双头刷刷洗。

提示：

双头刷只适用于刷洗较大的孔道，气帽的正反面都要刷洗。

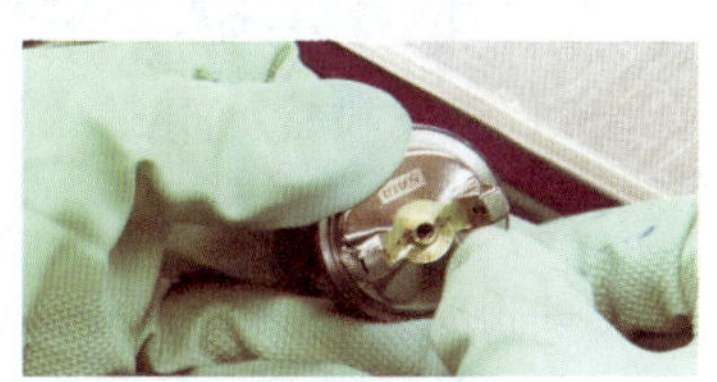

(8) 用清洗针清洁气帽上的侧孔和辅助孔

方法：

将清洗针分别插入气帽上的侧孔和辅助孔内，里外捣动，使涂料和污物从出口流出。

提示：

不能用钢丝或其他硬物清理气帽上的小孔，否则会使这些小孔的孔径增大。

(9) 将气帽吹干

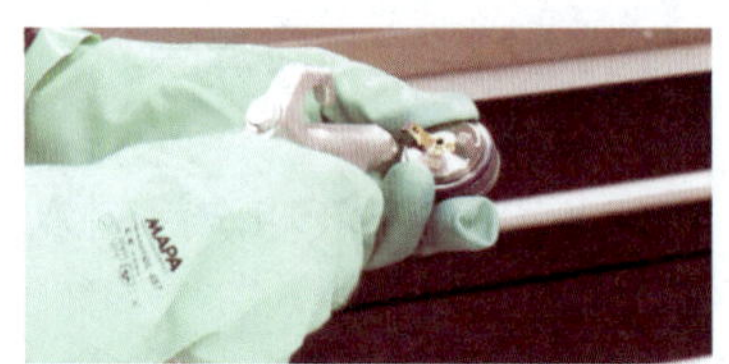

方法：

用干净的清洗液冲洗过气帽后，用压缩空气吹干气帽表面和各个孔道。

提示：

吹干后仔细检查，确保清洗达到要求。

(10) 用软毛刷清洗喷嘴

方法：

用软毛刷清洗喷嘴，内外两面都要刷洗干净。

(11) 清洗喷嘴中心孔

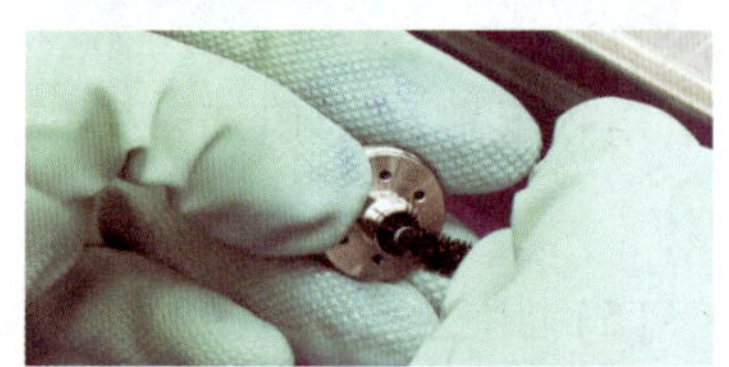

方法：

用黑色专用清洗刷清洗喷嘴的中心孔。

(12) 清洗喷嘴周边的各孔道

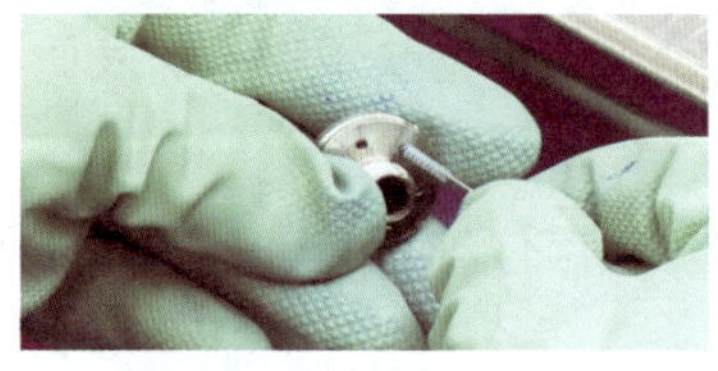

方法：

用白色双头刷清洗喷嘴周边各孔道，方法同上。

(13) 用干净的清洗液清洗喷嘴

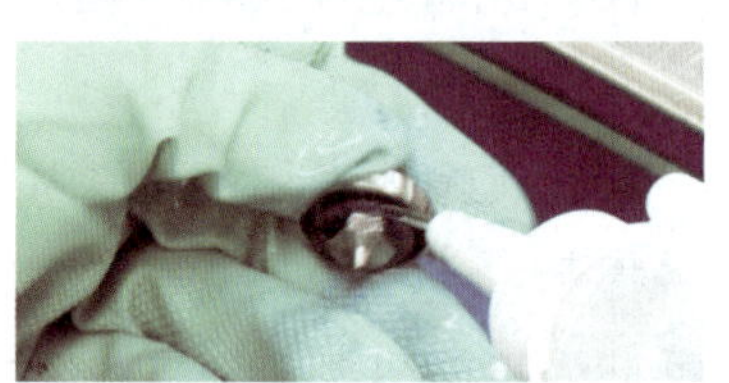

方法：

用干净的清洗液冲洗喷嘴，保证各通道没有任何杂物。

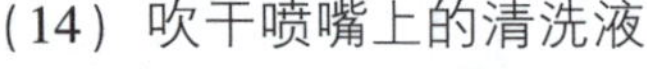

(14) 吹干喷嘴上的清洗液

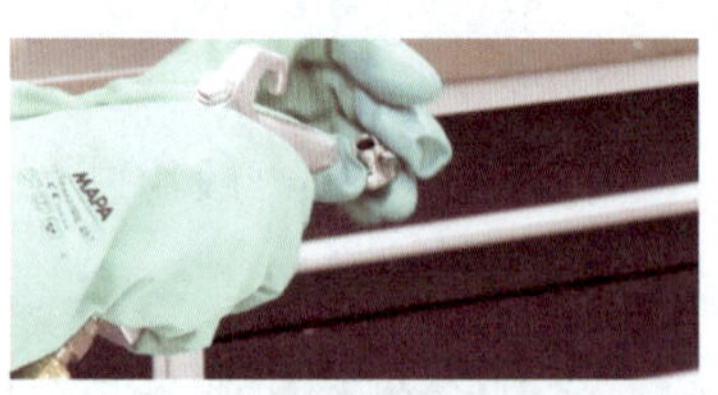

方法：

用压缩空气吹除喷嘴外表和各通道内残存的清洗液。

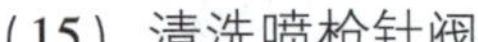

(15) 清洗喷枪针阀

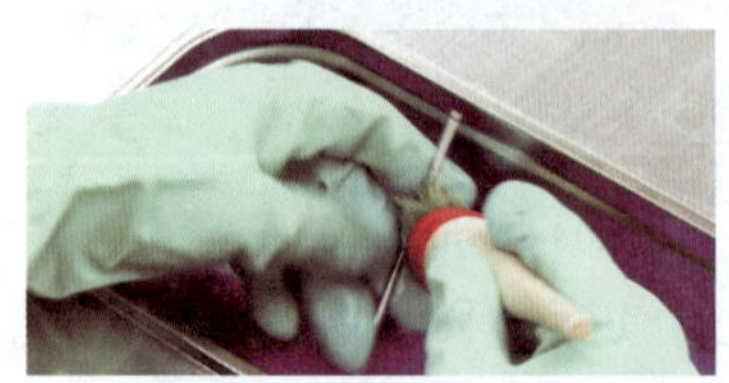

方法：

将针阀放在油盘里，用软毛刷刷洗干净。

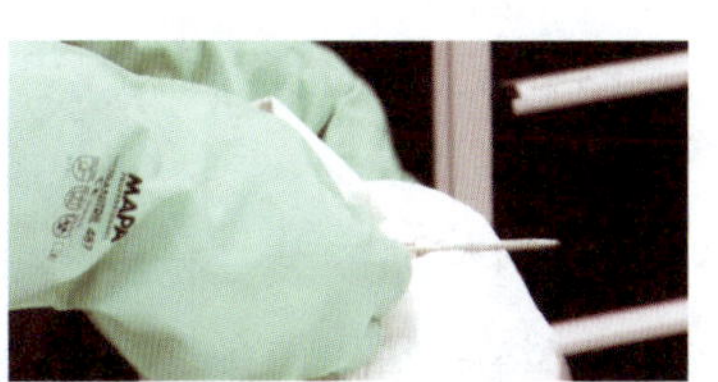

（16）擦干针阀上的清洗液

方法：

用一条干净的干毛巾将针阀上的清洗液擦拭干净。

3. 空气喷枪的润滑

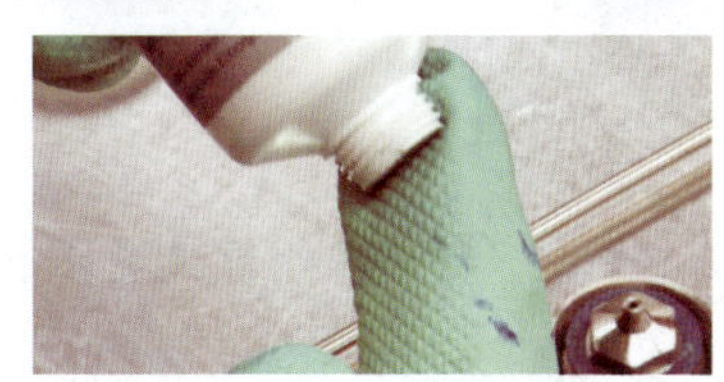

（1）挤出专用润滑膏，准备对喷枪的运动件进行润滑

方法：

将专用润滑膏挤在右手食指上。

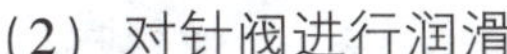

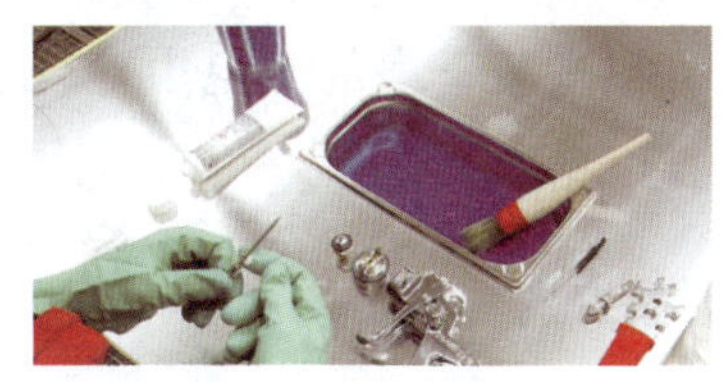

（2）对针阀进行润滑

方法：

在针阀上涂抹润滑膏。

（3）对回位弹簧、扳机等运动件进行润滑

方法：

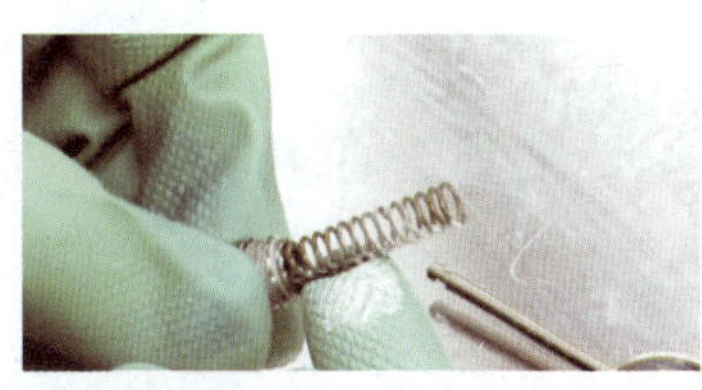

1）在针阀周围的回位弹簧上涂上润滑膏。

2）在扳机与枪身连接的运动部位和扳机与气阀配合部位滴注适量的机油。

提示：

润滑油脂不能加注太多，否则会造成枪身污染和密封件老化、变性。

4. 空气喷枪的装配

（1）喷枪针阀的安装

方法：

将针阀插入枪身，稍稍转动，检查有无阻滞。

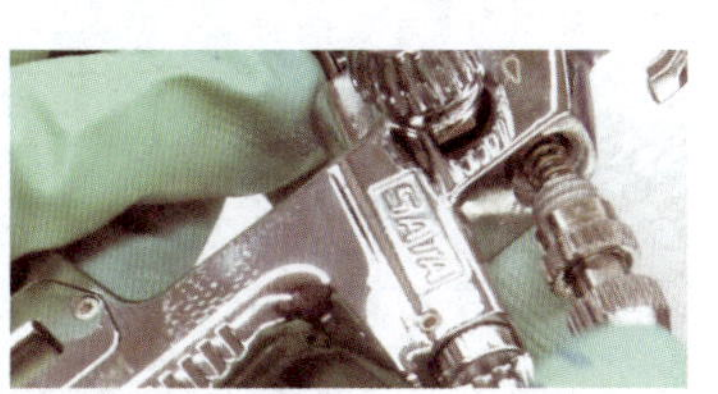

（2）安装涂料流量调节旋钮

方法：

1）将回位弹簧套在针阀上。

2）在回位弹簧的外端套上旋钮，将固定螺母拧紧。

（3）安装喷枪喷嘴

方法：

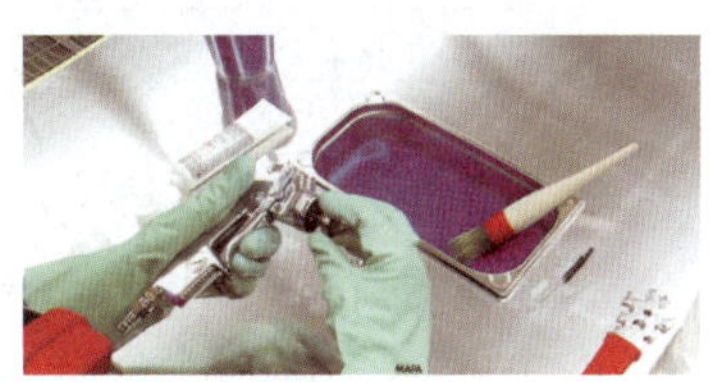

1）扣下扳机，用手将喷嘴拧紧。

2）用专用扳手将喷嘴拧至规定的力矩。

3）松开扳机。

提示：

一般情况下，喷嘴的拧紧力矩为 14 N·m。

(4) 安装喷枪气帽

方法：

1) 将气帽安装在枪身上。

2) 将气帽的犄角调整到水平位置，拧紧其上的定位螺母。

提示：

螺母拧紧时，不能调整喷枪犄角的位置。

(5) 擦净枪身

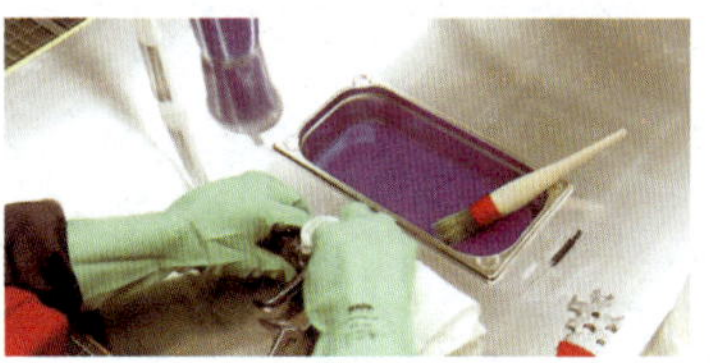

方法：

用一条干净的干毛巾，将喷枪的表面擦干净。妥善保管，以备下次使用。

训练评价

训 练 评 价

考核要求

1. 在规定的时间内对空气喷枪进行调试、喷涂和保养，使之符合技术标准。
2. 在操作过程中出现的违规操作，应及时指正。
3. 符合安全文明生产的要求。

考核标准

考评标准表——空气喷枪的使用

考核时间	考核项目	分值	评分标准与指导	评价结果
40 min	穿戴好喷漆用防护用品	10	防护用品穿戴不当酌情扣分，并指正	
	喷枪的调整	10	按要求酌情扣分，并指正	
	喷枪的测试	10	按要求酌情扣分，并指正	
	喷涂角度	5	按要求酌情扣分，并指正	
	喷涂距离	5	按要求酌情扣分，并指正	
	喷涂速度	5	按要求酌情扣分，并指正	
	喷幅重叠	5	按要求酌情扣分，并指正	
	扳机控制	5	按要求酌情扣分，并指正	
	两次喷涂搭接	5	按要求酌情扣分，并指正	
	喷枪拆装	10	按要求酌情扣分，并指正	
	喷枪清洗	15	按要求酌情扣分，并指正	
	喷枪润滑	5	按要求酌情扣分，并指正	
	整理工具、清理现场	10	每项扣2分，扣完为止	
	遵守相关安全操作规范 在规定的时间内完成		因违规操作发生人身和设备事故，终止考核，成绩按0分计；超时每分钟扣2分，超时5 min终止考核	
	分数合计	100		

实训报告

1. 怎样调整和测试空气喷枪?
2. 空气喷枪的规范操作有哪些内容?
3. 简述空气喷枪清洗的操作步骤。

课题 2　压缩空气供给系统的使用

学习目标

1. 了解压缩空气供给系统的作用。
2. 掌握压缩空气供给系统的组成。
3. 能正确使用压缩空气供给系统。
4. 能对压缩空气供给系统进行合理的维护。

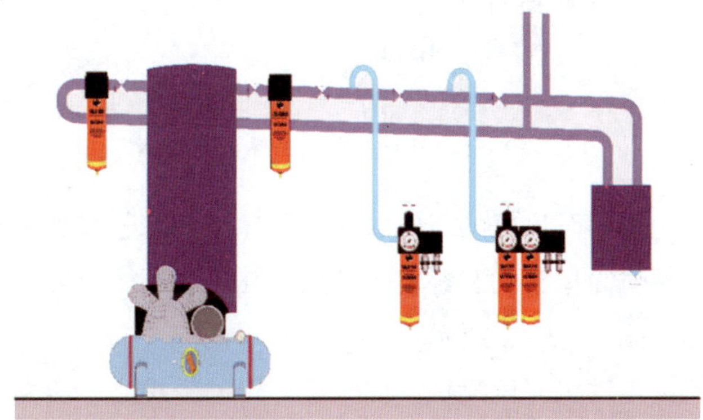

知识准备

一、压缩空气供给系统的作用

压缩空气供给系统的作用是产生一定压力的压缩空气，并将压缩空气输送到相应的作业工位，驱动喷涂设备和各种气动工具高效、稳定地工作。

二、压缩空气供给系统的组成

压缩空气供给系统一般由空气压缩机、储气罐、空气压力调节和处理装置、空气输送装置及各种辅助元件等组成。典型压缩空气供给系统的组成如图 2—2—1 所示。

1. 空气压缩机

空气压缩机是以电动机驱动，将空气压缩成高压空气的一种机械。汽车涂装车间经常使用的空气压缩机有螺杆式和活塞式两种。

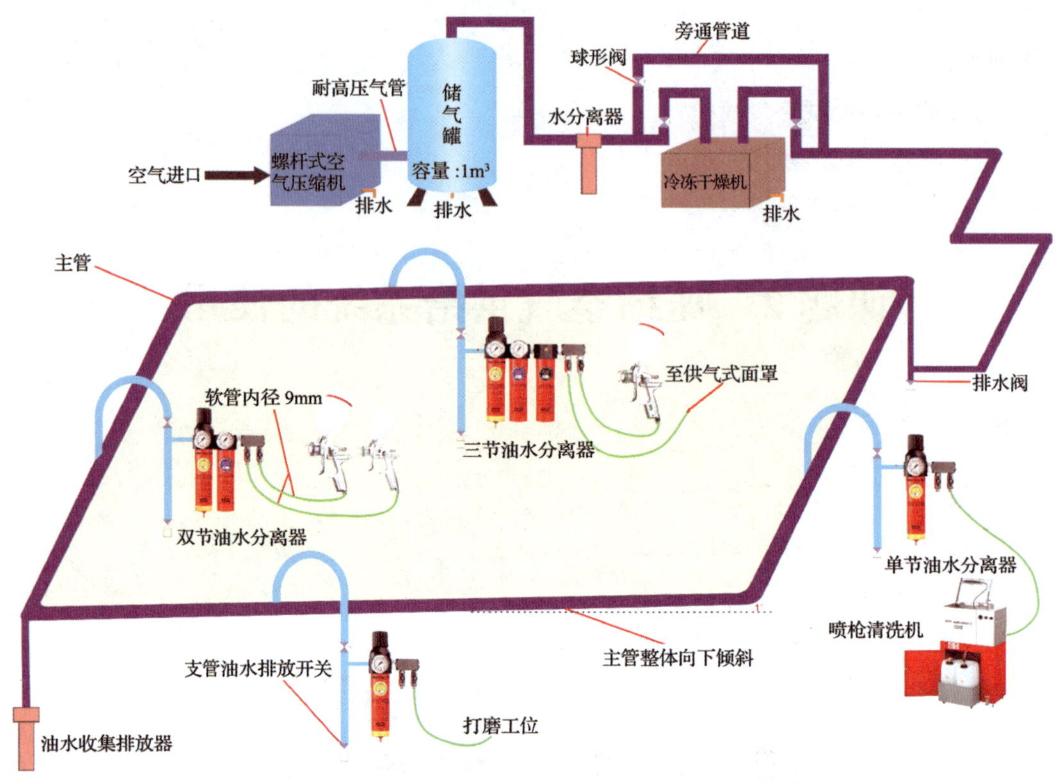

图 2—2—1　压缩空气供给系统的组成

螺杆式空气压缩机由于具有良好的工作效率和可靠性、产气量大、压缩空气品质好、排气稳定、噪声小、操作相对简单、安装经济等特点，在工业领域已经成为标准配置。典型螺杆式空气压缩机的外形如图 2—2—2 所示。

活塞式空气压缩机由电动机、压缩机、储气罐、传动带护栏、压力表、压力开关、安全阀等组成。典型活塞式空气压缩机如图 2—2—3 所示。

空气压缩机自动控制装置的作用是自动控制空气压缩机的工作，使储气罐内的压力始终在规定的范围内。压力超过规定值时，自动控制装置使压缩机停机或空运转；当压力低于一定值时，又使压缩机恢复工作。

活塞式空气压缩机的自动控制装置包括压力开关和自动卸载器两大元件。压力开关是利用空气压力控制电动机电源开闭的开关。电动机断开和接通电源时的压力值可以通过调整压力开关的弹簧弹力来实现。自动卸载器俗称安全阀，安装在储气罐上。当储气罐内压力达到最大值时，自动卸载器开启，罐内的一部分压缩空气排向大气，使压缩机空转；当压力降低到一定值时，在弹簧力的作用下，安全阀关闭，压缩机恢复正常的工作状态。自动卸载器调节最高压力和最低压力可以通过螺钉进行调整，拧紧调整螺钉（见图 2—2—4）最大卸载压力增大，反之减小。

空气压缩机应尽可能安置在通风、清洁、干燥的地方，墙体和其他障碍物应距离空气压缩机 30 cm 以上，以利于空气的流动和机体的散热。

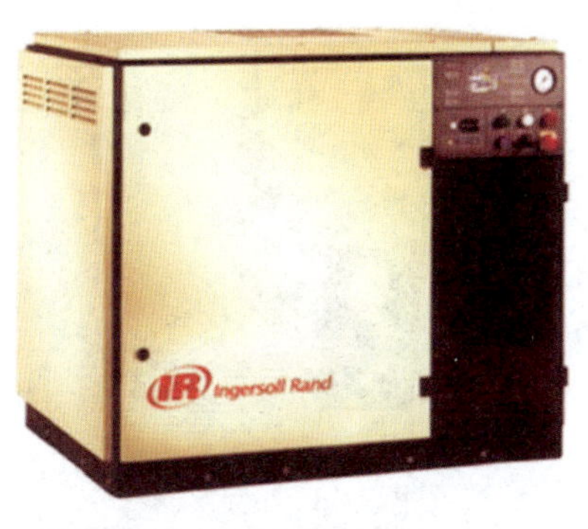

图 2—2—2　螺杆式空气压缩机

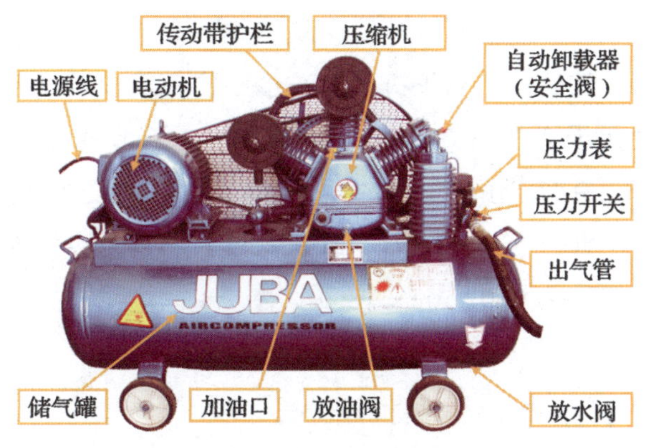

图 2—2—3　活塞式空气压缩机

2. 储气罐

储气罐的作用是把压缩机产生的高压气体储存起来。储气罐壁上安装有压力表、进气口、排气口、安全阀和排污阀，如图 2—2—5 所示。压力表显示罐内的压力。安全阀是防止储气罐内的压力过大而爆炸，当压力超过规定值时，安全阀自动排气，使储气罐内的最高压力不超过规定值。排污阀安装在储气罐的下部，用以定期排除储气罐内的污物。排污阀与安全阀不可安装在一起，因为一旦排污孔堵塞，安全阀将不起作用而发生危险。

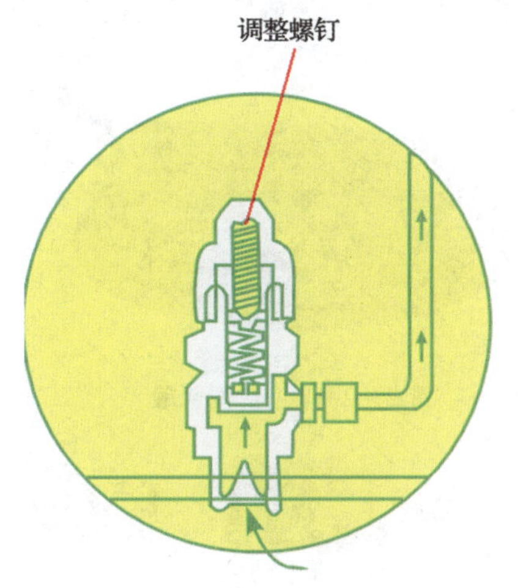

图 2—2—4　自动卸载器卸载压力调节

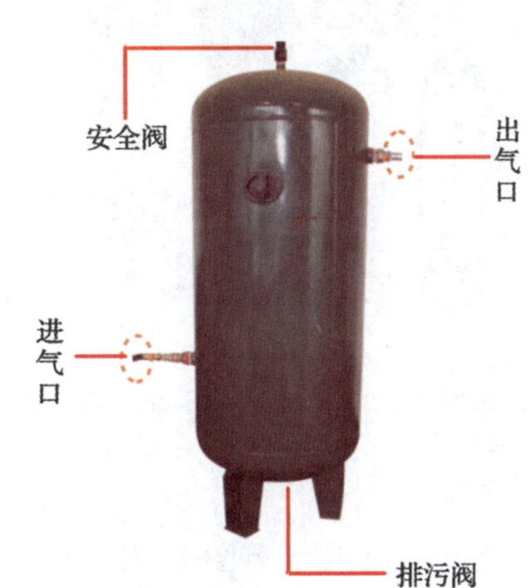

图 2—2—5　储气罐

3. 空气干燥器

常见的空气干燥器有化学式、除湿式和冷冻式三种。空气冷冻干燥机（见图 2—2—6）主要用于降低压缩空气的温度，它既可以吸收气流的热量又可以清除杂质、油和水。若压缩空气净化装置没有将空气中的油、水清除干净，在喷漆中会造成“鱼眼”“气泡”等涂膜缺陷。

4. 油水分离器

油水分离器的作用是把压缩空气中的油和水分过滤掉，使输出的空气干燥、洁净。常见的油水分离器有单节式、双节式和三节式三种。单节油水分离器过滤的空气用于打磨、洗枪工位，双节油水分离器过滤的空气用于毒性不高的涂料喷涂工位，三节式油水分离器（见图2—2—7）用于喷涂质量和涂料毒性高的喷涂工位。

通过净化系统的一系列流程，油水分离器能消除压缩空气中直径为0.01 μm的颗粒，水净化率可以达到100%，油污净化率可达到99.99%。

图2—2—6　空气冷冻干燥机

5. 气体输送管路

压缩空气的输送系统由管路组成，管路整体倾斜度为1%，以便于管路中凝结的水流出。管路由硬管和软管组成，固定工位一般先用硬管输送到固定位置，再用软管接到气动设备上。硬管一般是钢管或PVC管，空气软管（见图2—2—8）是织物覆盖的橡胶软管，多数空气软管的表面是蓝色。同一管径的管路越长，空气通过的气压降也就越大，选择气管时，首先要考虑气管的直径。

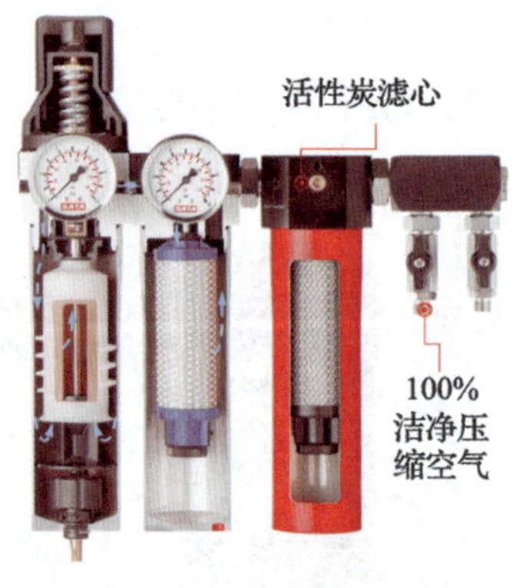

图2—2—7　三节式油水分离器

图2—2—8　空气软管

6. 快速接头和插头

快速接头和插头（见图2—2—9）的作用主要是方便气动工具从压缩空气供气管道上接取气源。常见的快速接头和插头按惯用标准分为亚式和欧式两种。快速接头使用方便，极大地提高了工作效率。

优质接头主体材料是高硬度钢，固定插头的结构是一圈塑胶爪子，既不会生锈也不会磨损插头，控制气门芯的弹簧采用不锈钢制作，大大延长了整个接头的使用寿命。

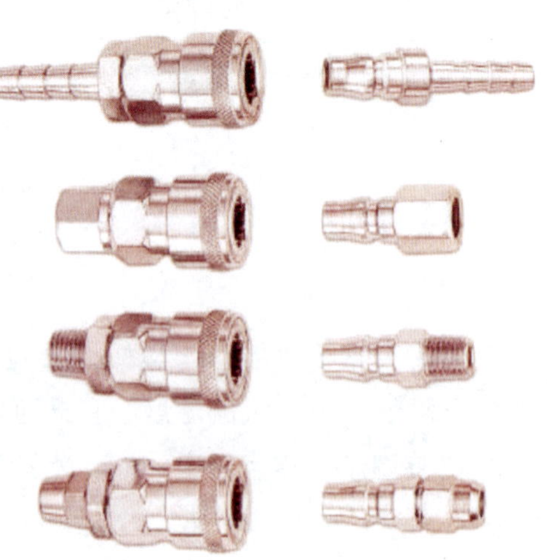
图2—2—9　快速接头和插头

技能训练

操作一 压缩空气供给系统的使用

1. 启动螺杆式空气压缩机

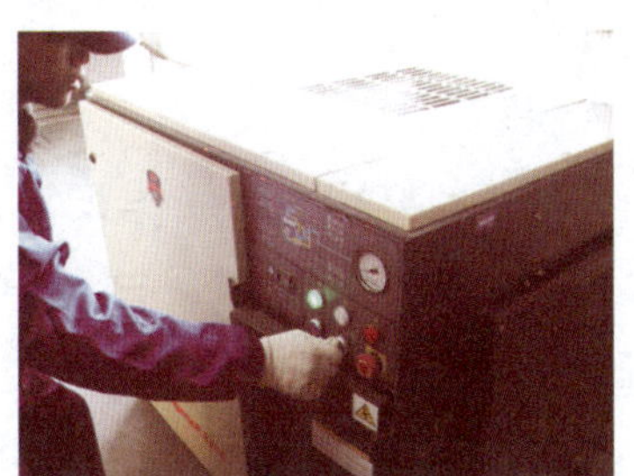

方法：

（1）合上电源总开关。

（2）打开空气压缩机排气口的主排放阀。

（3）将压缩机控制面板上的开机旋钮顺时针转动，启动压缩机。

提示：

启动后，观察工作是否正常，气压是否平稳上升。

2. 启动冷冻干燥机

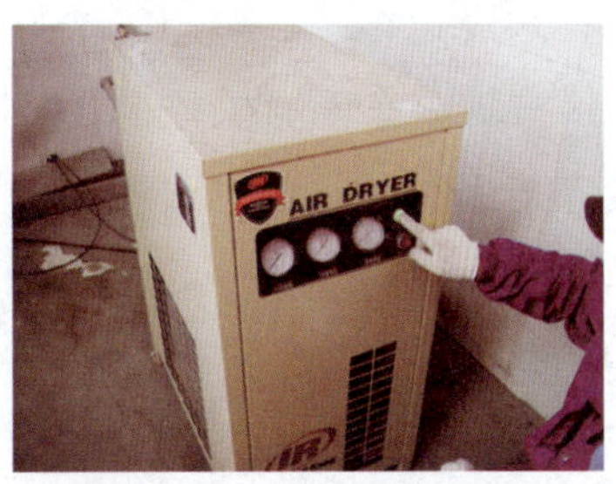

方法：

（1）检查并打开气体管路上各控制阀。

（2）按下冷冻干燥机控制面板上的绿色按钮，启动冷冻干燥机。

提示：

开机后，观察冷冻干燥机工作是否正常，冷冻干燥机工作平稳后是否排水。

3. 将气动工具接上气源

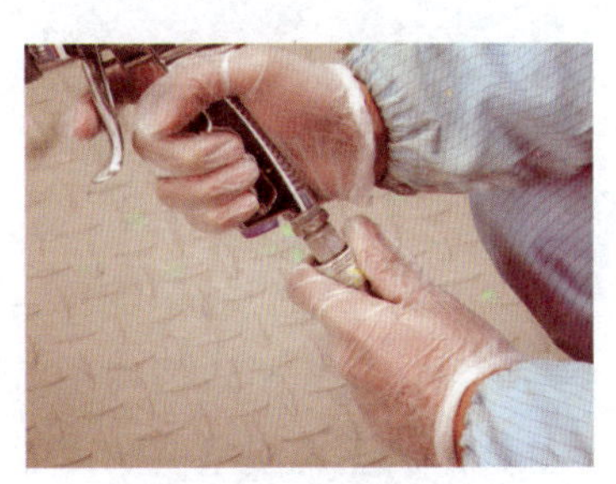

方法：

用拇指和食指按下快速接头上的护套，将气动工具的插头推入接头内，松开接头上的护套。

提示：

待储气罐上的压力表指示到气动工具正常工作气压后，才可以接上气动工具。

4. 断开气动工具上的气源

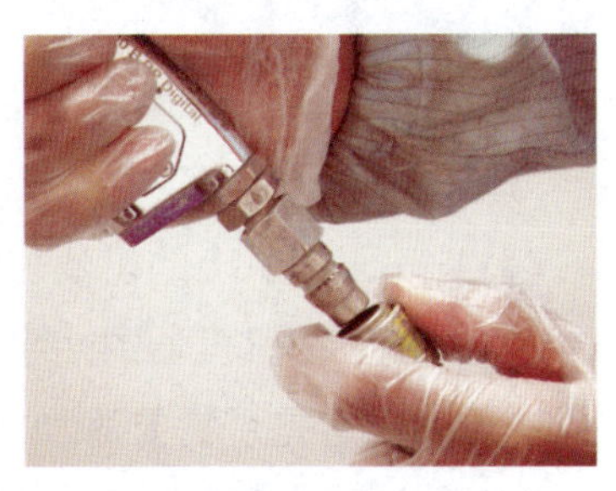

方法：

涂装工作结束后，断开气源。用手掌夹住插头上的气管，用力顶向接头，同时压下接头上的外套，压缩空气的压力就会自动将插头与快速接头分开。

提示：

快速接头分开后，压下接头外套的手指也要随之松开，否则就会有大量的压缩空气冲出，带来安全隐患。

5. 关闭空气压缩机

方法：

将压缩机控制面板上的开机旋钮逆时针旋转到位，压缩机停止工作。

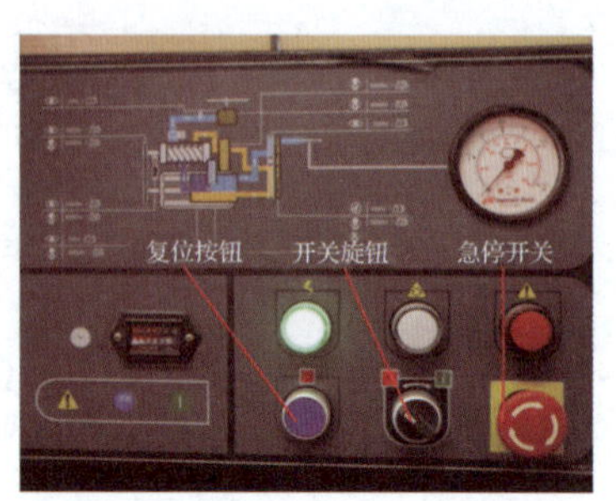

提示：

压缩机开机后，工作正常，绿色指示灯亮；压缩机因储气罐气压充足停机，白色指示灯亮；压缩机出现故障，红色指示灯亮，这时需要右旋急停开关，强迫压缩机停机。

当压缩机因工作不正常停机，压缩机会自动锁死。排除故障后，需要先按下蓝色的复位按钮，再右旋开机旋钮，压缩机才能重新启动。

6. 关闭冷冻干燥机

方法：

按下冷冻干燥机控制面板上的红色按钮，使冷冻干燥机停止工作。

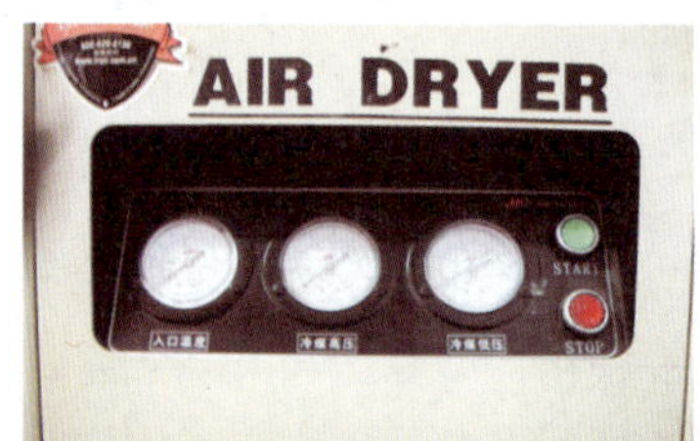

提示：

停机后，及时排清冷冻干燥机内存留的水，清洁冷冻干燥机。

操作二　压缩空气供给系统的维护

1. 空气压缩机的维护

（1）清洁

方法：

1）清除压缩机外部的灰尘。

2）清洁压缩机进气口空气过滤海绵上的灰尘。

3）清洁压缩机空气滤清器，必要时更换空气滤清器。

提示：

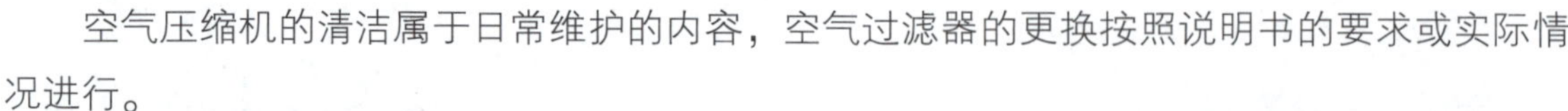

空气压缩机的清洁属于日常维护的内容，空气过滤器的更换按照说明书的要求或实际情况进行。

（2）空气压缩机润滑系统的检查与润滑油的更换

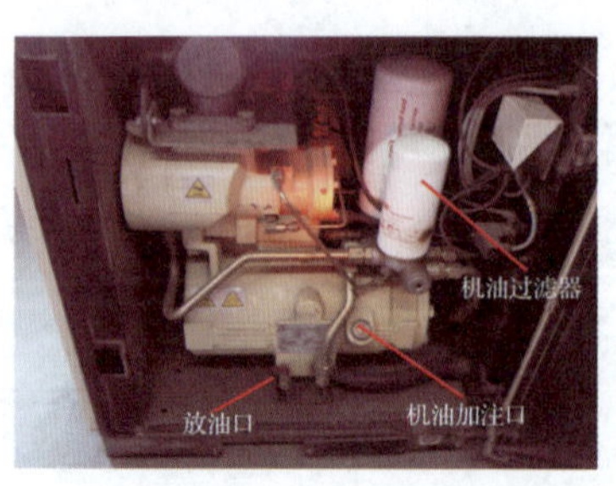

方法：

1）拧开压缩机上的机油加注口螺塞。

2）检查压缩机机油的油平面是否符合要求，观察机油是否变质，确定是否需要添加或更换机油。

3）更换机油。待压缩机停机 10 min 后，卸下机油加注口螺塞，打开放油开关，待废机油彻底流出后关闭放油开关，加入新机油。

4）按照使用周期的要求，更换机油过滤器。

提示：

机油的检查属于日常维护内容，其他按说明书要求进行维护。

（3）空气压缩机工作压力的检查

方法：

1）启动空气压缩机，将主排放阀缓缓关闭直至压缩机停机，观察此时压缩机上气压表显示的压力。

2）缓慢打开主排放阀，直至压缩机自动启动，观察压力表显示的压力。

3）将上面观察压缩机的最大停机压力和最小开机压力与压缩机说明书规定的压力相比较，确定是否符合要求。

4）如果不符合要求，则需要调整。

提示：

空气压缩机的工作压力在出厂时已经设置好，使用中的检查与调整也需要专业人员操作。

2. 空气储存装置的维护

（1）储气罐的清洁、排污

方法：

1）清除储气罐表面的灰尘。

2）打开储气罐底部的排污阀，使油、水和压缩空气的混合物从排污管排出。

提示：

排污时，要观察储气罐上的气压表，确定储气罐内气压不大，否则冲出的高压气流会损坏排污阀和排污管，甚至造成通道堵塞。

（2）安全阀工作压力的检查与调整

方法：

1）启动空气压缩机，关闭储气罐的总排气阀。

2）观察储气罐上的气压表，当安全阀开始开启，向外放气时，记下气压表的压力。

3）当安全阀开启的压力不符合要求时，则需要调整安全阀。

提示：

安全阀压力的检查与调整是一项危险的工作，需要专业人员操作。

3. 空气净化装置的维护

(1) 汽水分离器排污

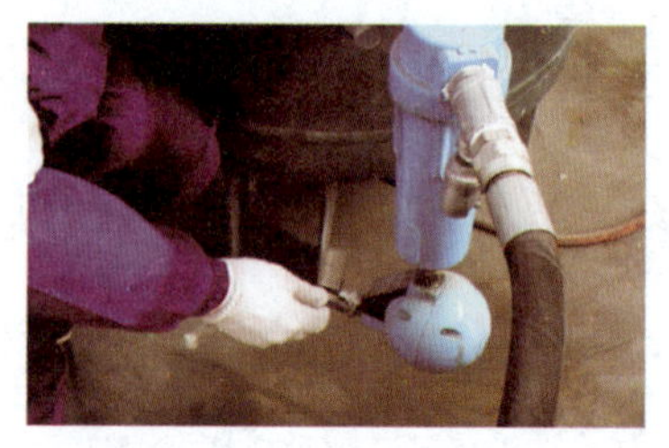

方法:

每天汽车涂装工作结束后，打开汽水分离器开关，排除汽水分离器内存留的污水。

提示:

有的汽水分离器设有自动放水装置，在自动放水装置失效时，使用手动开关放水。

(2) 冷冻干燥机的维护

方法:

1) 除去冷冻干燥机表面的灰尘。

2) 检查冷冻干燥机的排水情况。

3) 冷冻干燥机工作时，观察冷媒高压表和冷媒低压表，确定是否符合正常工作的要求，否则，需要专业人员进行修理。

(3) 油水分离器的维护

方法:

1) 清除油水分离器表面的灰尘。

2) 转动油水分离器下端的排放阀，排净油水分离器内的污物。

3) 观察油水分离器上的两个气压表，若后一节过滤器上方的气压表指示的气压比前一个气压表低 0.08 MPa 以上，则前一节油水分离器堵塞严重，需要维护或更换。

提示:

将排水阀旋至最下端，油水分离器自动排水，将排水阀旋至最上端，油水分离器手动排水。

4. 管路系统的检查与排污

方法:

(1) 启动压缩机，不使用压缩空气，察听整个压缩空气输送管路有无气体泄漏的声音，一经发现有泄漏处，马上修理。

(2) 打开油水收集排放阀的开关，排净整个管道内的污水。

训练评价

训 练 评 价

考核要求

1. 在规定的时间内完成压缩空气供给系统的使用和维护，使之符合技术标准。
2. 在操作过程中出现的违规操作，应及时指正。
3. 符合安全文明生产的要求。

考核标准

考评标准表——压缩空气供给系统的使用与维护

考核时间	考核项目	分值	评分标准与指导	评价结果
40 min	正确开关空气压缩机	10	工具使用不当酌情扣分，并指正	
	正确开关冷冻干燥机	10	按要求酌情扣分，并指正	
	熟练安装和拆卸快速空气接头	10	按要求酌情扣分，并指正	
	合理维护空气压缩机	20	按要求酌情扣分，并指正	
	合理维护空气储存装置	10	按要求酌情扣分，并指正	
	合理维护空气净化装置	20	按要求酌情扣分，并指正	
	合理维护空气输送管路	10	按要求酌情扣分，并指正	
	遵守相关安全操作规范 工作符合“6S”要求 在规定的时间内完成	10	发生人身和设备事故，终止考核，成绩按0分计；不符合“6S”规范，每一项扣1分，并指正；超时每分钟扣1分，超时5 min终止考核	
	分数合计	100		

实训报告

1. 简述压缩空气供给系统开机和关机的步骤。
2. 压缩空气供给系统的维护有哪些项目，怎样维护？

课题3　烘干设备的使用

学习目标

1. 了解烤漆房必须达到的基本要求。
2. 熟悉烤漆房的基本结构和工作原理。
3. 熟悉红外线烤灯的结构和工作原理。

4. 能正确使用烤漆房进行涂装工作。
5. 能合理地对烤漆房进行维护。
6. 能正确使用红外线烤灯和其他烘干设备。

知识准备

一、烤漆房

烤漆房是汽车涂装修补的重要设备，它为面漆涂装提供清洁、安全、照明良好的封闭环境，使喷涂过程产生的污染物得以控制和治理。

现代汽车维修行业常用的是低温烤漆房，简称烤漆房。低温烤漆房大多为单室喷—烤漆房，即可以在其中进行喷涂施工，等漆膜表面晾干后，再实施烘烤工序。常见的低温烤漆房如图 2—3—1 所示。

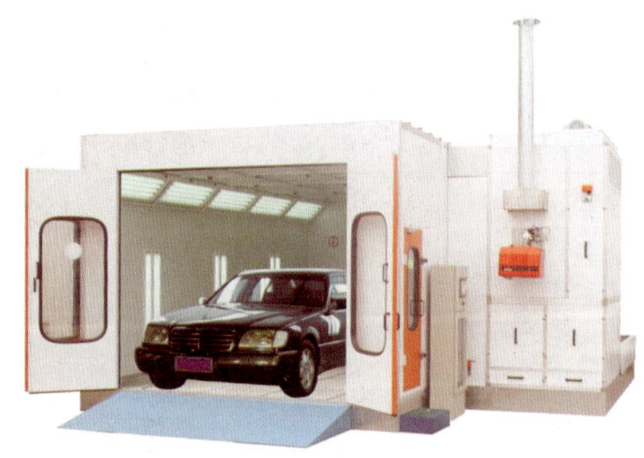

图 2—3—1 低温烤漆房

1. 烤漆房的结构

烤漆房主要由墙体、换气系统、过滤系统、加热装置、照明装置、控制装置、废气处理装置等组成。烤漆房的整体结构如图 2—3—2 所示。

（1）墙体。烤漆房墙体结构可分为框架式结构和墙板组合式结构两类。框架式结构是在墙体骨架的内、外铺以镀锌铁皮，中间夹厚度为 40 ~ 60 mm 的隔热保温材料。墙板组合式结构是用轻质保温板拼装而成，保温板的表层为彩色钢板（见图 2—3—3），心材为阻燃聚乙烯或聚氨酯泡沫塑料。墙板组合式结构质量轻，隔热保温性好，不需要墙体骨架，生产工艺性、经济性好。

（2）换气系统。换气系统的主要工作元件是鼓风机（见图 2—3—4）。换气系统有正向流动、反向流动和下向通风三种形式，目前，烤漆房的换气系统普遍采用下向通风式。从天花板向下流动的空气在走向排气道的过程中，在汽车表面形成一道包围层，把漂浮在新喷漆面上的污染物和过多的漆沫清除掉，保证了喷涂作业的清洁，防止了涂料的过喷。

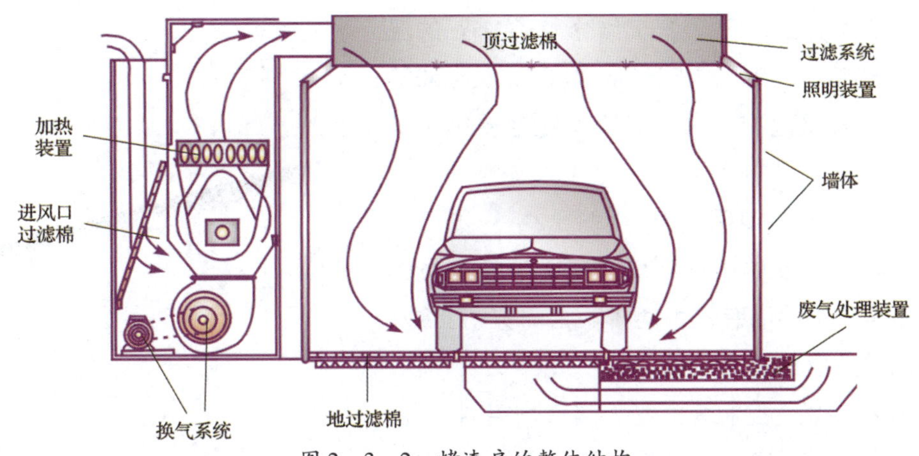

图 2—3—2　烤漆房的整体结构

图 2—3—3　烤漆房的墙体

图 2—3—4　鼓风机

(3) 空气过滤系统。空气过滤系统的作用是净化进入烤漆房的空气和排出烤漆房的空气，目前使用的过滤系统有湿过滤系统和干过滤系统两种。现在汽车维修企业使用的烤漆房大多为干过滤系统，干过滤系统由框体和滤芯组成（见图 2—3—5），滤芯采用干式无纺过滤棉。在烤漆房中，进风通道设有进风口过滤棉和烤漆房顶过滤棉，在排气通道中设有地过滤棉。

图 2—3—5　过滤系统

(4) 空气加热装置。空气加热装置的作用是加热通过进风口的空气，使烤漆房内的气温达到喷漆和烤漆所需要的温度。燃油加热型烤漆房的加热装置由热交换器、燃烧器（见图 2—3—6）组成，国内高档烤漆房采用进口燃烧器和双层散热管式热交换器。

a)

b)

图 2—3—6　加热装置

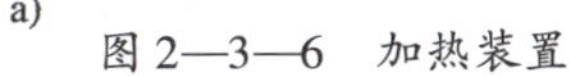

a) 烤漆房燃烧器　b) 烤漆房热交换器

汽车烤漆房行业规定：汽车维修烤漆作业的温度不得高于80℃，作业区内空气从20℃加热至60℃所需的时间不得超过15 min，燃油消耗量要小于等于18 L/h。

(5) 照明装置。照明装置（见图2—3—7）为烤漆房提供一个明亮的工作环境，便于喷涂人员的施工。烤漆房内的照明装置由两排组合日光灯组成，使烤漆房内的照度保持在800 lx以上。

图2—3—7 照明装置

(6) 控制装置。控制装置是将烤漆房各种电路汇集于一个控制箱，实现集中控制的装置。控制箱有总电源控制、照明控制、喷漆控制、升温控制和烤漆时间控制等功能。烤漆房智能控制箱的操作面板如图2—3—8所示。喷漆时，首先插入钥匙右旋，打开电源总开关，红色的电源指示灯点亮，电压表显示工作电压；右旋照明旋钮，照明灯亮；右旋喷漆模式旋钮是常温喷漆，左旋喷漆模式旋钮是升温喷漆，相应的绿色指示灯点亮，升温喷漆要调好喷涂所需要的温度。喷涂结束，将喷漆旋钮调到中间位置，喷漆模式停止。车身表面涂膜闪干后，将烤漆模式旋钮右旋，烘烤指示灯点亮，调整烘烤的温度和烘烤时间，进入涂膜烘烤模式。

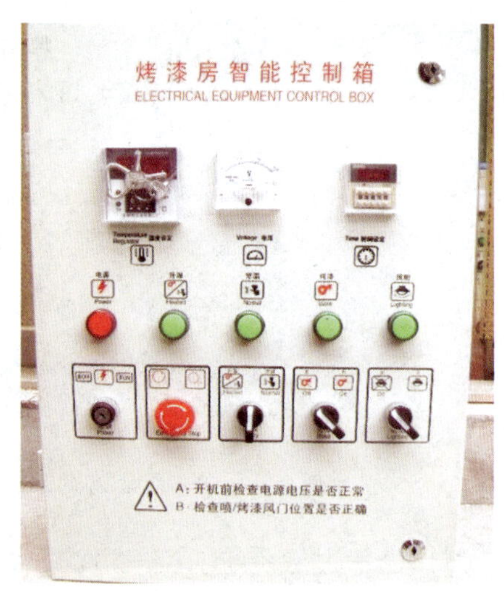

图2—3—8 控制面板

2. 烤漆房的基本要求

(1) 烤漆房内的空气必须过滤，空气的温度、湿度可以调节。

(2) 烤漆房内的照度应在800 lx以上，照明灯具不得接触漆雾，烤漆房内必须配置防爆泄压装置。

(3) 烤漆房内空气应自上而下流动，喷漆时，风速应在0.2～0.6 m/s范围内，不会产生气流死角、漆雾回落和涂膜的流平性不良；烤漆时，烤漆房的热空气对流为密闭式循环系统，低温烤漆房的循环风速应不低于3.3 m/min。

(4) 喷涂时，烤漆房的排风量稳定，排风量要略小于供风量，防止外界空气进入和漆雾外逸；烘烤时，烤漆房必须持续排出和补给10%的空气，防止溶剂蒸气积累引发爆炸。

(5) 烤漆房内产生的气体应在处理后排出，以免污染环境。

二、其他烘干设备

1. 红外线烤灯

红外线烤灯是一种辐射式干燥设备，用于车身涂膜的局部干燥。电加热式远红外线烤灯

（见图 2—3—9）由烤灯、支架和控制面板三部分组成，烤灯内有辐射热源的钨丝、石英管外罩和定向反射屏。红外线烤灯具有输出功率大、烘干速度快、加热范围容易控制、高效、节能、投资少的优点，在低温烘烤中被广泛使用。红外线烤灯在现在的汽车修补涂装中应用非常广泛。

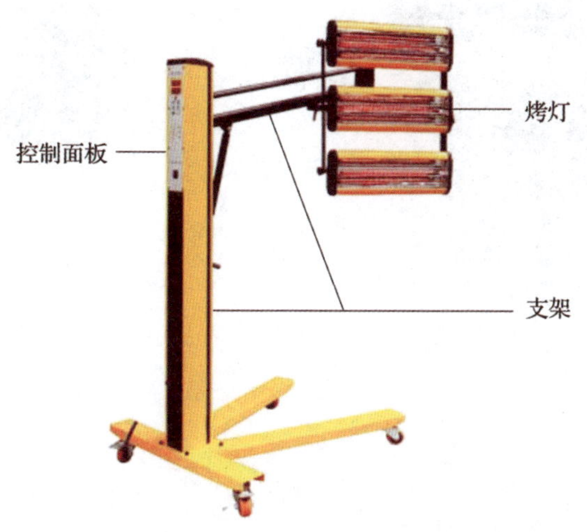

图 2—3—9　电加热式远红外线烤灯

英国得利红外线烤灯的控制面板如图 2—3—10 所示。控制面板由按钮、指示灯和液晶显示屏三部分组成。按下绿色按钮，烤灯三根灯管以闪烁加热的模式工作，一般用于新喷漆闪干加热；再次按下绿色按钮，烤灯三根灯管以烘烤的模式工作。按下红色按钮，烤灯停止工作。面板中间一排按钮用于选择烤灯的哪些灯管工作。面板左下侧有加时按钮，分别是烘烤加时 1 min 和加时 10 min 按钮，左上侧为烘烤模式转换按钮。液晶显示屏以倒计时的方式显示烤灯的烘烤时间。

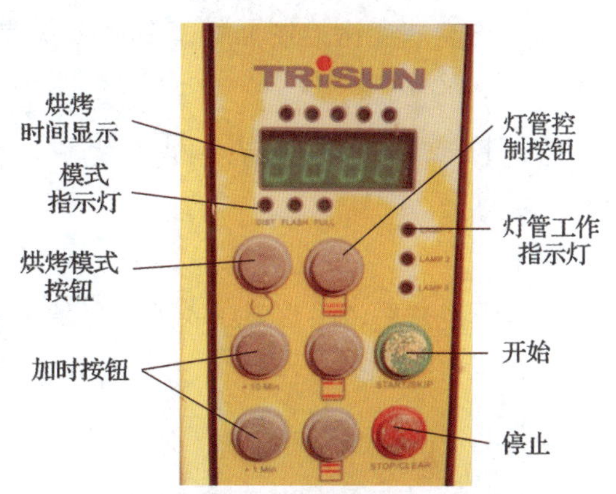

图 2—3—10　红外线烤灯控制面板

红外线烤灯的烘烤距离为 80 ~ 120 cm，在红外线烤灯的背面有一个烘烤距离指示灯（见图 2—3—11），当烘烤距离在合适的范围，绿色指示灯亮，当烘烤距离大于规定值，右侧的黄色指示灯亮，小于规定值左侧的黄色指示灯亮。

2. 烘箱

烘箱（见图 2—3—12）在喷涂作业中多用于喷涂样板的烘干，有台式（见图 2—3—12）和柜式两种结构，加热方式一般为电加热和红外线加热，烘箱的特点是保温性能好，占地面积小，使用方便。

图 2—3—11 烘烤距离指示灯

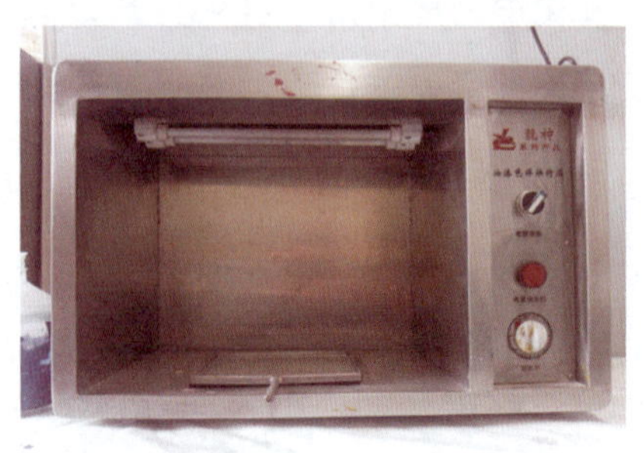

图 2—3—12 烘箱

技能训练

操作一 烤漆房的使用

1. 打开烤漆房总电源

方法：

（1）检查烤漆房控制面板上的各开关是否处于非工作状态。

（2）将烤漆控制箱的钥匙插入钥匙孔后顺时针转动，电源指示灯亮。

提示：

总电源打开后，检查电压表的指示值是否正常，烤漆房有无异响和电气烧焦的气味。

2. 打开烤漆房照明灯

方法：

顺时针转动烤漆房控制面板上的照明开关至照明挡，烤漆房内照明灯亮。

提示：

烤漆房的照明灯亮后，检查各组照明灯工作是否正常，烤漆房内亮度是否符合要求。

3. 打开喷漆模式开关

（1）常温喷漆模式

方法：

1）检查并清除烤漆房内杂物，确保烤漆房清洁。

2）逆时针转动喷漆模式开关至“常温喷漆”挡，此时烤漆房风机启动。

提示：

喷漆模式打开后，倾听风机启动时声音是否正常，检查烤漆房的风压是否符合要求。

（2）升温喷漆模式

方法：

1）若采用升温喷漆模式，则顺时针转动喷漆模式开关至“升温喷漆”挡。

2）设定烤漆房控制面板上的喷漆温度。

提示：

烤漆房喷漆温度冬季一般设定为 20℃，夏季一般设定为 30℃。

4. 设定烤漆房的烤漆模式

（1）打开烤漆模式开关

方法：

1）喷漆结束 10～15 min 后，检查漆膜表面的闪干程度，以油漆不粘手指为准。

2）右旋烤漆模式开关至“烤漆”挡，烤漆房进入烤漆模式，燃烧器打火，开始燃烧。

3）观察燃烧器旁的燃烧监测窗，确定燃烧器处于正常工作状态。

提示：

燃烧器打火应 1～2 次成功，超过 3 次就需要进行维修。

（2）设定烤漆房的烘烤温度和烘烤时间

方法：

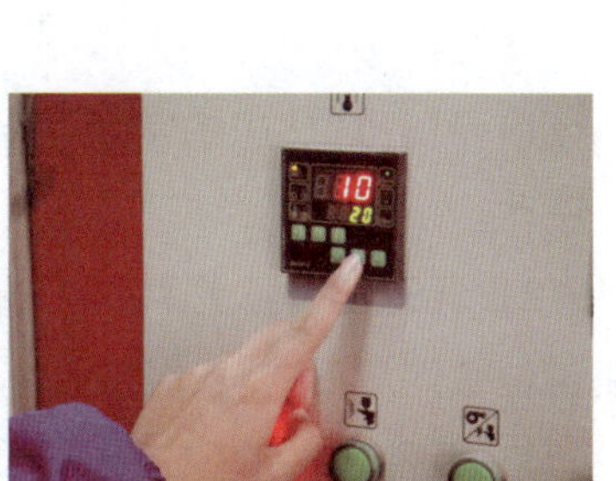

1）按下烤漆房烘烤温度设定按钮，将烤漆房的烘烤温度设定为 60℃。

2）调节烤漆时间设定按钮，将烘烤时间设定为 40 min。

提示：

在 60℃ 的条件下，涂膜干燥的时间一般为 30～40 min。

5. 关闭烤漆房

方法：

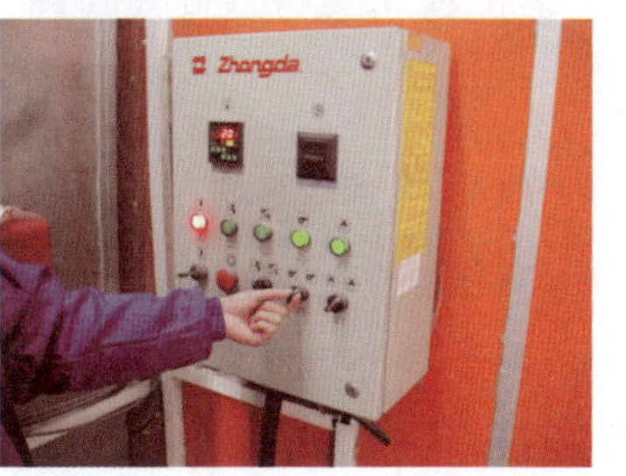

（1）达到烘烤设定的时间，烤漆房烘烤自动停止，打开烤漆房，让车身涂膜自动冷却。

（2）将汽车或车身板件移出烤漆房，将烤漆房控制开关复位到停机状态，关掉总电源。

提示：

烤漆房使用后，要及时填写烤漆房运行记录，做好清洁工作。

6. 烤漆房使用注意事项

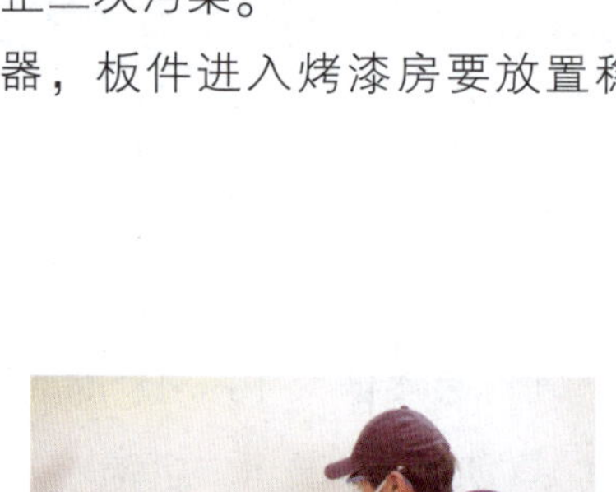

（1）烤漆房内不准存放零件、涂料、包装纸和衣物等，防止影响涂装质量。

（2）不要在烤漆房内进行打磨、贴护、配制涂料、抛光等工作。

（3）清洗地板后，要及时处理清洗后的污水和尘土，防止二次污染。

（4）车辆进入烤漆房后，要停稳汽车，拉紧驻车制动器，板件进入烤漆房要放置稳妥。

操作二　烤漆房的维护

1. 清洁烤漆房

（1）清扫

方法：

1）用铲刀铲除烤漆房墙壁和地格栅上黏附的漆沫。

2）清扫烤漆房墙面、地面和地沟的漆沫、灰尘和杂物。

3）用水擦洗烤漆房的墙壁、玻璃窗和地板，清除污水，然后用干布擦干。

（2）除尘

方法：

1）打开烤漆房的常温喷涂模式开关，使烤漆房内的空气流动。

2）用除尘枪吹起烤漆房墙壁、角落和顶棚上的灰尘，使灰尘被烤漆房内流动的空气带走。

3）用除尘枪吹拂工作人员的工作服，清除工作服上的灰尘。

4）将烤漆房喷漆模式开关复位至停机状态。

2. 检查

（1）检查燃料是否充足

方法：

用干净毛巾将燃油箱外的燃油液面显示管擦干净，观察油箱内的燃料是否充足。

如油箱存油不足，应及时添加柴油或其他燃料，确保烤漆房正常工作。

（2）检查烤漆房的基本设施

方法：

1）检查烤漆房内照明亮度，如果个别灯不工作或亮度达不到要求，则应更换照明灯。

2）检查烤漆房内油水分离器是否齐全有效。

3）检查烤漆房门窗的橡胶密封条是否老化。

（3）检查烤漆房的密封性

方法：

1）打开烤漆房喷漆模式开关，关好烤漆房门。

2）待烤漆房内气压稳定后，将一条遮盖胶带的上端贴在烤漆房门缝或接缝处，观察胶带的下端是否被烤漆房泄漏的空气吹起。

提示：

如果烤漆房气体泄漏严重，应马上更换烤漆房密封条。

（4）检查烤漆房气流流动的平稳性

方法：

站在烤漆房内，用手拿着一条遮盖胶带固定不动，观察胶带飘动的情况。

提示：

胶带垂直向下不摆动或摆动很小，表明烤漆房气流正常；胶带飘忽不定，表明烤漆房内气流有扰动，需查找原因后修复。

3. 更换空气过滤棉

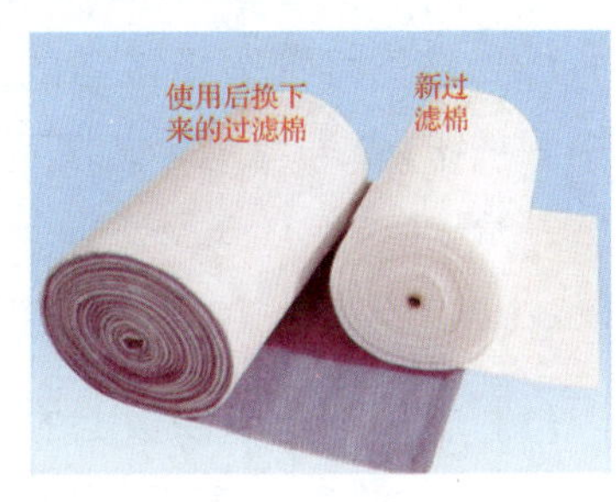

方法：

观察烤漆房内流动的空气中有无大量的纤维和灰尘，如果有则需要更换过滤棉。

提示：

（1）进风口过滤棉每工作 150 h 更换一次。

（2）顶过滤棉每工作 1 000 h 更换一次。

（3）地过滤棉和排风口活性炭过滤棉每工作 200 h 更换一次。

操作三　红外线烤灯的使用

1. 将红外线烤灯对准需要烘烤的板件

方法：

（1）移动红外线烤灯至车身板件附近，调整好位置。

（2）初步调整红外线烤灯的高度和与车身板件的距离。

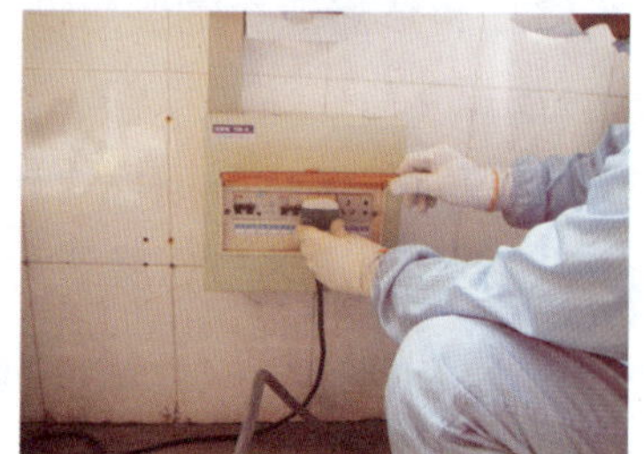

2. 接通红外线烤灯的电源

方法：

（1）将红外线烤灯的电缆插上电源。

（2）打开红外线烤灯上的电源开关。

3. 调整烘烤距离

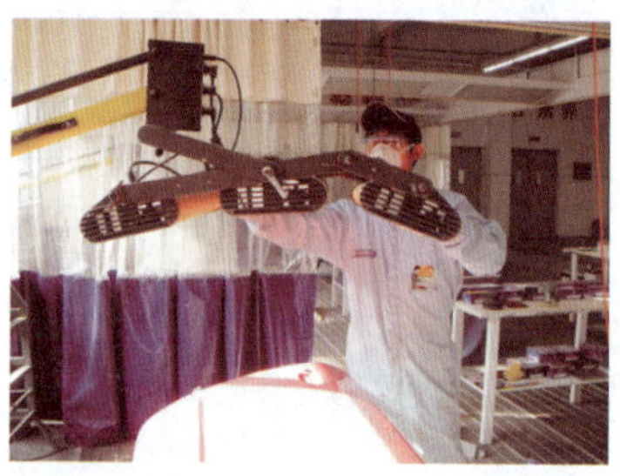

方法：

观察红外线烤灯背面的烘烤距离指示灯，若绿色指示灯亮，则不需调整；若左侧黄色指示灯亮，则需增大烘烤距离；若右侧黄色指示灯亮，则需减小烘烤距离。

4. 开始烘烤

方法：

（1）按下绿色按钮，烤灯的三根灯管同时亮。

（2）按下灯管选择按钮的上端按钮，1 号灯熄灭，按下中间按钮，2 号灯熄灭，按下下端按钮，3 号灯熄灭。

5. 选择烘烤模式

方法：

（1）按一下控制面板上的绿色按钮，烤灯进入闪烁烘干模式，液晶显示屏显示烘烤时间为 5 min；再按一下绿色按钮，烤灯进入直接烘烤模式，液晶显示屏显示烘烤时间为10 min。

（2）也可以按下右上角的烘烤模式按钮，直接在闪干模式和烘干模式之间切换。

6. 根据烘烤需要增加烘烤时间

方法：

进入直接烘烤状态的最短时间为 5 min，如果需要加时几分钟，则按“+1 min”按钮，每按一次加 1 min，若需要加时几十分钟，则按“+10 min”按钮，每按一次加 10 min。

7. 关闭红外线烤灯

方法：

（1）烘烤达到设定的时间，红外线烤灯自动熄灭；若不到设定的时间需要结束烘烤，按下面板上的红色按钮，烤灯停止工作。

（2）烤灯停止工作后，关掉电源总开关，拔下烤灯电缆线，恢复烤灯到正常位置，将烤灯移出工作区。

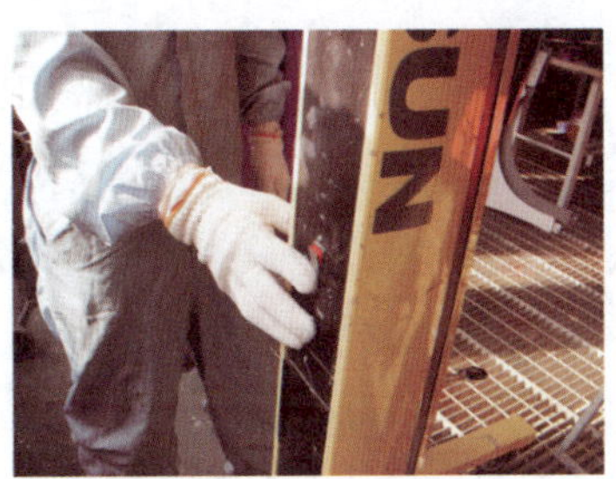

训练评价

训 练 评 价

考核要求

1. 在规定的时间内完成烘干设备的使用与维护，使之符合技术标准。
2. 在操作过程中出现的违规操作，应及时指正。
3. 符合安全文明生产的要求。

考核标准

考评标准表——烘干设备的使用与维护

考核时间	考核项目	分值	评分标准与指导	评价结果
30 min	打开烤漆房总电源、照明灯	5	工具使用不当酌情扣分，并指正	
	选择喷漆模式	5	按要求酌情扣分，并指正	
	选择烘烤模式	5	按要求酌情扣分，并指正	
	调节烤漆房温度和烘烤时间	5	按要求酌情扣分，并指正	
	烤漆房的清洁	15	按要求酌情扣分，并指正	
	烤漆房的检查	20	按要求酌情扣分，并指正	
	过滤棉的更换	15	按要求酌情扣分，并指正	
	烘烤距离的调整	5	按要求酌情扣分，并指正	
	红外线烤灯控制面板的操作	15	按要求酌情扣分，并指正	
	整理工具、清理现场	10	每项扣 2 分，扣完为止	
	遵守相关安全操作规范 在规定的时间内完成		因违规操作发生人身和设备事故，终止考核，成绩按 0 分计；超时每分钟扣 2 分，超时 5 min 终止考核	
	分数合计	100		

实训报告

1. 怎样使用烤漆房，烤漆房的维护有哪些内容?
2. 简述红外线烤灯使用的操作步骤和操作方法。

课题4　打磨设备的使用

学习目标

1. 了解无尘干磨系统的组成。
2. 了解手工湿打磨常用的工具。
3. 熟悉无尘干磨系统各部分的作用。
4. 熟悉车身涂装常用的打磨材料。
5. 能正确使用打磨工具和设备。
6. 能对无尘干磨系统进行合理的维护。

知识准备

一、无尘干磨系统

无尘干磨系统是利用气动或电动工具打磨，同时将打磨下来的灰尘吸入集尘袋的一系列装置的总称。按照动力的提供方式，无尘干磨系统分为气动无尘干磨系统和电动无尘干磨系统；按照车间的布置方式，无尘干磨系统分为有固定工位的悬臂式（见图2—4—1）和无固定工位的移动式两种。其中气动移动式无尘干磨系统在汽车维修行业应用最为广泛。

图2—4—1　悬臂式无尘干磨系统

1. 无尘干磨系统的组成

无尘干磨系统主要由真空吸尘器、伺服系统、打磨机、吸尘软管和干磨砂纸等组成，常见的无尘干磨系统如图 2—4—2 所示。

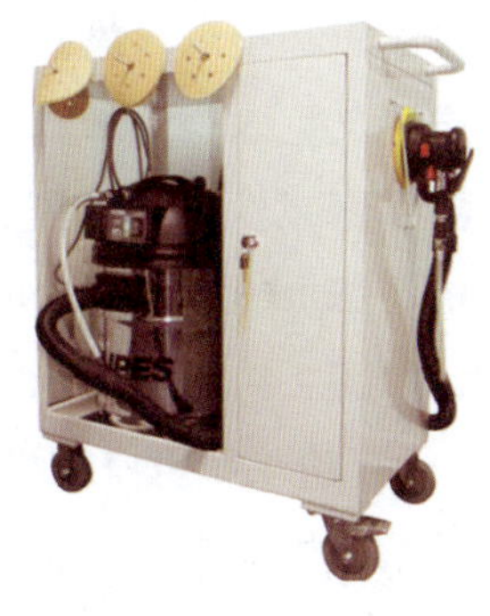

图 2—4—2　无尘干磨系统

（1）真空吸尘器。真空吸尘器是无尘干磨系统的集尘中心，主要用于收集打磨下来的粉尘。真空吸尘器上设有打磨和吸尘模式开关，意大利路贝狮真空吸尘器的控制开关如图 2—4—3 所示。开关位于正中，指向面板上的白色区域，真空吸尘器处于停机状态。右旋开关至面板上黄绿色区域，干磨系统处于一个工位的吸尘、打磨模式；右旋开关至面板上的绿色区域，干磨系统处于两个工位同时打磨、吸尘模式。左旋开关至面板上淡蓝色区域，系统处于单纯的吸尘模式。

图 2—4—3　路贝狮真空吸尘器

（2）伺服系统。伺服系统由气压表、油水分离器、自动润滑储油杯和压缩空气快速接头等组成，伺服系统的结构如图 2—4—4 所示。伺服系统具有调节打磨机的工作气压，进一步净化压缩空气，自动润滑真空吸尘器电动机的功能。

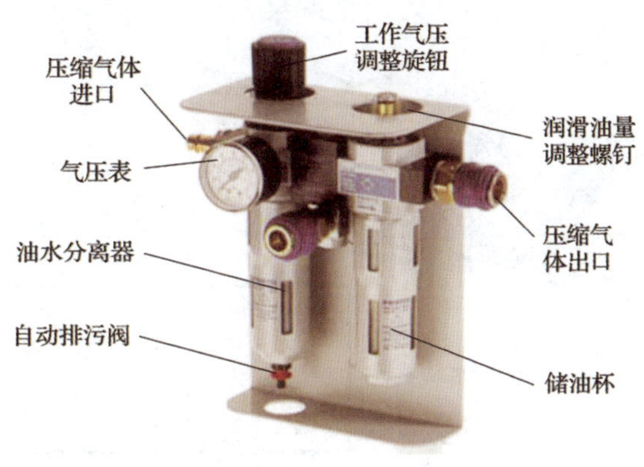

图 2—4—4　伺服系统

（3）打磨工具。无尘干磨系统的主要打磨工具是打磨机。打磨机按照驱动方式可分为气动打磨机和电动打磨机；按照托盘的形状可分为圆盘式打磨机和板式打磨机；按照砂纸的运动方式又可以分为单作用打磨机、双作用打磨机和轨道式打磨机。涂装车间内有易燃物品，要尽量减少电动工具的使用，主要采用气动打磨机。

1）气动单作用打磨机。单作用打磨机的打磨托盘绕一固定点转动，砂纸只做单一圆周运动，如图2—4—5所示。这种打磨机转矩大，主要用于消除钣金焊点和除旧漆作业。

2）气动双作用打磨机。双作用打磨机的打磨托盘本身以小圆圈振动，同时又绕自己的中心转动，如图2—4—6所示，又称为偏心距打磨机。费斯托打磨机常用的偏心距打磨机有3 mm、5 mm、7 mm三种；路贝狮打磨机的偏心距打磨机有3 mm、6 mm、9 mm三种。偏心距越大，打磨机的磨削力越强。一般偏心距为3 mm的打磨机用于打磨漆面，偏心距为5 mm的打磨机用于打磨羽状边，偏心距为7 mm的打磨机用于粗磨原子灰和除旧漆工作。双作用打磨机有硬质和软质两种打磨托盘，打磨漆面一般用软质打磨托盘，有时还要加装海绵保护垫。常用打磨托盘有5 in、6 in、8 in三种规格。大面积打磨选用8 in打磨托盘，以加快打磨速度；小面积打磨可以选择5 in或6 in打磨托盘，操作起来比较方便。

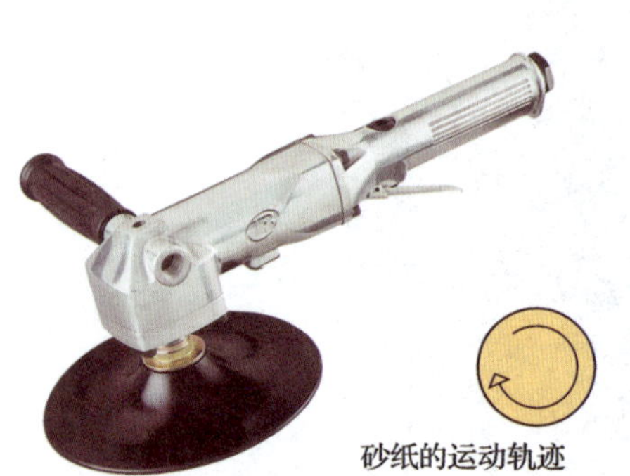

图2—4—5　单作用打磨机

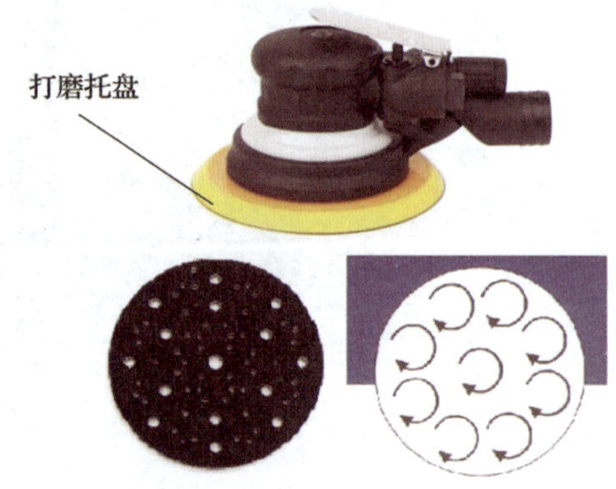

图2—4—6　双作用打磨机

3）气动轨道式打磨机。轨道式打磨机砂垫的外形呈矩形，便于在工件表面上沿直线轨迹移动，砂垫本身以小圆圈振动，如图2—4—7所示。该类打磨机适用于平面，主要用于原子灰的磨平工作，操作时可以根据工件表面情况采用各种尺寸的砂垫，以提高工作效率。

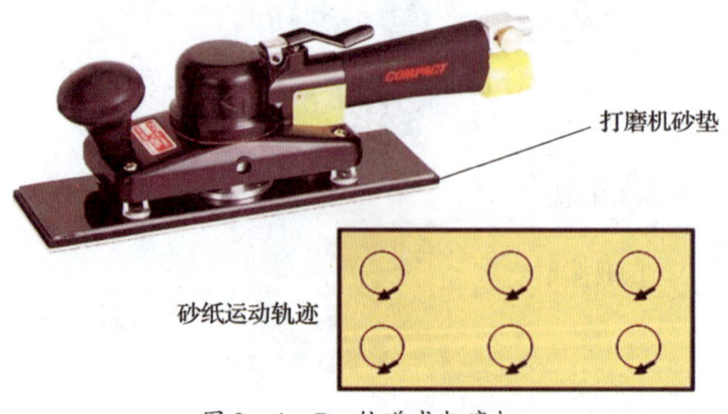

图2—4—7　轨道式打磨机

4）手刨。手刨是一种手工打磨工具，它本身没有动力机构，是借助手的推力来实现打磨的，它通过吸尘软管与真空吸尘器相连，打磨下来的灰尘直接被吸入集尘袋。常用的手刨有 70 mm × 420 mm、70 mm × 198 mm、70 mm × 120 mm 三种规格，如图 2—4—8 所示。手刨质量轻，外形小巧，操控方便，是打磨原子灰的理想工具。

5）干磨砂纸。干磨砂纸的磨料是高性能氧化铝，用树脂黏结在特殊底材上，背面有快速母粘扣，能紧扣打磨机的托盘，装卸灵活，省时省力。干磨砂纸一般是片状带孔砂纸，有圆形和方形两种，如图 2—4—9 所示。干磨砂纸的背面印有砂纸的规格，砂纸的规格用“P”表示，如 80 号砂纸，其规格为“P80”。干磨砂纸有从 P40 到 P4000 多种规格，其中 P40 ~ P500 用于汽车涂装底材处理（见图 2—4—10），P600 ~ P1500 用于清除漆面的颗粒、橘皮和脏点。

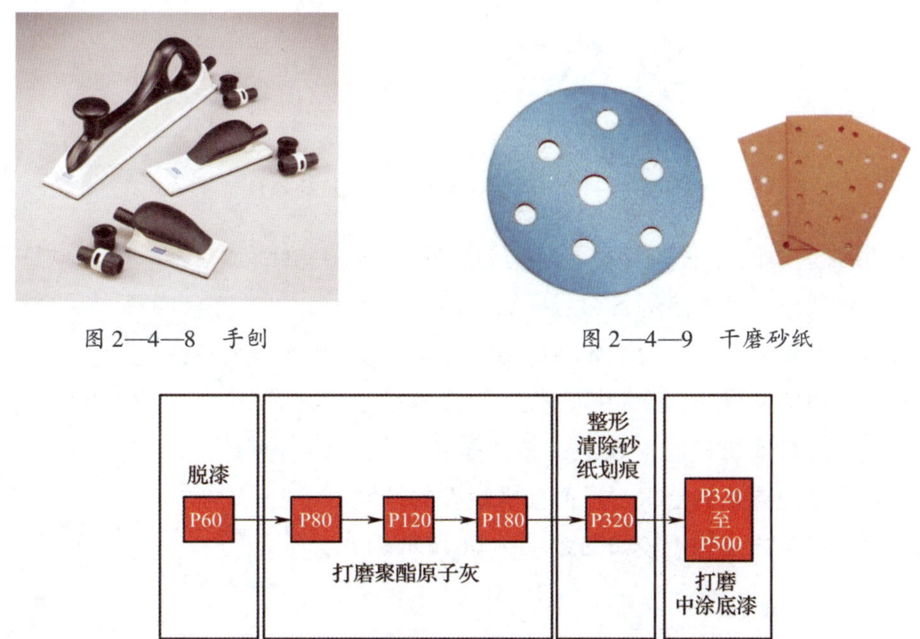

图 2—4—8　手刨　　　　图 2—4—9　干磨砂纸

图 2—4—10　底材处理使用砂纸的规格

2. 无尘干磨机的打磨方法

（1）无尘干磨机与表面的夹角。电动打磨机的转矩大，在打磨作业时，打磨机的打磨托盘要保持与工件表面平行，否则会在金属表面留下划痕。气动打磨机转速高，对涂膜打磨主要依靠旋转力的切削，打磨时其托盘与工作面要保持 15° ~ 20°的夹角。打磨机托盘与工件表面的夹角如图 2—4—11 所示。

（2）除旧涂层的打磨方法。清除旧涂层，当打磨机向右移动时，要用打磨机叶轮左上方的 1/4 打磨加工表面；打磨机从右向左移动时，要用叶轮右上方的 1/4 打磨加工表面（见图 2—4—12）。打磨较小的凹穴，应增大打磨机托盘与工件表面的角度（见图 2—4—13），适当提起打磨机。

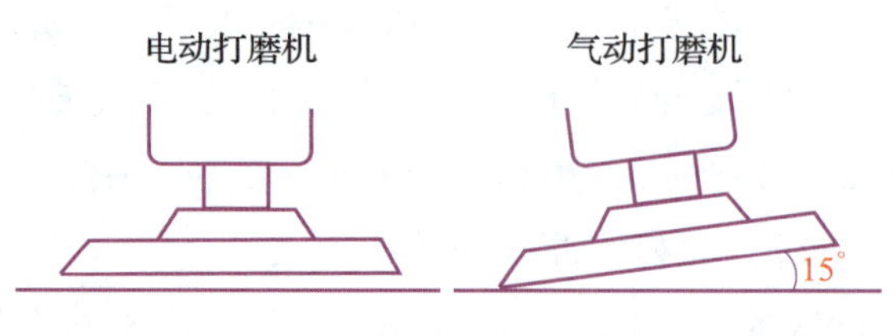

图 2—4—11　打磨机托盘与工件表面的夹角

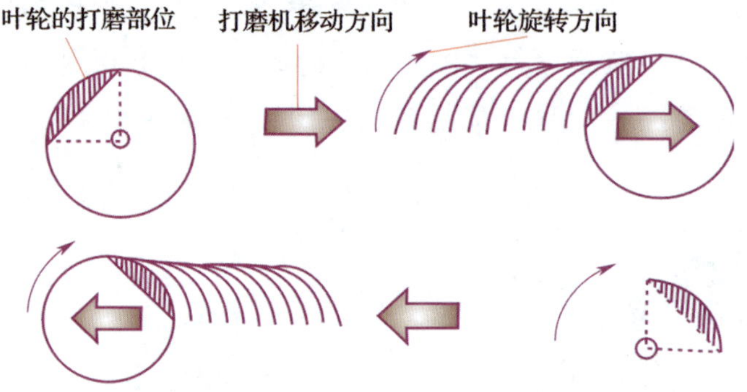

图 2—4—12　左右移动时用于打磨的部位

（3）打磨羽状边的方法。打磨羽状边是为了制作一个较宽的平滑边缘，使施涂的各涂层平缓过渡，增加涂膜破损边缘的附着力。打磨时，先将打磨机托盘轻压在裸金属与旧涂膜的交界处，启动打磨机，沿边缘移动打磨机。前后推拉打磨机打磨羽状边的方法是错误的，这样不仅不能消除边界处的台阶，反而使裸金属的区域越来越大。两种打磨方法的比较如图 2—4—14 所示。

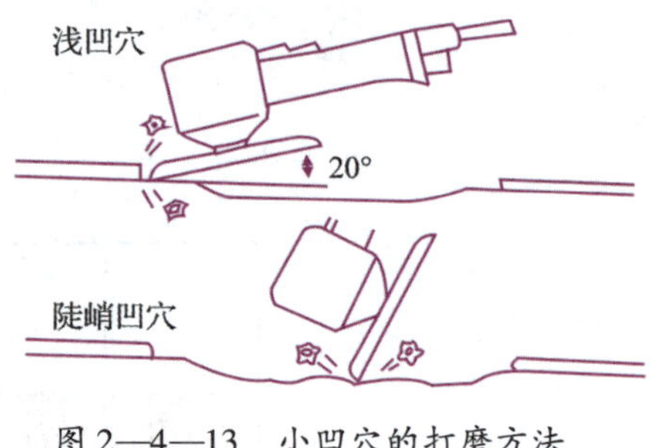

图 2—4—13　小凹穴的打磨方法

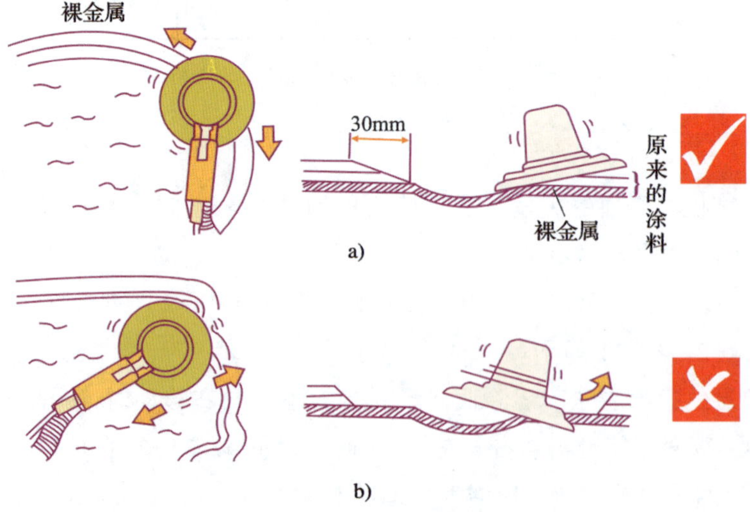

图 2—4—14　两种打磨羽状边的方法比较

（4）平整漆面的打磨方法。打磨大面积平整的漆面时，握紧打磨机，将打磨机托盘与漆面的夹角保持在5°～10°，均衡用力适度向下施压，左右移动打磨机。打磨时，前后两道砂痕之间重叠50%～60%，这样有利于磨平整个漆面，不会产生很深的划痕，也不会遗漏需要打磨的部位。平整漆面的打磨方法如图2—4—15所示。

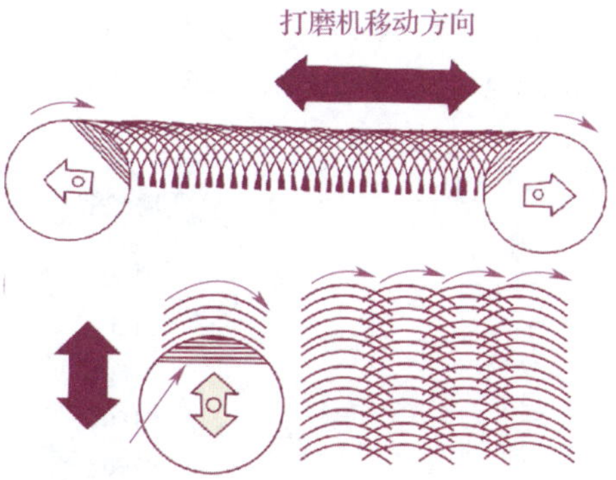

打磨机移动方向

图2—4—15　平整漆面的打磨方法

二、手工打磨工具和材料

1. 手工打磨垫块

手工打磨垫块主要有硬橡胶打磨垫块、中等弹性橡胶垫块和海绵垫块三种。硬橡胶打磨垫块如图2—4—16所示，使用时要外垫水磨砂纸，一般用于湿磨原子灰层。中等弹性橡胶垫块（见图2—4—17）是一种辅助打磨工具，利用它的弹性，在外包水磨砂纸打磨棱角和形状多变的部位时，可以避免划伤凸出部位。海绵垫块适用于漆面打磨，如抛光前磨平颗粒、橘皮等，不易对漆面造成大的伤害。

图2—4—16　硬橡胶打磨垫块

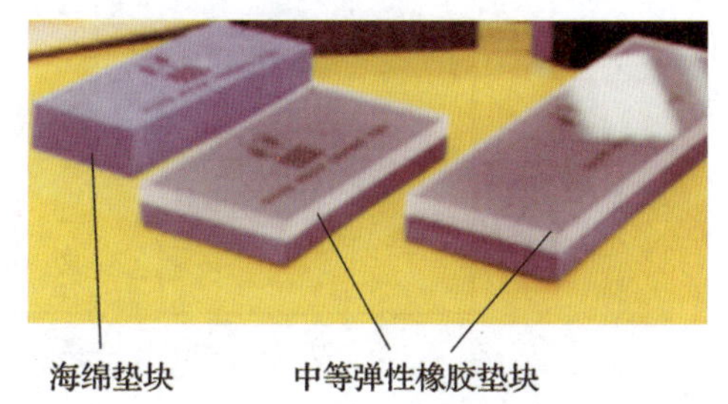

图2—4—17　中等弹性的橡胶垫块和海绵垫块

2. 水磨砂纸

水磨砂纸是汽车修理厂常用的砂纸之一，其大小约为23 cm×28 cm。水磨砂纸的背面印有砂纸的规格（见图2—4—18），水磨砂纸有从P40到P2000多种规格。一般水磨砂纸规格为P40～P800的用于车身底材处理，P800～P2000的用于漆面打磨。同一规格的水磨砂纸和干磨砂纸，其磨料的粒度大小不同，打磨后的效果差别也很大。同一打磨粒度对应干、湿砂纸不同规格的比较如图2—4—19所示。

由于打磨部位的形状、大小不同，要求将水磨砂纸裁成适合打磨需要的尺寸。常规打磨时，将水磨砂纸裁成1/4大小，约为11.5 cm×14 cm，这种尺寸大小适中，便于手握操作；小面积打磨时，将水磨砂纸裁成1/8大小，约为5.75 cm×7 cm，这种尺寸适于点状打磨和流痕处理；大面积打磨时，则需要将

图2—4—18　水磨砂纸

水磨砂纸横向裁成1/4大小，约为7 cm×23 cm，以便于平整较大平面上的缺陷。水磨砂纸的裁剪方法如图2—4—20所示。

干磨砂纸（机磨）	水磨砂纸（手工）
P100	P180~P220
P120	P220~P240
P150	P240~P280
P180	P280~P320
P220	P320~P360
P240	P360~P400
P280	P400~P500
P320	P500~P600
P360	P600~P800
P400	P800~P1000
P500	P1000~P1200

图2—4—19　相同粒度干、湿砂纸规格对比

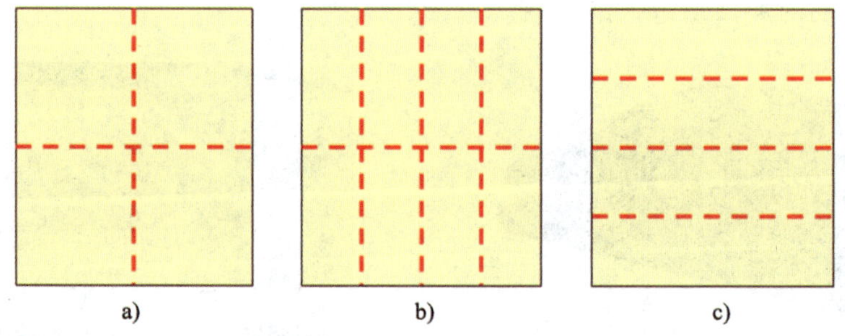

图2—4—20　水磨砂纸的裁剪方法

a）常规打磨　b）小面积打磨　c）大面积打磨

水磨砂纸使用前应充分浸泡，这样可以使砂纸的柔韧性增加，避免因折叠而引起的脆裂，特别是寒冷的冬天，应用温水浸泡。

3. 三维打磨材料

三维打磨材料是研磨颗粒附着在三维纤维或海绵上形成的打磨材料，这种材料有非常好的柔韧性，适合打磨外形复杂或特殊材料的表面，可用于各种条件下的打磨。菜瓜布（见图2—4—21）就是三维打磨材料的一种，主要用于喷涂前粗化表面和去除涂膜的细小缺陷。常见的菜瓜布有绿、红、灰三种，绿色菜瓜布相当于P320砂纸，红色菜瓜布相当于P360砂纸，粗灰色菜瓜布相当于P800～P1200砂纸，灰（超细）菜瓜布相当于P1500～P2000砂纸。

图2—4—21　菜瓜布

技能训练

操作一　无尘干磨系统的使用

1. 无尘干磨系统的组装

（1）接上电源和压缩空气

方法：

1）检查真空吸尘器开关是否处于停机状态，将电源线插头插上电源。

2）将压缩空气软管接到吸尘器伺服系统的进气口。

提示：

接好电源和压缩空气后，观察吸尘器有无异常，压缩空气有无泄漏。

（2）接上吸尘软管

方法：

1）插上与吸尘软管组合在一起的空气软管。

2）装上吸尘三通接头。

3）装上吸尘软管接头。

4）将吸尘软管接头插入三通接头。

提示：

装空气软管和吸尘软管接头时要保证连接可靠，接头处无泄漏。

（3）接上气动打磨机

方法：

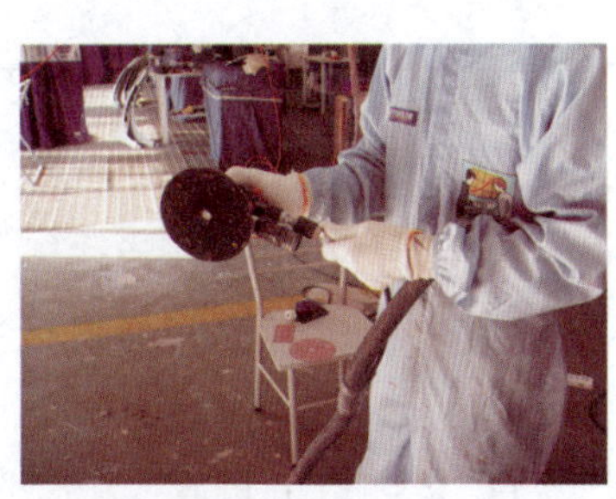

1）将与空气软管组合的快速插头插在打磨机的接头上。

2）将吸尘软管装到打磨机上。

提示：

装吸尘软管之前，要检查软管有无破损，吸尘软管要自然伸展，不能折曲和挤压。

（4）装好干磨砂纸

方法：

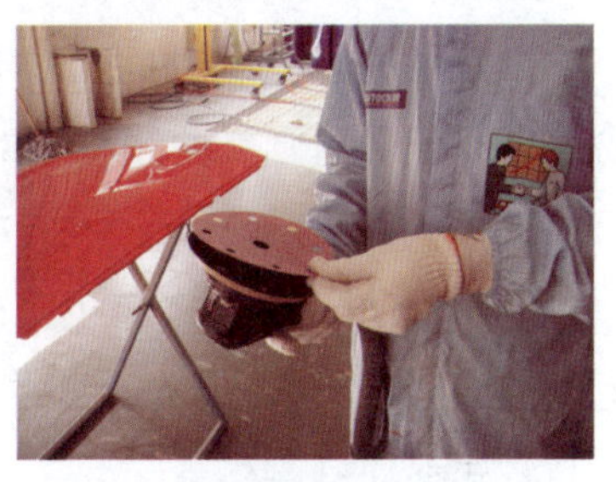

1）根据打磨的要求选择相应型号的干磨砂纸。

2）将砂纸粘扣在打磨机托盘上。

提示：

粘扣砂纸时，必须将砂纸的孔眼与打磨机托盘上的孔眼完全对齐；砂纸的大小要与打磨机托盘大小一致，砂纸要完全盖住打磨机托盘，不能使托盘直接接触打磨表面。

2. 试机与调整

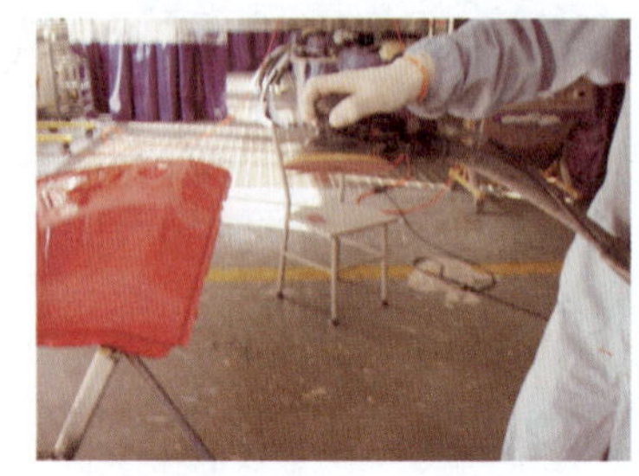

方法：

（1）将真空吸尘器上的开关旋至打磨挡。

（2）拿起打磨机，压下打磨机开关，观察打磨头运转是否平稳，真空吸尘器是否启动和吸尘。

（3）调整打磨机转速。根据打磨机转速调整手柄旁的指示，左右扳动手柄调节转速大小，直至打磨机转速符合要求。

提示：

不同类型的打磨机，其转速调整的方法不一样，要根据具体要求进行调整。

3. 圆盘打磨机的打磨

（1）将打磨机放在打磨位置

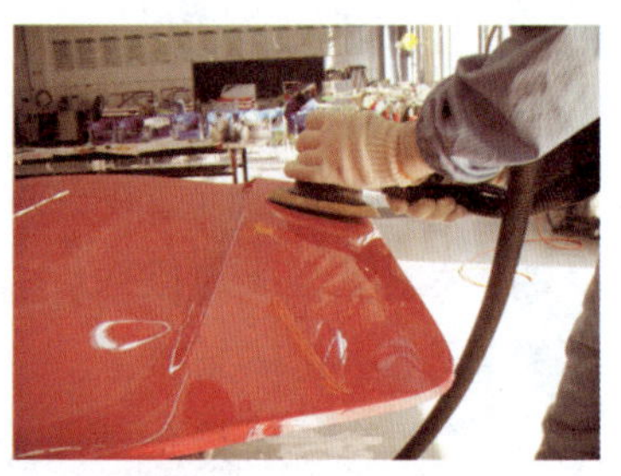

方法：

1）在打磨机停机的状态下，将打磨机轻压在板件上的打磨位置。

2）使打磨机托盘平面与板件平面成15°~20°的夹角。

提示：

不同的打磨工序，打磨机托盘与板件之间的夹角也不一样，打磨时要根据具体要求来确定。

（2）启动打磨机

方法：

按下打磨机开关，打磨机开始打磨。

提示：

不能先开动打磨机后接触打磨面，打磨时向下压的力不能过大，否则会使打磨机运转不平稳或停止转动，影响打磨效果。

（3）移动打磨机

方法：

沿打磨的边缘移动打磨机。大平面采用直线移动的方式，小面积采用圆弧曲线移动的方式。

提示：

使用气动圆盘式打磨机，砂纸打磨效率最高的部位是距离砂纸边缘10~20 mm处的砂孔位置。不能采用前后推拉的方式移动打磨机。

4. 手刨的打磨

（1）打磨前准备

方法：

1）将不带空气软管的吸尘软管接到真空吸尘器上。

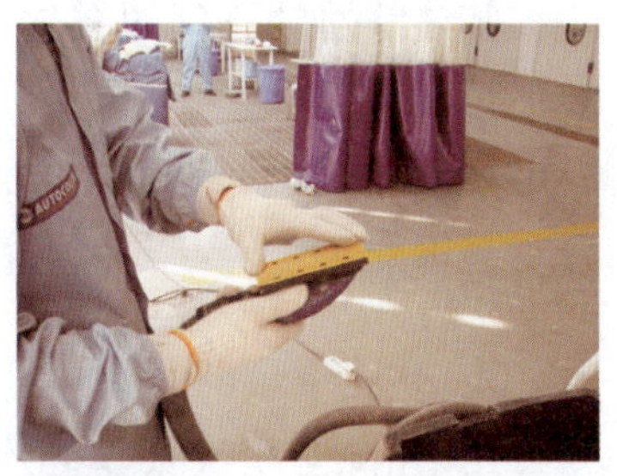

2）将手刨接到吸尘软管上。

3）选取大小合适、符合打磨要求的方形砂纸，将砂纸粘扣到手刨上。

4）左旋真空吸尘器旋钮至“吸尘”挡，启动真空吸尘器。

（2）打磨

方法：

1）将粘扣有砂纸的手刨平行压于打磨面上。

2）均衡用力在打磨面上来回运动，实施打磨。

提示：

1）打磨时要始终保持手刨与打磨面平行。

2）要采用交叉打磨的方法进行打磨，以免留下很深的打磨痕迹。

5. 停机

方法：

打磨结束后，松开打磨机开关，将真空吸尘器上的旋钮转到停机挡，无尘干磨系统停止工作。

提示：

打磨过程中，要反复检查打磨质量是否符合要求，确认不需再打磨时方可停机，以免无尘干磨系统频繁启动。

6. 整理

方法：

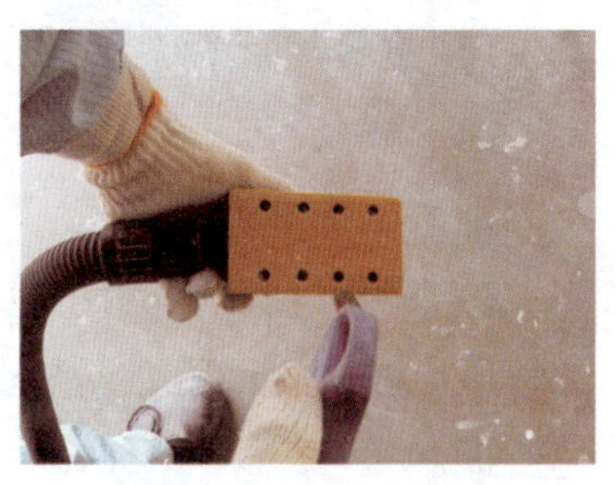

（1）停机后，用除尘枪吹除砂纸和打磨设备上的灰尘。

（2）拆下干磨砂纸。

（3）拆下打磨设备，将打磨设备妥善摆放。

（4）将吸尘软管绕成圈，挂在真空吸尘器上。

（5）拆除无尘干磨系统的电源和气源，整体清洁。

操作二　无尘干磨系统的维护

1. 打磨机清洁、润滑

方法：

（1）用除尘枪吹除打磨机表面和各气体孔道内的灰尘。

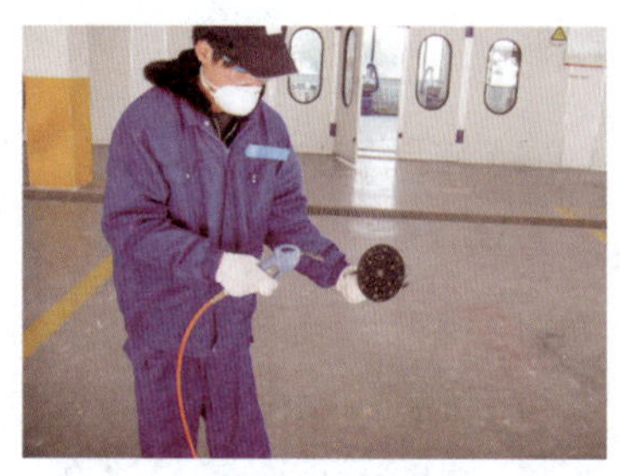

(2) 拆下打磨机托盘，在打磨机运动件的配合副处滴加润滑油。

提示：

加注润滑油不能过多，以防润滑油流出，影响涂装作业质量。

2. 真空吸尘器的维护

(1) 清洁

方法：

1) 用除尘枪吹除真空吸尘器表面的灰尘，然后用干净毛巾整体擦拭一遍。

2) 拆开真空吸尘器上体与伺服系统之间连接的润滑油管。

3) 扳开真空吸尘器上、下体的锁止机构，分开真空吸尘器的上、下体。

4) 拆出空气滤清器，用除尘枪吹除空气滤清器上的灰尘。

(2) 集尘袋的检查与更换

方法：

1) 检查集尘袋有无破损和袋内灰尘积聚的多少。

2) 集尘袋破损或灰尘积满，应更换集尘袋。

提示：

集尘袋一旦破损或灰尘积满，吸尘器真空吸尘能力下降，甚至不能吸尘。

3. 伺服系统的检查与调整

(1) 系统工作压力的检查与调整

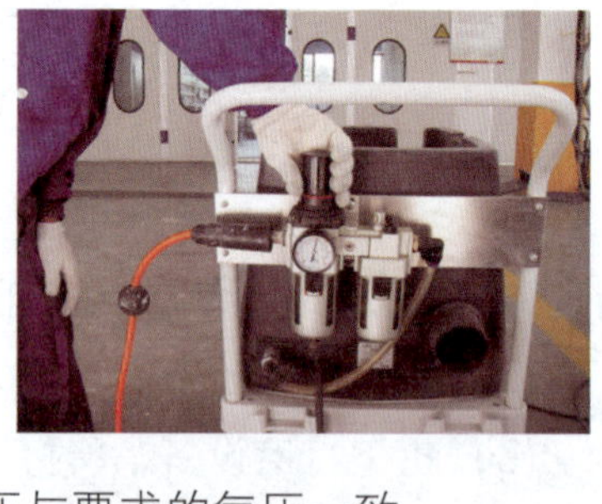

方法：

1) 拉起伺服系统上压力调整旋钮的外罩。

2) 顺时针转动外罩，无尘干磨系统的工作气压增大，反之则气压减小。

3) 观察伺服系统上的气压表显示的数字，与系统要求的气压比较，转动压力调整旋钮的外罩，使气压表指示的气压与要求的气压一致。

提示：

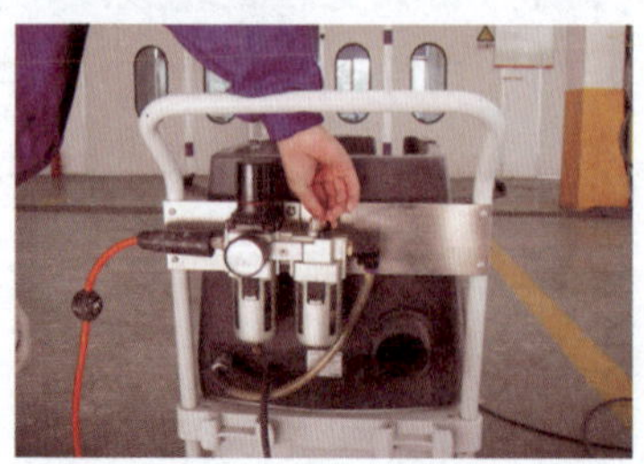

一般情况下，无尘干磨系统的工作气压为 0.6 MPa。

(2) 润滑油量的检查与调整

方法：

1) 检查伺服系统储油杯中储存润滑油的液面高度，如果润滑油不到1/4，则需要马上添加润滑油。

2）根据打磨机的工作情况，转动润滑油量调整旋钮，使无尘干磨系统的润滑符合要求。

提示：

左旋润滑油量调整旋钮，润滑油的排出量增大，反之润滑油排出量减小。

操作三　手工湿打磨

1. 砂纸准备

方法：

（1）将一整张水磨砂纸纵横对折纸裁成大小相同的四块，浸入装有水的水桶中。

（2）选取中等弹性的橡胶打磨垫块作为打磨的辅助工具。

（3）待水磨砂纸完全浸透，整体卷曲时，拿出水磨砂纸，安装在打磨垫块上。

提示：

根据打磨面的需要，打磨垫块的大小不同，裁取砂纸的方法也不一样。

2. 打磨准备

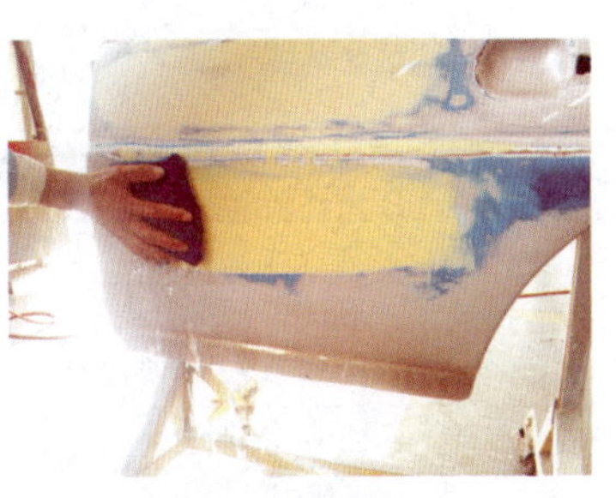

方法：

用一块毛巾蘸上水擦洗打磨表面，使打磨面湿润。

提示：

由于湿打磨会有很多污水，工作人员需穿防水皮靴和防水围裙；要使污水能从排水沟或地格栅及时流走。

3. 手工水磨

方法：

（1）一手夹住砂纸和打磨垫块，一手拿蘸满水的毛巾，开始打磨。

（2）打磨过程中，不断挤出毛巾中的水，冲洗打磨表面。

（3）打磨过程中，不断清洗打磨表面，清洗打磨砂纸，以提高继续打磨的打磨效果。

（4）打磨过程中，要用手反复触摸检查打磨表面的平整度，确保打磨质量。

提示：

砂纸打磨效果不好时，要及时更换。

4. 清洁和除水

方法：

（1）用清水冲洗打磨表面。

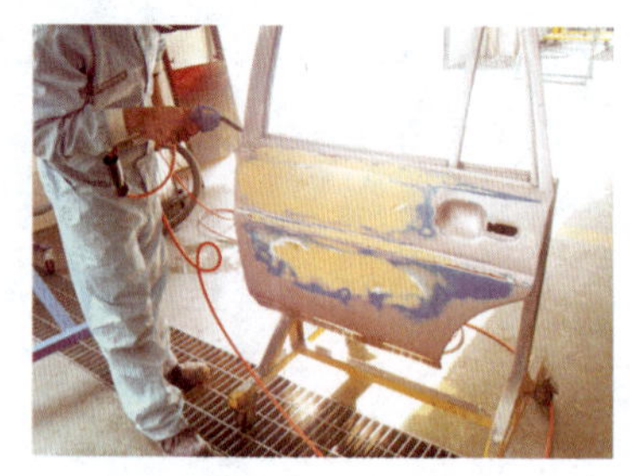

（2）将毛巾拧干，擦除打磨表面的水渍。

（3）用吹尘枪吹除板件沟槽里的水，吹干板件表面的水分。

（4）清扫打磨场地。

提示：

原子灰吸水能力较强，除水时要长时间吹拂原子灰表面，确保水分完全散发。

训练评价

训 练 评 价

考核要求

1. 在规定的时间内完成打磨设备的使用与维护，使之符合技术标准。
2. 在操作过程中出现的违规操作，应及时指正。
3. 符合安全文明生产的要求。

考核标准

考评标准表——打磨设备的使用与维护

考核时间	考核项目	分值	评分标准与指导	评价结果
80 min	组装无尘干磨系统	10	工具使用不当酌情扣分，并指正	
	调试打磨机	5	按要求酌情扣分，并指正	
	利用圆盘打磨机进行打磨	15	按要求酌情扣分，并指正	
	利用手刨进行打磨	10	按要求酌情扣分，并指正	
	打磨机的维护	5	按要求酌情扣分，并指正	
	真空吸尘器的维护	10	按要求酌情扣分，并指正	
	伺服系统的检查与调整	10	按要求酌情扣分，并指正	
	手工湿打磨前的准备	10	按要求酌情扣分，并指正	
	手工湿打磨	15	按要求酌情扣分，并指正	
	“6S”规范	10	每项扣2分，扣完为止	
	遵守相关安全操作规范 在规定的时间内完成		因违规操作发生人身和设备事故，终止考核，成绩按0分计；超时每分钟扣2分，超时5 min终止考核	
	分数合计	100		

实训报告

1. 简述无尘干磨系统的操作步骤。
2. 无尘干磨系统的维护有哪些内容，怎样维护？

单元三　汽车修补涂装前准备

课题1　车身修补涂装工艺的确定

学习目标

1. 熟悉使车身表面清洁的方法。
2. 掌握汽车涂装修补工艺流程。
3. 掌握选择车身修补涂装工艺的方法。
4. 能正确进行车身表面的清洁。
5. 能正确评估车身的损伤程度。
6. 能根据车身涂膜损伤的具体情况选择合理的车身修补涂装工艺。

知识准备

通常一辆漆面受损的汽车从接车到修复交车，一般要经过下面的一系列工作：

车身表面的清洗→鉴定涂膜损伤程度→确定涂装修补工艺→处理车身底材→喷涂底漆→施涂中间涂层→调配面漆→喷涂面漆→干燥面漆→抛光、清洗→交车。

一、车身表面的清洁

1. 全车清洗

汽车涂装施工前需要彻底清洗整车上的灰尘、污垢或其他异物。在汽车车门、行李箱、发动机罩和轮胎挡泥板的边缘和缝隙处（见图3—1—1）积存着大量的灰尘和污垢，如果不清除干净，新喷涂膜上有可能沾上很多污点。

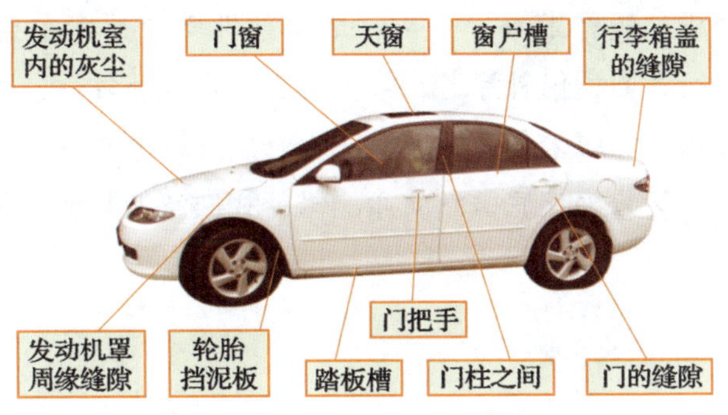

图3—1—1　车上灰尘堆积的部位

全车清洗时，一般先用自来水冲洗，然后用车辆清洗剂清洗，最后用清水冲刷干净。车身表面的清洗一般采用专用的汽车清洗剂，汽车清洗剂具有超强的去污能力。车身表面清洗常用的工具有洗车机、洗车刷和标准洗车海绵等。常用的汽车清洗用品如图 3—1—2 所示。

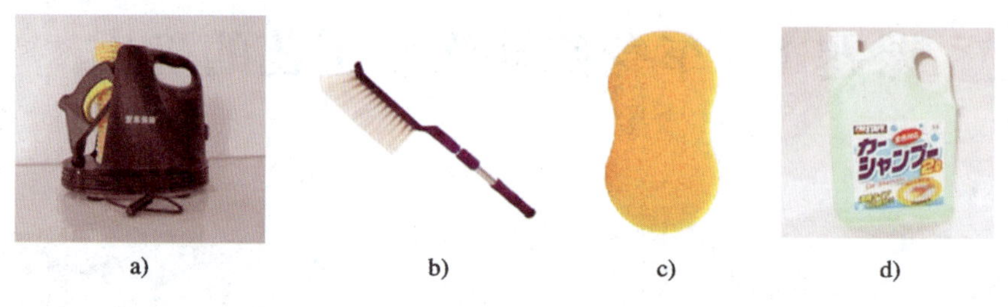

a) b) c) d)

图 3—1—2 车辆清洗用品

a）洗车机 b）洗车刷 c）洗车海绵 d）汽车清洗剂

2. 车身待修补区域的清洁

车身待修补区域清洁的目的是除去车身表面的油脂、污垢、石蜡和硅酮抛光剂，以提高涂膜的附着力，防止涂装缺陷的产生。清洁采用有机溶剂清洗，用干净抹布蘸上清洗剂擦洗修补区域及其周围，溶解车身表面的油脂和硅酮，然后用另一块干净的抹布擦干，如图 3—1—3 所示；若需要清洗硅酮类化合物，在擦干后用 P500 或 P600 砂纸打磨表面，再次重复上面的擦洗工作。

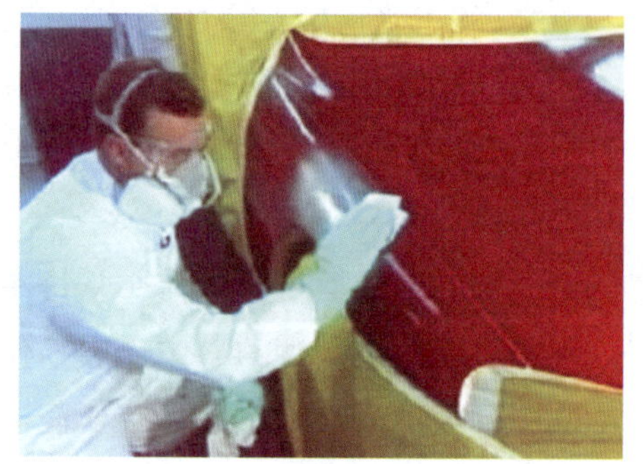

图 3—1—3 待修补区域的清洁

二、车身修补涂装工艺

由于涂层损坏的不规范性，汽车修补涂装工艺也几乎各不相同。因此，必须根据涂层损坏状态和现场的具体条件选择不同的修补涂装工艺。车身涂层修补工艺按照修补的面积分为点修补、局部部件修补和整车喷涂。点修补是指车身某个部位由于小的划伤，需要进行微小的局部喷涂，其划伤面积一般在 10 cm^2 之内；局部部件修补是指车身部件损伤经钣金修复后，对车身局部部件进行大面积修补涂装，或损坏部件更换新件后，进行的涂装处理；整车喷涂是指面漆经多年使用，涂膜老化，以及汽车大修后进行的整车翻新。车身涂层修补工艺按照涂膜损伤的程度不同又分为从底材到面漆的修补和面漆的翻新两种。典型的汽车修补涂装工艺见表 3—1—1。

表 3—1—1 汽车修补涂装工艺一览表

工序号	工序名称	点修补涂装		局部修补涂装		整车重涂	
		从底到面	面漆重涂	从底到面	面漆重涂	从底到面	面漆翻新
一	修补涂装前的准备工作						
1	卸下影响钣金、涂装作业的部件	Y	Y	Y	Y	Y	Y
2	将车刷洗干净，按涂层状况及用户要求拟定补漆工艺	Y	Y	Y	Y	Y	Y
3	钣金整平，尽可能消除被修补面的凹凸缺陷	Y	Y	Y	Y	Y	Y
4	用胶带和遮盖纸或保护罩遮盖不需要涂装的表面、门窗和玻璃	Y	Y	Y	Y	Y	Y
二	表面预处理工序						
5	铲除被修补面的旧涂层，局部露出底材，用打磨法或脱漆剂除旧漆	Y		Y		Y	
6	清洁工件表面，去除污物和打磨灰	Y	Y	Y	Y	Y	Y
7	用蘸有除油剂的抹布擦拭，除去油污和手印	Y	Y	Y	Y	Y	Y
8	在要求高的场合，涂一层磷化底漆			Y		Y	
三	底涂层涂装工序						
9	刷涂或喷涂自干型合成树脂底漆			Y		Y	
10	自干、60℃下或红外线辐射强制烘干			Y		Y	
四	中间涂层涂装工序						
11	在钣金修整部位和凹坑面涂刮原子灰	Y		Y		Y	
12	自干、50℃下或红外线辐射烘干	Y		Y		Y	
13	采用干打磨或湿打磨法手工磨平刮涂的原子灰	Y		Y		Y	
14	吹干或烘干水分	Y		Y		Y	
15	用除油剂湿润抹布，擦除原子灰周围的油污和灰尘	Y		Y		Y	
16	喷涂中涂底漆	Y		Y		Y	
17	自干、60℃下或红外线辐射强制烘干	Y		Y		Y	

续表

工序号	工序名称	点修补涂装		局部修补涂装		整车重涂	
		从底到面	面漆重涂	从底到面	面漆重涂	从底到面	面漆翻新
18	局部施涂填眼灰，填补中涂涂层上的砂眼、砂纸纹	Y		Y		Y	
19	填眼灰干燥后，用 P360 ~ P500 砂纸打磨整个表面，擦洗干净	Y		Y	Y	Y	Y
五	面涂层涂装工序						
20	用胶带和遮盖纸遮盖保护好非喷涂区域	Y	Y	Y	Y	Y	Y
21	用除油剂和粘尘布清除表面的油污和灰尘	Y	Y	Y	Y	Y	Y
22	喷涂面漆	Y	Y	Y	Y	Y	Y
23	自干或 60℃ 下强制干燥	Y	Y	Y	Y	Y	Y
六	最终修饰工序						
24	揭除保护的遮盖纸和遮盖胶带	Y	Y	Y	Y	Y	Y
25	检查涂装质量，标出涂膜上的缺陷	Y	Y	Y	Y	Y	Y
26	用打磨抛光等办法消除涂膜缺陷，清除局部喷涂的虚漆	Y	Y	Y	Y	Y	Y
27	装上修补涂装前卸下的部件	Y	Y	Y	Y	Y	Y
28	清洁车内、车表和轮胎	Y	Y	Y	Y	Y	Y

说明：“Y”表示选用该道工序。

三、车身修补涂装工艺的确定

车身修补涂装工艺的选择一般从涂膜损伤部位、涂膜损伤情况、颜色匹配要求和车身底材特性等几个方面去综合考虑。

1. 根据涂膜损伤的部位选择修补工艺

根据视觉鲜明的程度，一般将车身划分为 A、B、C、D 四个区域，如图 3—1—4 所示。A 区最为显眼，不宜采用点修补工艺，通常要进行整板修补涂装；B 区显眼程度次于 A 区，涂膜损伤范围小于 10 cm^2的情况可以采用点修补工艺，其他情况只能采用整板修补；C 区的视觉效果不太明显，适应各种颜色的局部修补；D 区是看不见的区域，各种修补工艺均能适应。

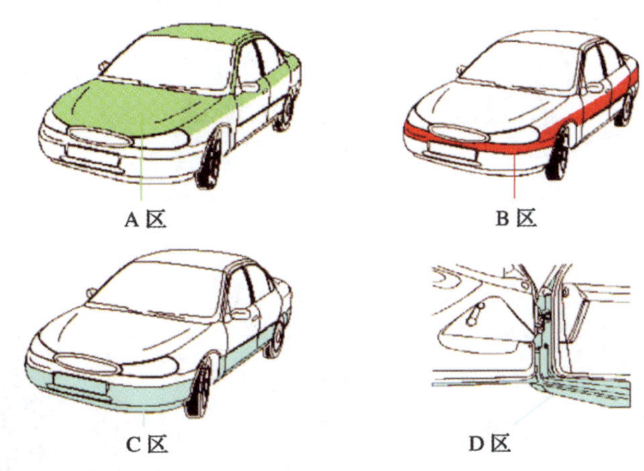

图3—1—4　车身的四个区域

2. 根据涂膜损伤情况选择修补工艺

（1）根据涂膜受损的面积选择。一般情况下，涂膜损伤范围在10 cm^2以内或小凹坑的直径在2.5 cm的范围内，采用点修补工艺；不止一处损坏，但互相邻近且总体覆盖面积不大，也可采用点修补工艺。板面中间和边缘有损坏，板面的两侧有损坏，一般采用底色漆过渡喷涂，清漆整板喷涂的修补工艺。在一块钣金件上，涂膜损伤面积较大，采用整板重涂工艺；车身涂膜大面积损伤或多处损伤，在局部修补不能解决的情况下，一般都采取整车重涂工艺。

（2）根据涂膜受损的程度选择。车身板件没有凹陷，涂膜伤至色漆层，一般采用面漆重涂工艺；板件凹陷或涂膜伤至车身底材，采用从底到面的修补涂装工艺。

3. 根据车身颜色匹配选择修补工艺

所有底色漆的颜色都可以成功地做过渡，但有些颜色需要准备较大的面积才能做到无痕修补。当修补区域在板面中间部位时，浅颜色底色漆不适于在小范围采用点修补工艺；当损坏位于板面的边缘时，浅颜色底色漆可以采用点修补工艺；半暗、较深颜色的底色漆以及双工序珍珠漆，在大多数场合都可以采用点修补工艺。

4. 根据车身底材的特性选择修补工艺

不同底材，其涂装工艺也有很大差别。例如，钢铁材料的涂装一般包括表面预处理（除锈、脱脂、除旧涂膜等）、底涂层涂装、中间涂层涂装、面涂层涂装等工艺；铝材表面附着力小，必须进行脱脂、蚀洗、酸洗和粗化处理，然后才能进行底涂层、中间涂层和面涂层涂装等工艺；镀锌板必须进行钝化和磷化处理后才能涂装；硬质塑料表面一般不用喷涂底漆，但对于聚丙烯（PP）、聚对苯二甲酸丁二醇酯（PBT）、聚甲醛（PYM）、聚碳酸酯（PC）等则需要使用专用塑料底漆，以增强面漆对被涂物表面的附着力。

技能训练

操作一　车身表面的清洁

1. 全车清洗

(1) 湿润车身

方法：

1) 关好车窗、车门和行李箱盖，防止水进入车体内部。

2) 将高压水枪的压力调到 4 MPa，冲洗车身，使车表淋湿，灰尘和污物得到浸润，以减少车身表面的划伤。

提示：

高压水枪应斜向下冲洗，冲洗车身的整体时间为 5 ~ 7 s，时间不宜过长。

(2) 配制清洗液

方法：

按照 1∶100 的比例配制汽车清洗液。

提示：

可能的情况下，最好用温水配制清洗液，清洗效果比较好。

(3) 擦洗车身

方法：

用软海绵蘸上清洗液擦洗车身，擦洗顺序是车顶→车身前部→车身右面→车身后部→车身左面。

提示：

擦洗不能用力过大，以防车身上残留的沙粒划伤漆面。

(4) 冲洗车身

方法：

按照擦洗的顺序，用扇面形水流冲洗全车，将清洗液泡沫冲洗干净。

提示：

主要冲洗车身上半部分，车身下半部分的泡沫会被水流带走。

(5) 擦干车身

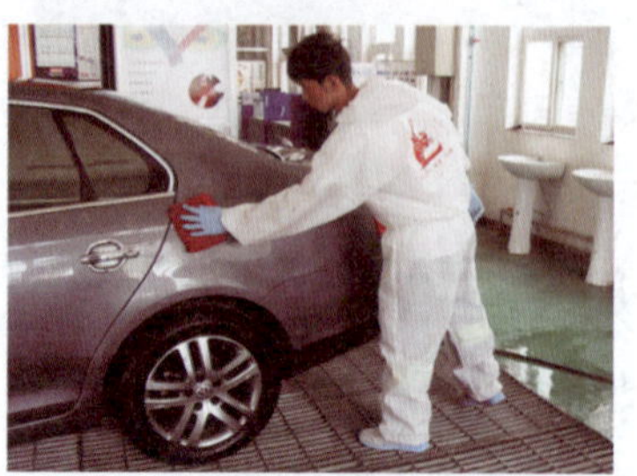

方法：

先用半湿毛巾将整个车身擦拭一遍，再用干毛巾全车擦拭。

提示：

尽可能将车身缝隙、沟槽和凹陷部位的水擦干净。

（6）吹干车身

方法：

用空气枪吹除门缝、密封条、装饰条、门把手等处的水分，确保车身干净、整洁。

提示：

吹除缝隙里的水分时，空气枪应斜向且沿缝隙朝一个方向吹，否则难以吹除水分。

2. 待涂表面的清洁

方法：

（1）拿两块除油纸，在其中一块倒上适量的除油剂，使其充分湿润。

（2）用湿润的除油纸在待清洁的表面上擦拭。

（3）在车身表面的除油剂未干时，用另一块干净的除油纸将除油剂擦干。

提示：

若清洗硅酮类物质，则经过上述步骤后再用 P600 砂纸打磨，然后再次除油。

操作二　车身涂膜损坏程度的评估

1. 目测评估

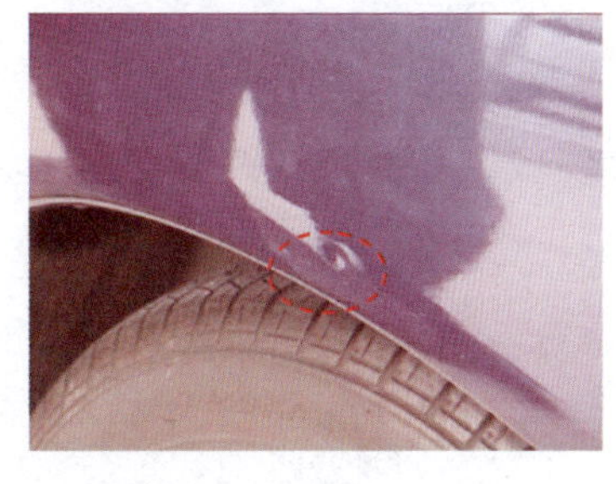

方法：

（1）根据光照射钣金件的反射情况，不断改变人眼相对于钣金件的位置，观察涂膜损坏的程度及受影响面积的大小。

（2）根据观察到的情况，用记号笔画出受损范围。

提示：

（1）目测评估时，不能在强光下进行，因为强光会影响人的观察。

（2）通过前、后、侧面的观察，可以看到车身上微小的变形。

2. 触摸评估

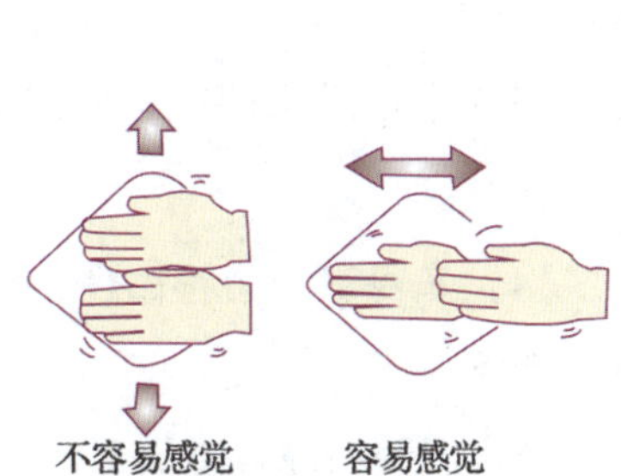

方法：

戴上棉质薄手套，从各个方向触摸受损的区域。

提示：

（1）触摸时，手不要用任何压力，将注意力集中在手掌上。

（2）手掌的移动范围要大，要包括没有被损坏的区域，而不是只触摸损坏的部分。

（3）有些损坏的区域，手在向某个方向移动时，可能比向另一个方向移动时更容易感觉到。

3. 直尺评估

（1）直尺评估的步骤

方法：

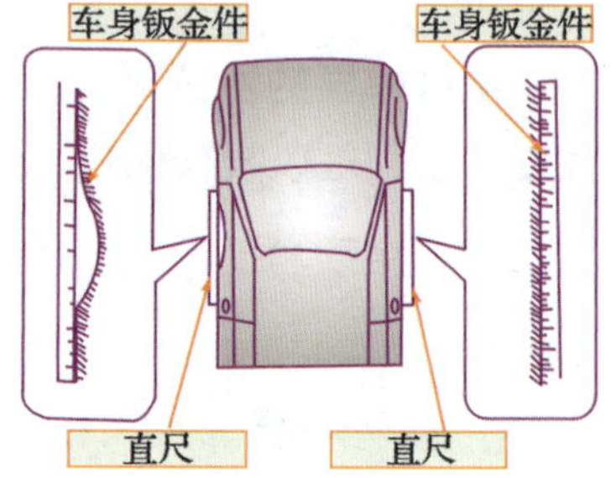

1）将一把直尺放在车身另一边没有被损坏的区域上，检查车身和直尺间的间隙。

2）将直尺放在被损坏的车身钣金件上检查间隙。

3）将前后两个间隙对比，得出被损坏车身钣金件变形量的大小。

提示：

直尺评估法比较精确，但在实际操作中比较麻烦。除了车身变形量比较大，需要整形定位以外，一般在汽车修补涂装中用得很少。

（2）敲平阻碍直尺评估的凸点

方法：

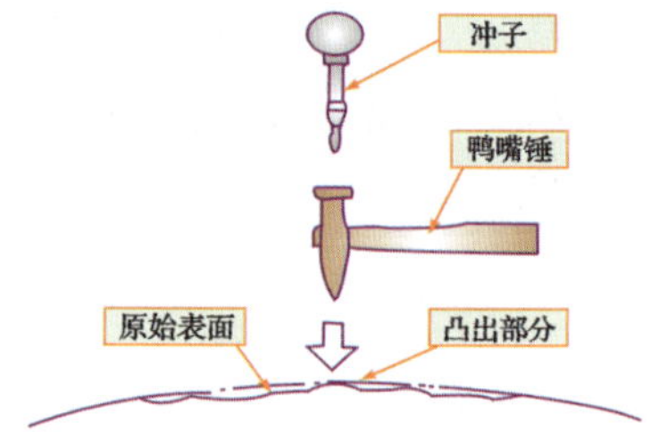

在用直尺评估时，损坏件如果有凸出部分，将影响评估操作，此时可用冲子或鸭嘴锤，将凸起的区域敲平或稍稍低于正常表面。

提示：

敲击时不能用力过大，只对凸起的点进行敲击，否则会使板件过度凹陷变形。

操作三　汽车修补涂装工艺的选择

1. 前保险杠轻微擦伤

分析：

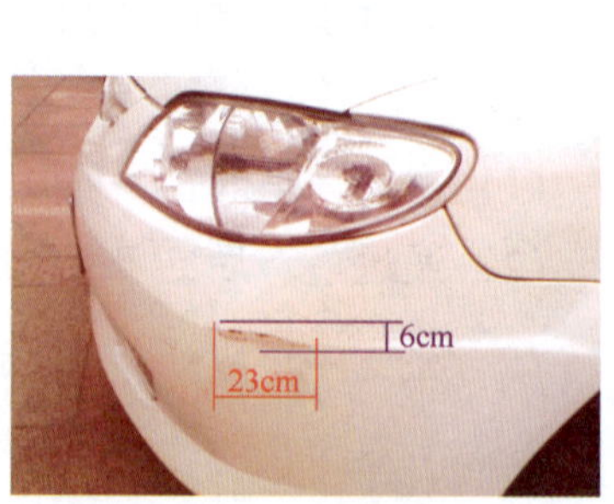

（1）损伤部位位于车身的 C 区，可以采用局部修补。

（2）损伤面积为 23 cm × 6 cm，大于 10 cm^2 应采用局部修补。

（3）板件没有凹陷，涂膜损伤至色漆层，采用面漆重涂工艺。

（4）车身颜色为银白色，但在 C 区，可以做修补。

结论：

采用局部面漆修补工艺。色漆从保险杠的右边边缘修补至保险杠正前面，清漆从保险杠右边边缘喷涂至牌照右边缘，然后做驳口。

2. 后翼子板石击损伤

分析：

（1）损伤部位位于车身的 C 区，可以采用局部修补。

（2）损伤面积小于 10 cm^2，采用点修补工艺。

（3）板件有小凹陷，直径小于 2.5 cm，采用从底到面的点修补工艺。

（4）车身颜色为深蓝色，可以做修补。

结论：

采用从底到面的点修补工艺。

3. 车门涂膜大面积损伤、锈蚀

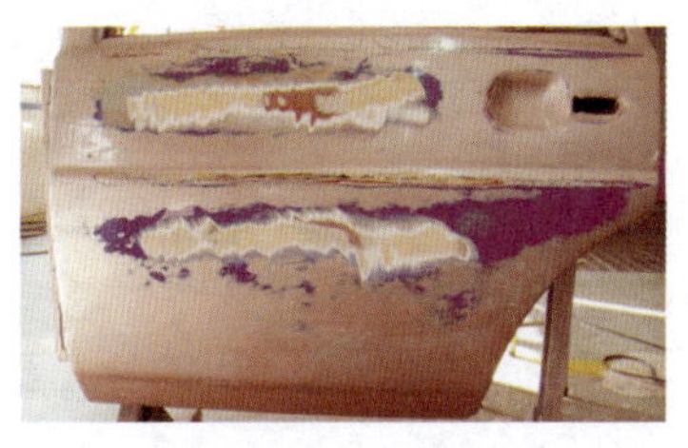

分析：

（1）损伤部位横跨车身的 B 区和 C 区。

（2）损伤面积占整块门板的 2/3 以上，采用整板重涂。

（3）板件有凹陷，涂膜损伤至底材且底材产生锈蚀，采用从底到面重涂工艺。

（4）车身原涂料为浅色银粉漆，但在 B 区不适合做修补。

结论：

采用从底到面板块重涂的局部部件修补工艺。

4. 整车涂膜褪色、粉化

分析：

全车漆面褪色、粉化，车身板件没有凹陷、锈蚀，适宜采用整车面漆翻新工艺。

结论：

采用面漆翻新的整车重涂工艺。

训练评价

训 练 评 价

考核要求

1. 在规定的时间内完成对车身表面清洁、评估和工艺选择。
2. 在操作过程中出现的违规操作，应及时指正。
3. 符合安全文明生产的要求。

考核标准

考评标准表——车身修补涂装工艺的确定

考核时间	考核项目	分值	评分标准与指导	评价结果
20 min	个人卫生安全防护	5	防护用品不当酌情扣分，并指正	
	整车清洗	15	按要求酌情扣分，并指正	
	待涂表面的清洁	5	按要求酌情扣分，并指正	
	目测评估	5	按要求酌情扣分，并指正	
	触摸评估	10	按要求酌情扣分，并指正	
	直尺评估	10	按要求酌情扣分，并指正	
	保险杠涂装工艺的确定	10	按要求酌情扣分，并指正	
	翼子板涂装工艺的确定	10	按要求酌情扣分，并指正	
	车门涂装工艺的确定	10	按要求酌情扣分，并指正	
	车身涂膜粉化涂装工艺的确定	10	按要求酌情扣分，并指正	
	整理工具、清理现场	10	每项扣2分，扣完为止	
	遵守相关安全操作规范 在规定的时间内完成		因违规操作发生人身和设备事故，终止考核，成绩按0分计；超时每分钟扣2分，超时5 min终止考核	
	分数合计	100		

实训报告

1. 全车清洗的步骤是怎样的，有哪些注意事项？
2. 车身修补涂装工艺的选择具体要考虑哪些要素？

课题2　车身底材、原涂层的鉴别

学习目标

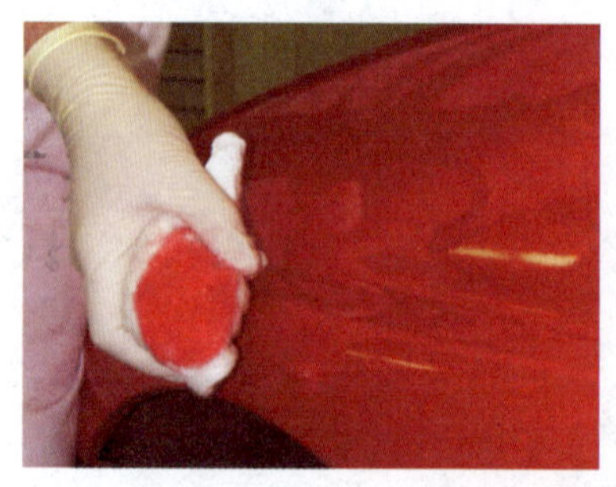

1. 了解涂料的组成和分类。
2. 熟悉涂料的成膜机理。
3. 掌握车用修补涂料选用的一般原则。
4. 掌握车身底材和涂层类型的鉴别方法。
5. 能鉴别车身底材的类型。

6. 能鉴别车身涂层涂料的类型。

知识准备

一、涂料的基础知识

1. 涂料的基本组成

涂料是涂装于汽车表面，形成具有保护、装饰或特殊性能的固态涂层的液体或固体材料的总称。现代汽车涂料大多为树脂涂料，由树脂、颜料、溶剂和添加剂四个部分组成。涂料的基本组成如图 3—2—1 所示。

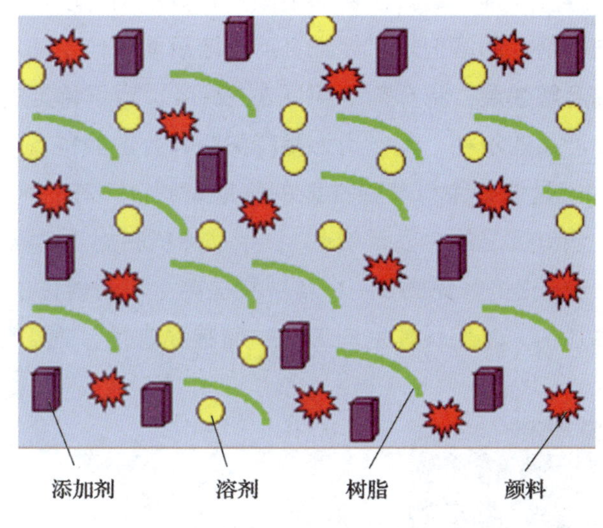

图 3—2—1　涂料的基本组成

（1）树脂。树脂是涂料最基本的组成物质，属非结晶型半固态或固态有机化合物，外观呈透明状，如图 3—2—2 所示。树脂多数可溶于有机溶剂，而难溶于水或不溶于水。树脂是涂料的主要成膜物质，对涂料的性能（如表面性能、耐候性能、施工性能等）起着决定性的作用。因此，树脂的种类常被用于定义涂料的种类，如以丙烯酸树脂为基料的涂料被称为丙烯酸涂料。

根据其来源，树脂可分为天然树脂和合成树脂。现代汽车涂料大多使用合成树脂作为涂料的基料。

（2）颜料。颜料是白色或有色固体粉末，不溶于水及有机溶剂，是不挥发的成膜物质之一。颜料的作用是赋予颜色、遮盖基底、改善涂料性能、增强装饰及保护效果。

根据功能不同，颜料可分为着色颜料（见图 3—2—3）、体质颜料及特殊效果颜料等。着色颜料是指底漆或面漆中提供颜色的部分；体质颜料又称填充颜料，一般是来源于矿物质的无机物，其作用是改进涂料的物理性能、力学性能及降低成本；特殊效果颜料是使涂料具有特殊的装饰效果，常见的有铝粉、珠光颜料、干涉珍珠等。

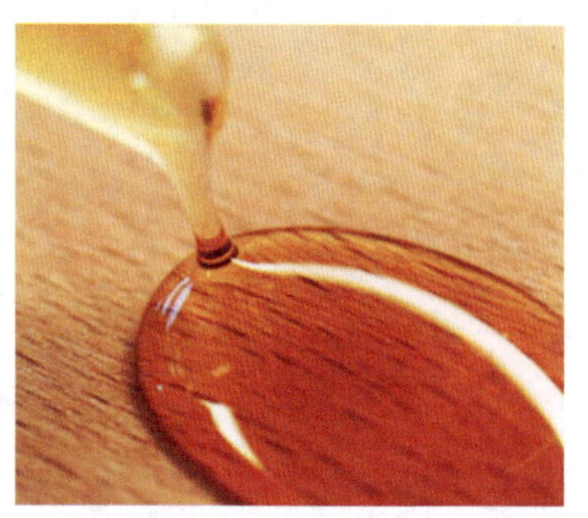
图 3—2—2　树脂

图 3—2—3　着色颜料

（3）溶剂。溶剂的主要作用是溶解、稀释树脂。除此之外，还能调整涂料的干燥特性，提高涂膜的表面平整度等。溶剂按照其作用的不同分为真溶剂、助溶剂和稀释剂三类。真溶剂是起溶解树脂作用的溶剂；助溶剂是起促进真溶剂溶解能力作用的溶剂，如将醇类溶剂加入硝基涂料中可以提高溶解效果；稀释剂（见图 3—2—4）对于特定的树脂不会起溶剂的作用，但可以减少溶剂和产品的消耗，其作用为稀释树脂和分散颜料。

（4）添加剂。添加剂是调整涂料某种性能的辅助材料。汽车修补涂装中常用的添加剂有帮助涂料稳定、防止涂料沉淀的“防沉淀剂”，帮助涂料在施工过程中流平的“流平剂”，缩短涂料干燥时间的“催干剂”（见图 3—2—5）和提高涂料耐候性的“稳定剂”等。涂料配方中一般使用多种添加剂，以兼顾其生产工艺、储存稳定性、施工性及涂膜性能诸方面，最好地满足客户需求。

图 3—2—4　稀释剂

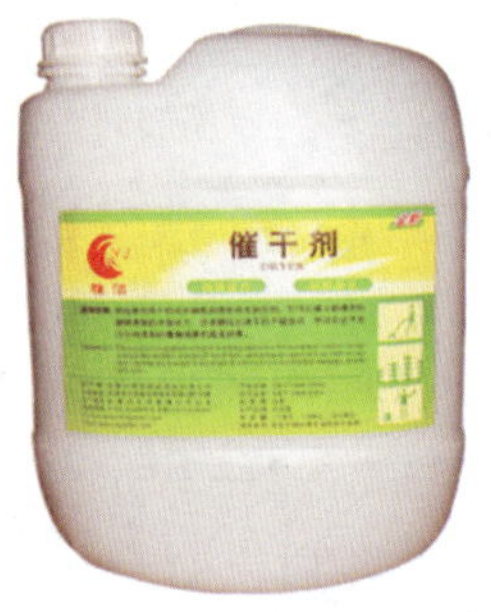

图 3—2—5　催干剂

2. 涂料的成膜机理

（1）溶剂挥发型。溶剂挥发型涂料是在常温下靠溶剂挥发干燥成膜，在干燥过程中，成膜物质的结构无显著的化学变化。属于这种成膜方式的有硝基涂料、过氯乙烯涂料、热塑性丙烯酸树脂涂料、聚醋酸乙烯乳胶漆等。溶剂挥发型涂料干燥性能好，但形成的涂膜附着力不强，遇溶剂又会重新溶解。

（2）固化剂成膜型。这类涂料的成膜机理是依靠固化剂中的活性基团引起成膜物质交联而固化，如双组分环氧涂料、双组分聚氨酯涂料等。根据固化剂的种类分为常温固化和高温固化两种。如以 H－1、H－2 为固化剂的涂料可以在常温下固化，以酸酐和有些胺类为固化剂的涂料在高温下固化。

(3) 氧化—聚合型。氧化—聚合型涂料可在常温下干燥，其成膜机理是溶剂先从涂料中挥发出来，然后空气中的氧与涂料发生氧化—聚合反应，形成坚韧的涂膜。常见的氧化—聚合型涂料有清油、酚醛涂料、醇酸涂料等。

(4) 烘烤聚合型。在一定温度下烘烤，涂料成膜物质中的官能基团发生交联反应固化，如氨基醇酸烘烤涂料、有机硅烘烤涂料、沥青烘烤涂料等。当然，每种涂料都有各自的烘烤温度，不可随意升高或降低。烤漆固化的涂膜硬度高，耐磨性能、耐久性能、耐光性能好。

3. 车用涂料的分类

车用涂料按成膜机理的不同，可分为氧化聚合型漆、双组分（涂料—固化剂）反应型漆、烘烤聚合型漆和溶剂挥发型漆等；按涂料在涂膜中所起作用的不同，涂料可分为底漆、衬漆、面漆及原子灰等；按是否含有颜料，涂料可分为清漆、色漆和含大量体质颜料的原子灰；按溶剂构成情况不同，涂料可分为溶剂型漆、水性漆、无溶剂漆和粉末涂料；按照涂料中主要成膜物质的不同，涂料可分为 17 类，见表 3—2—1。

表 3—2—1　涂料的类别

序号	代号	类别	序号	代号	类别	序号	代号	类别
1	Y	油脂漆	7	Q	硝基漆	13	H	环氧树脂漆
2	T	天然树脂漆	8	M	纤维素漆	14	S	聚氨酯漆
3	F	酚醛树脂漆	9	G	过氯乙烯漆	15	W	有机硅树脂漆
4	L	沥青漆	10	X	乙烯树脂漆	16	J	橡胶漆
5	C	醇酸树脂漆	11	B	丙烯酸漆	17	E	其他漆
6	A	氨基树脂漆	12	Z	聚酯漆			

4. 车用修补涂料选用的一般原则

(1) 所选涂料必须与被喷涂板件的材质相适应。金属板件喷涂时，一般应选用具有较强的防锈能力及良好的附着力的涂料。非金属底材（如木材、塑料、橡胶、玻璃等）则应根据具体材质进行选择。

(2) 所选涂料必须与其所使用的环境相适应。南方湿热地区使用的车辆，应选用抗湿热、耐盐雾及抗霉菌性良好的涂料。寒冷北方使用的汽车，则应选用具有良好的耐寒性的涂料。此外，汽车用涂料还应考虑其装饰性、耐磨性、耐候性、耐腐蚀性、耐水性、保光保色性及高机械强度等。

(3) 所选涂料应满足涂层间的适应性要求。底层、衬层及面层涂料的类型、品种及所用稀释剂应尽量一致，各层涂料的干燥机理应相同。选用涂料时应遵循底强上弱的原则，以防产生“咬底”现象，各层涂料之间应有较强的结合力。

(4) 所选涂料必须与施工条件相适应。各种涂料所适用的涂装方法、涂装设备及涂装技术要求不同，选择涂料时必须考虑其操作要求。如没有高温烘干设备时不能选用各种烘烤漆。

二、车身底材、原涂层的鉴别方法

1. 车身底材的鉴别方法

车身表面所用的材料不同，涂装修补所选用的涂料和采用的施工工艺也不尽相同。因此，涂装前应对车身底材的种类进行判定。目前，车身所用的底材主要有钢板、镀锌板及铝合金板三种。

涂装修补通常使用打磨法鉴别车身底材。用打磨机打磨旧涂膜表面，直到完全露出金属底材，观察金属底材的颜色。

钢板表面比较粗糙，未经加工的表面一般呈现灰黑色，有些部位会有铁锈存在。钢板表面经过粗糙的砂纸打磨后会显露出白亮的金属光泽，从侧面观察，颜色有些变暗。打磨后的钢板颜色如图 3—2—6 所示。

未经加工的镀锌板表面有银色的光泽，有些镀锌板表面有鱼鳞状花纹。使用中的镀锌板表面没有锈渍，裸露处常显现灰白色，经过砂纸打磨的地方比钢材表面更加白亮，侧面观察时变暗的程度也要轻一些，打磨后的镀锌板颜色如图 3—2—7 所示。

图 3—2—6　钢板

图 3—2—7　镀锌板

铝合金板的机械强度好，密度小，表面比钢板和镀锌板都要光滑，用砂纸打磨后可显露白亮的内层金属。打磨后的铝合金板颜色如图 3—2—8 所示。

图 3—2—8　铝合金板

2. 车身涂膜的鉴别方法

（1）判断车身是否经过修补的方法。鉴别车身涂膜是否经过修补的方法有打磨法和测量涂膜厚度法。

1）用打磨法进行确认时，在需要重新喷涂的部位进行打磨，直到露出金属为止，然后观察涂膜的结构进行确认，如图 3—2—9 所示。

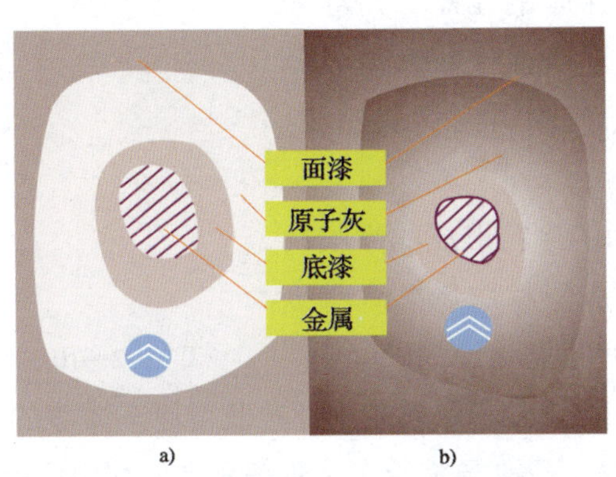

图 3—2—9　新车涂膜与经过修补后涂膜比较

a）面漆单一均衡，为未曾喷涂过　b）面漆明显分层，或因曾喷涂过与原车不一样，油漆呈现不同颜色的两层面漆层，由此可以判断为过去曾重新喷涂过

2）用测量涂膜厚度法进行确认是指利用电磁测量仪或机械厚度测量仪对涂膜厚度进行测量，如果测得的涂膜厚度大于新车标准厚度，表明车身被重新喷涂过。美、欧、日新车涂膜的标准厚度参考值为：

美国汽车：76 ~ 127 μm。

欧洲汽车：127 ~ 203 μm。

日本汽车：76 ~ 203 μm。

（2）车身原涂层涂料类型的鉴别方法。未重涂过的车辆可通过车身颜色代码确定汽车的涂膜类型。已修补过的车身涂层，可以用打磨法、溶剂处理法、加热处理法、测量硬度法和电脑检测仪法来鉴别。

1）打磨法。用细砂纸或粗蜡打磨漆面，根据具体情况判断原涂层的涂料类型，见表 3—2—2。

表 3—2—2　　用打磨法判断原涂层的涂料类型

序号	打磨时的现象	原涂层的类型
1	打磨后，砂纸或抛光布上没有原涂层面漆的颜色	双工序涂料（色漆 + 清漆）
2	打磨后，砂纸或抛光布上粘有原涂层面漆的颜色	单工序涂料
3	打磨后出现一种聚丙烯尿烷特有的光泽	聚丙烯型涂料
4	涂膜粗糙，经粗蜡摩擦后产生一种类似抛光的效果	抛光型涂料（多为硝基树脂型涂料）
5	用砂纸打磨漆面，漆层有弹性且砂纸粘滞	未完全固化的烘烤型涂料

2）溶剂处理法。用一块在清漆溶剂中浸泡过的白色抹布摩擦旧涂膜，如果涂膜被溶解并在抹布上留下涂料痕迹，表明上次喷涂所用的是挥发干燥型涂料；如果涂膜不溶解，则为烘烤型或双组分反应型涂料；丙烯酸氨基甲酸乙酯的涂膜不像挥发干燥型涂料那样容易溶解，但溶剂会使涂层失去光泽。

3）加热处理法。用 P800～P1000 砂纸对涂膜表面进行湿打磨，降低涂膜的光泽后用红外线烤灯进行加热，如果涂膜表面重新恢复光泽（见图 3—2—10），表明所用涂料为树脂磁漆；反之，光线暗淡者为清漆。

图 3—2—10　加热后涂膜表面恢复光泽

4）测量硬度法。不同的涂料形成的涂膜具有不同的硬度，双组分反应型和烘烤型涂料干燥后形成的涂膜硬度高，挥发型涂膜的硬度低。

5）电脑检测仪法。利用电脑调色系统可直接获得原车面漆的有关资料，这是目前修补涂装行业中最为便捷的方法，只需要将原车油箱盖拿来，利用仪器就能准确无误地判断面漆的类型。

技能训练

操作一　车身底材的鉴别

用打磨法鉴别车身底材

方法：

（1）选取单动作打磨机和 P60 干磨砂纸。

（2）在车身待修补区打磨至金属底材。

（3）观察打磨后金属底材的颜色。

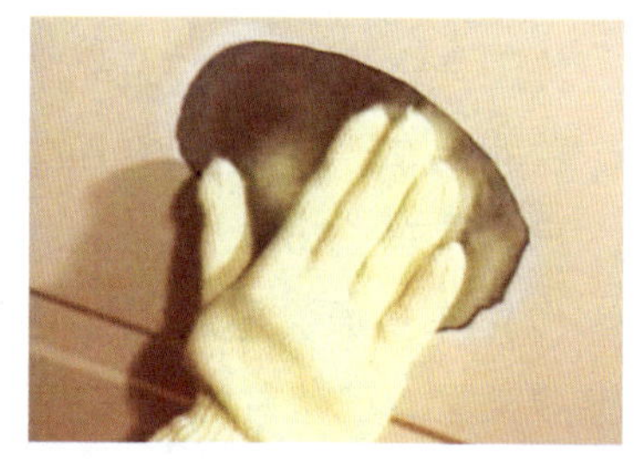

提示：

底材的颜色为暗银色，根据“知识准备”里的内容可以判断车身底材为钢板。

操作二　车身涂层是否经过修补的判定

1．用打磨法判别车身涂层是否经过修补

方法：

（1）选取双动作打磨机和 P80 干磨砂纸。

（2）在车身待修补区打磨至金属底材。

（3）观察打磨后车身涂层的情况。

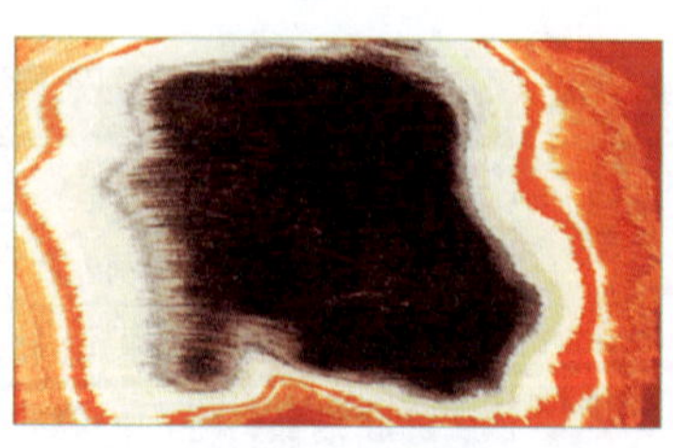

提示：

车身涂层有两个面漆层和两个中涂底漆层，由此可以判定车身原涂层经过了修补。

2. 用膜厚法判别车身涂层是否经过修补

方法：

（1）将漆膜厚度检测仪垂直压在车身涂膜上。

（2）按下检测开关。

（3）观察膜厚仪显示的数据。

（4）将检测的数据与该车新车出厂的膜厚数据比较，确定是否经过了修补。

提示：

涂膜厚度远远超过了规定值，因此可以判断车身涂膜曾经修补过。注意使用膜厚仪之前，首先必须校准。

操作三　车身原涂层类型的鉴别

1. 用打磨法鉴别车身涂层的类型

方法：

（1）选用偏心距为 3 mm 的双动作打磨机和 P600 干磨砂纸，或选用粗打磨蜡。

（2）在涂膜待修补区轻轻打磨。

（3）打磨后，观察砂纸表面和打磨表面的情况。

提示：

涂膜表面和砂纸表面均无色漆的颜色，只有白色粉末。砂纸没有粘滞，涂膜表面无光泽，由此可判定该车使用双工序涂料。

2. 用溶剂法鉴别车身涂层类型

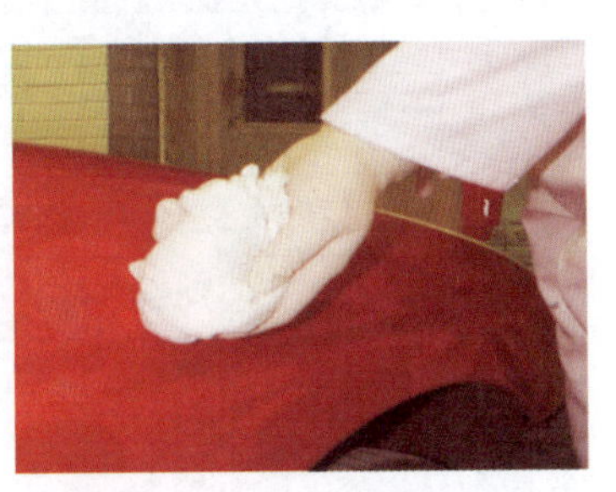

方法：

（1）将面漆溶剂倒在一块白色抹布上，在旧涂膜破损区域反复擦拭。

（2）擦拭后，观察抹布的颜色。

提示：

白色抹布上没有该车身面漆的颜色，说明该涂层使用的不是溶剂挥发型涂料。

3. 用加热法鉴别车身原涂层的类型

方法：

（1）在修补区域用 P800 砂纸湿打磨。

（2）打磨后，用红外线烤灯烘烤打磨部位。

（3）烘烤后，观察涂膜是否自动恢复光泽。

提示：

加热部位的涂膜自动恢复了光泽，因此可以判断该车身面漆为树脂漆。

4. 用铅笔硬度法鉴别车身涂层类型

方法：

（1）选取 1 H 硬度的中华牌绘图铅笔，将铅笔笔芯削成长约 3 mm 的扁平状。

（2）将扁平面置于修补区的涂层表面，倾斜约 45°，用约 1 kg 的力匀速度向前推动铅笔。

（3）观察涂膜是否被划穿。

提示：

涂膜未被划穿，可以判定原涂层为烘烤型或双组分反应型涂料。

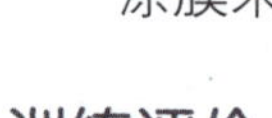

训练评价

训 练 评 价

考核要求

1. 在规定的时间完成车身底材、原涂层的鉴别。
2. 在操作过程中出现的违规操作，应及时指正。
3. 符合安全文明生产的要求。

考核标准

考评标准表——车身底材、原涂层的鉴别

考核时间	考核项目	分值	评分标准与指导	评价结果
20 min	正确使用涂装工具和材料	10	工具、材料使用不当酌情扣分，并指正	
	车身底材的鉴别	10	按要求酌情扣分，并指正	
	打磨法鉴别涂层修补情况	15	按要求酌情扣分，并指正	
	膜厚法鉴别涂层修补情况	10	按要求酌情扣分，并指正	
	打磨法鉴别涂层类型	10	按要求酌情扣分，并指正	
	溶剂法鉴别涂层类型	10	按要求酌情扣分，并指正	
	加热法鉴别涂层类型	15	按要求酌情扣分，并指正	
	铅笔硬度法鉴别涂层类型	10	按要求酌情扣分，并指正	
	“6S” 作业要求	10	每项扣 2 分，扣完为止	
	遵守相关安全操作规范 在规定的时间内完成		因违规操作发生人身和设备事故，终止考核，成绩按 0 分计；超时每分钟扣 2 分，超时 5 min 终止考核	
	分数合计	100		

实训报告

1. 怎样鉴别车身原涂层的类型，有哪些鉴别方法？
2. 简述用打磨法鉴别原涂层材料类型的方法。

课题 3　车身表面预处理

学习目标

1. 了解表面预处理的作用。
2. 掌握车身表面预处理常用的工具和材料。
3. 掌握车身表面预处理的工艺。
4. 能正确进行除旧漆和裸金属表面预处理操作。
5. 能熟练进行羽状边的打磨操作。

知识准备

一、车身表面预处理的作用

车身表面预处理具有保证涂层质量、增强底材的附着力、提高涂膜的耐腐蚀性、改进涂层外观的作用。工件表面预处理是汽车涂装工艺的第一步，表面预处理质量的好坏将直接影响涂层的质量。表面经过预处理，使底材无锈、无油、无其他污物，并且具有一定的粗糙度，能使涂料牢固地黏附在车身底材上。

二、车身表面预处理所需要的工具和材料

1. 车身表面预处理常用的工具

车身表面预处理常用工具有手工清除工具和机械清除工具两种。手工清除工具主要有铲刀、尖尾锤、毛刺刮刀、粗锉刀、钢丝刷和刮铲（见图 3—3—1）等。铲刀用于剥落和铲除车身表面的涂层，粗锉刀和钢丝刷等手工工具用于清除板件表面黏结较实的旧涂膜。机械清除工具主要是单动作打磨机或大偏心距的双动作打磨机，如图 3—3—2 所示。机械清除工具

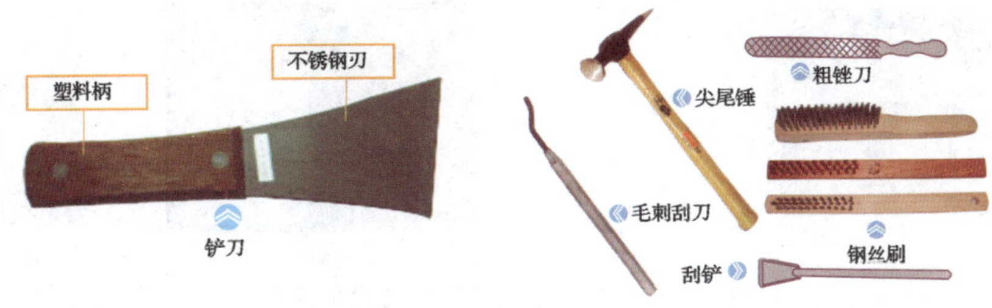

图 3—3—1　常用手工清除工具

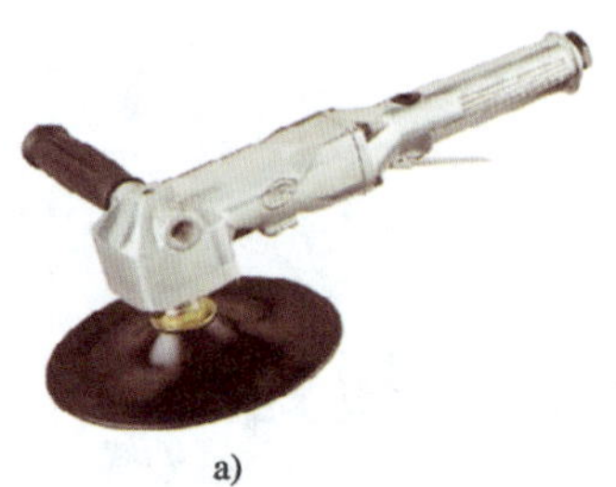

a)

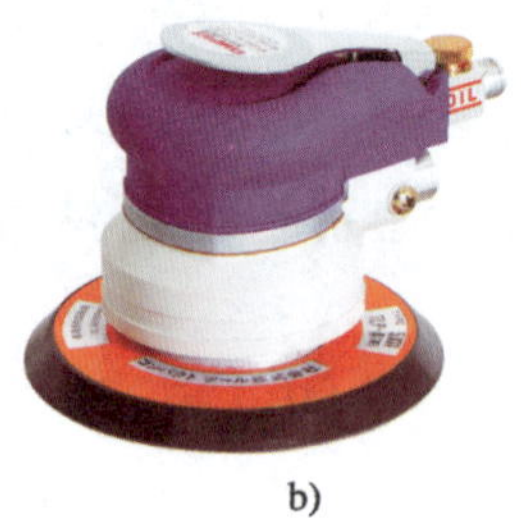

b)

图 3—3—2　机械清除工具

a）单动作打磨机　b）大偏心距的双动作打磨机

以压缩空气或电力作为动力源，驱动打磨头旋转或移动，与砂轮、圆形钢丝刷、砂纸等磨具配合使用，实现对表面旧漆层或铁锈的清除。

2. 车身表面预处理常用材料

车身表面预处理常用的材料有砂轮、砂纸、去除剂和清洁剂。砂轮主要用于除去坚硬的旧涂膜和除锈，汽车涂装用的砂轮如图 3—3—3 所示。砂纸（布）是采用黏结剂把磨料颗粒黏结在纸、布或纤维表面上而制成的，汽车涂装中常用砂纸如图 3—3—4 所示。车身表面预处理常用砂纸的型号有 P24、P40 和 P60 三种。

图 3—3—3　表面预处理用的砂轮

图 3—3—4　汽车涂装中常用的砂纸

去除剂和清洁剂包括除锈水、脱漆剂、除油剂、防腐材料等，车身底材处理的常用材料如图 3—3—5 所示。除锈水的作用是清除底材表面的锈渍，提高黏附性。除锈水只能用于裸铁板上，不能用于镀锌铁板上。脱漆剂分为有机溶剂脱漆剂和碱液脱漆剂两种。有机溶剂脱漆剂毒性大、成本高、易挥发、易燃，已逐渐被汽车修补涂装行业淘汰；碱液脱漆剂对皮肤有强烈的腐蚀作用，要注意劳动保护。除油剂包括有机溶剂除油剂、化学除油剂和表面活性剂。防腐材料包含的范围相当广泛，车身修补涂装常用的防腐剂有防腐膏、车身表面密封剂、防锈剂等。

a)

b)

c)

d)

图 3—3—5　车身底材处理的常用材料

a）除锈水　b）脱漆剂　c）除油剂　d）防腐膏

三、车身表面预处理工艺

根据处理材质的不同，涂装表面预处理可分为裸金属表面的预处理、塑料表面的预处理和旧涂层表面的预处理三种。

1. 裸金属表面的预处理工艺

常见的车身金属底材有钢铁底材、镀锌板底材和铝合金底材，不同底材其表面预处理的工艺也不尽相同。三种不同底材的表面预处理工艺如图 3—3—6 所示。

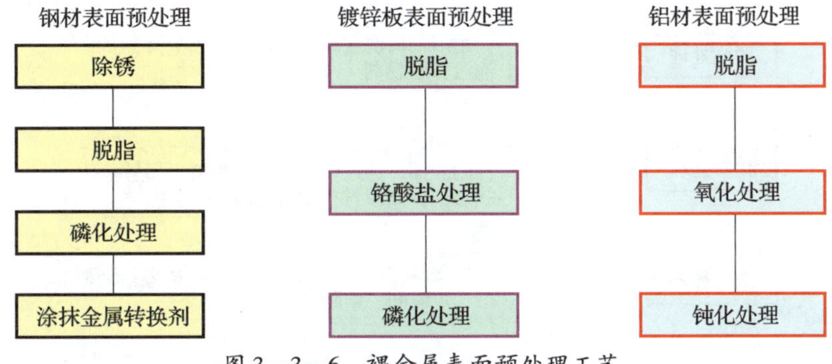

图 3—3—6　裸金属表面预处理工艺

裸金属表面常用的预处理方法有除锈、脱脂、化学处理等，典型的表面预处理方法见表 3—3—1。

表 3—3—1　　裸金属表面典型的预处理方法

序号	工序名称	处理方法
1	除锈	（1）打磨除锈。用双动作打磨机配合 P80 ~ P120 干磨砂纸，将钢铁底材表面打磨到完全裸露出白亮的新金属层，然后用压缩空气吹除打磨下来的锈渣和铁屑 （2）化学除锈。在钢铁底材表面涂抹酸液，使铁锈与酸发生化学反应，溶于酸液中，然后用清水或苏打水清洗表面，除去铁锈和酸液
2	脱脂	用一块干净抹布蘸上脱脂除蜡剂，在底材上擦洗，每次擦洗面积为 0.2 ~ 0.3 m^2，当底材还湿润时，用另一块干净抹布擦干，以有效清除油污和蜡质
3	磷化处理	将磷化底漆和磷化液按照 4 : 1 的比例混合，静置 30 min 后，用刷涂或喷涂的方法涂于金属表面，当表面还湿润时，用干净的抹布擦干
4	转换剂处理	将适量的金属转换剂倒入容器中，用刷子或喷雾器施涂在金属表面上，干燥 2 ~ 5 min，然后再用清水冲洗，用干净抹布擦干，以增强金属防腐性能
5	铬酸盐处理	将含铬的酸性溶液涂在锌材上，处理 1 min 左右，生成一层黄色或橄榄色的无机铬酸盐膜
6	氧化处理	将铝合金底材置于含碳酸钠、铬酸盐等的碱性溶液内，在高温下处理 5 ~ 20 min，使表面生成一层氧化膜
7	钝化处理	将铬酸等酸性溶液涂敷于金属底材上，干燥 2 ~ 5 min，然后再用清水冲洗，擦干。酸蚀产物形成一层致密的薄膜，紧密覆盖在金属表面，进一步提高金属的耐腐蚀能力

多数汽车制造厂提供的零部件已经涂上了底漆，若更换此类零部件，则不必再进行特殊处理，可直接喷涂中涂或面漆。

2. 塑料表面的预处理工艺

尽管塑料制品不会生锈，易于着色，本身就有抗腐蚀能力和装饰性能，但在塑料制品上加涂一层合适的涂层，可以延长塑料的使用寿命，提高塑料件的各项性能。塑料件的表面处理包括脱脂处理、化学处理、退火处理和静电除尘等，其具体的处理工艺如图 3—3—7 所示。

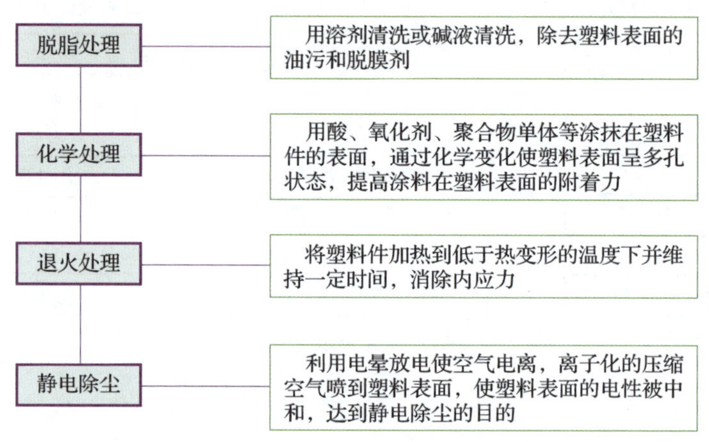

图 3—3—7 塑料件的预处理工艺

3. 旧涂层的表面预处理工艺

旧涂层表面可能是基本完好，只需稍加整理就可重新喷漆；也可能存在裂纹、锈蚀等缺陷，处理起来就比较复杂。

（1）良好旧涂层的表面处理。旧涂层表面状况良好，涂层稳定，而且新喷涂层与旧涂层无化学反应，其表面预处理的工艺是：清洗→脱脂→用 P1000 水砂纸湿磨至表面失光→除水→除尘→脱脂除油。

（2）粉化、龟裂、锈蚀和大面积破损涂层的表面处理。如果旧涂层出现粉化、龟裂和锈蚀等情况，则应将旧涂层全部清除，然后按规范重新喷涂。常用的除漆方法有打磨、喷砂和化学除漆三种。

1）打磨除旧漆。对于较小的平坦部位，可用打磨机清除原有旧涂层。其处理步骤是：用 P40 砂纸磨去旧涂层，露出金属→用 P60 砂纸打磨，消除 P40 砂纸造成的划痕→用双动作打磨机配合 P120 砂纸打磨，清除金属表面的划痕→按照裸金属表面预处理的方法处理。

2）喷砂除旧漆。采用喷砂法清除旧涂层对于所有类型的车身结构都是适用的。经过喷砂处理、清洁和干燥后的表面，适合于重新喷涂。

3）化学除旧漆。化学除旧漆适用于清除大面积涂层，在涂抹脱漆剂之前，要将不需要脱漆的部位遮盖起来，确保脱漆剂不会进入这些部位。

(3) 碰擦破损涂层的表面处理。对于因碰擦而破损的涂层，一般采用碰擦影响区除旧漆，边缘打磨羽状边的方法处理。具体的处理步骤是：表面清洁→用 P60 砂纸配合单动作打磨机在碰擦影响区除旧漆→除尘、除油→用 P120 砂纸配合双动作打磨机打磨羽状边→在打磨后的表面除尘、除油。羽状边可以手工打磨也可以采用打磨机打磨。打磨机一般采用双动作圆盘打磨机，配以硬质打磨盘，打磨气压一般为 600～700 kPa。

打磨羽状边时，将打磨机置于需要打磨的部位，略微提起打磨机的一端，手掌轻轻压下气动开关，让打磨机沿着需打磨区域的边缘做圆弧移动，羽状边的打磨如图 3—3—8 所示。打磨羽状边的目的是消除裸金属与涂层之间的台阶（见图 3—3—9），消除打磨表面粗糙的划痕和不整齐的形状，使新、旧漆层的交接平滑过渡。

图 3—3—8　羽状边的打磨

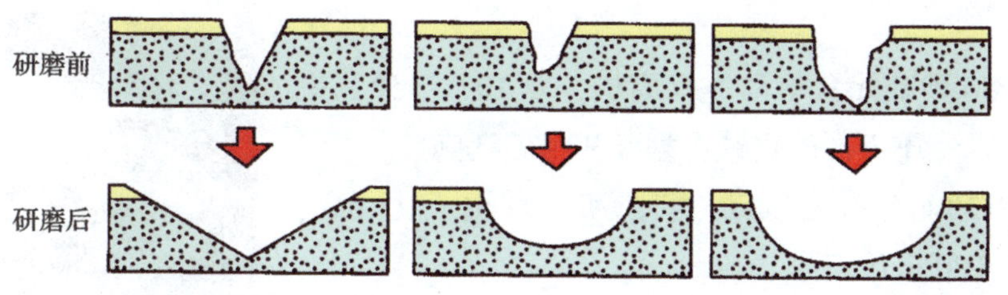

图 3—3—9　边缘接口部位处理后的最终形状

技能训练

操作一　大面积破损涂层的表面预处理

1. 板件表面预处理前准备

方法：

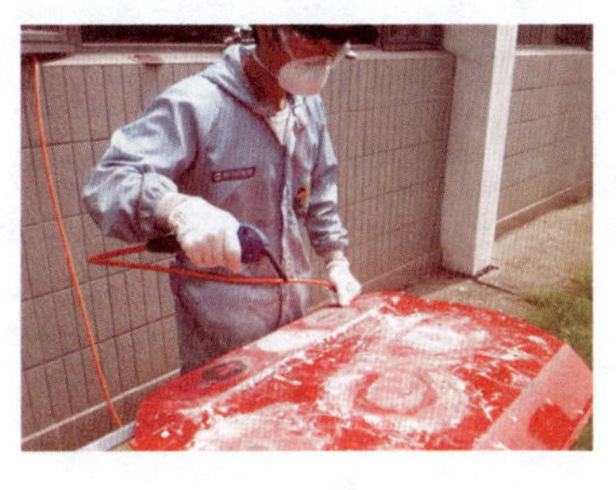

(1) 防护。戴好防尘口罩、棉纱手套、护目镜、工作帽等安全防护用品。

(2) 除尘。用压缩空气吹除板件表面的灰尘，然后用干净的抹布将整个板件擦拭一遍。

(3) 贴护。在处理的边界贴上一条纸胶带，将非打磨区域用遮盖纸遮盖好。

(4) 打磨机准备。选取 P60 干磨砂纸，粘扣在单动作打磨机上，接上气源，调试好打磨机。

提示：

也可以用偏心距为 7 mm 的双动作打磨机代替单动作打磨机。

2. 大面积除旧漆

方法：

（1）将打磨机的打磨托盘的左上面轻轻压在打磨表面上，按下开关，向右平行移动打磨机。

（2）打磨机运行至最右端时，用打磨机右上面打磨，平行向左移动。

（3）前后两道打磨痕迹要重叠 1/2 以上。

提示：

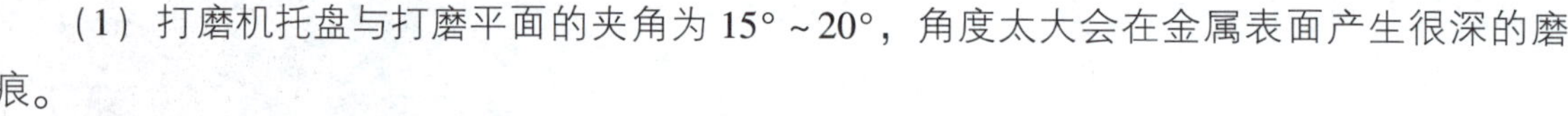

（1）打磨机托盘与打磨平面的夹角为 15°～20°，角度太大会在金属表面产生很深的磨痕。

（2）打磨机移动速度不能过快，以确保旧漆的清除。

3. 消除金属表面的粗砂纸磨痕

方法：

（1）用 P80 砂纸配合单动作打磨机，以 10°～15°的夹角打磨，消除裸金属表面的锈蚀、划痕和粗砂纸磨痕。

（2）用 P120 砂纸配合双动作打磨机，以 5°～10°的夹角打磨，消除 P80 砂纸磨迹。

提示：

打磨时向下施压不能太大，以免损坏打磨机，使板件表面形成很深的打磨痕迹。

4. 除尘、脱脂

方法：

（1）用除尘枪吹除板件表面的灰尘，然后用干净的抹布将整个板件擦拭一遍。

（2）换上防毒面具和防溶剂手套。

（3）用除油纸蘸上除油脱脂剂，在裸露的金属板上涂抹，在除油脱脂剂未干时用干净的除油纸擦干。

提示：

每次除油面积为 0.2～0.3 m^2，以防除油剂在擦干之前挥发干净，达不到除油脱脂的效果。

5. 刷涂磷化底漆

方法：

（1）将磷化底漆和磷化液按照 4∶1 的比例混合，静置 30 min。

（2）用刷子将调配好的磷化底漆刷涂在裸金属上。

（3）在磷化底漆未干时，用干净的抹布擦干。

提示：

（1）磷化底漆混合要静置 30 min，调配好的磷化底漆必须在 12 h 之内用完。

（2）若调配好的磷化底漆黏度过大，应加入 3 份无水乙醇和 1 份丁醇的混合物进行稀释，不能直接加入磷化液。

6. 涂抹金属转换剂

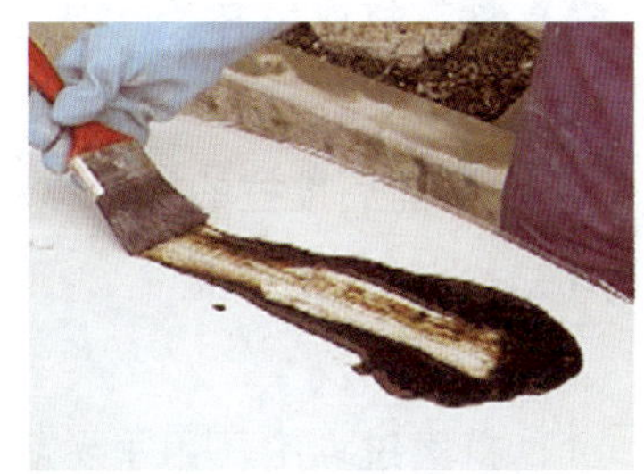

方法：

（1）将适量的金属转换剂倒入容器中，用刷子刷涂在经过磷化处理的金属表面上，干燥 2～5 min。

（2）用清水冲洗涂抹金属转换剂的表面，用干净抹布擦干。

提示：

常用的金属转换剂是除锈转换剂，它具有除锈、钝化、防锈、底漆四种功能。

操作二　羽状边的打磨

1. 在碰擦影响区内除旧漆

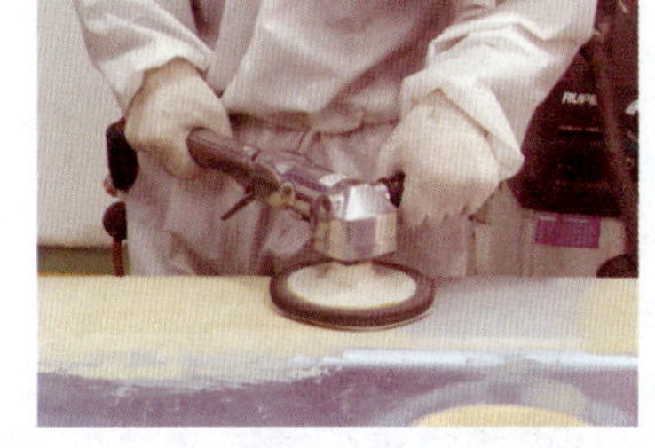

方法：

（1）用记号笔画出涂层因碰擦受到影响的范围。

（2）选用单动作打磨机和 P60 干磨砂纸。

（3）将受损区域内的旧涂层清除，直至裸金属完全露出，停止打磨。

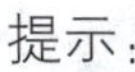

提示：

为了操作方便，可以选用偏心距为 6 mm 的双动作打磨机，除旧漆后直接打磨羽状边。

2. 羽状边的打磨

（1）打磨区域除尘、除油

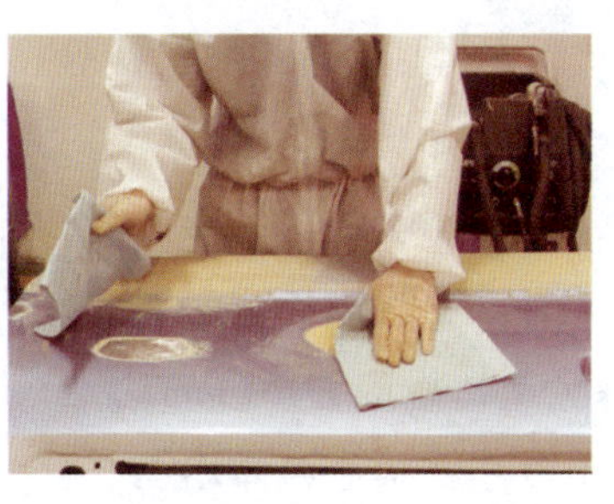

方法：

1）吹除板件表面的灰尘，然后用干净的抹布擦拭一遍。

2）换上防毒面具和防溶剂手套。

3）用除油纸蘸上除油脱脂剂，在裸露的金属板上涂抹，在除油脱脂剂未干时用干净除油纸擦干。

提示：

此处的除尘、除油只需要在羽状边打磨区域进行，不必大面积除尘和除油。

(2) 羽状边的打磨

方法：

1) 将 P120 干磨砂纸装到上述打磨机上。

2) 调整打磨机转速至合适的范围。

3) 以 10°～15°的夹角将打磨机托盘轻压在裸金属与旧涂膜的交界处。

4) 按下打磨机开关，以交界处轮廓线为运行轨迹，移动打磨机。

提示：

不可用前后推拉的方式移动打磨机，否则难以打磨出平缓过渡的斜坡。

(3) 羽状边的修整

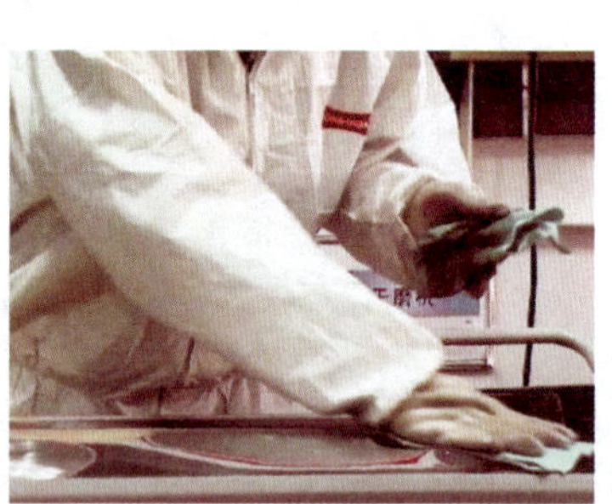

方法：

1) 打磨过程中，用手反复触摸，检查有无台阶，过渡是否平缓。

2) 如果台阶继续存在，则要用打磨机反复修整，直到羽状边过渡一致。

3) 修整结束后，停止打磨，清除砂纸，清除打磨机上的灰尘。

提示：

羽状边的宽度以彻底消除涂膜破损边缘的台阶为准，旧涂膜越厚，则羽状边需要打得越宽。

(4) 除尘、除油

方法：

1) 吹除板件表面的灰尘，然后用干净的抹布将整个板件擦拭一遍。

2) 换上防毒面具和防溶剂手套。

3) 用除油纸蘸上除油脱脂剂，在打磨区域涂抹，在除油脱脂剂未干时用干净的除油纸擦干。

(5) 羽状边的质量检验

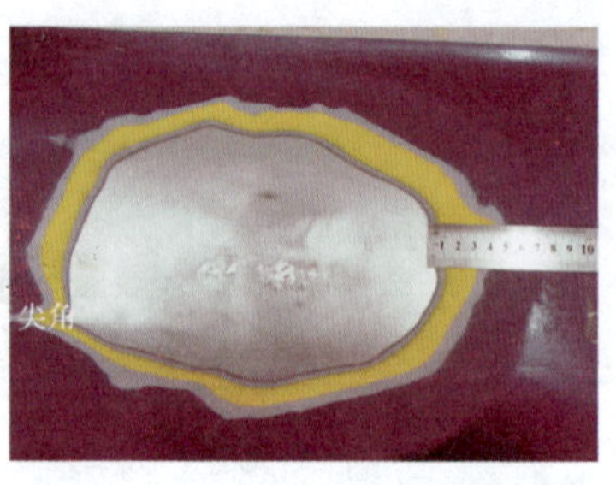

方法：

1) 羽状边应手感光滑，无台阶。

2) 羽状边的宽度要求大于 20 mm，羽状边外边缘距离裸金属边缘应在 70 mm 以上。

3) 羽状边整体均衡一致，表面光滑。

提示：

羽状边轮廓应是整体圆滑、无尖角的斜坡。

训练评价

训 练 评 价

考核要求

1. 在规定的时间内完成大面积破损涂层的表面预处理和羽状边的打磨，使之符合技术标准。

2. 在操作过程中出现的违规操作，应及时指正。

3. 符合安全文明生产的要求。

考核标准

考评标准表——车身表面预处理

考核时间	考核项目	分值	评分标准与指导	评价结果
40 min	正确使用工具，做好防护措施	10	工具使用不当酌情扣分，并指正	
	板件表面预处理准备	5	按要求酌情扣分，并指正	
	打磨法除旧漆、除锈	15	按要求酌情扣分，并指正	
	板件表面除尘、除油	5	按要求酌情扣分，并指正	
	磷化处理	10	按要求酌情扣分，并指正	
	涂抹金属转换剂	10	按要求酌情扣分，并指正	
	受损区域除旧漆	10	按要求酌情扣分，并指正	
	羽状边的打磨	15	按要求酌情扣分，并指正	
	羽状边的修整	10	按要求酌情扣分，并指正	
	“6S”作业	10	每项扣 2 分，扣完为止	
	遵守相关安全操作规范 在规定的时间内完成		因违规操作发生事故，终止考核，成绩按 0 分计；超时每分钟扣 2 分，超时 5 min 终止考核	
	分数合计	100		

实训报告

1. 大面积破损涂层的表面预处理的操作步骤是怎样的，有哪些注意事项?

2. 怎样打磨破损涂层的羽状边，羽状边的质量检验有哪些内容?

单元四　底涂层涂装

课题1　底漆的选用与配制

学习目标

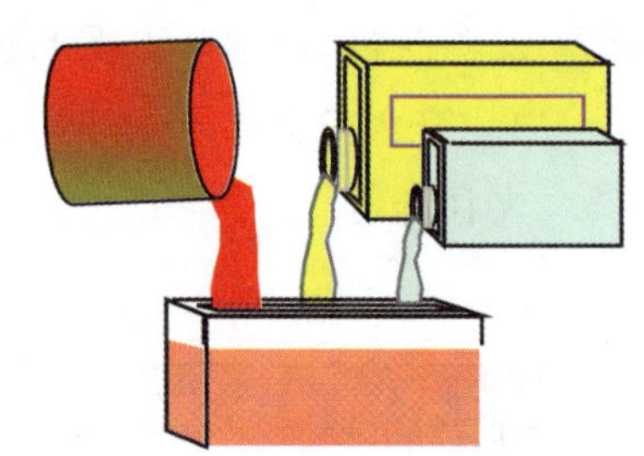

1. 了解底漆的作用。
2. 熟悉车身常用底漆的种类和特点。
3. 熟悉底漆配制常用的工具。
4. 掌握选用车用底漆的一般原则。
5. 掌握涂料配制的基础知识和配制方法。
6. 能熟练配制符合喷涂要求的车用底漆。

知识准备

一、底漆的基本知识

1. 底漆的作用

底漆是直接涂布在经过底材处理的车身表面上的第一道漆，是整个涂膜的基础涂料。底漆具有封闭金属基体，防止金属表面氧化腐蚀，填平金属基体的细微缺陷以及锈斑，增强金属表面与原子灰之间的附着力的作用。

2. 底漆的分类

车身常用底漆根据用途不同可分为普通底漆和特殊用途底漆。

（1）普通底漆。普通底漆根据使用目的不同可分为头道底漆、二道底漆、表面封闭底漆等。

1）头道底漆。其颜料含量最低，填充性能较弱；同时含胶黏剂较多，具有较强的附着力，较难被砂纸打磨，且上层涂料容易与之牢固地结合，一般情况下可直接涂在底材上。

2）二道底漆。其颜料含量最高，它的功能是填塞针孔、细眼等，具有良好的打磨性；二道底漆的附着力较差，在涂漆后必须磨去大部分，否则会影响面层涂料的附着力，造成面层涂料的浮脆、气泡等现象。

3）表面封闭底漆。其颜料成分含量较低，主要用于填平打磨的痕迹，给面层涂料提供最大的光滑度，使面层涂料丰满，并可防止产生失光、斑点等现象；表面封闭底漆用于木材表面时，一般作头道底漆，而在金属件表面，大都用在二道底漆上面。

（2）特殊用途底漆。特殊用途底漆常见的有磷化底漆、带锈底漆和塑料底漆等。

3. 车身常用底漆

（1）普通底漆。车身常用底漆有环氧底漆、醇酸底漆、硝基底漆、聚氨酯底漆和丙烯酸树脂底漆等，见表4—1—1。其中环氧树脂底漆是物理隔绝防腐底漆的代表，它具有极强的黏结力、良好的韧性和优良的耐化学性，在现代汽车涂装中使用最多。环氧树脂类涂料表面粉化较快，主要用做底层涂料。环氧底漆使用胺类作为固化剂，胺类对人体和皮肤有一定的刺激性，在使用时要加以注意。

表4—1—1 国产汽车常用底漆的性能及用途

涂料名称	用途	配套的面漆和稀释剂	特性
环氧底漆	H06－2铁红、铁黑、锌黄环氧底漆适用于沿海或潮湿地区的金属件表面打底，其中铁红、铁黑适用于钢铁件表面 H06－4环氧高锌底漆具有阴极保护作用，能渗入焊缝处，常用于防腐构件电弧焊处涂装 H06－10环氧高锌底漆具有阳极保护作用，用于汽车底盘部分的金属表面	锌黄环氧底漆与面漆结合力较差，常在两者之间加喷一层硝基或氨基底漆作为结合层。环氧底漆的稀释剂是二甲苯、丁醇混合液	涂层坚硬、耐磨，机械强度高，若烘烤干燥，可以提高涂层的防潮、防腐和防霉变性，耐化学药品性及防锈性能。常与X06－1磷化底漆配合使用
醇酸底漆	C06－1、C06－17铁红醇酸底漆多用于汽车修补涂装底漆 C06－12锌黄醇酸烘干底漆多用于铝镁合金等有色金属物的表面打底	多用于涂装要求高的汽车。能与硝基、过氯乙烯、醇酸等面漆及氨基烘烤漆配套。使用的稀释剂为200号溶剂汽油、二甲苯或松节油	附着力强，除锈、力学性能好，能自干也能烘干，耐硝基、过氯乙烯漆，但耐潮湿性差
硝基底漆	Q06－4各色硝基底漆用做硝基面漆打底，适用于汽车上耐油部件表面，也是汽车修补涂装中常用的底漆	与硝基磁漆配套使用。使用X－1或X－2硝基漆稀释剂	涂层干燥快，易打磨

续表

涂料名称	用途	配套的面漆和稀释剂	特性
聚氨酯底漆	–	7609 铁红、锌绿聚氨酯底漆与 7182、7583 聚氨酯清漆和 N－12 丙烯酸聚氨酯清漆配套使用。使用 7002 聚氨酯专用稀释剂	具有良好的附着力、耐水性、耐热、耐化学药品性及防潮、防腐和防霉变性
丙烯酸树脂底漆	B06－1 锶黄、锌黄和 B06－2 锶黄丙烯酸树脂底漆对高温情况下使用的金属设备及轻金属，如铝、镁合金等有良好的附着力和高温防腐性能	与硝基、过氯乙烯、热塑性丙烯酸树脂等磁漆配套。稀释剂为 X－5 丙烯酸漆稀释剂	附着力强，耐候、耐热、防潮、防锈、防腐和防霉性好

（2）特殊用途底漆

1）磷化底漆。磷化底漆是以聚乙烯醇缩丁醛树脂为主要成膜物质，并加防锈颜料四盐基锌铬黄而制成的底漆，与分开包装的磷化液调配使用，调配好的磷化底漆必须在 12 h 内用完。磷化底漆和磷化液如图 4—1—1 所示。

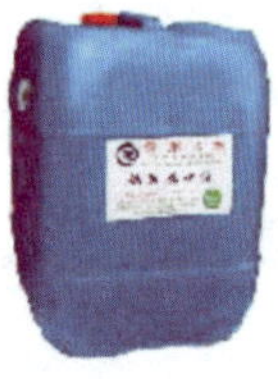

图 4—1—1　磷化底漆与磷化液

磷化底漆的防锈原理是磷化底漆涂于金属表面后，磷化液中的磷酸与四盐基锌铬黄反应，生成不溶性的磷酸盐覆盖膜，同时生成铬酸使金属表面钝化。另外，由于聚乙烯醇缩丁醛树脂具有很多极性基团，也参与了锌铬颜料与磷酸的反应，转变为不溶性的络合物膜层，与磷酸盐覆盖膜共同起到防腐蚀和增强附着力的作用。

涂布磷化底漆可代替对金属表面的磷化处理。磷化底涂膜层很薄（10 ~ 15 μm），不能代替底漆涂层，因此在涂布过磷化底漆后，还应使用一般底漆打底，以增强防腐蚀和涂装效果。磷化底漆具有一定的侵蚀作用，不能使用金属容器调配，喷涂后应马上清洗喷枪，间隔 2 h 以上才能进行下一步施工。

车身金属底材的底涂层涂装，现代汽车修理厂大多选用磷化底漆和无铬环氧底漆。

2）带锈底漆。带锈底漆（见图 4—1—2）是一种新型的防锈涂料。将其直接刷涂在带锈的钢铁表面，既可抑制锈蚀，又可逐步使 80 μm 以下的铁锈转变为具有保护功能的薄膜，干燥后呈蓝黑色。带锈底漆有转化型、稳定型和渗透型三种。

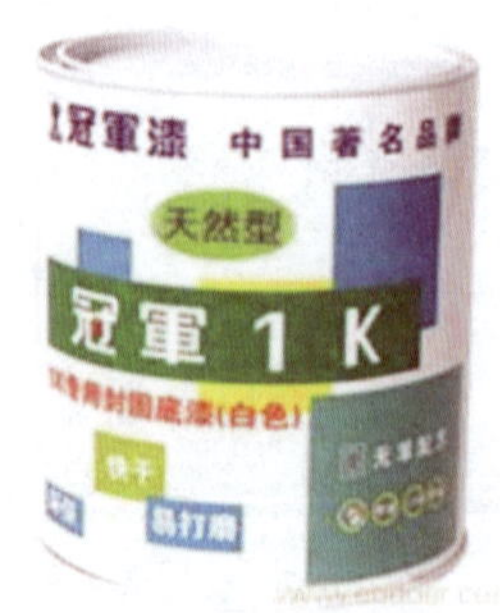

图 4—1—2　带锈底漆

使用带锈底漆时，只需除去钢铁表面的浮锈和氧化皮即可涂刷，减轻了劳动强度，提高了生产效率。

3）塑料底漆。车身塑料制品一般不耐高温，易变形。塑料的表面能比较低，表面极性小，涂料的湿润性差，从而造成涂膜附着力不良。塑料底漆（见图4—1—3）的作用主要是增强塑料底材和面漆层的黏合能力。

图4—1—3　塑料底漆

较柔软的聚丙烯类塑料件和收缩、膨胀比较大的较软塑料件底材，与汽车修补面层涂料的直接黏合能力并不是很好，涂装时需要使用塑料底漆。对于ABS等质地比较坚硬的塑料件，常用面漆与它们的黏结能力比较好，一般不使用塑料底漆也可达到令人满意的附着力。塑料底漆通常为单组分，开罐即可使用，直接喷涂一薄层，等待10 min左右（常温），表面稍稍干燥后就能继续喷涂中涂层或面漆。

4. 底漆选用的一般原则

（1）底漆必须具有极好的耐腐蚀性、耐水性和抗化学品性，对金属无腐蚀作用，并能防止金属表面的电化学腐蚀。

（2）底漆应有良好的附着性能，与底材及中间涂层或面涂层有良好的结合力。所形成的涂层应具有极好的机械性能。

（3）底漆应具有填平纹路、针眼和孔洞的作用，并具有良好的打磨性能。

（4）底漆与底材表面、中间涂层、面漆应有良好的配套性，以防出现涂装缺陷。

（5）底漆应有良好的施工性能，能适应汽车修补涂装工艺的要求。

二、涂料的配制

1. 涂料配制所需要的工具和设备

涂料配制的常用器具有涂料杯、比例尺、黏度计和涂料过滤网等。

（1）涂料杯。涂料杯必须干净无异物，其外形必须是圆柱形（见图4—1—4），锥形涂料杯会对涂料的配制比例产生影响。

（2）比例尺。比例尺是一种用金属或塑料制成的尺子（见图4—1—5），上面带有刻度记号，可计量适当数量的固化剂、稀释剂。一般比例尺上都有三列刻度，从左侧开始，第一列刻度指示涂料的加入量，第二列指示固化剂的量，第三列指示稀释剂的量。如NEXA（庞贝捷）公司提供的比例尺选用铝制底材，两面分别用不同颜色，标上不同的比例刻度，其中黑/绿一面的配制比例为2∶1，黑/红一面的配制比例为4∶1。使用比例尺避免了涂料称重的麻烦，便于涂装操作简化。但必须注意，各个涂料公司的比例尺一般不可混用。

图 4—1—4　涂料杯

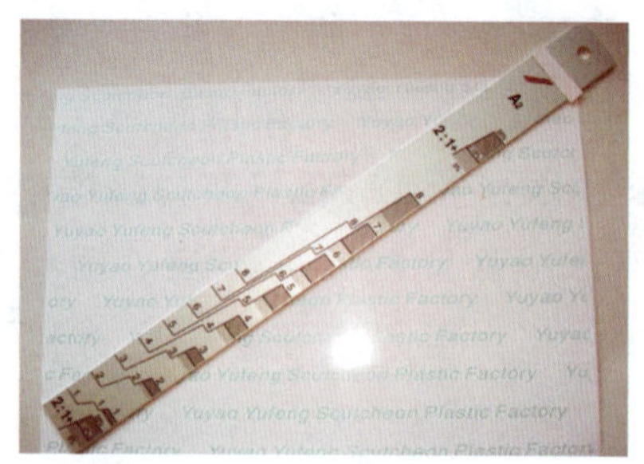

图 4—1—5　比例尺

（3）黏度计。黏度计用来检验涂料的配制结果是否符合涂料的施工黏度。在车身修补涂装中常采用福特杯黏度计、涂 -4 黏度计（见图 4—1—6）、扎恩杯黏度计来测量涂料黏度，计量单位为秒（s）。黏度计是以一定量的涂料通过特制小孔流出的时间来测量涂料黏度的。这个时间应等于涂料制造商给定的数值。

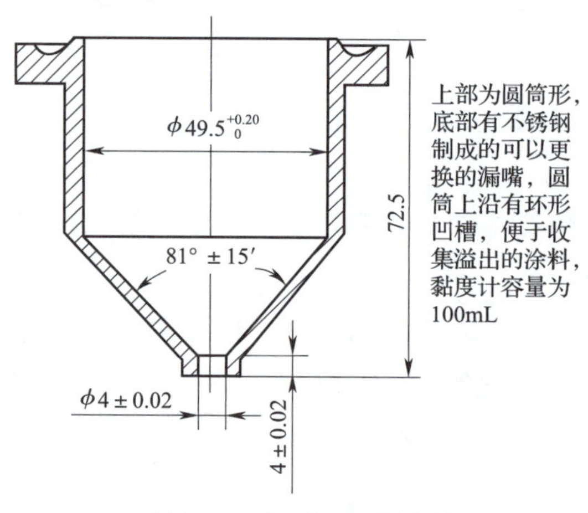

图 4—1—6　涂 -4 黏度计

（4）涂料过滤网。涂料过滤网（见图 4—1—7）是将已配制好的涂料倒向喷枪时，过滤掉容易堵塞喷枪或影响涂层表面质量的颗粒等。习惯上常用筛目号来表示涂料过滤网的规格，一般有 80 目、100 目、150 目、180 目、200 目五种规格。涂料过滤网的规格和使用场合见表 4—1—2。

图 4—1—7　涂料过滤网

表 4—1—2　　涂料过滤网的规格和使用场合

过滤网筛目数	80	100	150	180	200
涂料	底漆和金属漆		素色漆	清漆	

2. 涂料配制的基础知识

（1）混合比例。涂料的混合比例在没有特别说明的情况下均采用体积比，其表示方法有百分数和比例两种。不同的涂料公司对涂料的混合比例的表达方法也有差别，新劲汽车修补漆公司习惯用百分数的表示方法，如 100∶50∶30，其意思是将 100 份油漆与 50 份固化剂和 30 份稀释剂相混合。比例表示方法比较通用，如 4∶1∶1，比例中的第一位数字是指涂料量，第二位数字表示固化剂或其他添加剂的量，第三位数字表示稀释剂的量，即 4 份底漆、1 份固化剂和 1 份稀释剂进行混合。庞贝捷漆油公司采用组合比例的表示方法，如 4∶1∶10%～20%，即先将 4 份油漆与 1 份固化剂相混合，然后加入油漆和固化剂总量 10%～20% 的稀释剂。

（2）涂料黏度。涂料黏度是指涂料的稀稠程度，涂料黏度的大小直接影响施工质量，黏度过高将使表面粗糙不匀、产生针孔和气孔等缺陷；黏度过低则会造成流挂、失光或涂膜形成不丰满。不同涂层对涂料黏度的要求也有所不同，车身涂装作业要根据技术要求调整黏度。黏度计是测量涂料黏度的主要仪器。

3. 涂料配制的方法和步骤

（1）确认涂料，搅拌涂料。核对涂料的类型、名称、型号及品种与所选的涂料是否完全相符；在开盖前，应搅拌 15 min 以上，使涂料混合均匀。

（2）检查涂料的质量。打开涂料桶盖后，观察涂料是否有结皮、沉淀、变色、变稠、混浊、变质等质量问题。若存在质量问题，应更换或处理后再使用。

（3）混合涂料。将一定数量的涂料及配套稀释剂、添加剂按照说明书上的比例混合。下面以双组分、混合比例为 4∶1∶1 的涂料为例，说明涂料的配制方法。

1）将 4∶1∶1 的比例尺垂直放入圆柱形涂料杯中。

2）将涂料倒入涂料杯，液面高度与比例尺左侧第一列某一刻度线对齐。

3）倒入固化剂至比例尺第 2 列数字的相同刻度线。

4）倒入稀释剂至第 3 列上相同的刻度线。

5）按比例加入各种材料后，使用比例尺搅拌均匀。

（4）检查涂料的黏度。为了确保面漆的施工性能，提高涂膜的质量，喷涂前要进行涂料黏度的检查。如果涂料的黏度不符合要求，则需要加入涂料或稀释剂进行调整。

（5）辅助材料的添加。如果施工环境不能满足涂装要求，应向涂料中加入适量的添加剂。如环境湿度较大，涂层表面出现发白、发黏等质量缺陷时，应在涂料中加入适量的防潮剂和催干剂。

技能训练

操作　快干无铬环氧底漆的配制

1. 底漆配制前的准备

方法：

（1）戴好乳胶手套、防毒面具、护目镜，穿好防静电工作服等防护用品。

（2）准备好涂料杯、比例尺、涂料过滤网和黏度计，找出与该底漆相配套的固化剂和稀释剂。

（3）查找涂料说明书，确定该底漆的配制比例为4∶1∶1，涂料喷涂黏度20℃时为17～20 s。

（4）确认底漆，检查底漆的质量，搅拌底漆。

提示：

环境温度不同，配制的涂料黏度也不同。冬季气温低，涂料黏度大，要适当加大稀释比例。

2. 混合底漆

（1）倒入无铬环氧底漆

方法：

1）拿一张干净的除油纸，将调漆杯和比例尺擦拭干净。

2）缓慢倒入底漆，当底漆的液面与杯壁上4∶1∶1配制比例处第一列“1”的刻度线对齐，停止加入底漆。

提示：

选取STA多功能调漆杯时，底漆液面与刻度线“1”平齐，其体积刚好为100 mL。

（2）倒入固化剂和稀释剂

方法：

1）倒入固化剂，使液面上升至与杯壁上4∶1∶1配制比例处中间一列的“1”刻度线平齐。

2）倒入稀释剂，使液面上升至与杯壁上4∶1∶1配制比例处右边一列的“1”刻度线平齐。

提示：

倒入固化剂和稀释剂的先后顺序不要颠倒，以免数据弄错，使配制失败。

（3）充分搅拌底漆混合物

方法：

1）按比例加入正确数量的各种材料后，使用比例尺彻底将各组分搅拌均匀。

2）拿起比例尺，用玻璃棒刮净比例尺上的涂料，放入清洗剂中等待清洗。

提示：

搅拌时不要速度过快，以免涂料中混入空气，影响涂料黏度测试的准确性。

3. 涂料黏度的测试与调整

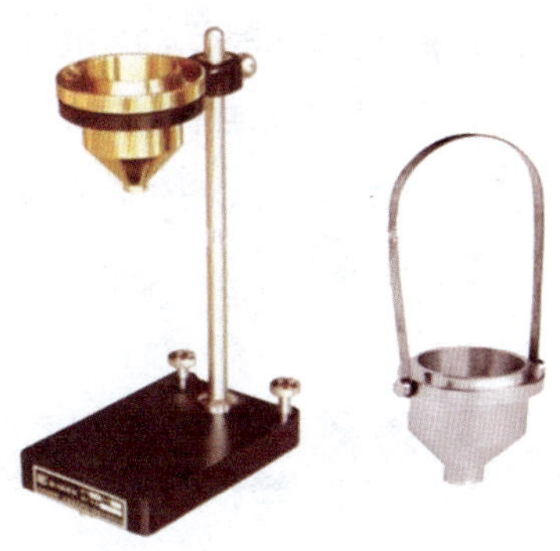

（1）测试前准备

方法：

1）调整好福特杯与底座之间的距离。

2）将干净的涂料杯放置在福特杯的底座上，通过底座上的调整螺钉将黏度计调至水平。

3）将一块厚橡胶板放于福特杯底部并用手托住，堵住涂料杯底部的流出孔。

提示：

福特杯底部的流出孔要堵紧，防止涂料流出。

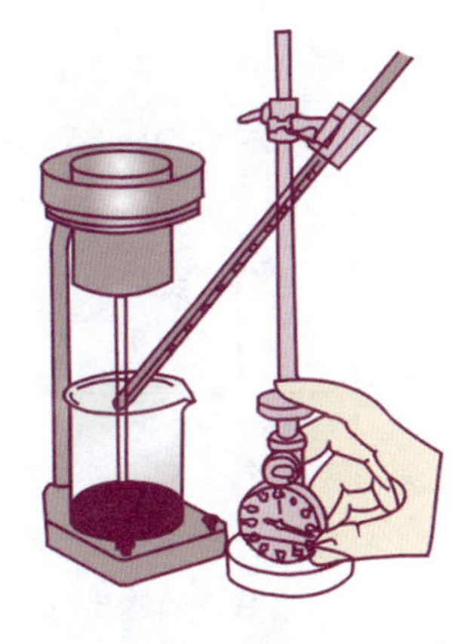

（2）检查涂料的黏度

方法：

1）向福特杯内缓缓倒入底漆至规定的刻度线，搅拌消泡，并用刮板刮除福特杯顶部多余的底漆。

2）撤去橡胶板，同时按下秒表，待底漆流束刚断线时停止计时。秒表的读数即为底漆的黏度值。

3）重复检测一次，然后计算两次操作的平均值。

提示：

1）两次测试的底漆黏度值之差不能大于平均值的3%，否则需要重新测量。

2）黏度过大，加入稀释剂，黏度过小则需要加入调配前的底漆、固化剂，直至底漆黏度符合要求。

4. 底漆的过滤

方法：

（1）将80目的涂料滤网放在支架上，喷枪置于滤网下方。

（2）把底漆倒入滤网，过滤涂料直到所有底漆流入喷枪中。

（3）取下滤网，整理现场。

提示：
调制好的环氧底漆必须在4 h之内用完。

训练评价

训 练 评 价

考核要求

1. 在规定的时间内完成底漆的调制，使之符合技术标准。
2. 在操作过程中出现的违规操作，应及时指正。
3. 符合安全文明生产的要求。

考核标准

考评标准表——底漆的配制

考核时间	考核项目	分值	评分标准与指导	评价结果
20 min	正确使用工具	10	工具使用不当酌情扣分，并指正	
	底漆配制前准备	12	按要求酌情扣分，并指正	
	按比例配制底漆	18	按要求酌情扣分，并指正	
	搅拌混合后的底漆	10	按要求酌情扣分，并指正	
	黏度检测前的准备	10	按要求酌情扣分，并指正	
	检查底漆的黏度	20	按要求酌情扣分，并指正	
	底漆的过滤	10	按要求酌情扣分，并指正	
	“6S”作业	10	每项扣2分，扣完为止	
	遵守相关安全操作规范 在规定的时间内完成		因违规操作发生人身和设备事故，终止考核，成绩按0分计；超时每分钟扣2分，超时5 min终止考核	
	分数合计	100		

实训报告

1. 底漆配制前的准备包括哪些内容？
2. 底漆配制的操作步骤及注意事项有哪些？

课题2　喷涂前遮盖

学习目标

1. 熟悉喷涂前遮盖所需要的材料和工具。

2. 熟悉喷涂前遮盖的注意事项。
3. 掌握喷涂前遮盖的方法。
4. 能熟练进行喷涂前的遮盖操作。

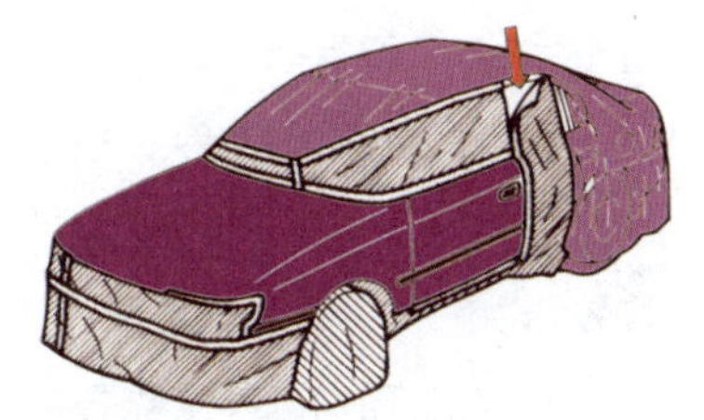

知识准备

遮盖是使用遮盖胶带和遮盖纸盖住不需修饰表面的一种保护方法，它用于在打磨、喷漆或抛光时保护不需要作业的相邻表面。遮盖不当，漆雾和其他杂物将会落到这些非作业区域，影响非作业区域原有涂膜的质量。如双组分涂料漆雾落到不需要重新喷漆的部位干燥后，除非进行抛光，否则无法清除干净。所以，作业前一定要对车身上非作业区域进行有效的遮盖。

一、遮盖所需要的材料和工具

1. 遮盖材料

遮盖所需要的材料主要有遮盖纸、塑料遮盖膜、覆盖罩、遮盖胶带和缝隙胶带等。

（1）遮盖纸。汽车用遮盖纸具有良好的耐热性、抗湿性和防溶剂渗透性，遮盖效果好。遮盖纸有不同的宽度，其宽度范围为 76 ~ 900 mm。遮盖纸一般装在遮盖纸供应机上，进行遮盖操作时，遮盖纸供应机可以将遮盖胶带附在遮盖纸上，只要从供应机中拉出适量长度的遮盖纸即可。汽车涂装常用遮盖纸如图 4—2—1 所示。

（2）塑料遮盖膜。塑料遮盖膜是一种很薄的乙烯材料，其宽度一般比遮盖纸宽，特别适用于覆盖在大面积的非工作表面上，以防止喷涂外逸的漆雾污染这些区域。汽车涂装用塑料遮盖膜如图 4—2—2 所示。

图 4—2—1 遮盖纸

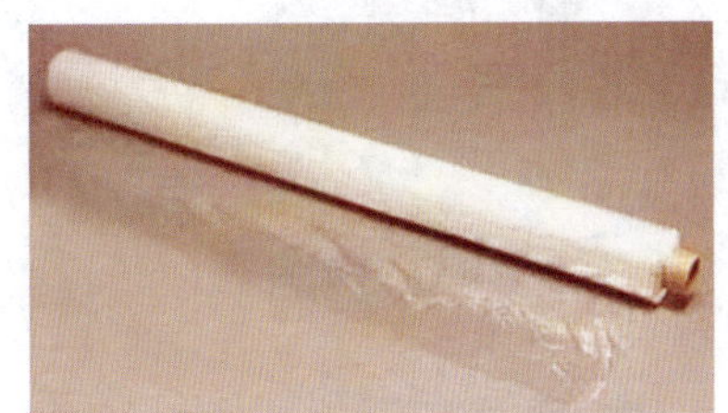

图 4—2—2 塑料遮盖膜

（3）覆盖罩。覆盖罩用于罩住整部汽车或汽车的某个部件，而仅暴露需要涂装的部分。覆盖罩可以反复使用，为喷涂前遮盖节省了大量的时间，提高了工作效率。轮胎用覆盖罩就是一个鲜明的例子，汽车轮胎覆盖罩如图 4—2—3 所示。

（4）遮盖胶带。汽车用的遮盖胶带必须能抗热和抗溶剂，而且其黏合胶应该在剥落以后不会粘在车身表面上。遮盖胶带有普通遮盖胶带和缝隙胶带两种。

1）普通遮盖胶带。按照底材的不同分为纸质胶带和塑料胶带。普通遮盖胶带的宽度范围为 6 ~ 50 mm，宽的胶带不易操作，应尽量少用，细小的弯曲面使用窄胶带。常用普通遮盖胶带如图 4—2—4 所示。

2）缝隙胶带。又称聚氨酯胶带，是一种遮盖材料，其作用是用来遮盖钣金件之间的缝隙，防止飞漆进入车身内部。缝隙胶带以聚氨酯泡沫为基体，加入黏合胶制成，因此简化了有缝隙区域的遮盖。缝隙胶带呈圆柱形，因此可以防止喷涂台阶，使涂装表面很容易打磨，常用的缝隙胶带如图 4—2—5 所示。

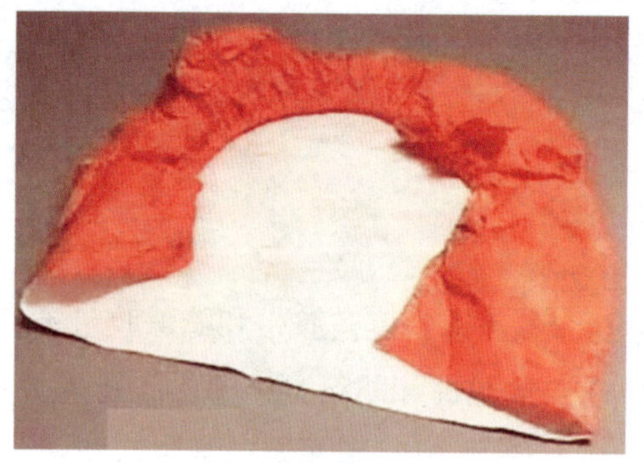

图 4—2—3 汽车轮胎覆盖罩

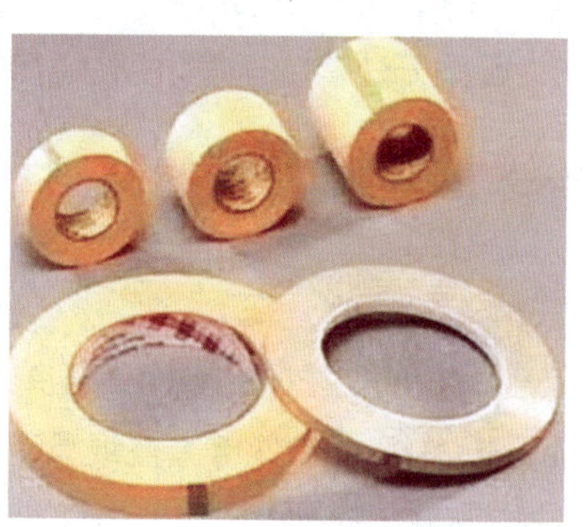

图 4—2—4 普通遮盖胶带

2. 遮盖所需要的设备和工具

遮盖所需要的设备和工具有遮盖纸供应机和美工刀。遮盖纸供应机（见图 4—2—6）能提供适量的遮盖纸，同时还可以将遮盖胶带黏附在遮盖纸上，极大地提高了遮盖的工作效率，节省了工作时间。遮盖纸供应机可以装不同宽度和不同类型的遮盖纸卷，有的还可以装塑料遮盖膜卷。美工刀用来分割遮盖纸和遮盖胶带，切除遮盖边界上胶带不平滑的部分，在实际的遮盖工作中非常实用。

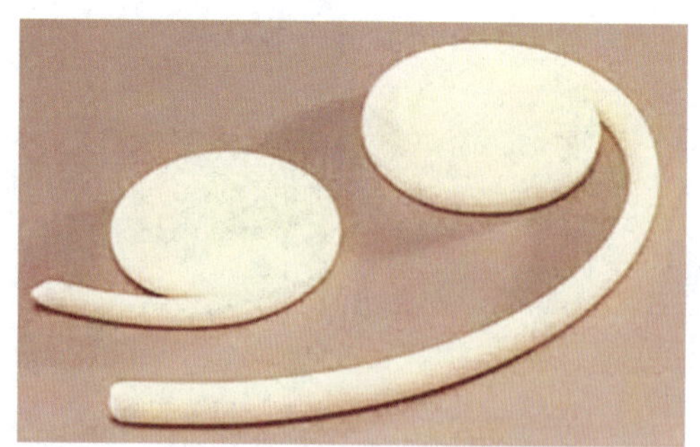

图 4—2—5 缝隙胶带

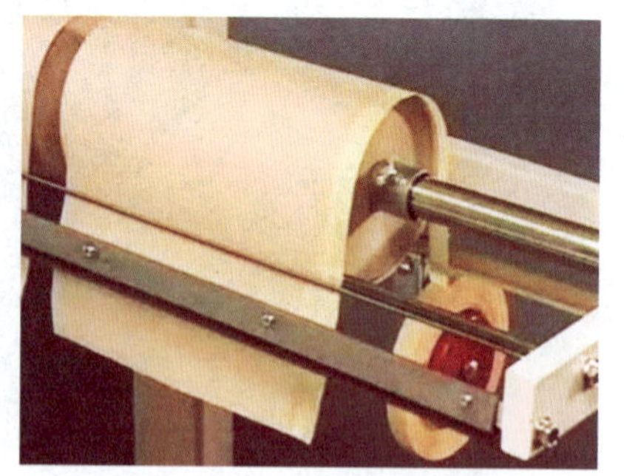

图 4—2—6 遮盖纸供应机

二、遮盖方法

1. 遮盖边界的选择

遮盖边界即分隔重涂区与非重涂区的边界，遮盖边界的选择必须根据修理范围和旧涂层的状况进行选择。

（1）板件重涂，选择板件边缘缝隙作为遮盖边界。

（2）板件之间填充了车身封闭剂，可以将车身密封剂处作为遮盖边界，但此处必须采用反向遮盖的方法，如图4—2—7所示。

（3）板件部分重涂，可以将板件特征线作为遮盖边界，遮盖边界处采用反向遮盖，如图4—2—8所示。

（4）板件平面点重涂，遮盖边界必须通过反向遮盖限定在重涂的板件平面内。

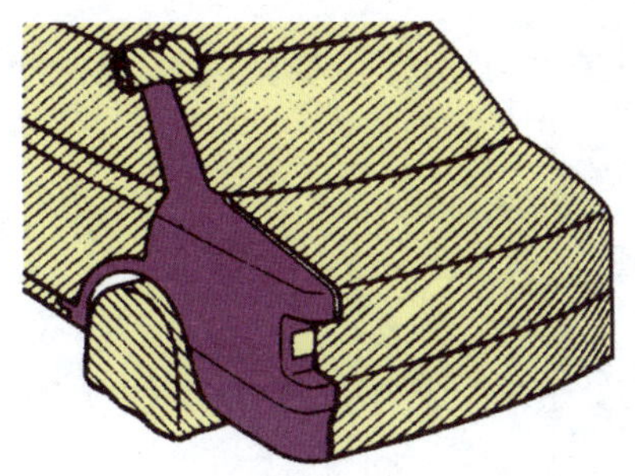

图4—2—7 密封剂处的反向遮盖

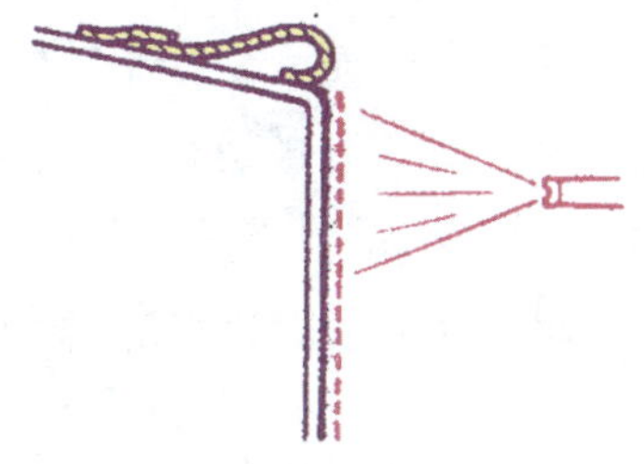

图4—2—8 特征线上的反向遮盖

2. 遮盖的基本方法

根据喷涂的工序和喷涂的要求不同，遮盖时也应采用不同的遮盖方法。

（1）施涂中涂底漆时的遮盖。中涂底漆喷涂所用的空气压力低于面漆喷涂的空气压力，工件表面的遮盖工序比较简单。通常使用反向遮盖法，以防止产生喷涂台阶，如图4—2—9所示。所谓反向遮盖法是指遮盖纸在敷贴时里面朝外，使沿边界形成一薄层漆雾。这种方法可以尽可能减小台阶，使边界不太引人注目。

（2）块重涂时的遮盖。为了进行块重涂，翼子板或车门之类的板件必须单独遮盖。如果板块有孔口（例如，门锁拆除后留下的孔，如图4—2—10所示）或板件之间的缝隙必须遮盖严实，以防漆雾进入这些区域。如果覆盖孔口有困难，可以从里面遮盖孔口，以防止漆雾粘到内部部件上。

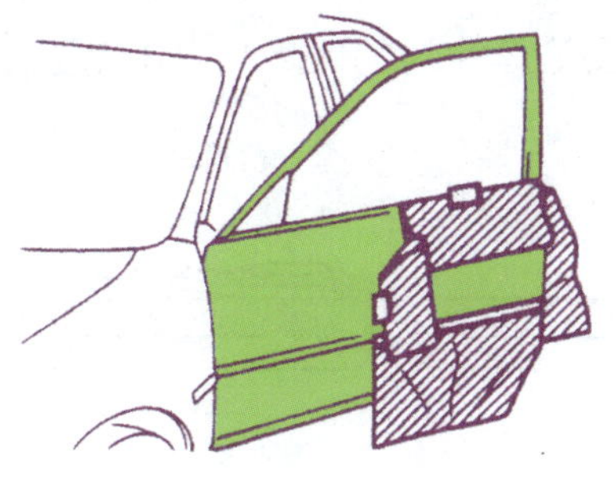

图4—2—9 中涂底漆喷涂前的遮盖

图4—2—10 门锁拆除留下的孔

（3）点重涂的遮盖。重涂没有边界的钣金件，为了确保涂料喷涂不会产生喷涂台阶，该区域必须用反向遮盖的方法加以遮盖。翼子板尾端重涂，由于点重涂的涂装面积小于块重涂，仅遮盖翼子板尾端周围的非喷涂区域就足够了，如图 4—2—11 所示。

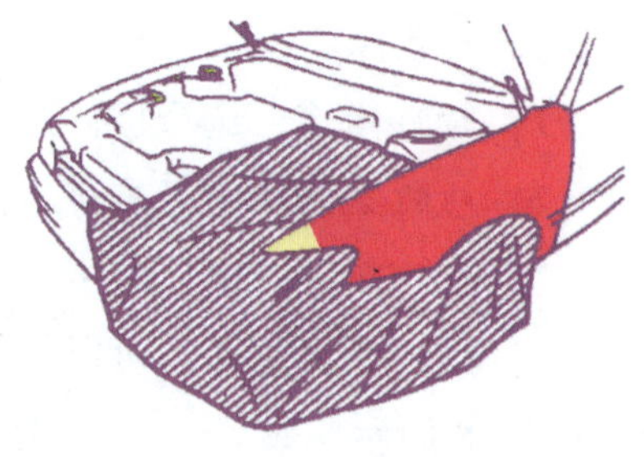

图 4—2—11 翼子板尾部的点重涂

3. 喷涂前遮盖的注意事项

（1）清洁和除油。在将车辆开到涂装工位以前，先要清洗车辆，然后用除油剂清洁遮盖胶带粘贴的部位（见图 4—2—12），以防止遮盖胶带粘贴不牢，出现剥落。

（2）遮盖的范围。所用的重涂方法和喷枪的操作方法不同，需要遮盖的范围也不同。在保证喷涂要求的前提下，遮盖面积尽可能小。

（3）不可拆卸部件的遮盖。将遮盖胶带贴在不可拆卸的部件上，并留一个小小的间隙（间隙的大小等于涂层的厚度，如图 4—2—13 所示）。如果不留间隙，新涂层和遮盖胶带就会粘连在一起，从而使遮盖胶带难以剥落；如果间隙太宽，遮盖胶带就不能很好地遮盖部件。

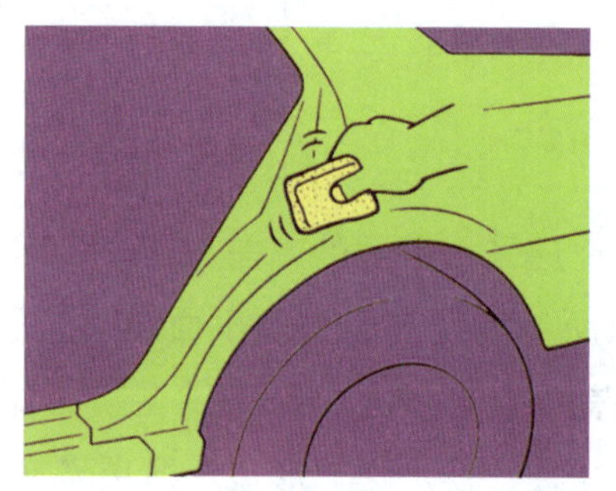

图 4—2—12 用除油剂清洁遮盖胶带粘贴的位置

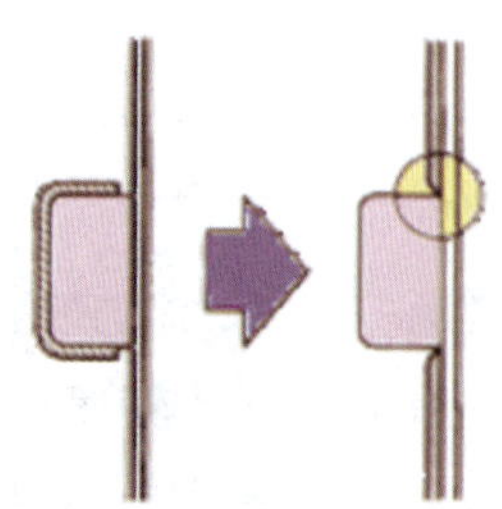

图 4—2—13 不可拆卸部件的遮盖

（4）曲面的遮盖。遇到曲面时，在转角接近的地方将胶带贴得稍稍松一点，贴得太紧胶带就会在转角周围缩进去，从而暴露需要隐匿的面积。曲面的遮盖如图 4—2—14 所示。

（5）双重遮盖。通常使用的遮盖胶带和遮盖纸对涂料中所含溶剂的抵抗力不是很强，因此在涂料易于聚积的地方（例如，板边、特征线或要涂厚涂料的区域），贴双层遮盖胶带和纸（见图 4—2—15），可以防止涂料渗透遮盖材料。

图 4—2—14 曲面的遮盖

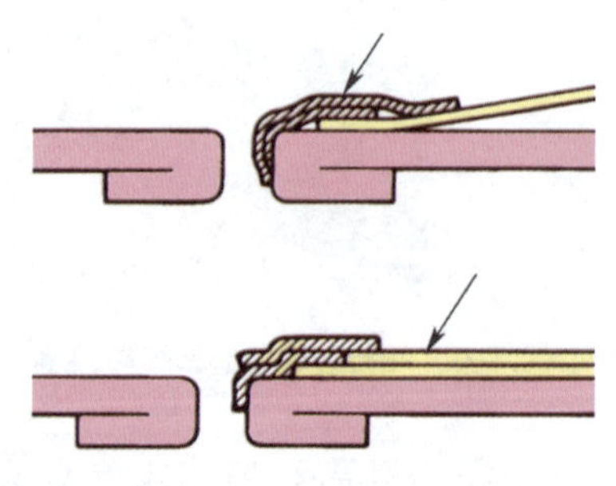

图 4—2—15 双重遮盖

（6）剥除遮盖材料。一般来说，遮盖材料应该在抛光后除去。但是，沿边界的遮盖胶带应在涂装后，趁涂层还没有干之前小心地揭去，如图 4—2—16 所示。一旦涂层变干、变脆，揭去胶带就会剥离涂层。

（7）便于汽车的移动。遮盖工序完成后，汽车要开入喷涂室，因此阻碍汽车运动的区域不要遮盖，而是留待于烤漆房内遮盖，否则无法移动车辆，如图 4—2—17 所示；遮盖汽车轮胎的遮盖材料不应太长，要保证汽车轮胎能自由转动。

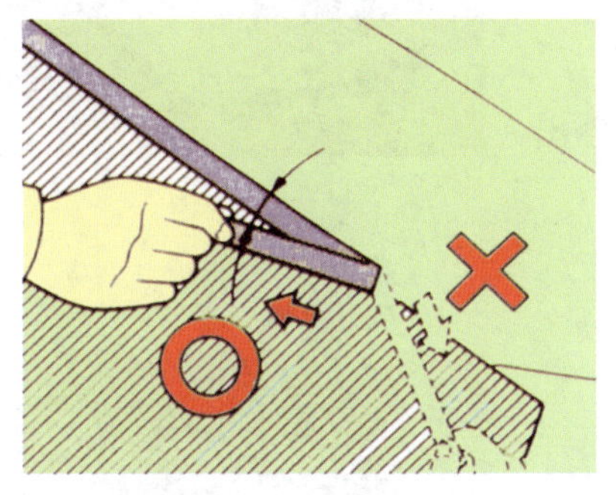

图 4—2—16　剥除遮盖材料

图 4—2—17　全部遮盖好则无法移动车辆

（8）检查遮盖的质量。全部遮盖完成后，应仔细检查遮盖是否有过度或不足的部位。过度遮盖会造成喷涂不够，遮盖不足则会造成过度喷涂。

技能训练

操作一　中涂底漆喷涂前的遮盖

1. 在胶带的粘贴处除油

方法：

（1）用除尘枪吹除板件表面的灰尘，然后用干净的抹布擦拭整个涂装表面。

（2）用除油纸蘸上除油剂在胶带的粘贴处擦拭，然后用另一块干净的除油纸擦涂除油剂，以保证遮盖胶带的粘贴效果。

提示：

不要在原子灰表面擦涂除油剂。

2. 在喷涂位置的上方贴上遮盖纸

方法：

（1）从遮盖纸供应机上抽出适当长度的遮盖纸。

（2）在喷涂位置正上方的打磨边缘贴上遮盖纸。

提示：

遮盖胶带的粘贴位置在打磨边缘之外，遮盖纸从上向下伸展。

3. 反向遮盖

方法：

（1）将遮盖纸向上翻起，使遮盖纸拱起的轮廓线刚好处于打磨边缘。

（2）用遮盖胶带固定好遮盖纸。

提示：

不要用手指按压遮盖纸拱起的轮廓，否则遮盖纸会出现明显的折线，使喷涂产生台阶。

4. 在喷涂位置的下方贴上遮盖纸

方法：

从遮盖纸供应机上抽出适当长度的遮盖纸，贴在喷涂位置正下方的打磨边缘之外。

提示：

遮盖纸从下向上伸展。

5. 反向遮盖

方法：

将遮盖纸向下翻，使遮盖纸拱起的轮廓线刚好处于打磨区的下边缘，然后固定好遮盖纸。

6. 完成遮盖

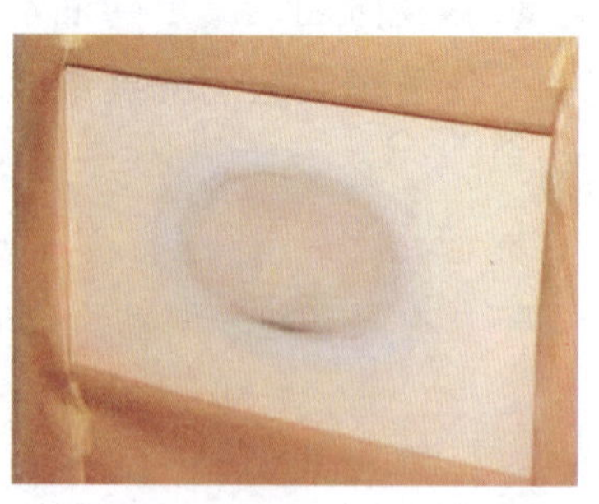

方法：

（1）以同样的方法遮盖喷涂区域的左边缘和右边缘。

（2）用遮盖胶带封闭四块遮盖纸连接处的缝隙。

（3）检查遮盖是否严实，遮盖胶带有无剥落。

操作二　发动机盖、左前翼子板、左前门重涂前遮盖

1. 设定前翼子板与通风百叶窗之间的边界

方法：

(1) 打开发动机盖，并用支架支撑好。

(2) 撕下一段长度适合的胶带，粘贴在右前翼子板与通风百叶窗之间的接缝处。

(3) 以同样的方法设定左前翼子板与通风百叶窗的边界。

2. 遮盖翼子板与发动机盖之间的缝隙

方法：

分别将一条比翼子板稍长的缝隙胶条贴在左右前翼子板的凸缘处。

3. 遮盖安装喷水洗涤器的孔口

方法：

撕下一小片遮盖胶带，稍长于安装孔的大小，从发动机盖里面遮盖喷水洗涤器的安装孔。

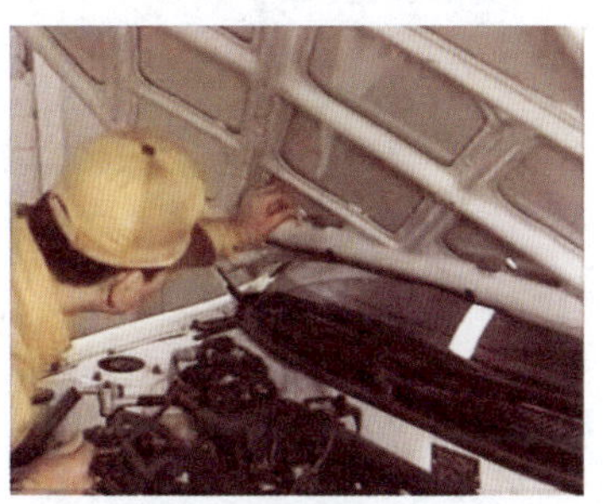

4. 通风百叶窗的遮盖

方法：

将遮盖纸向下沿着挡风玻璃滑移，并且遮盖通风百叶窗。

提示：

操作时，确定百叶窗至密封条区域完全被遮盖。

5. 遮盖发动机盖内部

方法：

(1) 沿发动机盖内部的封闭剂贴一圈遮盖胶带。

(2) 抽出一条比发动机盖稍宽的遮盖纸，贴在发动机的前端刚刚贴好的遮盖胶带上。

6. 翼子板前端的遮盖

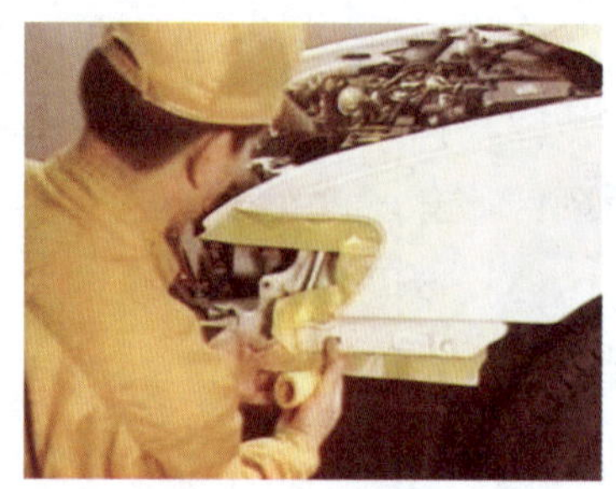

方法：

在翼子板前端，沿翼子板的边缘从里向外粘贴一圈遮盖胶带。

7. 关上发动机盖

方法：

（1）轻轻放下发动机盖，然后稍稍用力关上发动机盖。

（2）检查发动机盖周围一圈是否遮盖严实。如果存在遮盖疏漏，则需重新遮盖。

8. 遮盖车灯安装区

方法：

（1）将粘贴在发动机前端的遮盖纸粘贴在车灯安装区的遮盖胶带上。

（2）用遮盖胶带封闭车灯安装区。

9. 遮盖右前翼子板

方法：

（1）将遮盖纸粘贴在右前翼子板上边缘。

（2）再次用一条遮盖胶带封闭右翼子板的上边缘。

（3）遮盖右前翼子板与通风百叶窗之间的间隙。

提示：

双重遮盖的遮盖效果好，溶剂很难渗透遮盖纸。

10. 压下发动机盖与通风百叶窗处的遮盖纸

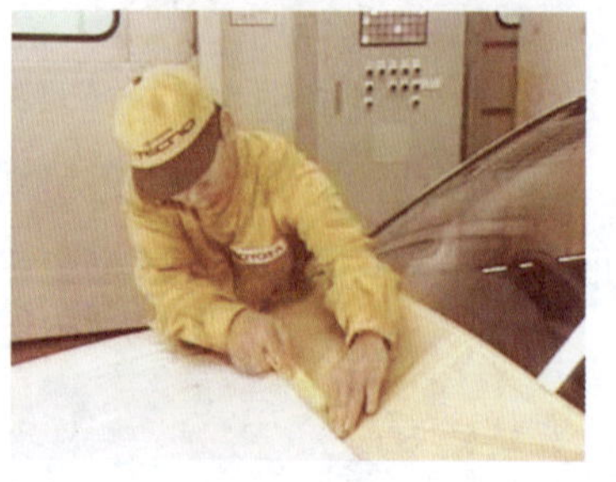

方法：

用遮盖胶带压下发动机盖与通风百叶窗之间翘起的遮盖纸，遮盖纸要尽量向后贴。

11. 设定左前翼子板与立柱之间的边界

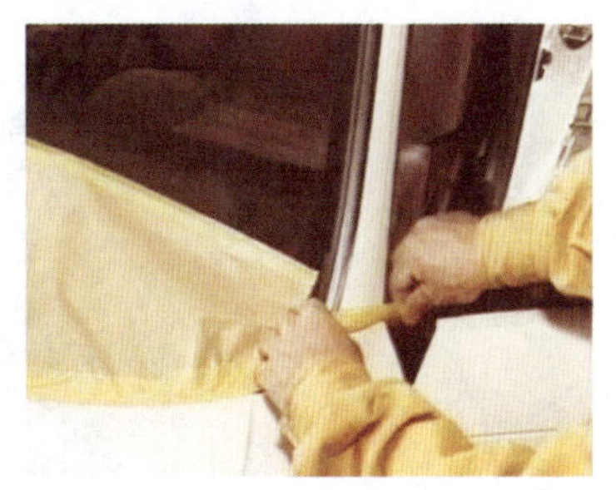

方法：

（1）打开车前门，将遮盖纸从中间对折，在左前翼子板和立柱之间粘贴遮盖胶带。

（2）将折过的遮盖胶带贴在立柱的一面。

提示：

折过的遮盖胶带会使粘贴更容易。

12. 遮盖左前门铰链处的间隙

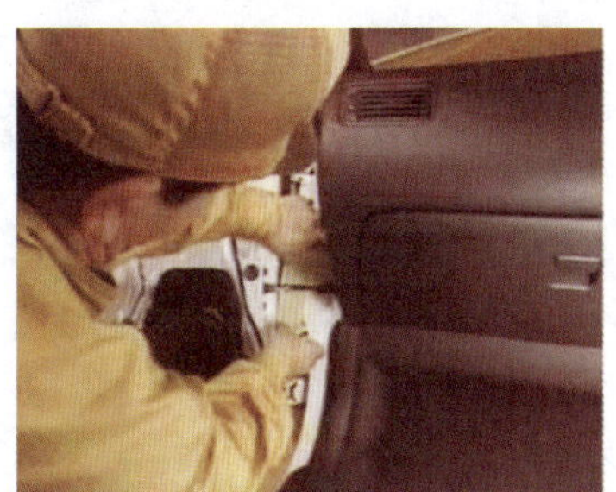

方法：

（1）将遮盖胶带贴至车门内部，靠近左前门安装铰链附近。

（2）遮盖车门槛板至铰链处。

（3）遮盖前门前端的密封条。

（4）遮盖电气配线。

13. 遮盖前门门锁安装孔

方法：

（1）在车窗玻璃上，将多条遮盖胶带粘贴成前门门锁安装孔大小。

（2）揭下遮盖胶带，从门里向外贴，遮住门锁安装孔。

14. 遮盖前门内部

方法：

从车门里面，用遮盖胶带粘贴在前门后面和底部的边缘，使遮盖胶带从车门里面贴出。

15. 设定车门框处的边界

方法：

用遮盖胶带贴好车门门框前端和后端的边界。

16. 封闭前门后端和下端与车身之间的间隙

方法：

关上前门，用遮盖胶带贴在车门内部露出车外的胶带上。后端和下端均用遮盖胶带贴牢。

17. 遮盖车窗玻璃与前门板之间的缝隙

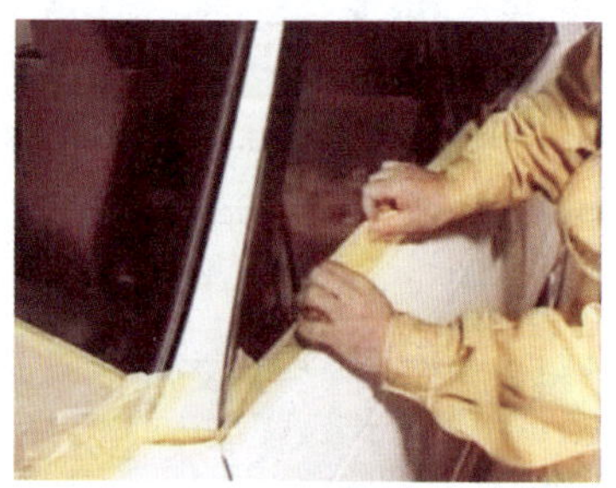

方法：

（1）在车窗嵌条上贴一条遮盖胶带。

（2）将遮盖胶带向上翻起。

（3）用另外一条遮盖胶带贴在翻起的遮盖胶带和玻璃上，压紧遮盖胶带，消除缝隙。

18. 遮盖车顶

方法：

（1）用两条塑料薄膜遮盖车顶及车身后半部分。

（2）用遮盖胶带将薄膜紧贴在车身的上半部。

提示：

薄膜边缘离喷涂区域应有一段距离，薄膜与喷涂区域之间用遮盖纸遮盖。薄膜的强度不够，难以保证喷涂过程中不破损。

19. 前挡风玻璃的遮盖

方法：

（1）用一张遮盖纸盖在前挡风玻璃的中央，遮盖纸的下端与遮盖百叶窗的遮盖纸搭接在一起，上端覆盖在塑料薄膜上。

（2）用遮盖胶带封闭遮盖纸四周连接的缝隙。

20. 遮盖汽车左后门

方法：

抽取相当于车身高的长遮盖纸，将遮盖纸贴在左后车门上。

提示：

遮盖纸前端的封闭胶带要贴在前门延伸出来的遮盖胶带上。

21. 遮盖左前门车窗玻璃

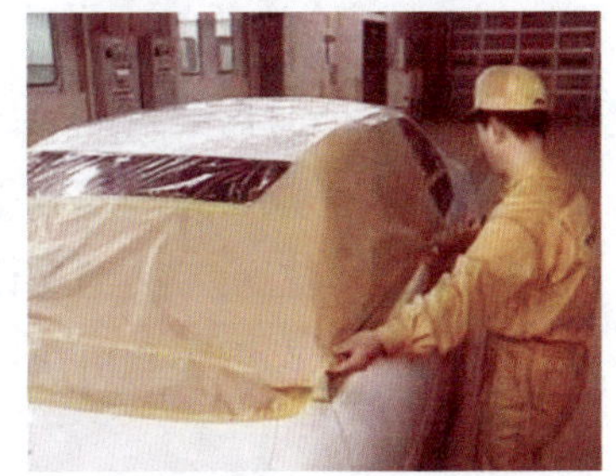

方法：

（1）抽取足够达到车身前门立柱至后车门长度的遮盖纸。

（2）将遮盖纸粘贴在遮盖车窗玻璃缝隙的遮盖胶带上。

（3）封闭遮盖纸前后和上端连接的缝隙。

22. 遮盖车门槛板和翼子板下端的塑料底座

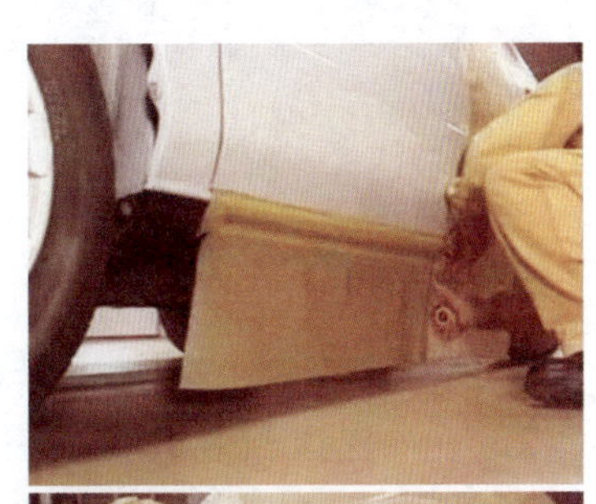

方法：

（1）将遮盖纸粘贴在前门下端延伸出来的遮盖胶带上。

（2）遮盖翼子板下端的塑料底座。

23. 遮盖右前轮和右前翼子板下端

方法：

用一条长遮盖纸从右前翼子板后下端一直粘贴到车身前面，封闭搭接处的缝隙。

24. 遮盖车身前面下端和左翼子板下端

方法：

（1）用一条长遮盖纸从车前右下端一直粘贴到左前翼子板前下端，封闭搭接处的缝隙。

（2）遮盖左前翼子板下端的轮胎挡泥板。

25. 遮盖左前轮

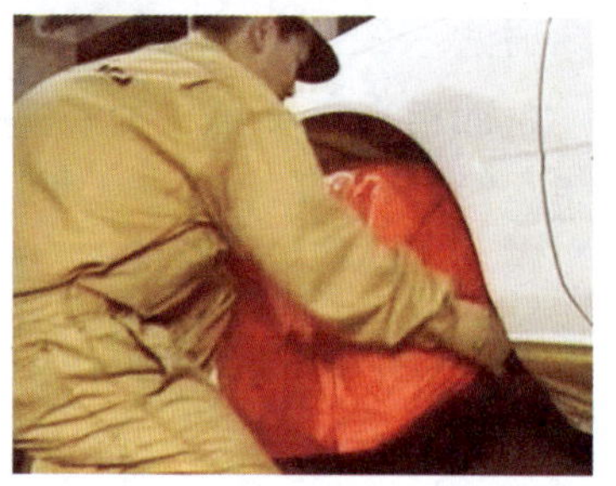

方法：

将专用轮胎罩套在汽车左前轮上，确保遮盖严实。

26. 遮盖质量检查

方法：

（1）检查所有需要遮盖的部位是否遮盖严实。

（2）检查需要喷涂的部位是否被遮盖。

（3）检查遮盖胶带粘贴是否牢固，有无翘起。

（4）检查遮盖纸和塑料薄膜有无破损。

提示：

遮盖质量不符合要求，要马上重贴或整改。

训练评价

训 练 评 价

考核要求

1. 在规定的时间内完成遮盖操作，使之符合技术标准。
2. 在操作过程中出现的违规操作，应及时指正。
3. 符合安全文明生产的要求。

考核标准

考评标准表——喷涂前遮盖

考核时间	考核项目	分值	评分标准与指导	评价结果
40 min	正确使用遮盖材料和遮盖工具	10	工具使用不当酌情扣分，并指正	
	遮盖方法	10	按要求酌情扣分，并指正	
	遮盖步骤	10	按要求酌情扣分，并指正	
	中涂底漆喷涂前的遮盖	10	按要求酌情扣分，并指正	
	大面积重涂前的遮盖	40	按要求酌情扣分，并指正	
	遮盖质量	10	按要求酌情扣分，并指正	
	“6S”作业	10	每项扣2分，扣完为止	
	遵守相关安全操作规范 在规定的时间内完成		因违规操作发生人身和设备事故，终止考核，成绩按0分计；超时每分钟扣2分，超时5 min终止考核	
	分数合计	100		

实训报告

1. 中涂底漆喷涂前遮盖的步骤是怎样的，反向遮盖的作用是什么？
2. 简述发动机盖、左前翼子板和左前车门重涂前遮盖的步骤。

课题3　底漆的喷涂

学习目标

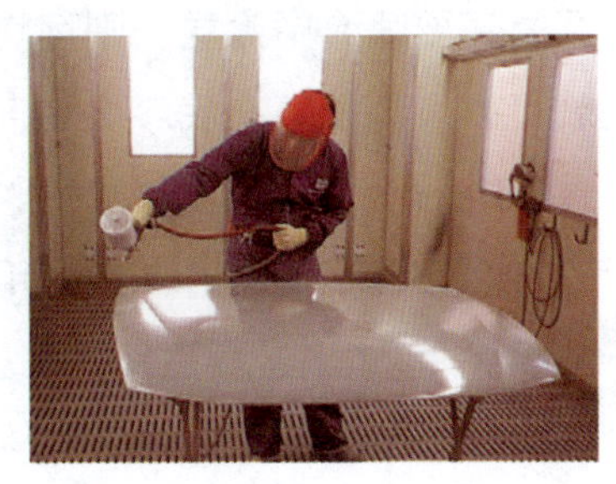

1. 熟悉底漆喷涂工艺。
2. 掌握涂料喷涂的走枪方法。
3. 掌握车身不同板件的喷涂顺序。
4. 掌握底漆喷涂的步骤和方法。
5. 能熟练进行底漆的喷涂。
6. 能正确进行底漆的干燥。

一、底漆喷涂工艺

车身底漆施工一般包括底漆喷涂前准备、底漆喷涂、底漆干燥、底漆打磨四个步骤，车身底漆施工工艺如图4—3—1所示。

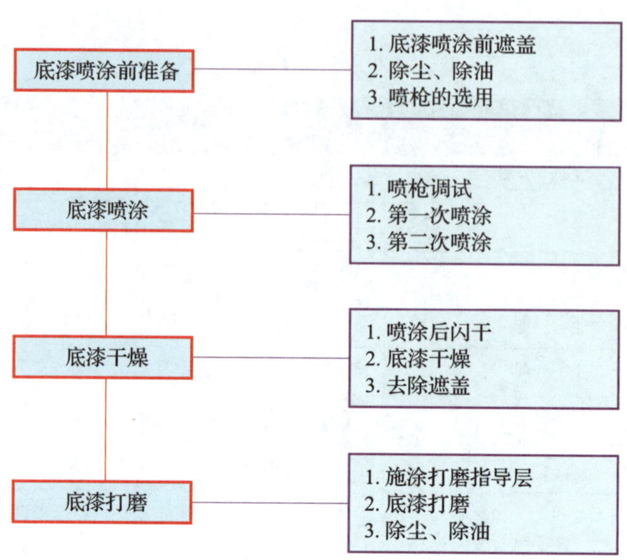

图 4—3—1　车身底漆施工工艺

1. 底漆喷涂前准备

底漆喷涂之前，先必须遮盖非喷涂区域（根据具体情况，单个板件整喷底漆不需要遮盖），然后清洁除油。喷涂侵蚀底漆（如磷化底漆）或其他黏度较低的隔绝底漆，一般选用 1.3 ~ 1.5 mm 口径的重力式底漆喷枪或者 1.5 ~ 1.7 mm 口径的吸力式底漆喷枪。喷涂黏度高的隔绝底漆（如环氧底漆），应选用 1.7 ~ 1.9 mm 口径的底漆喷枪。

2. 底漆喷涂

根据涂料厂家的建议正确调整喷枪参数。底漆一般分两次喷涂，每次喷涂都采用薄喷的方法，中间间隔 5 ~ 10 min。底漆层的涂膜厚度可根据具体情况而定，一般情况下如果底漆层上还要喷涂中涂层，则可将底漆喷涂得薄一些，只要能够达到防腐和提高黏附能力的目的就可以了；如果在底漆层上直接进行面漆的喷涂，则需要喷涂得厚一些，总的涂膜厚以不超过 50 μm 为宜。

塑料件在喷涂时需要使用专用的塑料底漆。首先用塑料专用清洁剂清洁塑料件表面，然后喷涂 1 ~ 2 遍塑料底漆，在塑料底漆未干燥时直接喷涂中涂底漆或面漆，其黏附效果会更好，但如果需要刮涂原子灰等，则必须等其完全干燥。

3. 底漆干燥

底漆常温下干燥一般需要 45 ~ 60 min，强制干燥须先静置 5 ~ 10 min，然后在 60 ~ 75℃下烘烤 30 min 即可。干燥结束后，趁底漆涂膜未冷却前去除遮盖。

4. 底漆打磨

底漆干燥后要经过适当的打磨，为下一步喷涂工作做好准备。为了更好地判断打磨的程度，一般使用“打磨指导层”。打磨指导层即在需要打磨的涂层上薄薄喷涂或擦涂一层其他颜色的涂料，使打磨到的区域与未打磨的区域在颜色上有一定的差异，以利于观察打磨的程度。可用于指导层的材料有很多，漆膜表面的打磨一般用单组分硝基漆作指导层，原子灰的打磨用碳粉作指导层。指导层的颜色以反差大一些为好，尽量使用黑、灰、白等容易遮盖的颜色。底漆的打磨选用 P240 ~ P360 干磨砂纸，配合打磨机进行打磨，或用 P600 水磨砂纸湿磨。打磨时，必须将所喷涂的底漆打磨平整、光滑，并打磨出羽状边。打磨尽量避免将底漆磨穿，否则需要重新喷涂。底漆打磨后，对整个板面进行除尘和除油。

现代汽车修理厂一般使用免磨底漆，底漆涂层干燥后，不需打磨就可以进行下一步施工。

旧涂层经过打磨后，如果没有露出金属底材或露出小部分金属，可以不喷涂底漆，直接施涂原子灰或喷涂中涂底漆；如果旧涂层打磨后有大部分区域露出了金属底材，只要对裸露的金属部位喷涂底漆，而不必全面喷涂。

二、涂料喷涂的方法

1. 涂料喷涂的走枪方法

在汽车修补涂装中，因被涂构件的形状各异，其走枪方法也不尽相同。

（1）构件边缘和内角喷涂的走枪方法。构件边缘一般采用由右向左喷涂，喷枪的犄角与水平面平行，雾束以竖直的方式涂布在板件的边缘上，如图 4—3—2 所示。构件内角采用先由下而上，再由上向下的喷涂方法，喷枪的犄角与水平面垂直，喷出的雾束呈水平方向，如图 4—3—3 所示。

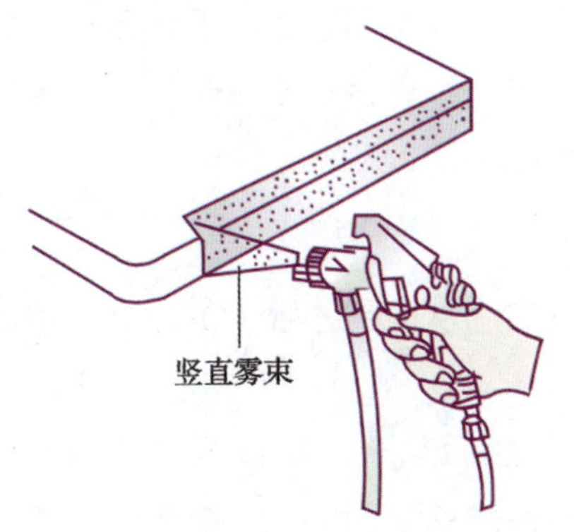

图 4—3—2　构件边缘的喷涂

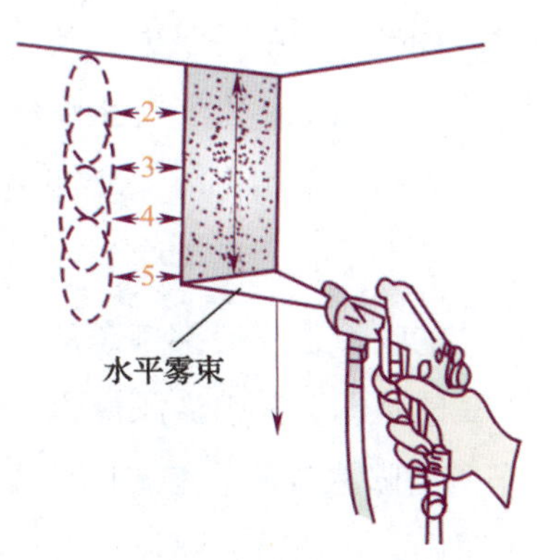

图 4—3—3　构件内角的喷涂

（2）圆柱构件喷涂的走枪方法。喷涂小圆柱和中型圆柱构件时，先从圆柱顶部自上往下再自下往上喷涂，分 3 ~ 6 道垂直行程喷完，如图 4—3—4 所示。喷涂大圆柱体时，先从左向右再由右至左喷涂，按照水平行程依次喷完，如图 4—3—5 所示。

（3）棒状构件喷涂的走枪方法。喷涂狭长而直径不大的棒状构件时，最好将雾束调窄一些，使之与构件相适合。很多漆工为了省事，不愿经常调整喷枪，而是将喷枪雾束的方位与棒状构件相适应，如图 4—3—6 所示，这样可达到既完全覆盖又不过喷的目的。

图4—3—4 小圆柱体、中圆柱体的喷涂

图4—3—5 大型圆柱体的喷涂

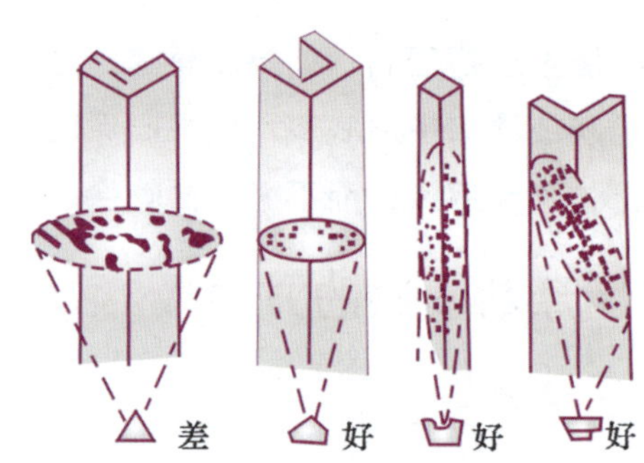

图4—3—6 狭长面的喷涂

(4) 大型平面喷涂的走枪方法。喷涂大型平面，如发动机罩、客车顶部和后盖等，可以采用长而直立构件平面的走枪手法。即从左至右移动喷枪至临近基材表面时扣动扳机，继续移动喷枪至离开基材表面时放开喷枪，这样可以获得充分润湿的涂层。喷涂时，最好使用压送式喷枪。如果采用的是吸力式喷抢，在喷涂过程中需要倾斜喷枪时要千万小心，不要让涂料滴落到构件表面上。为了防止涂料泄漏或滴落，整个操作过程要平稳、协调，不要将涂料装得太满，涂料泄漏出来时要立即用抹布或纸巾擦拭干净。

2. 不同板件的喷涂顺序

车身构件的喷涂，一般都遵照从上到下、从左到右、从内到外喷涂的原则。但由于构件的形状和安装的不同，其喷涂顺序也不尽相同。

(1) 车门的喷涂顺序。首先喷涂车门框的顶部，然后逐渐下移直至车门的底部。如果只喷涂一个车门，应该首先喷涂车窗边缘，车门的喷涂顺序如图4—3—7所示。喷涂车门把手时要特别小心，因为车门把手的缝隙处会存留很多油漆，油漆太多将会产生流挂。

(2) 前翼子板的喷涂顺序。发动机罩的边缘和前翼子板的翻边应该首先喷涂，然后喷涂前大灯周围部分和面板的隆起部分，最后喷涂翼子板的底部，如图4—3—8所示。

(3) 后翼子板的喷涂顺序。喷涂后翼子板时，首先喷涂后翼子板边缘，然后涂装人员站在翼子板的中间位置，以翼子板全长的行程喷涂面板，如图4—3—9所示。如果翼子板过长，可以把这个区域分成两个部分。使用这种方法喷涂时，一定要特别注意中间的重叠不能太多，否则会发生流挂。

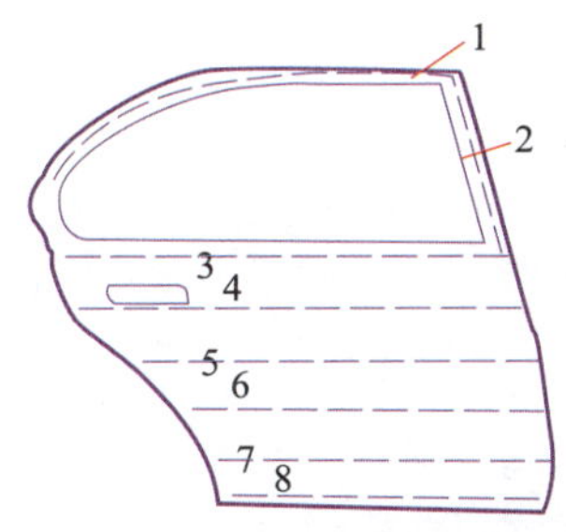

图 4—3—7　车门的喷涂顺序

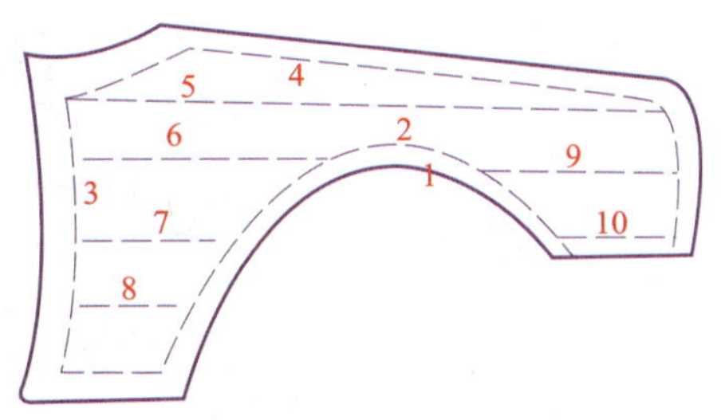

图 4—3—8　前翼子板的喷涂顺序

（4）发动机罩的喷涂顺序。首先喷涂发动机罩的边缘，然后喷涂发动机罩的前部，最后是站在前翼子板的侧面，从中心开始向边缘对发动机罩进行喷涂，另一侧也使用相同的方法喷涂。发动机罩的喷涂顺序如图 4—3—10 所示。

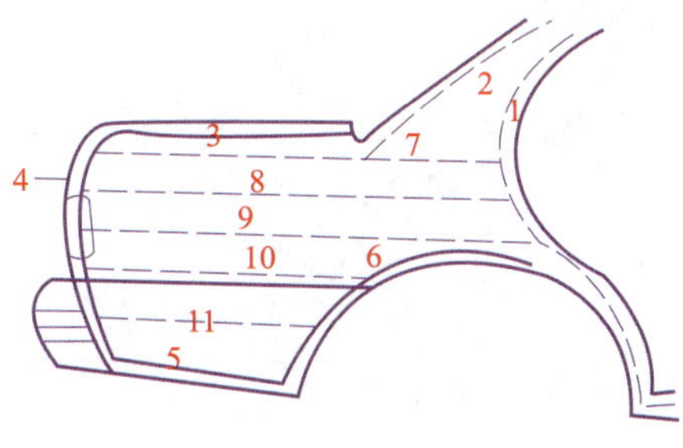

图 4—3—9　后翼子板的喷涂顺序

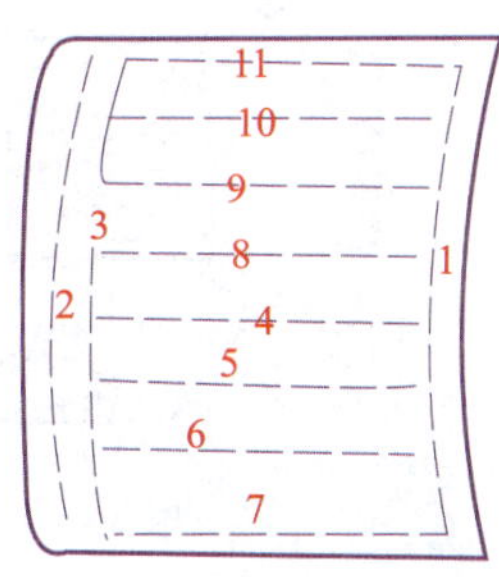

图 4—3—10　发动机罩的喷涂顺序

（5）汽车顶盖的喷涂顺序。为了方便对汽车顶盖的喷涂，涂装人员应站在长凳上，以便够到车顶的中心。首先喷涂一侧的风挡边缘，然后从中心向外边一侧喷涂，完成后再用相同的方法喷涂后部和侧面，其喷涂顺序如图 4—3—11 所示。

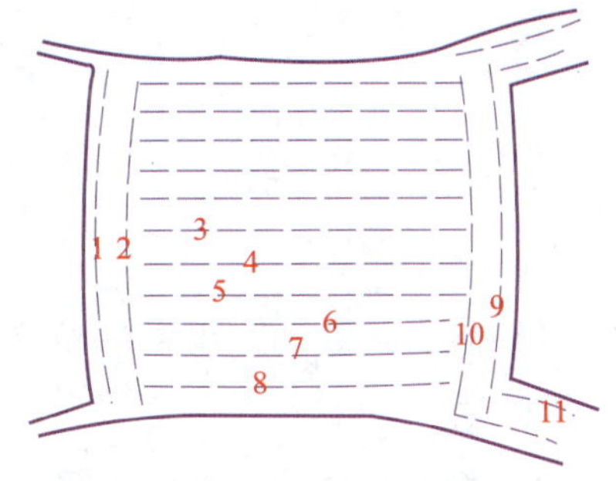

图 4—3—11　汽车顶盖的喷涂顺序

（6）整车的喷涂顺序。在横向排风的喷漆间里，车身离排风扇最远的地方应先喷涂，以保证附在喷漆表面的灰尘最少，使漆面更光滑。整车的喷涂顺序是：车顶盖→行李舱盖和后围板→左侧后翼子板→左侧车门→左侧前翼子板→发动机罩→前保险杠→右侧后翼子板→右侧车门→右侧前翼子板，如图 4—3—12 所示。

在向下排风的喷漆间里，因为空气是从天花板顶部向汽车底部的检修坑流动，所以涂装人员必须改变喷漆方法。为了能够保持涂料边缘的湿润，车顶盖应该首先喷涂，接着是右前车门、发动机罩和前保险杠，然后对车身左侧喷涂，最后依次是行李箱盖、后围板、右后翼子板和右后车门，逐渐向前移动直到全部完成，其喷涂顺序如图 4—3—13 所示。

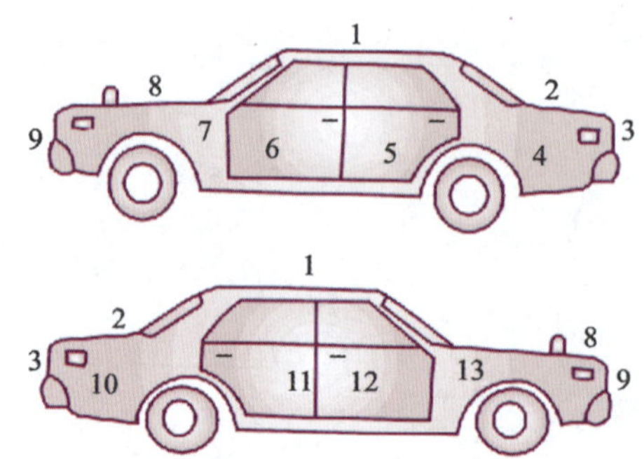

图 4—3—12　横向排风喷漆间里的整车喷涂顺序

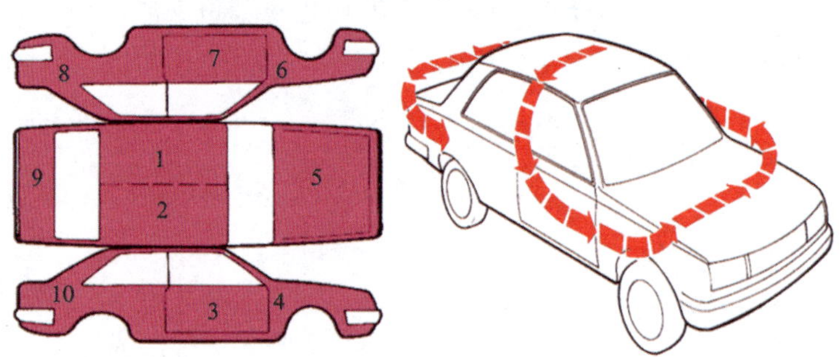

图 4—3—13　向下排风喷漆间里的整车喷涂顺序

技能训练

操作　底漆的喷涂

1. 底漆喷涂前准备

方法：

（1）除尘、除油。用除尘枪吹除翼子板上的灰尘，然后整板除油。

（2）将过滤后的环氧底漆倒入口径为 1.7 mm 的环保型底漆喷枪中。

提示：

此处的门板需要整块重涂，所以不需要遮盖。

2. 喷枪的调整

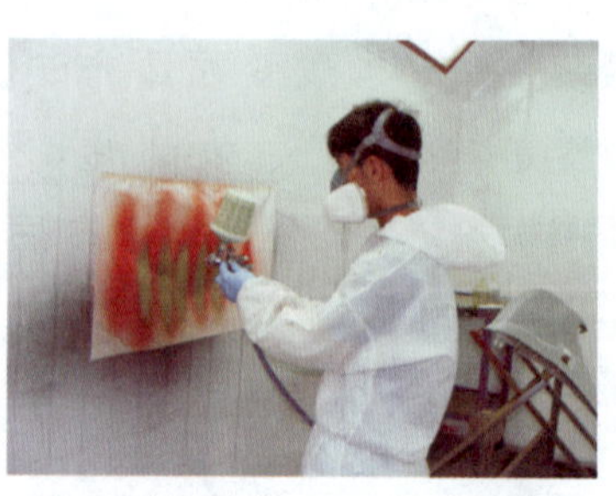

方法：

（1）将喷枪的喷幅调整至整个行程的 3/4。

（2）将喷枪的喷涂气压调整为 0.2 MPa。

（3）将涂料流量的调整旋钮拧到底，然后退后两圈。

（4）测试喷枪的雾束。

提示：

喷枪的参数要根据涂料特性和喷涂面积的具体情况进行调整。

3. 底漆的喷涂

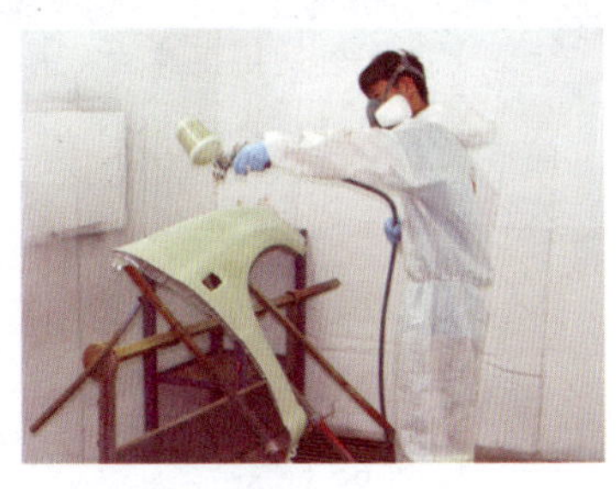

方法：

（1）按照车身翼子板的走枪顺序和喷枪的喷涂规范，对整个翼子薄喷一层环氧底漆。

（2）闪干 5～8 min。

（3）第二次对整个翼子薄喷一层环氧底漆。

提示：

喷涂的底漆不要太厚，只要能完全盖住车身底材，能提供足够的附着力即可。

4. 底漆的干燥

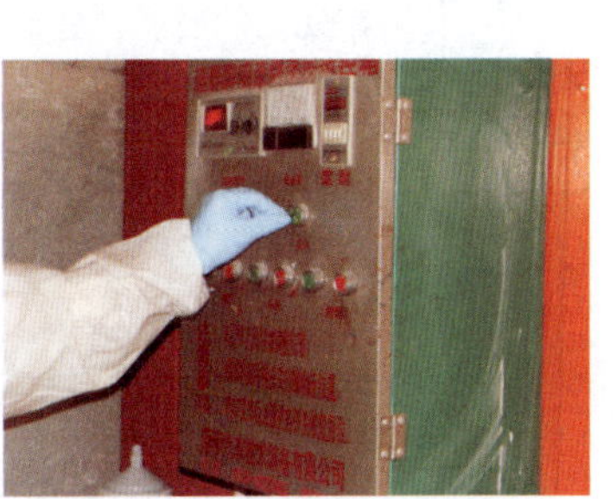

方法：

（1）底漆喷涂后，静置 10～15 min 使底漆中的溶剂大部分挥发，然后开始升温烘烤。

（2）将烤漆房内的温度升高到 40℃，保持 10 min，然后将烤漆房内的温度升高到 60℃，设定烘烤时间为 30 min。

（3）底漆烘干后，将烤漆房的控制开关复位，从烤漆房中拿出翼子板，准备下一道工序。

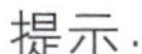

提示：

烤漆房升温不能过急，否则会使涂膜产生缺陷。免磨底漆干燥后不需要进行打磨处理。

训练评价

训 练 评 价

考核要求

1. 在规定的时间内完成底漆喷涂的操作，使之符合技术标准。
2. 在操作过程中出现的违规操作，应及时指正。
3. 符合安全文明生产的要求。

考核标准

考评标准表——底漆的喷涂

考核时间	考核项目	分值	评分标准与指导	评价结果
20 min	正确使用工具	10	工具使用不当酌情扣分，并指正	
	底漆喷涂前的准备	20	按要求酌情扣分，并指正	
	喷枪参数的调整	10	按要求酌情扣分，并指正	
	底漆的喷涂	30	按要求酌情扣分，并指正	
	底漆的干燥	20	按要求酌情扣分，并指正	
	“6S” 操作	10	每项扣 2 分，扣完为止	
	遵守相关安全操作规范 在规定的时间内完成		因违规操作发生人身和设备事故，终止考核，成绩按 0 分计；超时每分钟扣 2 分，超时 5 min 终止考核	
	分数合计	100		

实训报告

1. 底漆喷涂前准备包括哪些具体内容?
2. 底漆喷涂的操作步骤及注意事项有哪些?

单元五　原子灰涂层涂装

课题1　原子灰的选用

学习目标

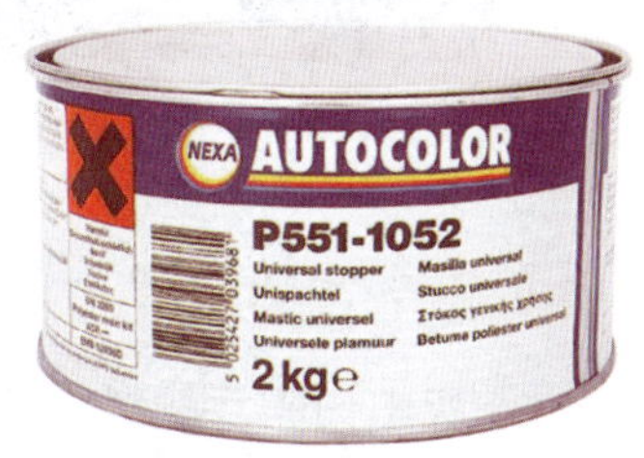

1. 熟悉车用原子灰的作用和组成。
2. 熟悉车身常用原子灰的种类和特点。
3. 掌握车身修补原子灰的特性。
4. 掌握车身原子灰选用的一般原则。
5. 能根据车身底材正确选用原子灰。

知识准备

一、车用原子灰的作用与组成

1. 原子灰的作用

原子灰是用来填平底材上的凹坑、缝隙、孔眼、焊疤、刮痕以及加工过程中所造成的表面缺陷等，使底材表面平整、柔顺，使面漆的丰满度和光泽度能够充分地显现出来。原子灰是一种膏状或厚浆状的涂料（见图5—1—1），它容易干燥，干后坚硬，适合打磨。原子灰一般使用刮具刮涂于底材的表面（见图5—1—2），根据使用的不同场合，可以刮涂、刷涂和喷涂。

图5—1—1　车用原子灰

原子灰俗称“腻子”，但与通常所指的腻子是有区别的。通常所指的腻子一般是用油基漆作为黏结剂，以熟石膏粉等作为填充料，并加入少量的颜料和稀释剂调和而成。这种腻子干燥时间长，干燥后质地比较软，表面会出现不同程度的凹陷，同时对面层涂料有吸收作用，不利于涂装修补和面漆的美观，现在已经不用。

20世纪80年代我国研制出了水性原子灰（见图5—1—3），用水作为稀释剂调和后使用，该种原子灰在一定程度上相对油性原子灰的性能有所改善，但仍存在塌陷、吸收、质软等缺点，现在也不常用。现代用的原子灰硬化时间短，常温下半小时就可以干燥硬化；经打磨后的原子灰表面细腻光滑，表面坚硬，基本无塌陷，对其上面的涂料吸收很少；同时附着力强，耐高温，正常使用时不出现开裂和脱落现象，被广泛应用于汽车的制造和修补工作中。

图 5—1—2　刮涂原子灰

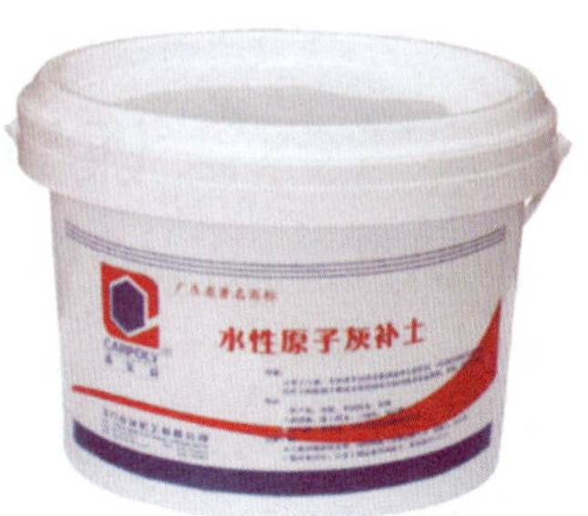

图 5—1—3　水性原子灰

2. 原子灰的组成

原子灰由树脂、颜料、溶剂和填充材料等组成。

现在常用原子灰的树脂有聚酯树脂和环氧树脂两种。聚酯树脂原子灰有着优良的附着力、耐水性和防化学腐蚀性能，干燥后软硬适中，容易打磨。打磨后的表面光滑圆润，适用于很多底材表面，但不能用于经磷化处理的裸金属表面，经多次刮涂后膜厚可达 20 mm 以上而不开裂、脱落，现在常见的原子灰大多是聚酯树脂原子灰。环氧树脂原子灰也具有良好的附着力、耐水性和防化学腐蚀性能，可以刮涂得较厚而不脱落、开裂，但涂层坚硬不易打磨，多用于涂有底漆的金属或裸金属表面。

原子灰中的颜料以体质颜料为主要物质，配以少量的着色颜料。体质颜料主要有滑石粉（见图 5—1—4）、碳酸钙和沉淀的硫酸钡等，起填充作用并能提高原子灰的弹性、抗裂性、硬度以及施工性能。着色颜料以黄、白两色为主，主要是为了降低原子灰的鲜艳度，提高面漆层的遮盖能力。

原子灰多为双组分产品（见图 5—1—5），需要加入固化剂后方能干燥固化，以提高硬度和缩短干燥时间。聚酯树脂原子灰多用过氧化物作为固化剂，环氧树脂原子灰多用胺类作为固化剂。

图 5—1—4　滑石粉

图 5—1—5　原子灰和固化剂

二、汽车常用原子灰

原子灰的种类很多，车身常用原子灰有普通原子灰、合金原子灰、纤维原子灰、塑料原子灰和幼滑原子灰等。

1. 普通原子灰

普通原子灰（见图5—1—6）多为聚酯树脂型，膏体细腻，操作方便，填充能力强，适用于大多数底材，但刮涂不宜过厚。普通型原子灰不适用于镀锌板、不锈钢板、铝板和经磷化处理的裸金属表面，但在这些金属表面喷涂一层隔绝底漆（通常为环氧底漆）后可以正常使用。

2. 合金原子灰

合金原子灰（见图5—1—7）也称金属原子灰，比普通原子灰性能更加优越，除可用于普通原子灰所用的一切场合外，还可以直接用于镀锌板、不锈钢板和铝板等裸金属而不必首先施涂隔绝底漆，但不适用于经磷化处理的裸金属表面。合金原子灰因其性能卓越，使用方便，所以应用也很广泛，但价格要高于普通原子灰。

图5—1—6 普通原子灰

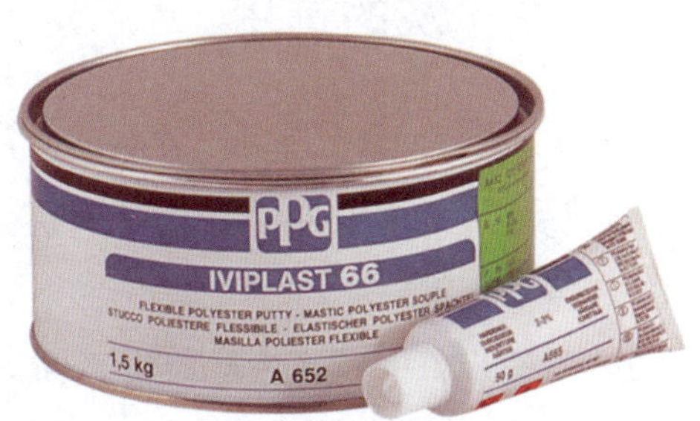

图5—1—7 合金原子灰

3. 纤维原子灰

纤维原子灰（见图5—1—8）的填充材料中含有纤维物质，干燥后质轻，附着能力和硬度很高，因此能够一次刮涂得很厚，可以直接填充直径小于50 mm的孔洞而无须钣金修复，对孔洞的隔绝防腐能力强，对比较深的金属凹陷部位的填补效果非常好，但表面呈现多孔状，需要用普通原子灰做填平工作。

4. 塑料原子灰

塑料原子灰（见图5—1—9）专用于柔软的塑料制品的填补工作。调和后呈膏状，可以刮涂也可以刷涂，干燥后像软塑料一样，与底材附着良好。干后质地柔软，打磨性很好，可以机器干磨也可以用水磨，常用于塑料件的修复。

5. 幼滑原子灰

幼滑原子灰（见图5—1—10）是一种快干原子灰，也称填眼灰，有双组分型和单组分

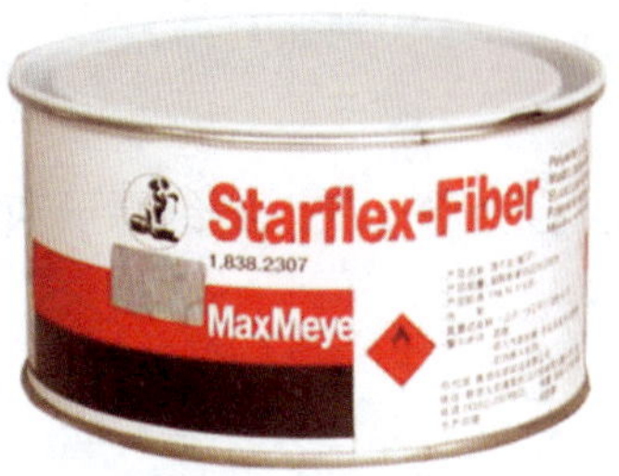

图 5—1—8 纤维原子灰

图 5—1—9 塑料原子灰

型两种，以单组分产品较为常见。填眼灰的膏体极其细腻，一般在打磨完中间涂层后，喷涂面漆之前使用，主要用于填补极其微小的凹坑、砂眼，提高面漆的装饰性。幼滑原子灰干燥时间很短（几分钟），干后较软易于打磨，用于填补小凹坑非常适合，但其填补能力比较差，且不耐溶剂，易被面漆中的溶剂咬起，不能作为大面积刮涂使用。为了防止幼滑原子灰咬底，现代 4S 店和高档修理厂已经不使用幼滑原子灰，用合金原子灰代替幼滑原子灰填补细小的凹坑和砂眼。

图 5—1—10 幼滑原子灰

三、原子灰的选用

1. 车身修补原子灰应具有的特性

（1）与底漆、中涂底漆和面漆有良好的配套性，有较强的层间黏合力，不发生咬底、起皱、开裂、脱落等现象。

（2）具有良好的刮涂性能，垂直面涂装性能良好，无流淌现象；附着力好，有一定的韧性，刮涂时不反转，薄涂时原子灰层均匀光滑。

（3）打磨性能良好，原子灰涂层干燥后软硬适中，易打磨，不粘砂纸，能适应于干磨或湿磨，打磨后原子灰涂层边缘平整光滑，无接口痕迹。

（4）干燥性能良好，能在规定的时间内干燥、打磨。

（5）形成的原子灰涂层有一定的韧性和硬度，以防汽车行驶中的振动引起开裂以及轻微碰撞引起凹陷和划痕。

（6）具有良好的耐溶剂性和耐潮性。

2. 原子灰选用的一般原则

（1）考虑原子灰与底漆和面漆的配套性。如单组分快干原子灰（硝基原子灰）与中涂底漆和面漆经常发生“咬底”，在汽车修补中尽量少用。

（2）结合具体的施工对象进行选择。如车身的损坏程度、车身涂装质量要求和车身底材类型等。

（3）根据原子灰的性能和工艺特点进行选择。如普通原子灰硬化时间短，附着力强，不受天气影响，刮涂操作方便，干燥后收缩小，易打磨且表面光滑，能在多种底材上使用，但不能在酚醛底漆、醇酸底漆上使用；幼滑原子灰干燥速度快，易打磨，固体分含量低，干燥后收缩较大，用于修补时填补砂眼、孔隙。

技能训练

操作　不同底材上原子灰的选择

1. 裸露的钢制车身板件

方法：

（1）直接在裸钢板上刮涂，选择合金原子灰。

（2）选择普通聚酯原子灰，但黏结强度不是很好。

提示：

合金原子灰可以直接刮涂在金属板上，普通原子灰可直接刮涂在裸露出的小面积金属上。

2. 旧涂层表面

方法：

（1）旧涂层大面积刮涂，选用普通原子灰。

（2）旧涂层小面积刮涂或填补划痕，一般选用合金原子灰。

提示：

合金原子灰黏附力很强，不容易脱落。普通原子灰不能在酚醛底漆、醇酸底漆上刮涂，否则会脱落起泡。

3. 铝制车身板件

方法：

在裸露的铝制车身板件上刮涂，通常选用合金原子灰。

提示：

普通型原子灰不适用于镀锌板、不锈钢板、铝板和经磷化处理的裸金属表面；合金原子灰不适用于经磷化处理的裸金属表面。

4. 车身锈蚀的大凹坑

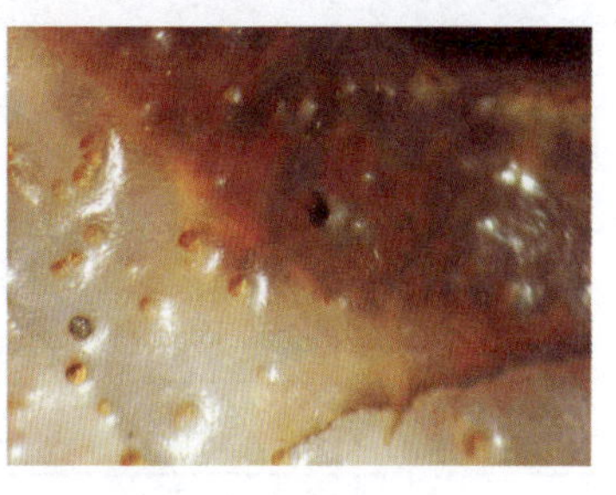

方法：

（1）选择纤维原子灰，将处理后锈蚀的孔洞和大面积凹陷填平。

（2）选用普通原子灰，刮涂在纤维原子灰的表面，填平板件缺陷，恢复板件形状。

提示：

纤维原子灰表面有很多小孔，需要用普通原子灰做填平修整。

5. 车身塑料件

方法：

(1) 塑料保险杠的刮涂，选用专用的塑料原子灰。

(2) 小面积修补，也可以用合金原子灰代替塑料原子灰。

提示：

塑料原子灰柔韧性比较好，可以跟着塑料一起变形而不至于脱落。

6. 中涂底漆上的砂眼

方法：

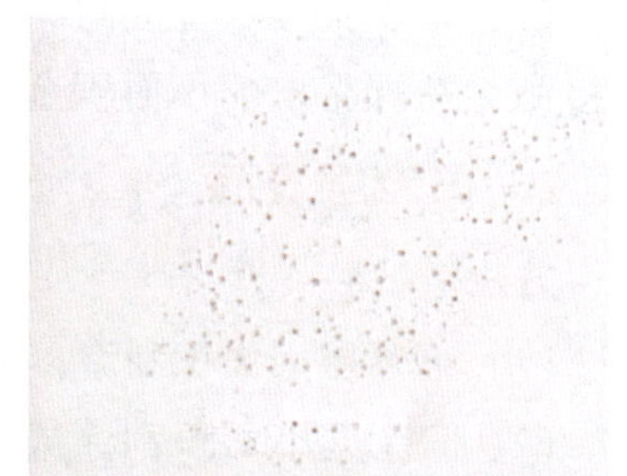

(1) 中涂底漆上砂眼的填补一般选用幼滑原子灰。

(2) 为了防止涂膜产生缺陷，现代4S店选用合金原子灰代替幼滑原子灰填补砂眼。

提示：

单组分硝基快干原子灰填补后，容易使上下的涂层出现“咬底”。

训练评价

训 练 评 价

考核要求

1. 在规定的时间内完成车身原子灰的选用，使之符合技术标准。
2. 在操作过程中出现的违规操作，应及时指正。
3. 符合安全文明生产的要求。

考核标准

考评标准表——车身原子灰的选用

考核时间	考核项目	分值	评分标准与指导	评价结果
10 min	钢制车身板件用原子灰的选择	15	工具使用不当酌情扣分，并指正	
	旧涂层表面用原子灰的选择	15	按要求酌情扣分，并指正	
	铝制车身板件用原子灰的选择	15	按要求酌情扣分，并指正	
	车身大凹坑用原子灰的选择	15	按要求酌情扣分，并指正	
	车身塑料件用原子灰的选择	15	按要求酌情扣分，并指正	

续表

考核时间	考核项目	分值	评分标准与指导	评价结果
10 min	砂眼填补用原子灰的选择	15	按要求酌情扣分，并指正	
	“6S”作业	10	每项扣 2 分，扣完为止	
	遵守相关安全操作规范 在规定的时间内完成		因违规操作发生人身和设备事故，终止考核，成绩按 0 分计；超时每分钟扣 2 分，超时 5 min 终止考核	
	分数合计	100		

实训报告

1. 车身常用原子灰有哪些，它们各自有哪些特点?
2. 简述车身原子灰选用的一般原则。
3. 根据车身不同底材，怎样选用原子灰?

课题 2　原子灰的刮涂

学习目标

1. 熟悉原子灰刮涂所使用的工具。
2. 掌握原子灰刮涂工艺。
3. 掌握原子灰刮涂的方法。
4. 掌握原子灰干燥的方法。
5. 能做好原子灰刮涂前的准备工作。
6. 能熟练进行原子灰刮涂操作。
7. 能使用红外线烤灯干燥原子灰。

知识准备

一、原子灰的刮涂

1. 原子灰刮涂工具

常用的原子灰刮涂工具有刮板、混合板、铲刀、原子灰盒和原子灰托板等，如图 5—2—1 所示。

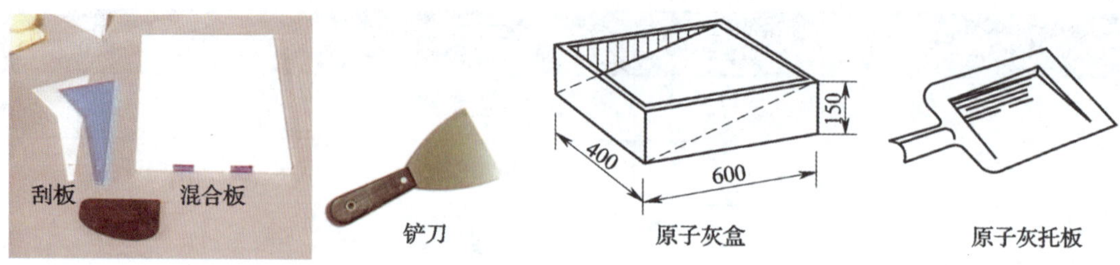

图 5—2—1　原子灰刮涂工具

原子灰刮板有钢片刮板、塑料刮板和橡胶刮板（见图 5—2—2）三种。钢片刮板有单块钢片和组合刀板，刮板刃口平直；塑料刮板具有一定的硬度和弹性，既可适用于平面的刮涂，也可以用于圆角和曲面的刮涂；橡胶刮板采用耐油、耐溶剂的橡胶板制成，其外形尺寸和形状根据需要确定，橡胶刮板有很好的弹性，适用于刮涂形状复杂的表面，尤其是圆角、沟槽等处特别适用。

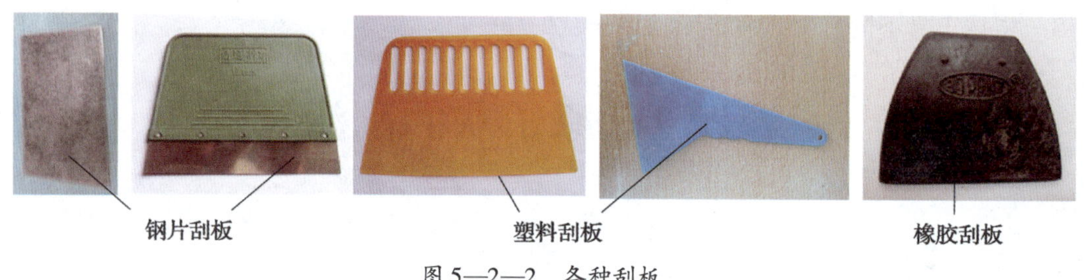

图 5—2—2　各种刮板

刮涂原子灰时，刮板的握持方法可根据车身板件的形状及部位而定，力求方便、省力，便于刮平与填实。常用的刮板握持方法如图 5—2—3 所示。

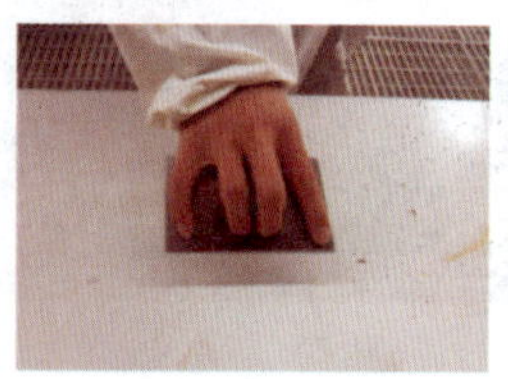

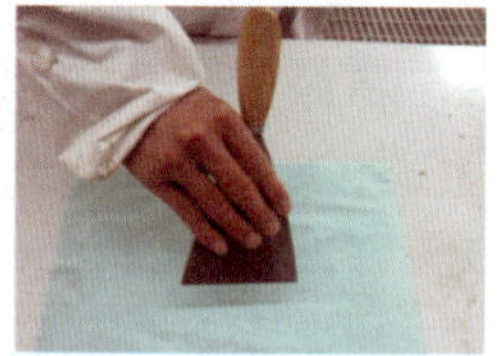

图 5—2—3　刮板的握持方法

2. 原子灰的刮涂工艺

原子灰刮涂包括确定刮涂面积、清洁待刮涂的板件、拌和原子灰、刮涂原子灰四个步骤，原子灰刮涂工艺如图 5—2—4 所示。

（1）确定原子灰覆盖的范围。为了确定原子灰的用量和施工的方法，需要估计原子灰覆盖的范围。原子灰覆盖的范围一般要超出距离裸金属边缘 10 ~ 20 mm，刮涂在旧涂膜的羽状边上，如图 5—2—5 所示。刮涂不能超出范围，否则会加大不必要的施工面积。

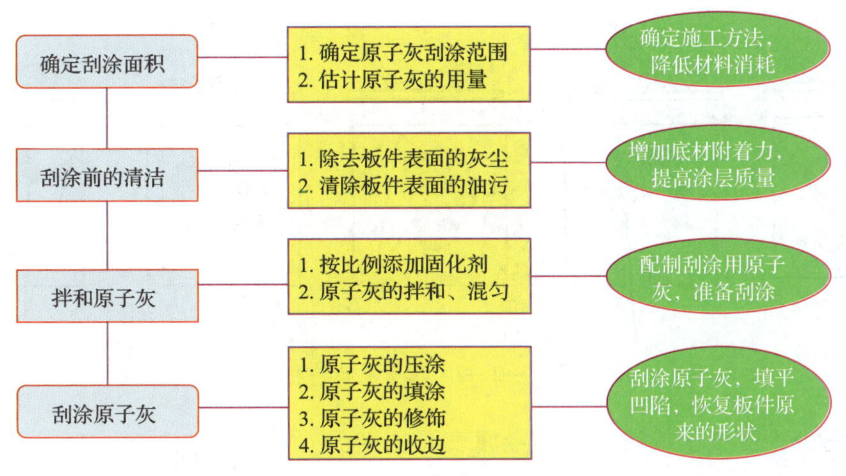

图 5—2—4 原子灰刮涂工艺

（2）刮涂前清洁。刮涂前清洁包括除尘和除油两个步骤。即先用除尘枪吹除板件表面的灰尘，然后用除油剂清除板件表面的油脂、硅油、酮等污物。

（3）原子灰的拌和。车身修补用原子灰大多是双组分型。混合前，先用搅杆将桶内原子灰的树脂和填充颜料搅拌均匀，然后用手指挤捏固化剂的外包装，使固化剂的成分均衡一致。拌和时，将适量的原子灰基料放在混合板上，按规定的混合比添加一定量的固化剂（见图 5—2—6），用刮板或铲刀进行拌和。原子灰与固化剂一般是以 100∶2 ~ 100∶3 的比例混合。若固化剂过多，原子灰干燥后就会开裂；如果固化剂过少，原子灰就难以固化干燥。原子灰与固化剂混合时，固化剂的允许量有一定范围，可以随气温的变化适当调整，具体数值应以产品说明书为准。

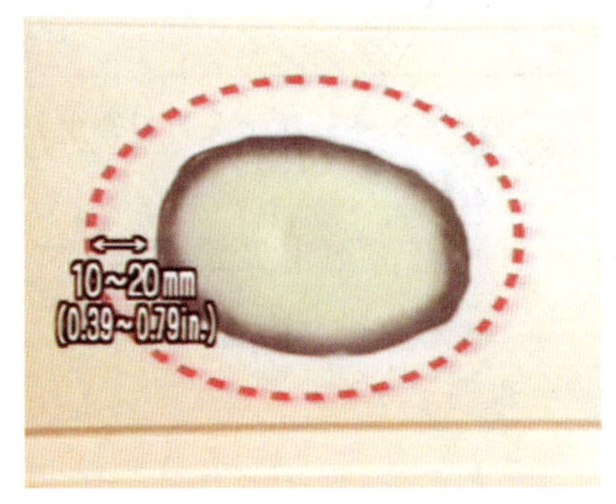

图 5—2—5 原子灰覆盖的范围

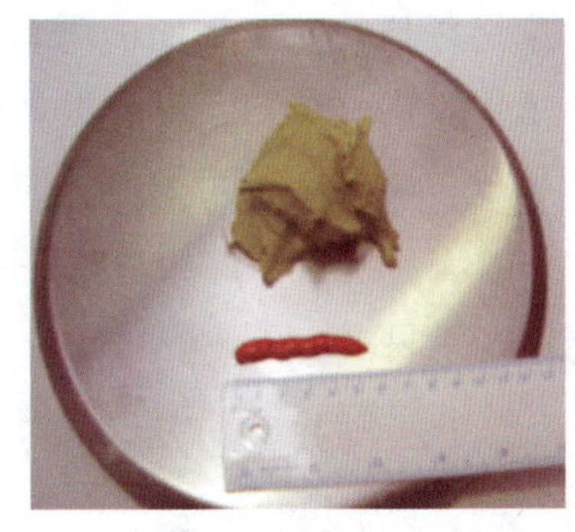

图 5—2—6 取适量的原子灰和固化剂

原子灰混合固化剂后，其活化寿命很短，常温下只有 5 ~ 7 min。原子灰的拌和动作要熟练，整个拌和时间不能超过 1 min，否则会缩短原子灰的使用寿命。原子灰拌和的方法如图 5—2—7 所示。

（4）原子灰的刮涂。原子灰刮涂可以分为原子灰压涂、填涂、修饰和收边四步。原子灰压涂，用刮板将原子灰往金属表面薄薄地压抹一层，操作时刮板成 45° ~ 70°站立，刮板

图 5—2—7　原子灰的拌和

上加一定的压力，使原子灰被挤压到金属表面的细小的孔眼中，以提高原子灰与金属表面的附着力；原子灰的填涂，刮板的倾斜角为35°～45°，逐渐用原子灰填满待修补的凹坑，刮涂时要注意原子灰中不要混入空气，否则会产生气孔和开裂；原子灰的修饰，刮板成35°平躺，用刮板轻轻收平修补表面；原子灰收边，将刮板的一个尖角置于原子灰涂面以外，另一个尖角稍稍抬起，刮板与涂面成35°，沿原子灰边缘收刮一圈，使原子灰边缘变得很薄，以便于形成原子灰的羽状边。原子灰刮涂的步骤如图 5—2—8 所示。

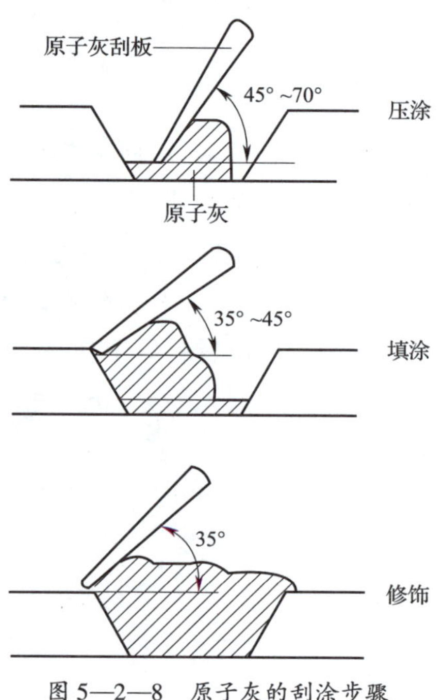

图 5—2—8　原子灰的刮涂步骤

凹坑的填平一般选用硬质刮具，刮涂时以高处为准，对特别高的部位应予以钣金敲平，以减小原子灰层的厚度，方便施工。刮涂的方向横、竖均可，以有利于填平凹坑为准则，对于板件表面轮廓线处的刮涂，要注意轮廓线的造型和平直性，为后面刮涂各层原子灰操作打下良好的基础。刮涂第一层原子灰只求平整，不求光滑，车身板件较大凹坑的刮涂只求初步平整。

3. 原子灰刮涂的方法

(1) 刮涂原子灰的手法

原子灰刮涂的手法主要有一边倒刮涂法和往返刮涂法两种。

1）一边倒刮涂法就是刮板只向一面刮涂。刮涂原子灰的顺序是从上往下刮，或从前向后刮。手持刮板的方法有两种，一种是拇指与中指握住刮板，食指压在刮板的一面，从上向下刮涂，依次进行，最后将多余原子灰刮回托板上；另一种是用拇指与食指握刮板，将原子灰黏附在刮板口的内面，从外向里刮涂，依次进行。这种方法适用于刮涂车身翼子板、发动机罩等部位。

2）往返刮涂法是先把原子灰敷在平面的边缘成一条线，刮板尖端成 30°～40°角向外推向前方，将原子灰刮涂于低陷处，多余的原子灰挤压在刮板刃口的右面成一条线。这种方法适用于刮涂平面的物体。

刮涂原子灰时，用刮板从原子灰托板上刮下少许原子灰，使原子灰附在刮板刃口处，然后把原子灰涂压在物面上，轻度向下按压刮具，并沿长轴方向运刮（见图 5—2—9），先填坑再普遍刮，刮原子灰的手法及动作顺序如图 5—2—10 所示。每次涂刮原子灰的量要适度，避免造成蜂窝和针孔。对于区域性填补，应按图 5—2—11 所示的方向运刮。

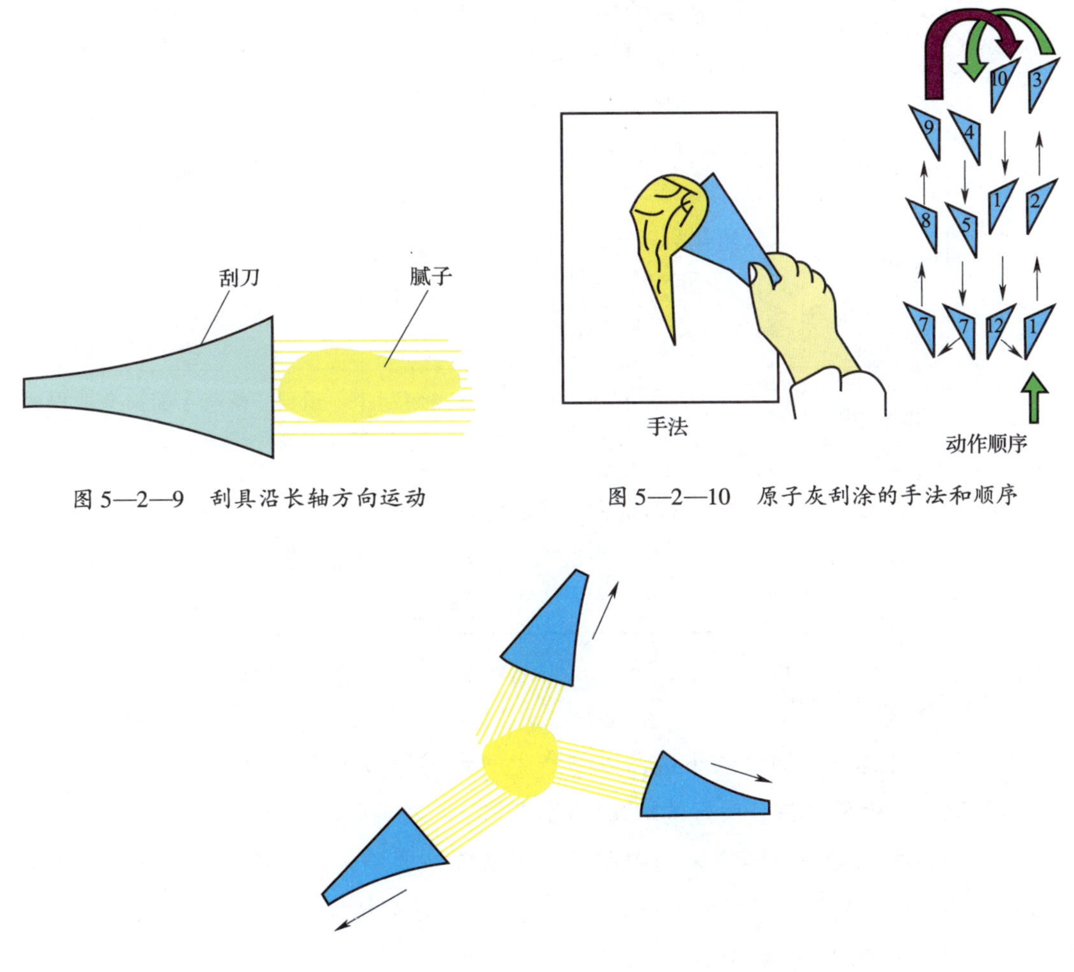

图 5—2—9　刮具沿长轴方向运动

图 5—2—10　原子灰刮涂的手法和顺序

图 5—2—11　区域填补时刮具运动方向

（2）刮涂原子灰的方式

刮涂原子灰的方式有满刮和软硬交替刮两种。满刮又分为填刮和靠刮，软硬交替刮分为先上后刮、带上带刮、软上硬收、硬上硬收、软上软刮等。不同刮涂方式的操作要领和适用场合见表 5—2—1。

表 5—2—1 不同刮涂方式的操作要领和适用场合

种类	刮涂方式	操作要领	适用场合
满刮	填刮	用硬刮具靠刃口上部有弹性的部位与手劲配合进行刮涂	适用于较稠的原子灰，分若干次把工件表面的凹陷填平
	靠刮	依靠硬刮具的刃口，以刮涂区外的表面为导向的刮涂，以填补较浅、较小的凹陷，原子灰层较薄且光滑	原子灰稠度稍低，一般用于最后一两道的刮涂或用于平滑表面的刮涂
软硬交替刮	先上后刮	先将原子灰逐一填满或刮平，然后再用刮具将其收刮平整	一般用于较大面积的刮涂
	带上带刮	边上原子灰边将其收刮平整	一般用于对较浅、面积较小或形状较复杂部位的刮涂
	软上硬收	先用软刮具把原子灰刮涂在垂直表面上，再用硬刮具将原子灰层收刮平整，这样原子灰不易掉落	适用于垂直平面的刮涂
	硬上硬收	上原子灰和收刮原子灰都采用硬刮具	适用于既有平面又有曲面的构件表面
	软上软刮	上原子灰和收刮原子灰均采用软刮具，以便于按照构件的表面形状刮出曲面	适用于刮涂单纯的曲面构件

4. 原子灰刮涂注意事项

（1）刮涂前被涂装表面必须干透，以防产生气泡或龟裂，若被涂装表面过于光滑，可先用砂纸打磨，以使底面具有良好的附着性能。

（2）原子灰刮涂应在一两个来回中刮平，手法要快要稳，切不可来回拖拉。刮涂次数太多或拖拉易使原子灰拖毛，表面的平整度和亮度差，还会将原子灰里的涂料挤到表面，造成表干内不干，影响原子灰涂层的性能。

（3）板件洞眼缝隙处要用铲刀尖将原子灰挤压填满，但一次不宜刮涂太多太厚，防止干不透。

（4）刮涂时，四周的残余原子灰要及时收刮干净，否则表面留下残余原子灰块粒，干燥后会增加打磨的工作量。

（5）如果刮涂的原子灰层较厚，需要分多层刮涂，每刮一道都要充分干燥，每道原子灰的厚度一般要控制在 0.5 mm 以下，否则容易出现收缩开裂或干不透。

(6) 原子灰刮涂工具用完后，要清洗干净再保存。

(7) 夏季天气炎热，温度较高，原子灰容易干燥，成品原子灰可用稀料盖在上面，冬季放在暖处，以防结冻，用时可加些清漆和溶剂，但不宜存放太久。

(8) 原子灰不能长期存放于敞口的容器中，以免胶黏剂变质，溶剂挥发，造成黏附不良，出现脱落或不易涂刮等问题。

二、原子灰的干燥

新施涂的原子灰会由于其自身的反应而产生热量，从而加速固化反应，一般在施涂 20 ~ 30 min 后即可打磨。但在气温低或湿度大的情况下，原子灰干燥固化的速度就会减慢。为了缩短固化时间，现实生产中采用红外线烤灯加热的方法进行干燥，如图 5—2—12 所示。

在使用红外线烤灯加热干燥原子灰时，一定要使原子灰的表面温度控制在 50℃ 以下，以防止原子灰分离或龟裂。如果表面热得手不能触摸，则说明温度太高了。一般情况下，用红外线烤灯加热，原子灰涂层只需要 5 ~ 7 min 就能完全干燥。

原子灰涂层薄的地方往往比厚的地方温度低，因此薄涂层比厚涂层干燥的时间长，如图 5—2—13 所示。确定原子灰涂层是否完全干燥，只需要用指甲在涂层的边缘划一下，如果出现坚硬的白色，就表明整个原子灰涂层已经干透，可以打磨了。

图 5—2—12　用红外线烤灯干燥原子灰涂层

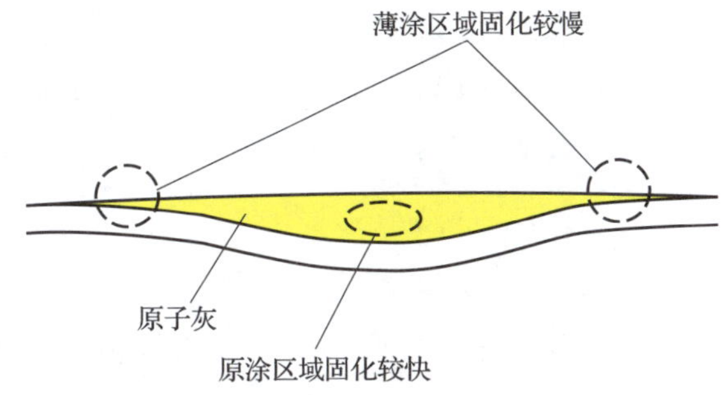

图 5—2—13　厚薄原子灰涂层的干燥情况

技能训练

操作一　原子灰刮涂前准备

1. 确定原子灰覆盖的范围

方法：

(1) 原子灰覆盖的范围是从裸金属边缘向外扩展 10 ~ 20 mm。

(2) 初步估计原子灰的用量。

提示：

刮涂原子灰时应避免超出打磨羽状边的受损范围。

2. 待涂表面的清洁

方法：

（1）除尘。用除尘枪将压缩空气吹到待涂表面，以除去灰尘和打磨下来的微粒。

（2）除油。将浸有除油剂的擦拭布擦拭待涂表面使表面湿润，待残油浮起后，再用干净擦布将除油剂擦干。

提示：

如果待涂表面留有残油，日后会引起涂膜起泡或剥落。

3. 取适量的原子灰

方法：

（1）打开原子灰桶盖，用搅杆搅和桶内的原子灰基料，使其成分均匀。

（2）用搅杆或刮板取适量的原子灰基料，放在混合板上，盖好原子灰桶盖。

提示：

（1）原子灰在桶内的时候，其树脂、颜料、溶剂处于分离状态，只有通过搅拌才能充分混合。

（2）在取出原子灰后，不要在桶口刮除粘在搅杆上的原子灰。所有粘在桶口的原子灰最终都会固化，并落于桶中。

4. 添加适量的固化剂

方法：

（1）用手充分挤捏装固化剂的包装管，使固化剂的各组分在使用前混匀。

（2）打开固化剂管盖，挤出适量的固化剂，放在混合板上。

提示：

不要将固化剂直接挤到原子灰基料上，固化剂管口不要粘上原子灰基料，否则就会引起固化剂固化。

5. 原子灰的拌和

（1）分散固化剂

方法：

1）用铲刀的尖端舀起固化剂，压入原子灰中。

2）用铲刀尖端，将固化剂均匀地分散在整个原子灰的基料中。

提示：

分散固化剂时，铲刀做圆周运动。

（2）翻转与回抹

方法：

1）抓住铲刀，轻轻提起其端头，插入原子灰右侧下面向前铲，舀起大约1/3原子灰，然后以铲刀左边为支点，将铲刀向混合板左侧翻转。

2）翻转后，将铲刀基本上与混合板平行，用力下压，往后回抹。铲刀在混合板上刮削后，铲刀上不能留有原子灰。

3）拿住铲刀，稍稍提起其端头，插入原子灰左侧下面向前铲，舀起1/3原子灰，以铲刀右边为支点，将铲刀向混合板右侧翻转。

4）翻转后，按照上述方法回抹。

（3）反复拌和

方法：

1）在拌和的过程中，原子灰往往向前朝混合板的顶部移动。在原子灰延展至混合板的边缘时，舀起全部原子灰，将它向混合板的底部翻转。

2）重复翻转和回抹步骤，直到原子灰充分混合。

提示：

当固化剂加入原子灰基料中时，固化过程就已经开始了。因此，原子灰拌和的动作要熟练，拌和必须在1 min内完成。

初学时，不要加固化剂，用原子灰基料练习铲刀的移动方法。

（4）成料

方法：

1）原子灰拌和均匀后，用铲刀将混合板上的原子灰收集起来，置于混合板中央。

2）用刮板清理铲刀上的原子灰。

提示：

1）原子灰混合均匀的标准是：整体原子灰颜色均匀一致，既看不到单一原子灰基料的颜色，也看不到单一固化剂的颜色。

2）如果有杂物混入原子灰中，应及时剔除杂物。

6. 将原子灰转移到托板或铲刀上

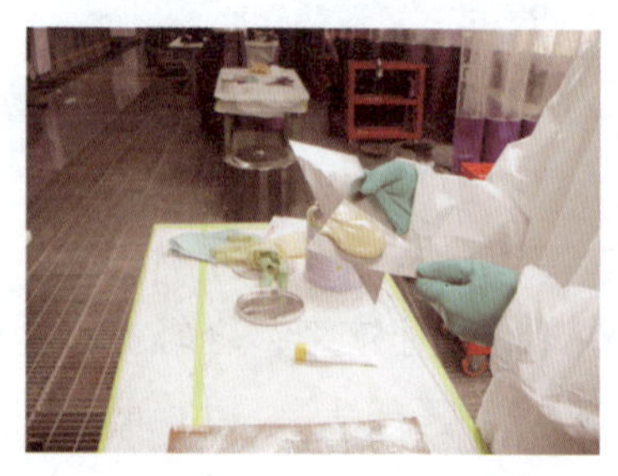

方法：

（1）用刮板将混合好的原子灰转移到原子灰托板或搅拌的铲刀上。

（2）清理原子灰混合板，清理刮板，准备刮涂。

提示：

刮涂前，原子灰刮板一定要整洁，边缘和板体上不要黏附原子灰。

操作二 原子灰刮涂步骤练习

1. 压涂

方法：

取少量的原子灰，刮板与涂面几乎垂直（70°左右），将原子灰往金属表面上薄薄地涂抹一层。

提示：

（1）刮板上要加一定的力，要将原子灰挤压到金属表面的缝隙里，以提高原子灰与金属表面的附着力。

（2）压涂一般只用于底材上的第一次刮涂。

2. 填涂

方法：

取适量的原子灰，刮板以35°～45°倾斜，以大于压涂面积的范围填刮原子灰，填平涂面的凹陷。

提示：

（1）如果凹陷很大，则要分几次填涂。原子灰面的高度要略高于工件表面。

（2）原子灰的边缘一定要涂得很薄，形成斜坡，不要产生厚边。

3. 修饰

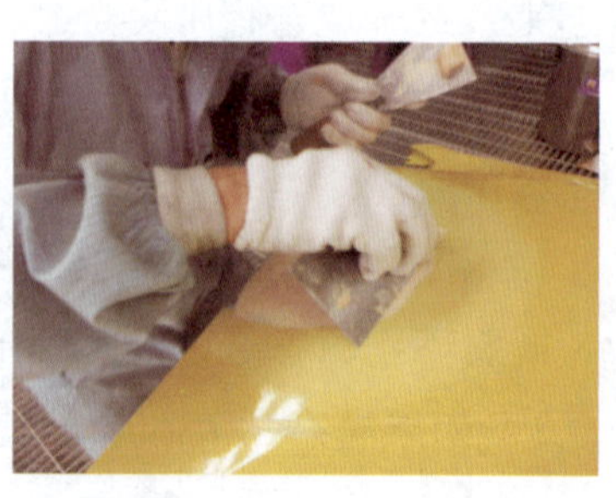

方法：

（1）清除刮板上残存的原子灰。

（2）使刮板与涂面成35°角，轻轻收刮原子灰表面，使原子灰表面整体平滑。

提示：

修饰的时候握刮板的手要平稳，收刮要干脆，修饰要在1～2次收刮内完成，切不可来回拖拉。

4. 收边

方法：

（1）刮板几乎贴近涂面，刮板左侧尖端置于原子灰涂面之外，刮板右侧稍稍抬起，沿原子灰涂面边缘刮涂一圈，以收去边缘多余的原子灰，使边缘变成薄薄的斜坡。

（2）检查刮涂区以外的区域有无粘上原子灰，如果有，趁原子灰未干透前用刮板清除。

提示：

（1）刮涂区外粘上原子灰要及时清除。

（2）原子灰的使用寿命很短，所以整个刮涂工作的时间要控制在 3 min 以内。

5. 刮涂后的整理

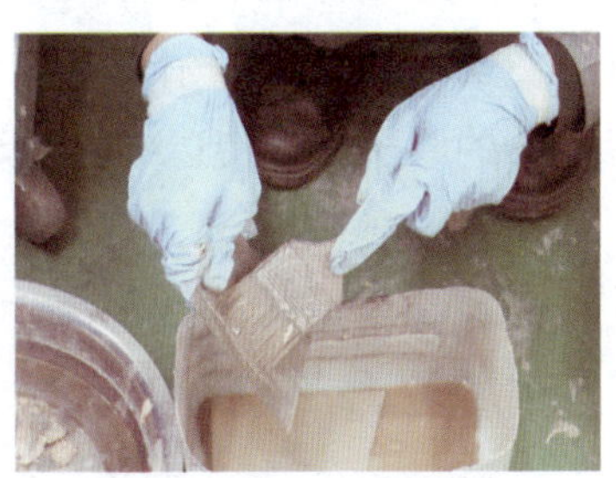

方法：

（1）将刮涂剩下的原子灰收集起来，放到规定的铁桶中。

（2）清洗刮板、铲刀、原子灰托板、混合板等工具。

提示：

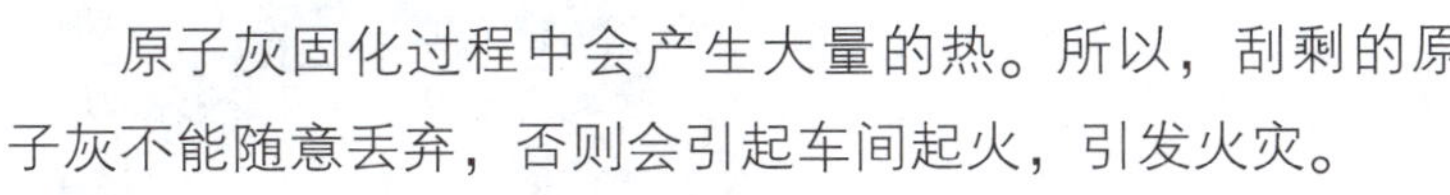

原子灰固化过程中会产生大量的热。所以，刮剩的原子灰不能随意丢弃，否则会引起车间起火，引发火灾。

操作三　不同表面原子灰的刮涂

1. 局部圆形凹陷的刮涂

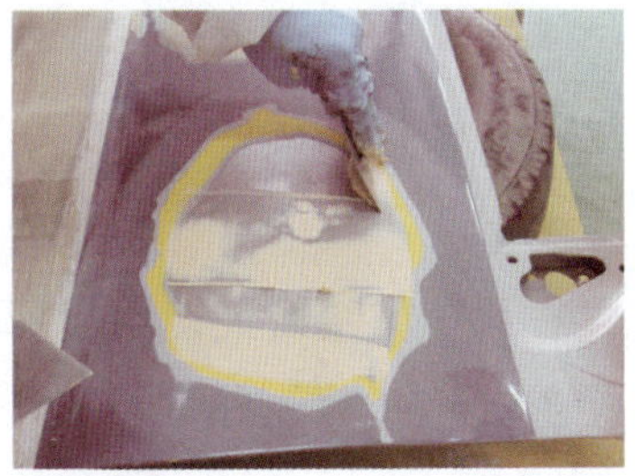

（1）压刮

方法：

用刮板取少量原子灰，在圆形裸金属区域刮涂。

（2）填刮

方法：

1）将原子灰置于刮板刃口的中部，距离刮板尖端 10 mm 处。

2）将刮板的前面尖端置于裸金属边缘20～30 mm处，刮板后端稍稍抬起，刮板平面与涂面成 35°角。以刮板的中部为圆心，沿圆形羽状边的轮廓线顺时针滑动刮板，刮涂出一个半圆。

3）以同样的方法逆时针刮涂出另外一个半圆。

4）取适量的原子灰将圆心填平。

（3）修饰

方法：

1）用拇指向上压，使刮板略微向上拱起。

2）从圆形涂面的顶端向下收刮，使原子灰表面平整、光滑。

提示：

在收刮过程中，刮板与涂面的角度从边缘的90°逐渐过渡为中间部位的10°，再从中间的10°逐渐过渡为对面边缘处的90°。

（4）收边

方法：

刮板贴近涂面，刮板左侧尖端置于原子灰涂面之外，刮板右侧稍稍抬起，沿原子灰涂面边缘刮涂一圈，收去边缘多余的原子灰，使边缘变成薄薄的斜坡。

2. 大型平面的刮涂

（1）横向填涂

方法：

1）在车身门板上压涂一薄层原子灰。

2）横向填涂原子灰。

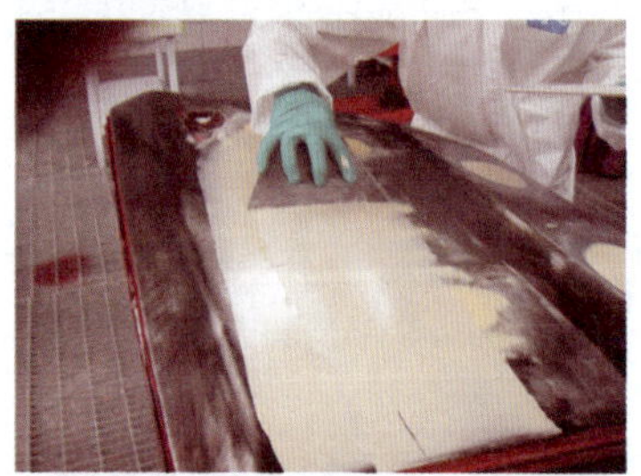

（2）纵向修饰

方法：

在原子灰涂面上，用刮板纵向收刮，使原子灰表面基本平整。

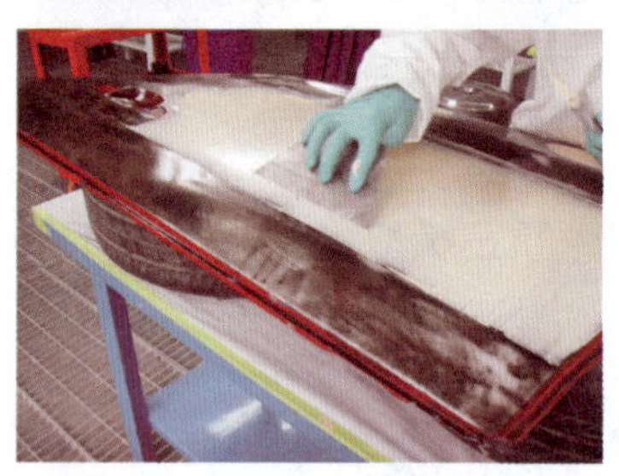

提示：

横填纵收的方法有利于大平面的刮平。

（3）用原子灰长刮板横向最后修饰

方法：

1）用特制的长铝刮板或长胶合刮板，双手均匀用力，从原子灰的一端向另一端均匀收刮。

2）收边，用铲刀清除板件刮涂边缘多余的原子灰。

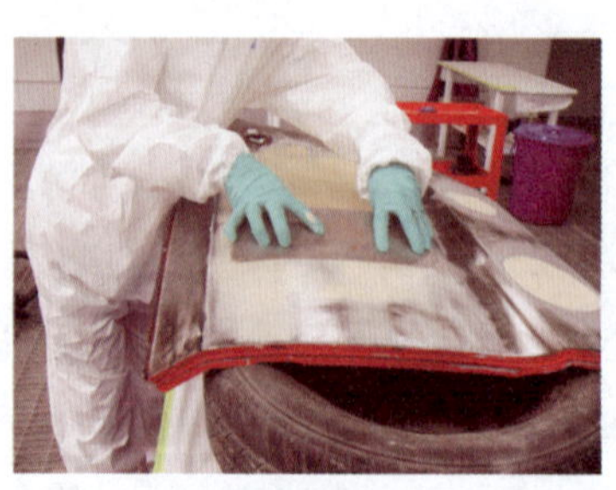

提示：

1）用长刮板修饰时，双手用力一定要均匀；收刮必须要在1～2次内完成。

2）大面积整体刮涂时间不能超过5 min。

3. 板件特征线处的刮涂

(1) 在特征线的一面刮涂原子灰

方法：

1）沿板件的特征线贴上一条胶带。

2）在胶带的另一面刮涂原子灰。

3）在原子灰半干时，轻轻揭去胶带。

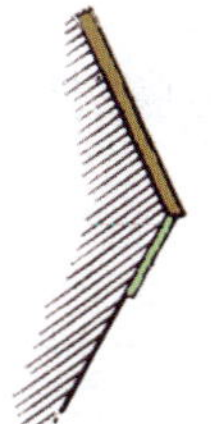

提示：

揭去胶带时，要防止轮廓线边缘的原子灰脱落。

(2) 在特征线的另一面刮涂原子灰

方法：

1）待原子灰完全干燥后，沿轮廓线在原子灰表面上贴上一条胶带。

2）在未刮原子灰的一面刮涂原子灰。

3）待原子灰半干燥时揭去胶带。

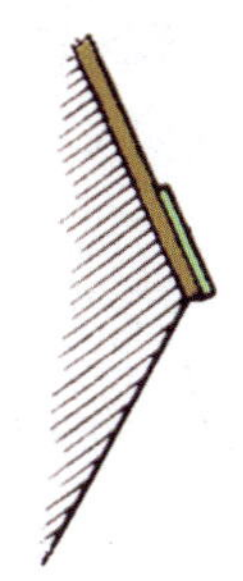
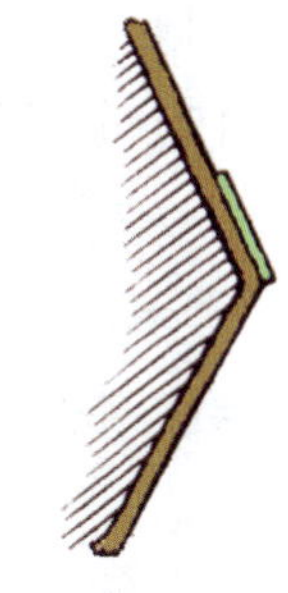

提示：

胶带揭去后，两面原子灰交界处应是原子灰堆起的与原车相似的一条轮廓线。

4. 复杂表面的刮涂

(1) 在翼子板的圆形“R”部位刮原子灰

方法：

1）使劲压住塑料刮板，在整个“R”部位刮原子灰，在圆形部位的顶部刮涂适当的原子灰。

2）在圆形部位的底部刮涂原子灰。

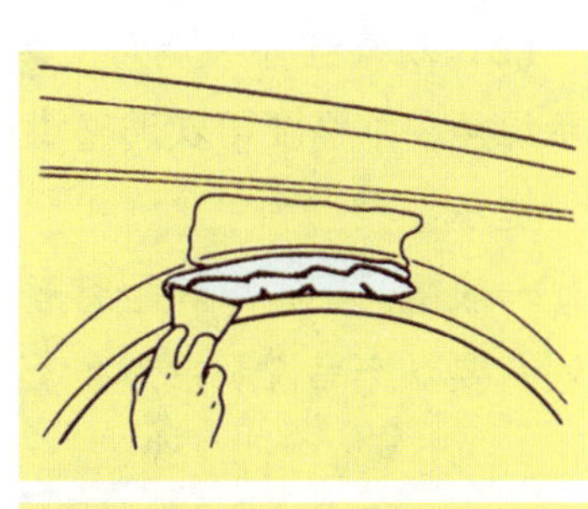

(2) 在轮廓线部位刮涂原子灰

方法：

1）在翼子板下边，轮廓线的边缘上刮涂原子灰。

2）将多余的原子灰向下拉至翼子板的下边缘，展平，收刮去多余的原子灰。

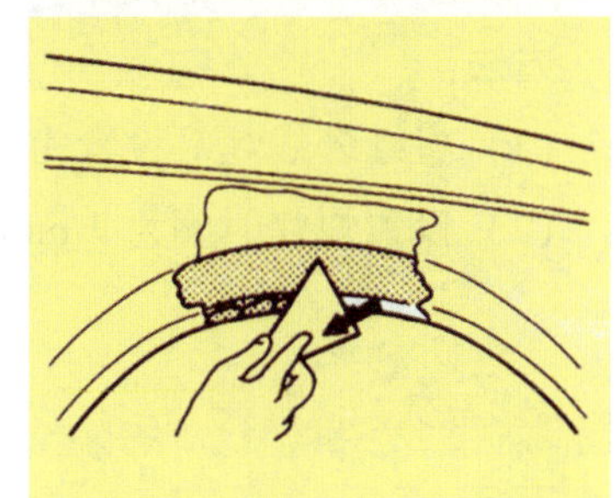

(3) 在翼子板“R”部位上方平面上刮原子灰

方法：

1）展平翼子板“R”部位上方多余的原子灰。

2）在翼子板“R”部位上方平面刮涂适量的原子灰，拉动刮板使表面平滑。

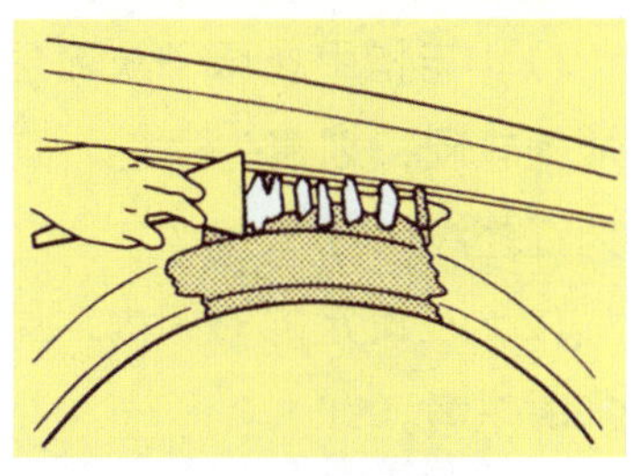

提示：

拉动刮板时，刮板的尖端不要碰到前面刮涂的原子灰。

(4) 修饰倒置的“R”部位

方法：

使用角度合适的橡胶刮板，修饰倒置的“R”部位和圆弧部位。

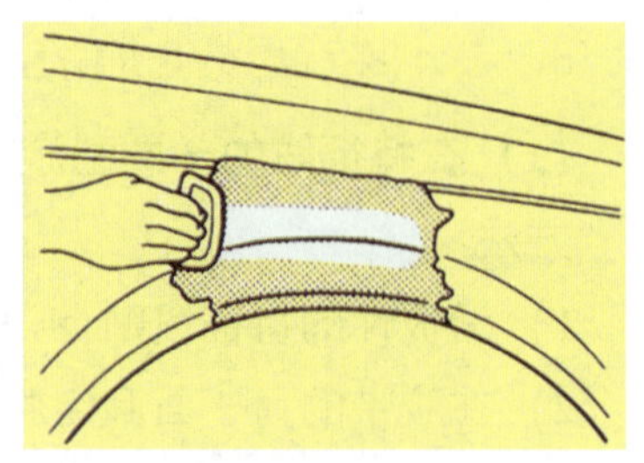

操作四　原子灰的干燥

1. 确定烘烤距离

方法：

(1) 将红外线烤灯移到车身板件附近。

(2) 调整红外线烤灯支架，使烘烤距离调整到 80～120 cm。

提示：

红外线烤灯的最佳烘烤距离为 80～120 cm。

2. 打开红外线烤灯

方法：

(1) 插上红外线烤灯的电源，打开红外线烤灯。

(2) 观察红外线烤灯上烘烤距离指示灯，若指示灯不显示绿色，则需要再次调整烘烤距离。

提示：

一般情况下，烘烤距离指示灯显示为绿色，则烘烤的距离为最佳距离。不同烤灯的使用方法，要以产品说明书为准。

3. 设置红外线烤灯

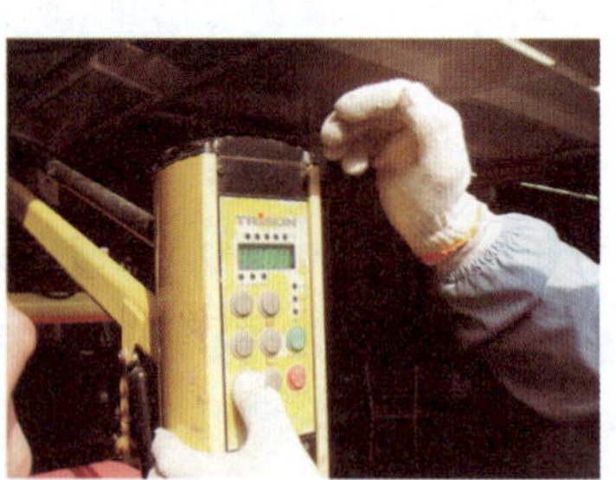

方法：

(1) 将红外线烤灯设置为“直接烘烤”的模式。

(2) 设置烘烤时间为 7 min。

4. 检查干燥程度

方法：

(1) 用指甲在原子灰涂层边缘的表面上刮划，若原子灰质地较硬，划痕为白色，则原子灰已经干透，可以直接关闭红外线烤灯。

(2) 在设定的时间内，原子灰还不能完全干燥，则需要加时烘烤。

提示：

一般情况下，原子灰烘烤干燥的时间为 5～7 min。

5. 干燥后的整理

方法：

（1）原子灰干燥后，关闭红外线烤灯，让原子灰涂层自然冷却。

（2）拔下红外线烤灯的电源，整理好电源线，将红外线烤灯归位，清洁场地。

训练评价

训 练 评 价

考核要求

1. 在规定的时间内完成原子灰的拌和、刮涂和干燥，使之符合技术标准。
2. 在操作过程中出现的违规操作，应及时指正。
3. 符合安全文明生产的要求。

考核标准

考评标准表——原子灰的刮涂与干燥

考核时间	考核项目	分值	评分标准与指导	评价结果
30 min	确定原子灰覆盖范围	3	工具使用不当酌情扣分，并指正	
	刮涂前清洁	2	按要求酌情扣分，并指正	
	原子灰的拌和	10	按要求酌情扣分，并指正	
	原子灰刮涂步骤	20	按要求酌情扣分，并指正	
	局部圆形小凹陷的刮涂	10	按要求酌情扣分，并指正	
	平面大面积刮涂	10	按要求酌情扣分，并指正	
	特征线处的刮涂	10	按要求酌情扣分，并指正	
	翼子板的刮涂	15	按要求酌情扣分，并指正	
	原子灰的干燥	10	按要求酌情扣分，并指正	
	整理工具、清理现场	10	每项扣 2 分，扣完为止	
	遵守相关安全操作规范 在规定的时间内完成		因违规操作发生人身和设备事故，终止考核，成绩按 0 分计；超时每分钟扣 2 分，超时 5 min 终止考核	
	分数合计	100		

实训报告

1. 原子灰刮涂前的准备包括哪些内容?
2. 简述原子灰刮涂的步骤及刮涂注意事项。

课题3 原子灰涂层的修整

学习目标

1. 掌握原子灰涂层修整的工艺。
2. 熟悉原子灰打磨的工具和材料。
3. 掌握原子灰涂层打磨的方法。
4. 熟悉原子灰打磨的注意事项。
5. 能熟练进行原子灰涂层的打磨。
6. 能熟练进行原子灰涂层的补涂与收光。

知识准备

一、原子灰涂层修整的工艺

原子灰涂层的修整是指通过打磨、补涂和收光等方法恢复车身板件的形状，提高原子灰涂层表面质量的涂装方法。原子灰涂层修整的工艺如图5—3—1所示。

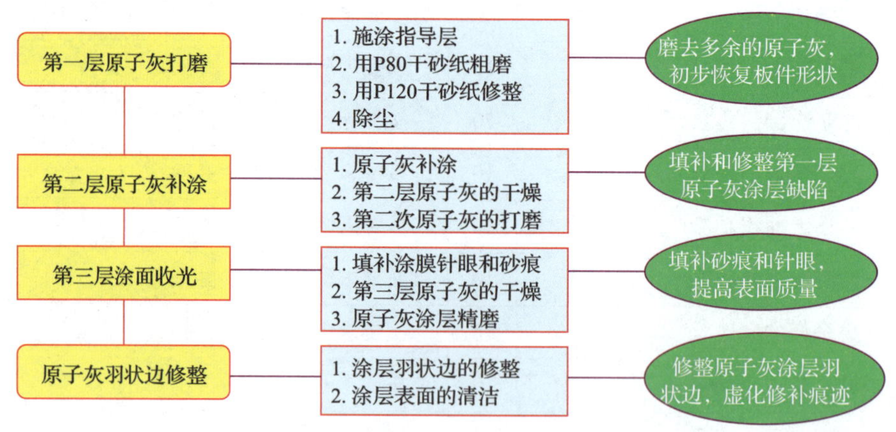

图5—3—1 原子灰涂层修整工艺

1. 第一层原子灰涂层的打磨

第一层原子灰涂层略高于车身板件平面，表面粗糙。第一层原子灰涂层的打磨可以分为降低涂层高度和修整涂层表面平整度两个阶段。降低涂层高度，在涂层表面涂上一层碳粉作为打磨指导层，选用P80干磨砂纸，手工打磨或机械打磨原子灰涂层（见图5—3—2），形成初步的打磨平面，再选用 P120 干磨砂纸打磨降低涂层高度，当涂层高度降低到露出底材最高点时，停止打磨。表面平整度修整，使用旧的 P120 干磨砂纸或 P180 干磨砂纸，修整整个原子灰表面，消除前一阶段干磨砂纸的打磨痕迹，打磨原子灰涂层的羽状边，初步恢复车身板件原来的形状。第一层原子灰涂层的打磨只求平整，不求光滑。顺着车身流线方向来回往返打磨，打磨动作要平稳，用力要均匀，当底材的最高点露出后，要反复用手触摸，检查表面的平整度（见图 5—3—3），防止打磨过度再次出现凹坑。

图 5—3—2　机械打磨原子灰涂层

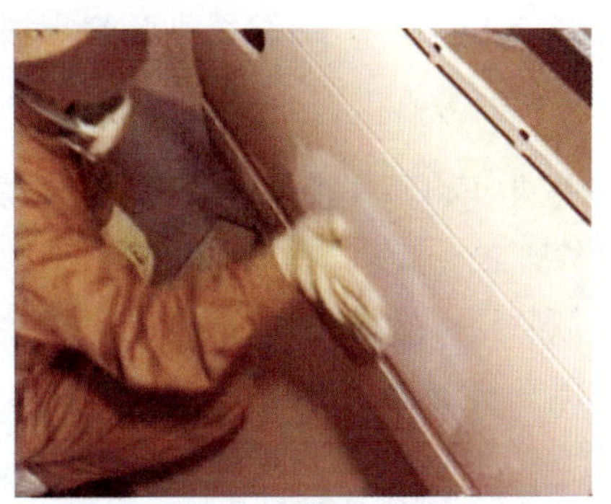

图 5—3—3　检查原子灰涂层表面的平整度

2. 第二层原子灰的补涂

第二层原子灰补涂的目的是填平第一层原子灰没有填平的小凹坑，或填平第一次打磨过度的部位，消除 P120 干磨砂纸的打磨痕迹。第二层原子灰应稍稀一些，刮涂厚度应比第一层薄，刮涂面积要略大于第一层。车身大平面选用硬刮具刮平，圆弯处可用橡胶刮具（见图 5—3—4）。刮涂还是以填平低凹处为主。满刮时要顺流线方向从右到左、从上到下刮涂，尽可能一次性刮涂到修补边缘，以减少接口。第二层原子灰涂层的干燥要彻底，打磨选用 P180 干磨砂纸，打磨方向以车身流线水平方向为主，垂直、斜交方向为辅；打磨过程中要不断检查表面的平整度，不要磨穿原子灰涂层；羽状边要平滑，不能出现齿形边缘；打磨后涂层平整，无明显低凹和边口（见图 5—3—5），弧形面造型与原车一致，轮廓线清晰、平直。

图 5—3—4　圆弯处用橡胶刮具

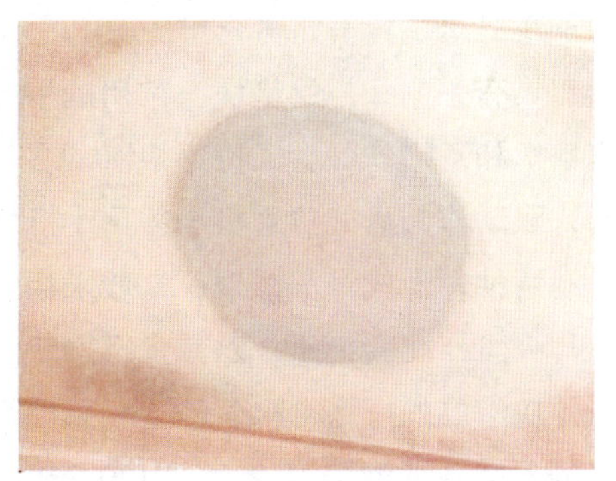

图 5—3—5　第二次打磨后的表面质量

3. 原子灰涂层表面的收光

原子灰涂层表面收光的作用是填补第二层原子灰表面细小凹坑和砂眼，消除 P180 干磨砂纸的打磨痕迹，进一步提高原子灰表面的光滑度和丰满度。涂层表面收光用原子灰要比第二层再稀一些，并加入少许漆料，原子灰调制不能太松散，要有一定韧性。刮涂时，手的压力与软质橡胶刮具的弹性相配合，使刮涂的原子灰涂层光滑。打磨选用 P240 干磨砂纸（见图 5—3—6），以手工打磨为宜，打磨方向以车身流线方向为主，一般不要垂直方向或斜交方向打磨。打磨后的原子灰涂层上应无凹坑、砂眼，原子灰涂层边缘无接口，外表形状恢复原样，整体表面光滑无缺陷。若发现气孔和小伤痕，应马上再次修补（气孔和伤痕的修补方法如图 5—3—7 所示），否则会带来很多麻烦。

4. 原子灰羽状边的修整

用 P240 或 P320 干磨砂纸与偏心距为 5 mm 的双动作圆盘打磨机配合，轻轻打磨原子灰涂层边缘，进一步虚化原子灰涂层的羽状边，确保边缘无接口。打磨后使用菜瓜布清洁整个表面，然后用除尘枪吹除表面灰尘，用除油剂清除原子灰涂层周围的油污，注意不要把除油剂涂在原子灰上。

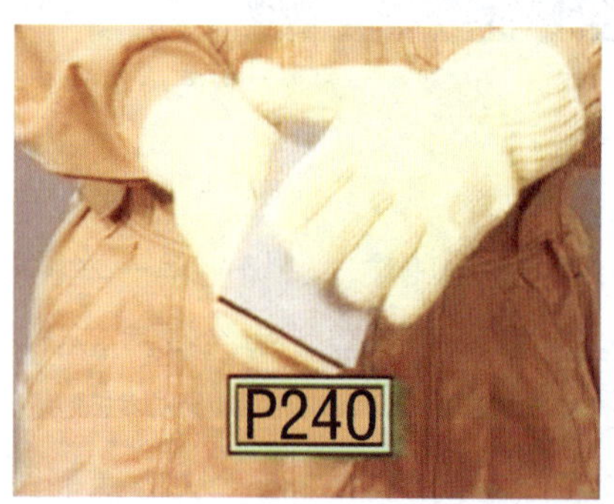

图 5—3—6 第三层打磨选用的砂纸

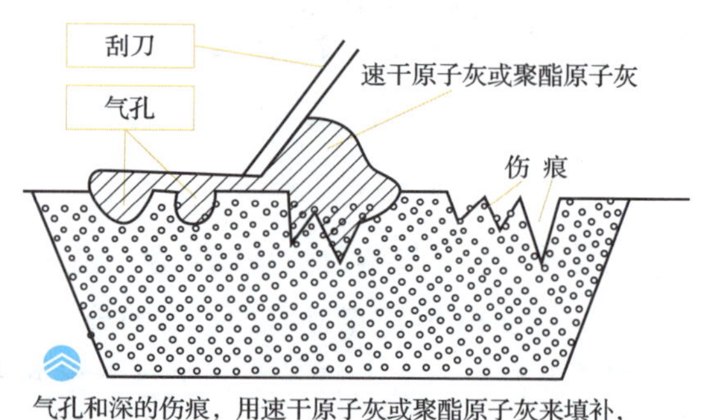

图 5—3—7 气孔和伤痕的修补方法

二、原子灰涂层的打磨

1. 原子灰涂层打磨的工具和材料

原子灰打磨工具有机械打磨工具和手工打磨工具。手工打磨工具与砂纸配套使用，主要的打磨工具有手刨和打磨垫块，常用的手工打磨工具如图 5—3—8 所示。机械打磨工具有轨道式打磨机和双动作圆盘式打磨机（见图 5—3—9），轨道式打磨机适用于平面原子灰涂层的打磨，双动作圆盘式打磨机一般用于打磨羽状边和第一层原子灰涂层的打磨。打磨机有电动和气动两种，现代汽车修理厂一般采用气动打磨机。手刨、轨道式打磨机和双动作圆盘式打磨机与吸尘器配套使用，以减少打磨灰尘。

原子灰涂层的打磨材料有砂纸和菜瓜布。现代流行的干磨采用干磨砂纸，原子灰涂层打磨常用的干磨砂纸型号有 P80、P120、P180、P240 和 P320 五种；传统湿磨采用水磨砂纸，P80 ~ P400 的水磨砂纸用于打磨原子灰。菜瓜布是三维打磨材料的一种，用于原子灰涂层打磨的菜瓜布有绿色和红色两种，绿色菜瓜布相当于 P320 砂纸，红色菜瓜布相当于 P360 砂纸。原子灰涂层的打磨材料如图 5—3—10 所示。

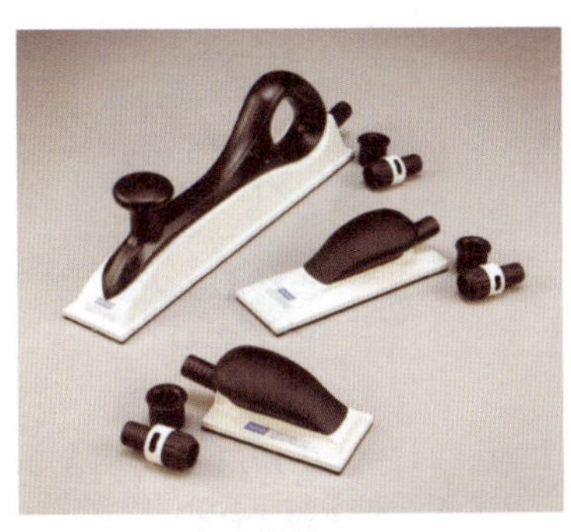

手刨

手工打磨垫块

图 5—3—8　手工打磨工具

轨道式打磨机

双动作圆盘式打磨机

图 5—3—9　原子灰涂层的机械打磨工具

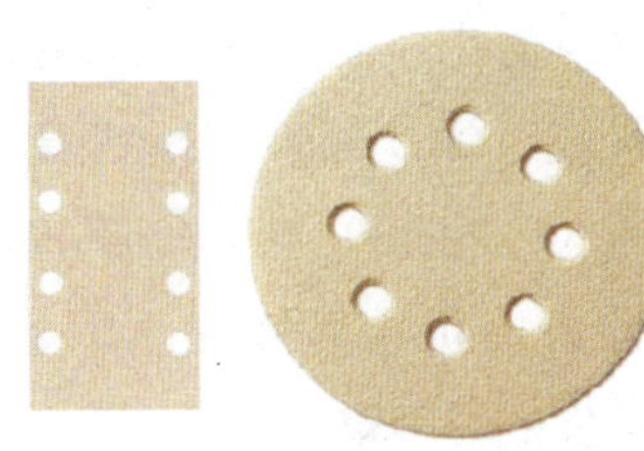

干磨砂纸

水磨砂纸

菜瓜布

图 5—3—10　原子灰涂层的打磨材料

2. 原子灰涂层打磨与涂层平整度检查的方法

（1）原子灰涂层打磨的方法

原子灰完全干燥之后，一般采用干式或湿式打磨法打磨，使涂层平整并为下一涂层提供良好附着力。原子灰涂层打磨的方法有机械打磨和手工打磨两种，其中手工打磨又分为用手刨或硬橡胶垫块辅助磨平和手工磨平。

打磨机磨平适用于平坦或柔和弯曲的部位，特别是大片平面的打磨。打磨时，将打磨机轻压在原子灰层表面，左右轻轻移动打磨机。打磨时应注意，打磨头的工作面应保持与工件的表面平行，如图 5—3—11 所示，打磨时不能施力过大，应依靠打磨机的旋转力进行打磨。若施力过大，就不能形成平整表面。打磨机的移动方向如图 5—3—12 所示。

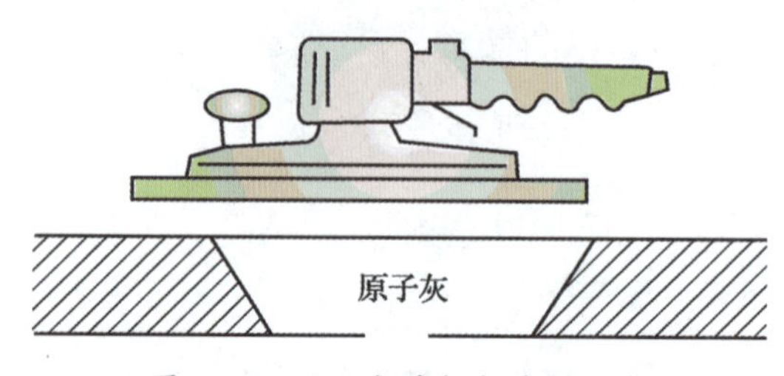

图 5—3—11　打磨机打磨原子灰

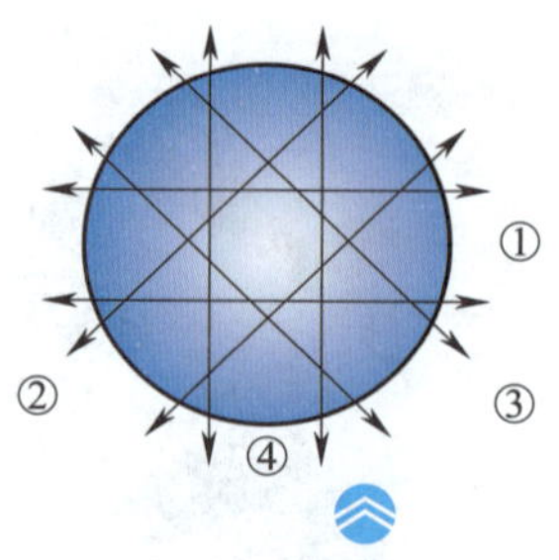

先沿①所示方向左右运动；随后沿②和③斜向运动；然后沿④上下运动，这样可以基本消除变形。如果最后再沿①左右运动一次，消除变形效果更好。

图 5—3—12　打磨机的移动方向

用手刨或硬橡胶垫块辅助磨平是以手刨或硬橡胶垫块做助力工具，把砂纸粘扣在手刨上或包裹在硬橡胶垫块外面的手工打磨，这种方法适用于平面区域较大的表面磨平，助力工具能提高打磨的效率及表面的平整度。

图 5—3—13　手工打磨修整

手工磨平适用于有拐角和外形复杂的表面，打磨时不仅是手指尖的动作，手腕也需保持正确的位置。手的位置使手指与打磨的方向成一定角度，以防出现“指状磨痕”。顺着车体外形进行短促、平行的打磨，压力不可过重，以免砂纸粘滞而不耐用，并形成过深的擦痕和指状痕迹，手工打磨修整（见图 5—3—13）可以彻底清除细小的凹凸不平。气动打磨机不可能完全消除磨痕，手工修整是必不可少的环节。

原子灰涂层的打磨以干磨为好，因为原子灰涂层是一种多孔组织，水磨会使原子灰涂层吸收大量的水分而很难蒸发掉，给以后的涂装工作带来很多困难。

（2）原子灰涂层表面平整度检查的方法

打磨过程中应不断地检查原子灰涂层表面的质量是否达到了工艺要求，以防打磨不足和过度打磨。常用的原子灰涂层表面平整度的检查有手摸法和水膜法两种。

1）手摸法。用手触摸打磨后的原子灰涂层表面，感觉涂面是否平顺、光滑。手指摸出不平顺、不光滑的地方就是原子灰涂面的缺陷所在。

2）水膜法。在湿磨时借助水洗的水膜，来检视涂面的平整质量。即在涂面上浇水，借助涂面的水膜来显现涂面的缺陷。

3. 原子灰打磨的注意事项

（1）机械打磨前，要先把干磨砂纸的中心和衬盘中心对正，然后才能将砂纸扣到衬盘上。

(2) 机械打磨时，打磨盘应保持与原子灰表面平行，不能施力过大，靠打磨机的旋转力打磨；一旦原子灰表面出现了结球现象，就应及时更换砂纸，否则砂粒会划伤打磨表面。

(3) 机械打磨先用粗砂纸打磨，当原子灰表面的刮痕基本消除后，应及时更换为细砂纸，磨至原子灰表面与周围的高度相近即可，以留出足够手工细磨的余量。

(4) 机械打磨后，应立即取下衬盘上的砂纸，清除打磨机上的灰尘。

(5) 手工打磨时不能用力过猛，否则会使原子灰磨穿或磨出凹坑，导致前功尽弃；打磨不要做圆周运动，否则会在面层上留下明显的磨痕。

(6) 手工打磨波浪形平面时，可选用长木块作为衬块，打磨动作幅度要大一些；打磨圆弧物面时，则应使用与其形状相近的锥形打磨垫块。

(7) 原子灰涂层打磨过程中，要及时清除砂布上的磨屑，充分注意露出的最高点，并以此最高点为准多次用手摸其平整度，根据实际情况修整。

(8) 打磨局部补刮的原子灰涂层时，要注意原子灰涂层边缘的平整性，以防产生原子灰层痕迹，给后面的施工带来困难。

技能训练

操作一 第一层原子灰涂层的打磨

1. 打磨前准备

方法：

(1) 在原子灰涂层表面涂上一层碳粉，用作打磨指导层。

(2) 选用 P80 方形干磨砂纸和手刨，安装和调试好无尘干磨系统。

提示：

碳粉不要涂得太多，砂纸和手刨的尺寸大小要根据打磨的面积和打磨的形状选择。

2. 磨出初步的打磨平面

方法：

(1) 握紧手刨，使手刨的打磨面与原子灰整体涂面平行，均匀用力打磨原子灰涂面的高点。

(2) 当原子灰涂层表面的刮涂痕迹已经基本磨去，形成了一个初步打磨平面时停止打磨。

提示：

打磨范围不要超出原子灰涂层的范围，边缘薄边处最好不要打磨。

3. 降低原子灰涂层的高度

方法：

（1）选用 P120 干磨砂纸，在原子灰基本打磨面上打磨，降低整个涂层的高度。

（2）当底材的最高点露出，原子灰涂层高度与周围旧涂膜的高度大致相当时，停止打磨。

提示：

降低原子灰涂层的高度时不能用力过猛，否则容易磨穿涂层，打磨过度。

4. 原子灰涂层平面度的修整

方法：

（1）观察原子灰涂层上碳粉的分布，同时用手触摸涂层表面，检查平整度。

（2）选用旧的 P120 干磨砂纸或 P180 干磨砂纸，打磨原子灰涂层高出的部位，直至整个涂层基本平整。

提示：

碳粉分布的部位是涂膜表面的低洼处，修整时不要打磨或尽量少磨。

5. 打磨原子灰涂层边缘的羽状边

方法：

（1）用旧的 P120 干磨砂纸或 P180 干磨砂纸修整原子灰涂层边缘，虚化原子灰涂层边缘痕迹，形成薄边。

（2）用除尘枪吹除原子灰涂层表面的灰尘。

提示：

修整原子灰涂层边缘的羽状边时，打磨幅度不要太大，防止磨掉周围的旧涂膜。

操作二　第二层原子灰涂层的补涂

1. 原子灰的补涂

方法：

（1）调制原子灰，原子灰用量比第一次调配的用量要少。

（2）以大于第一层的面积，在打磨后的原子灰涂层表面薄涂一层原子灰。

提示：

根据第一层打磨后的具体情况，低洼部位适当厚涂，平整部位适当薄涂，整体涂面要求平整，光滑适度。

2. 原子灰涂层的干燥

方法：

（1）选用红外线烤灯强制干燥。

（2）打开红外线烤灯，调整好烘烤距离和时间，对第二层原子灰涂层进行干燥。

提示：

第二层原子灰涂层的干燥要彻底，以确保打磨后能恢复板件原来的形状。

3. 第二层原子灰涂层的打磨

方法：

（1）涂上碳粉指导层。

（2）选用 P180 干磨砂纸，整体打磨原子灰涂层表面，恢复车身板件原来的形状。

（3）选用旧的 P180 或新的 P240 干磨砂纸，修整原子灰涂层整个表面和边缘。

提示：

修整后原子灰涂层的质量应达到要求，否则要重新刮涂和修整。

操作三　第三层原子灰涂层的收光

1. 砂眼的填补刮涂

方法：

（1）选取少量较稀的原子灰基料，或在原子灰中加入少量的面漆，调制原子灰。

（2）选用软质橡胶刮板，用力在第二层打磨后原子灰涂层表面刮涂，以填平原子灰涂层表面的砂眼和磨痕。

提示：

（1）刮涂后的原子灰涂面要非常平整和光滑。

（2）传统做法选用单组分硝基原子灰填补砂眼，但硝基原子灰会引起“咬底”，容易使面漆层产生缺陷，现在 4S 店很少采用。

2. 收光涂层的干燥

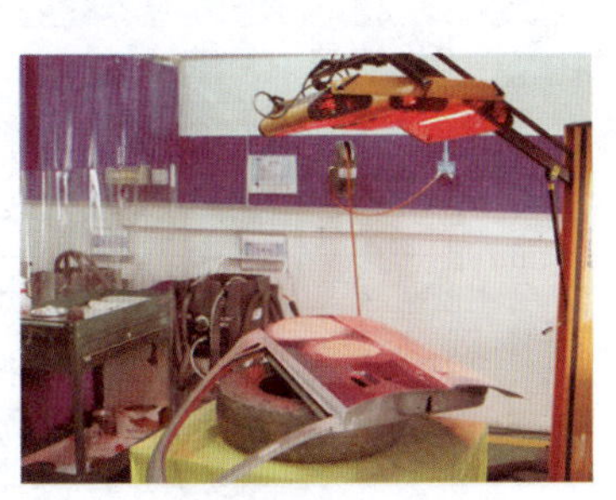

方法：

用红外线烤灯强制干燥。由于收光涂层很薄，干燥时间不宜过长，但一定要干燥彻底。

提示：

收光涂层的干燥要求非常彻底，干燥后的涂层要求非常坚硬。

3. 收光涂层的打磨

方法：

（1）在涂层表面涂上一层指导层。

（2）选用软质打磨垫，配合旧的 P240 或新的 P320 干磨砂纸打磨涂层表面。

（3）修磨原子灰涂层边缘的羽状边。

提示：

打磨后，原子灰涂层表面应非常平滑、无砂眼和磨痕，板件形状完全恢复，轮廓线清晰，羽状边呈一层虚雾状。

4. 清洁与整理

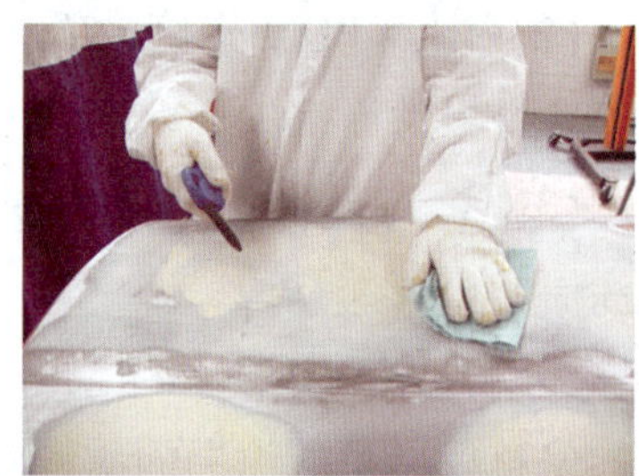

方法：

（1）用除尘枪吹除整个板面的灰尘，用干净的擦布盖住原子灰涂层，在原子灰涂层周围除油。

（2）整理打磨留下的砂纸，清洁刮涂、打磨的工具和设备。

提示：

原子灰涂层不能擦涂除油剂，否则会给后面的涂装工作带来麻烦。

训练评价

训 练 评 价

考核要求

1. 在规定的时间内完成原子灰涂层的修整，使之符合技术标准。
2. 在操作过程中出现的违规操作，应及时指正。
3. 符合安全文明生产的要求。

考核标准

考评标准表——原子灰涂层的修整

考核时间	考核项目	分值	评分标准与指导	评价结果
30 min	正确使用工具	10	工具使用不当酌情扣分，并指正	
	第一层原子灰涂层的打磨	20	按要求酌情扣分，并指正	
	第二层原子灰涂层的补涂	10	按要求酌情扣分，并指正	
	第二层原子灰涂层的干燥	5	按要求酌情扣分，并指正	
	第二层原子灰涂层的打磨	10	按要求酌情扣分，并指正	
	第三层原子灰涂层的收光	10	按要求酌情扣分，并指正	

续表

考核时间	考核项目	分值	评分标准与指导	评价结果
30 min	收光涂层的干燥	5	按要求酌情扣分，并指正	
	收光涂层的打磨	10	按要求酌情扣分，并指正	
	原子灰涂层表面的清洁	10	按要求酌情扣分，并指正	
	整理工具、清理现场	10	每项扣 2 分，扣完为止	
	遵守相关安全操作规范 在规定的时间内完成		因违规操作发生人身和设备事故，终止考核，成绩按 0 分计；超时每分钟扣 2 分，超时 5 min 终止考核	
	分数合计	100		

实训报告

1. 第一层原子灰涂层的打磨步骤是怎样的，有哪些注意事项？
2. 简述原子灰涂层的施涂、干燥与修整的整体步骤。

单元六　中涂底漆涂层涂装

课题 1　中涂底漆的喷涂

学习目标

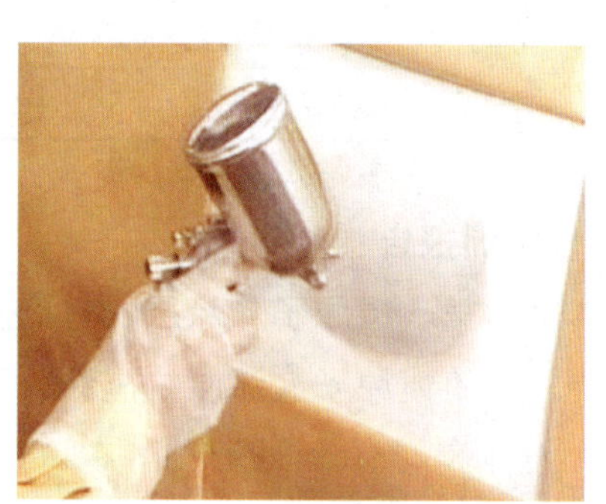

1. 熟悉中涂底漆的功能和特性。
2. 熟悉车用中涂底漆的组成和类型。
3. 掌握车用中涂底漆选用的方法。
4. 掌握中涂底漆喷涂的工艺。
5. 能做好中涂底漆喷涂前的准备工作。
6. 能熟练地喷涂车身中涂底漆。

知识准备

一、中涂底漆基础知识

1. 车用中涂底漆的功能和特性

中涂底漆是指介于底涂层和面涂层之间所用的涂料，也称底漆喷灰，俗称“二道浆”。中涂底漆的主要功能是改善被涂工件表面的平滑度，为面涂层创造良好的基础，以提高面涂层的鲜映性和丰满度，提高整个涂层的装饰性和抗石击性。中涂底漆涂层的涂装通常用于装饰性要求很高的中、高级轿车。

中涂底漆应具有以下特性：

（1）与底漆、面漆配套良好，涂层间结合力强，硬度适中，不被面漆的溶剂所咬起。

（2）具有足够的填平性，能消除被涂底漆表面的划痕、打磨痕迹和砂眼等缺陷。

（3）打磨性能良好，打磨后能获得平整光滑的表面。

（4）具有良好的韧性和弹性，抗石击性能良好。

2. 车用中涂底漆的类型和选用

车用中涂底漆所使用的漆基与底漆和面漆的漆基相仿，这样有利于保证涂层间的结合力和配套性。车用中涂底漆的颜料多为体质颜料，具有良好的填充性能，喷涂两道后涂膜的厚度可达 60～100 μm。车用中涂层着色颜料多采用灰色、白色和黄色等易于遮盖的颜色。

（1）车用中涂底漆的类型

车身常用中涂底漆有普通中涂底漆和可调色中涂底漆两类。

普通中涂底漆有单组分中涂底漆和双组分中涂底漆两种。单组分中涂底漆干燥速度快，填孔性好，硬度较高，易打磨光滑，但柔韧性较差，耐老化性不好，常用于普通轿车。车身常用的单组分中涂底漆有硝基类和丙烯酸类中涂底漆。双组分中涂底漆的代表是聚氨酯中涂底漆，其性能特点是附着力强，与原子灰层和面漆层结合力好，涂层细腻，易打磨，柔韧性和抗老化性较好，经常用于中高档轿车的涂装。

可调色中涂底漆是一种单独产品，是在中涂底漆中加入适量的已经调色好的面漆或与面漆颜色相近的面漆色母，来改变中涂的颜色，使中涂的颜色与面漆基本相同来增加面漆的遮盖力。这类可调色中涂底漆的漆基一般都与面漆基本相同，在漆基不同时不可加入面漆的色母调色。

（2）车用中涂底漆的选用

汽车修补涂装中，中涂底漆应根据旧涂膜涂料的类型、中涂底漆的类型和待涂表面的情况进行合理的选用。

1）根据旧涂膜的涂料类型选择。当旧涂膜是改性丙烯酸或合成纤维素丙烯酸硝基漆时，以采用聚氨酯类中涂底漆为宜，但这种中涂底漆不适宜用于局部修补，在局部修补边缘易出现起皱现象；当旧涂膜是烤漆涂料或丙烯酸聚氨酯涂料，应选用硝基类中涂底漆，但要求涂膜质量、附着力和耐水性达到要求。

2）根据中涂底漆的类型选择。厚涂型合成树脂中涂底漆的涂膜性能比聚氨酯中涂底漆差，但由于其所使用的溶剂溶解力较弱，不会侵蚀底漆，干燥速度也比较快，因而常常被采用。硝基类和丙烯酸类中涂底漆，在通常情况下，若耐起泡性和层间黏着力好，则覆盖效果差；反之，若覆盖效果好，则前两种性能差。

3）根据待涂表面情况选择。在整车涂装或原子灰涂层面积宽的场合，以及在旧涂膜起皱时，最好使用聚氨酯类中涂底漆；从作业性方面考虑，使用厚涂型合成树脂中涂底漆很方便。有的聚氨酯中涂底漆被称为无须打磨型中涂底漆。但在实际使用时为了提高涂层间附着力，仍需轻轻打磨留下磨痕，以提高与面漆层的附着力。

二、中涂底漆喷涂工艺

中涂底漆的施工包刮喷涂前准备、中涂底漆的喷涂、中涂底漆的干燥三个步骤，中涂底漆喷涂工艺如图 6—1—1 所示。

1. 待涂表面准备

中涂底漆喷涂前打磨的目的是增加打磨表面的附着力，其打磨的面积大于原子灰区域，一般应超出原子灰边缘以外 100 mm，如图 6—1—2 所示。打磨时，将一片 P320 砂纸装到双动作圆盘打磨机上，打磨待涂表面，不能用打磨机的地方，要用 P600 砂纸以手工打磨，使待涂表面失去光泽。打磨后，用除尘枪吹除待涂表面的灰尘，然后在原子灰涂层周围的旧涂层上涂抹除油剂，进行脱脂处理。

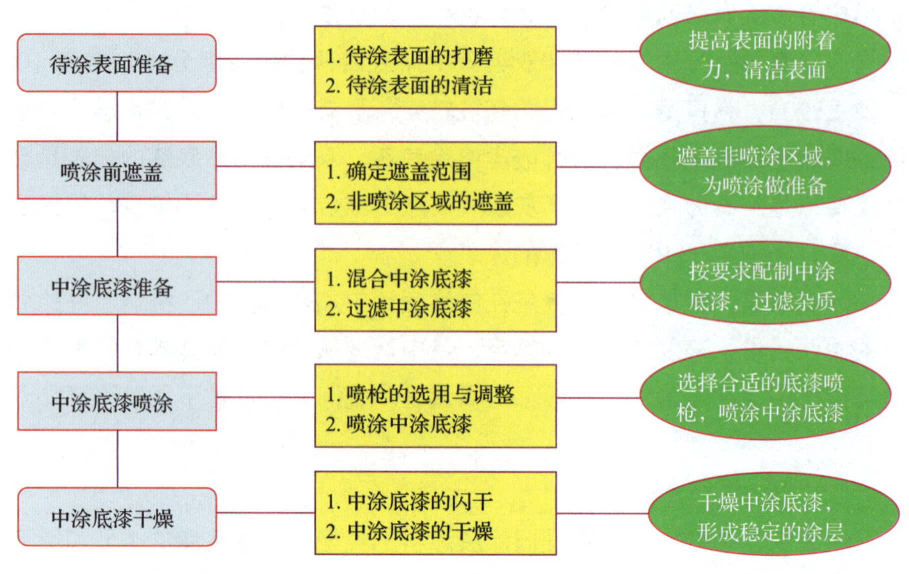

图 6—1—1　中涂底漆喷涂工艺

2. 喷涂前遮盖

为了防止中涂底漆喷涂到不需要涂装的表面，在喷涂前必须进行喷涂前遮盖。遮盖以打磨的边缘为边界，只暴露经打磨处理过的待涂表面，其余部分全部遮盖。遮盖要用反向遮盖的方法粘贴遮盖纸（见图 6—1—3），以避免产生喷涂台阶。

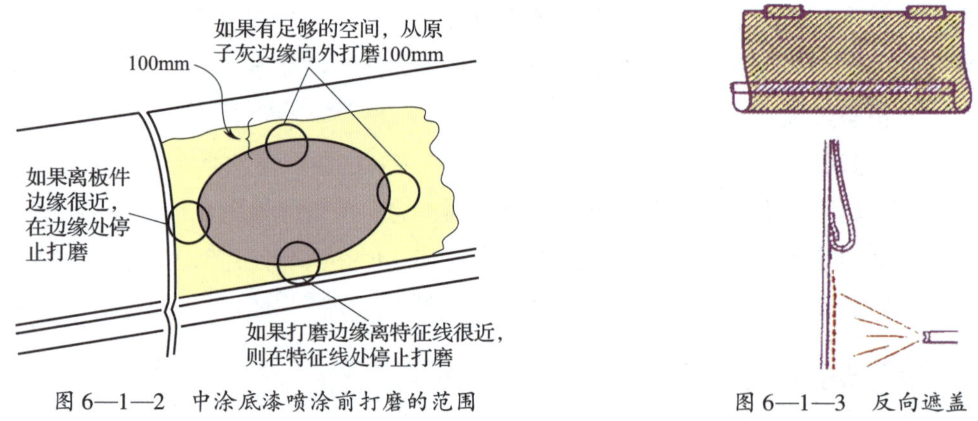

图 6—1—2　中涂底漆喷涂前打磨的范围

图 6—1—3　反向遮盖

3. 中涂底漆准备

选用合适的中涂底漆，确定中涂底漆的用量，按照产品说明书规定的混合比例进行混合，如图 6—1—4 所示。混合前要充分搅拌，混合后要检查涂料的黏度。一般情况下，硝基类中涂底漆的混合黏度为 16 ~ 20 s，丙烯酸类中涂底漆为 13 ~ 15 s，聚氨酯类中涂底漆为 15 ~ 18 s。中涂底漆混合好后，要对涂料进行过滤。

4. 中涂底漆喷涂

选用口径为 1.3 mm 的重力式喷枪或 1.5 ~ 1.8 mm 的吸力式喷枪，根据喷涂面积和喷涂要求调整好喷涂气压、喷幅和出漆量，在原子灰表面喷涂中涂底漆。喷涂时，先在修补涂膜边缘交界部位进行薄薄的喷涂，使旧涂膜与原子灰的交界面溶接。待其稍干后，对整个原子灰表面薄薄地喷涂一层，喷涂后应形成平整、光滑的表面。取适当的时间间隔，分几次薄薄地喷涂，一般要喷涂 3～4 次，中涂底漆的喷涂方法如图 6—1—5 所示。聚氨酯中涂底漆形成的涂膜较厚，喷涂两次就能达到要求。

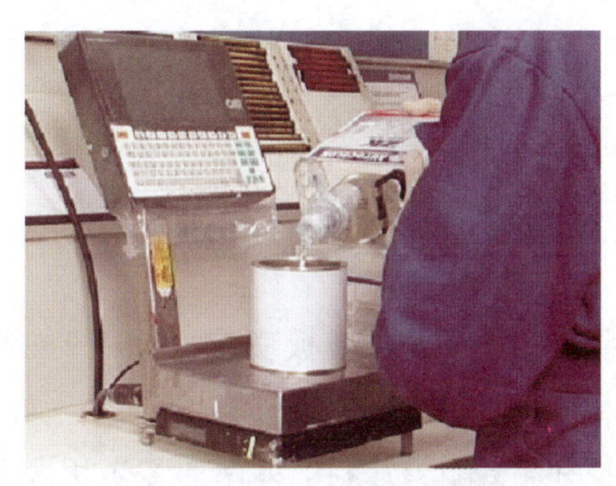

图 6—1—4　中涂底漆的混合

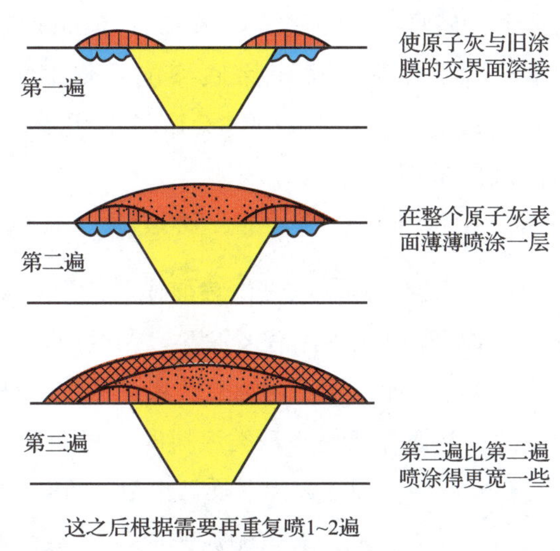

图 6—1—5　中涂底漆的喷涂

中涂底漆喷涂的面积应比修补原子灰的面积大，而且要达到一定的程度。喷涂第二遍要比第一遍大，第三遍要比第二遍大，逐渐加大喷涂面积，如图 6—1—6 所示。中涂底漆的一般要喷涂 2～4 层，但如果原子灰表面有轻微的凹陷，则要喷涂足够分量的中涂底漆，以便盖住凹陷，但不能有流挂。

如果喷涂表面有几处原子灰修补块，而且相邻较近，可先在每个修补块上分别预喷两遍，然后再整体喷涂 2～3 遍，连成一大块，如图 6—1—7 所示。这样处理可以取得良好的效果。这种情况也不宜一次喷得过厚，而应取适当的时间间隔，分几次喷涂。

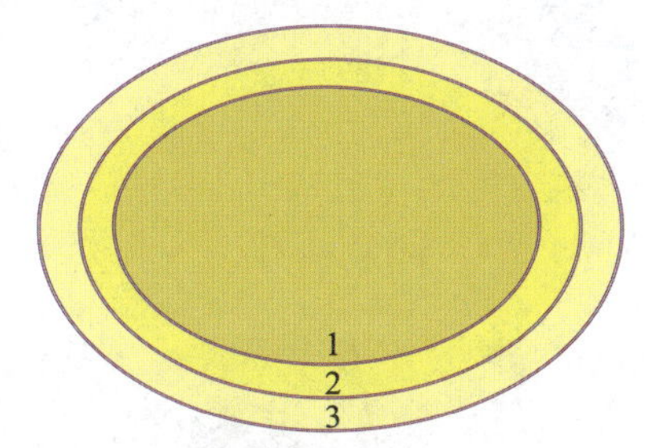

图 6—1—6　每次喷涂中涂底漆的范围

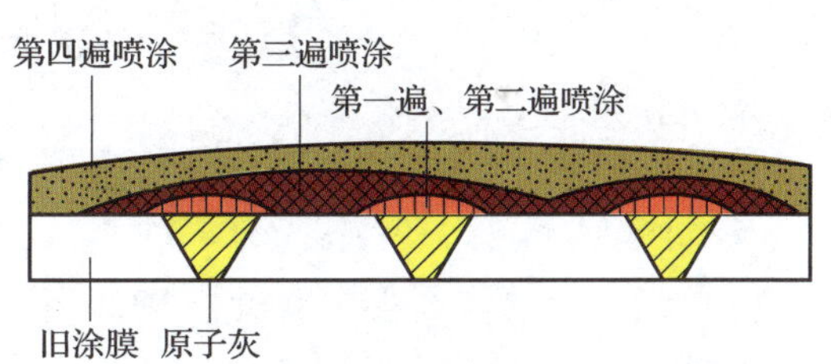

图 6—1—7　多块涂面相邻时的喷涂方法

5. 中涂底漆干燥

中涂底漆喷涂后一定要充分干燥才能进行打磨，如果干燥不充分，不仅打磨时涂料会填满砂纸，使作业难以进行，而且涂面漆之后，往往会出现涂膜缺陷。中涂底漆可以自然干燥

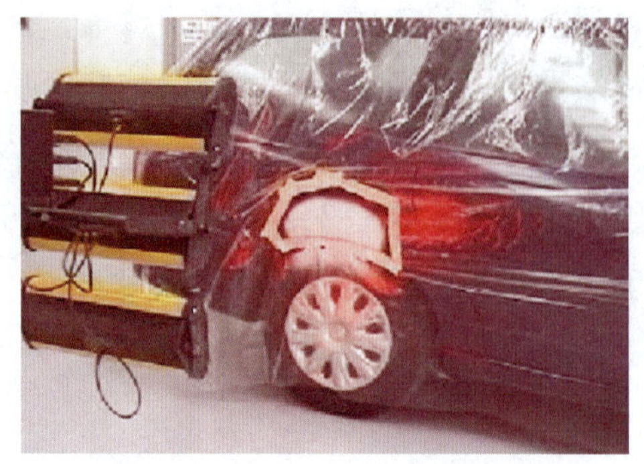
图 6—1—8　中涂底漆的强制干燥

也可以强制干燥，强制干燥一般采用红外线烤灯（见图 6—1—8）或热风加热器进行。强制干燥时，先将喷涂好的涂膜静置闪干几分钟，然后逐渐将涂膜加热到 60℃左右。如果旧涂膜有起皱现象，加热到 50℃左右为宜。在 60℃的条件下，硝基类中涂底漆烘烤 10 ~ 15 min 就能完全干燥，聚氨酯类中涂底漆的干燥时间为 20 ~ 30 min，合成树脂类中涂底漆的干燥时间也在 20 min 以上。

6. 中涂底漆施涂的注意事项

（1）当旧涂膜是改性丙烯酸硝基漆等易溶性涂料时，对黏度和喷涂时间间隔应十分注意。若采用硝基类中涂底漆涂料，黏度应取 18 ~ 20 s，要反复且薄薄地喷涂，以免喷涂后表面显得粗糙；如果采用丙烯酸类中涂底漆，黏度可取 14 ~ 15 s。

（2）当旧涂膜是硝基类涂料时，喷涂聚氨酯中涂底漆往往需要整板喷涂。如果只在原子灰部分喷涂，则在喷涂了面漆之后，在中涂底漆与硝基旧涂膜的交界处往往会起皱。

（3）当面漆采用聚氨酯涂料时，中涂底漆也应采用聚氨酯类涂料。如果面漆采用聚氨酯而中涂底漆采用硝基类涂料时，会引起面漆起泡和开裂。聚氨酯类中涂底漆一般用于整车、车顶、行李箱等大面积的涂装以及旧涂膜为硝基漆的涂装。

（4）中涂底漆一次不能喷涂得太厚，而是分几次薄薄地喷涂。如果一次喷涂得过厚，会使溶剂在涂膜内难以挥发，原子灰边缘的旧涂膜会被浸润膨胀，在涂面漆之后就会起皱。

（5）当气温低和湿度大的时候，应将待涂表面加热到 40℃以除去湿气。喷涂的中涂底漆黏度取 18 ~ 20 s 为宜。加热干燥中涂底漆时，不能突然提高温度，而要逐渐加热。

技能训练

操作　中涂底漆的喷涂与干燥

1. 中涂底漆喷涂前的打磨

方法：

（1）选用双动作圆盘打磨机和 P320 干磨砂纸，安装和调试好打磨机。

（2）以超出原子灰涂层边缘 100 mm 的范围，整体打磨原子灰涂层和旧涂膜表面，以提高表面的附着力。

提示：

打磨范围不可超过板件的特征线；打磨位于两块板交

界的缝隙处时，打磨范围要限定在待涂板件的边缘。

2. 待涂表面的清洁

方法：

(1) 用除尘枪吹除板件表面和原子灰涂面砂孔里的灰尘。

(2) 用脱脂除油剂在原子灰涂层边缘的旧涂膜上除油，以保证待涂表面的清洁。

提示：

(1) 若前面施工使用了水磨，则待涂表面还需要进行除水操作。

(2) 原子灰表面不能涂抹除油剂。

3. 喷涂前的遮盖

方法：

(1) 选定喷涂前打磨的边缘作为遮盖的边界。

(2) 用反向遮盖方法进行喷涂前的遮盖操作。

提示：

中涂底漆局部喷涂的气压比较小，局部喷涂中涂底漆只需要遮盖喷涂区域周围的一圈，不需要进行大面积遮盖。

4. 中涂底漆的混合与过滤

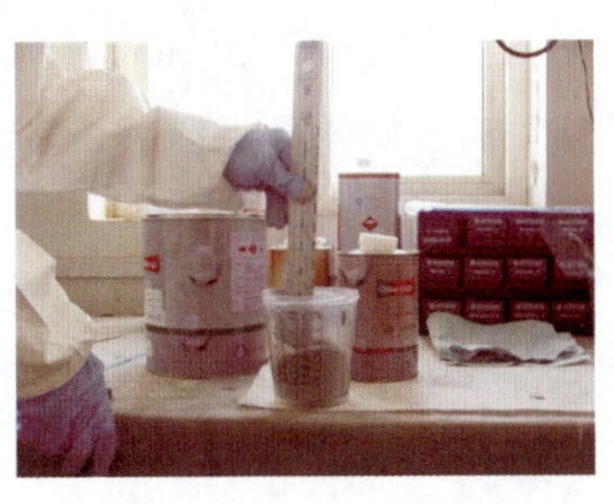

方法：

(1) 根据中涂底漆产品说明书，确定中涂底漆的混合比例。

(2) 充分搅拌桶内的中涂底漆，根据所需的量，将搅拌好的中涂底漆倒入调漆杯中，然后按照混合比例，依次倒入相应组分，搅拌均匀。

(3) 检查混合涂料的黏度。

(4) 过滤混合涂料。

提示：

中涂底漆含有大量的体质颜料，过滤一般选用 80 目的涂料过滤网。

5. 喷枪的选用与调试

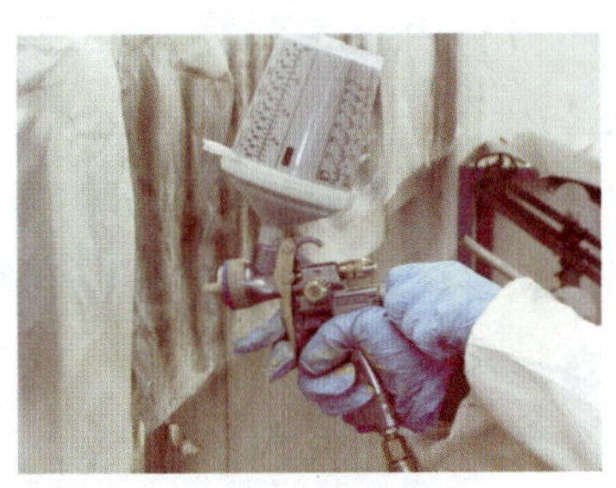

方法：

(1) 选用口径为 1.3 mm 的重力式底漆喷枪。

(2) 按照喷涂气压 245 kPa、喷幅开度为 3/4，出漆量稍大的要求调整空气喷枪。

提示：

不同的喷涂面积和不同的中涂底漆，喷枪的调整参数不完全一致。一般来说，小面积和涂料黏度较小时的喷涂，喷枪的喷涂气压都比较小。

6. 第一遍中涂底漆的喷涂

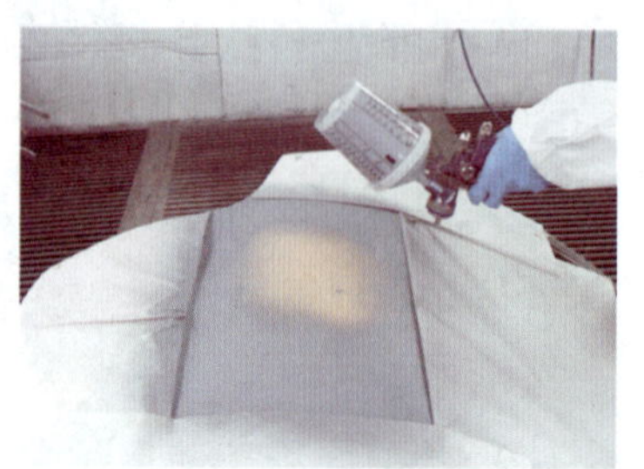

方法：

在原子灰涂层与旧涂膜的交接部位进行薄薄的喷涂，使旧涂膜与原子灰的交界面溶接在一起。

提示：

第一遍中涂底漆喷涂的目的是消除原子灰涂层与旧涂膜之间的连接痕迹。

7. 第二遍中涂底漆的喷涂

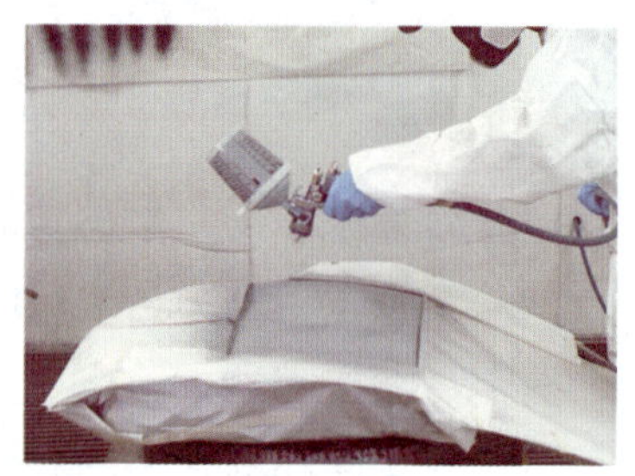

方法：

待第一遍喷涂的中涂底漆稍干后，对整个原子灰表面薄薄地喷涂一层，以形成平整、光滑的涂层表面。

提示：

第二遍喷涂的主要目的是填平原子灰涂层表面的砂纸磨痕和细小针眼。

8. 第三遍、第四遍中涂底漆的喷涂

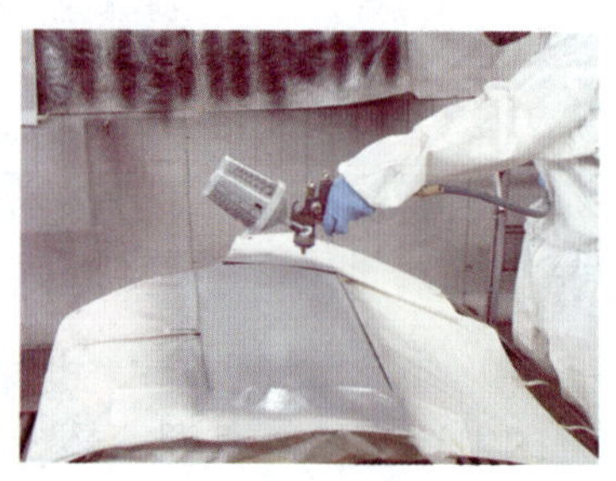

方法：

（1）等待 3 ~ 5 min，待第二遍喷涂表面的光泽下降 30% 后，开始第三遍喷涂，喷涂的面积稍大于第二遍喷涂的面积。

（2）第四遍喷涂，喷涂面积比第三遍喷涂大，形成平整、光滑的中涂底漆层。

提示：

第三遍和第四遍中涂底漆喷涂后，整个表面应看不到磨痕、砂眼和小凹坑等缺陷。

9. 中涂底漆的干燥

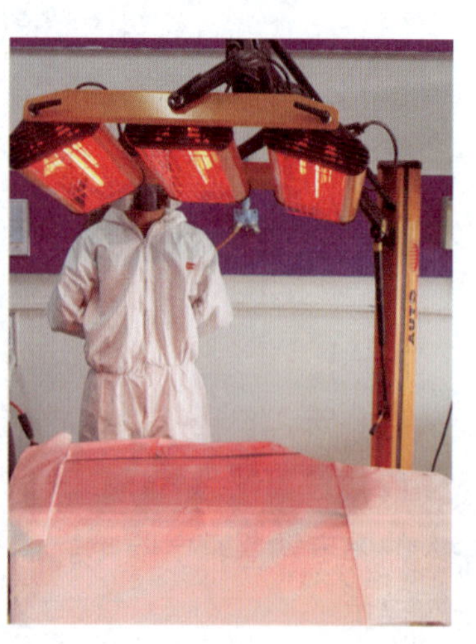

方法：

（1）中涂底漆喷涂结束后，静置 10 ~ 15 min，使中涂底漆闪干。

（2）使用红外线烤灯，调节好烘烤距离，设置好烘烤模式和烘烤时间，对车身板件的中涂底漆进行烘烤。

提示：

强制干燥不能骤然升温，否则会给涂膜造成缺陷。

10. 施工后的整理

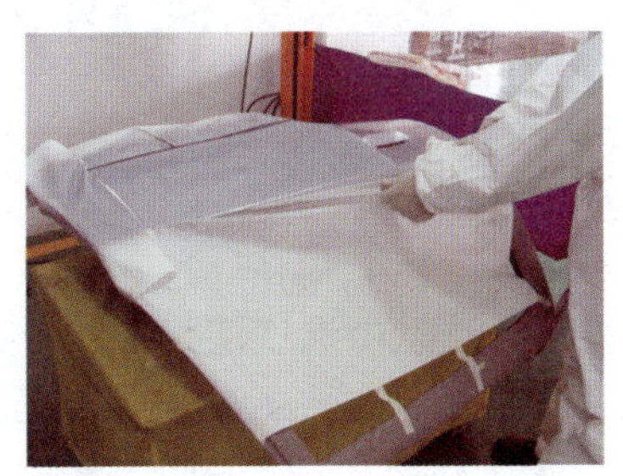

方法：

（1）烘烤结束后，除去遮盖胶带和遮盖纸。

（2）整理施工现场，清洗中涂底漆混合、喷涂的工具，清洁场地，设备归位。

提示：

遮盖胶带、遮盖纸以及喷涂剩余的涂料等都不能随意丢弃，要按照“6S”的作业要求进行分类整理。

训练评价

训 练 评 价

考核要求

1. 在规定的时间内完成中涂底漆的喷涂操作，使之符合技术标准。
2. 在操作过程中出现的违规操作，应及时指正。
3. 符合安全文明生产的要求。

考核标准

考评标准表——中涂底漆的喷涂

考核时间	考核项目	分值	评分标准与指导	评价结果
50 min	正确使用工具	10	工具使用不当酌情扣分，并指正	
	中涂底漆喷涂前的打磨	10	按要求酌情扣分，并指正	
	待涂表面的清洁	5	按要求酌情扣分，并指正	
	中涂底漆的混合与过滤	15	按要求酌情扣分，并指正	
	喷枪的选用与调试	10	按要求酌情扣分，并指正	
	中涂底漆的喷涂	30	按要求酌情扣分，并指正	
	中涂底漆的干燥	10	按要求酌情扣分，并指正	
	整理工具、清理现场	10	每项扣2分，扣完为止	
	遵守相关安全操作规范 在规定的时间内完成		因违规操作发生人身和设备事故，终止考核，成绩按0分计；超时每分钟扣2分，超时5 min终止考核	
	分数合计	100		

实训报告

1. 中涂底漆喷涂前的准备包括哪些内容，有哪些具体的要求？
2. 中涂底漆喷涂的操作步骤及注意事项有哪些？

课题2　中涂底漆涂层的修整

学习目标

1. 熟悉中涂底漆涂层修整工艺。
2. 掌握砂眼的查找、填涂与干燥的方法。
3. 掌握中涂底漆涂层打磨的方法。
4. 掌握面漆喷涂前打磨的方法。
5. 能熟练进行原子灰涂层的修整。
6. 能熟练进行面漆喷涂前打磨。

知识准备

一、中涂底漆涂层修整工艺

中涂底漆涂层修整是一项非常细致的工作，修整后其质量的好坏直接影响面涂层的外观质量。中涂底漆涂层的修整包括砂眼的填补、中涂底漆涂层的打磨、面漆喷涂前打磨等内容，其具体的涂装工艺如图6—2—1所示。

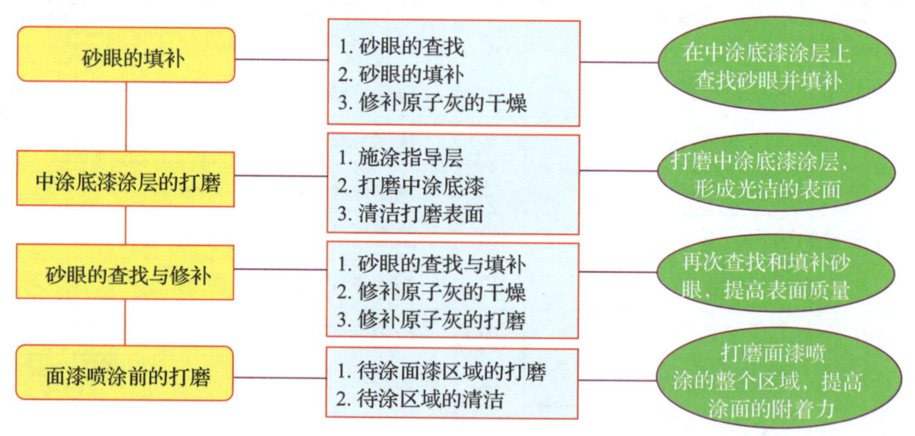

图6—2—1　中涂底漆涂层修整工艺

1. 砂眼的填补

中涂底漆涂层干燥后，应首先仔细查找涂装表面上有无砂眼、打磨痕迹及其他缺陷。发现这些缺陷后，采用修补原子灰进行刮涂修补，修补刮涂过的表面如图6—2—2所示。传统的修补原子灰是硝基幼滑原子灰，幼滑原子灰有干燥速度快、施工方便等优点，但容易使中涂底漆和面漆产生“咬底”，影响涂装质量。为了避免幼滑原子灰带来涂膜缺陷，现在大多4S店采用合金原子灰来填补中涂底漆涂层的缺陷。填补涂面缺陷采用橡胶刮板或塑料刮板，薄薄地刮涂（见图6—2—3），切忌一次刮涂过厚。若一次刮涂不够，间隔5 min左右再进行刮涂。刮涂修补原子灰时，要顺砂眼部位快速刮涂1～2个来回，不能来回刮涂的次数过多，否则会使修补原子灰表面粗糙，易产生原子灰疤痕；在每处的砂眼刮平填实后，应立即收净四周的残渣。缺陷填补完成后，可自然干燥也可用红外线烤灯强制干燥。用红外线烤灯干燥，在60℃的条件下，修补原子灰烘烤5～10 min就能完全干燥。

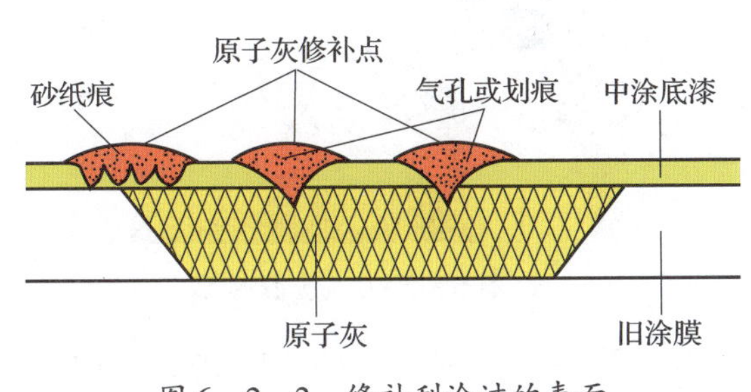

图6—2—2　修补刮涂过的表面

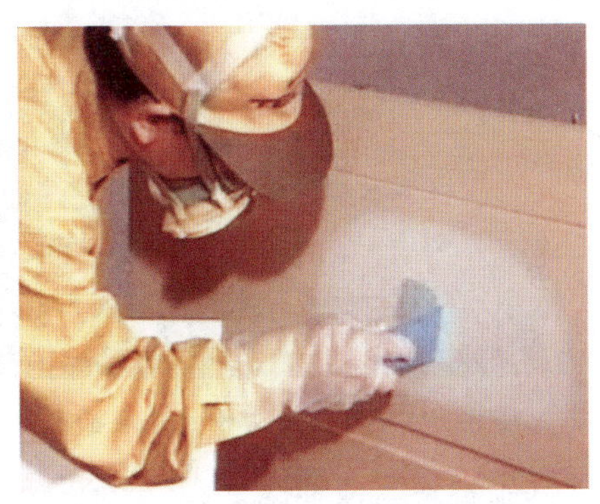

图6—2—3　修补原子灰的刮涂

2. 中涂底漆涂层的打磨

中涂底漆打磨前，在干燥了的中涂底漆和修补原子灰表面擦涂一层碳粉作为指导层（见图6—2—4），意在使打磨后的表面上能显现出砂眼、磨痕等缺陷。如果使用颜色对比度大的涂料用喷涂的方法做指导层，则需要在喷涂中涂底漆结束后，将涂料直接喷涂到中涂底漆上。

中涂底漆涂层的打磨一般以手工打磨为主，可以干磨（见图6—2—5）也可以湿磨。打磨时，先打磨板件的大平面，当大平面基本达到要求后，用砂纸或菜瓜布手工打磨板件的边缘和不易打磨到的部位。中涂底漆涂层打磨后，表面要非常光滑，表面不能有砂痕和小凹坑。

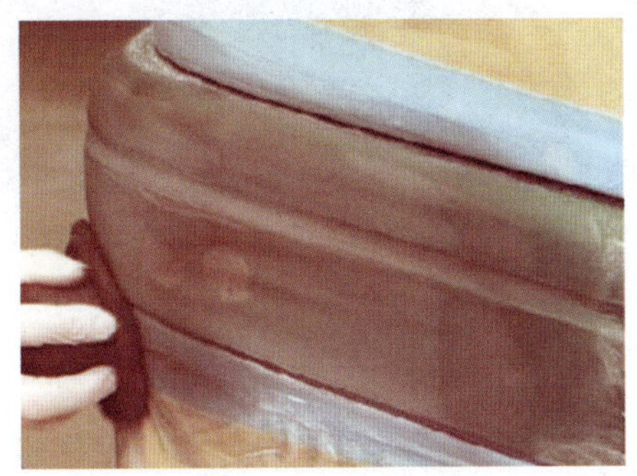

图6—2—4　擦涂碳粉指导层

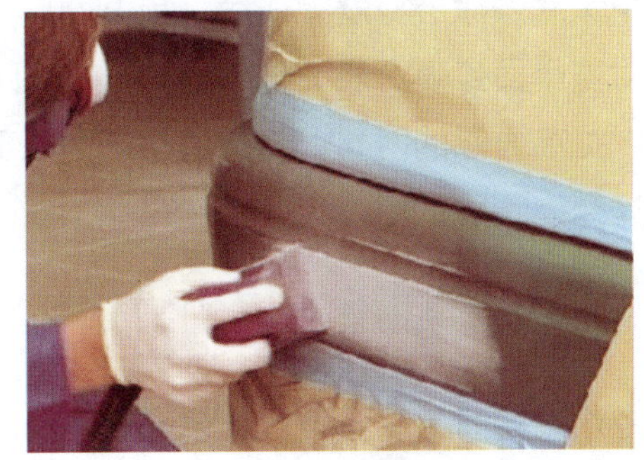

图6—2—5　手工干磨

打磨结束后，用除尘枪清除表面的灰尘（见图6—2—6），如果是湿打磨，则用除尘枪吹干涂膜表面和板件边缘、沟缝里的水分。

3. 砂眼的查找与填补

在打磨后的中涂底漆涂层表面，平整处的碳粉被磨去，只留下砂眼和小凹坑的碳粉没有被打磨到，碳粉存在的地方就是缺陷的位置。如果不施涂指导层，因表面光滑而有些细小砂眼不易看出（见图6—2—7），故应边刮砂眼边用手触摸检查物面，遇有挡手感的细小毛病时，要随即刮平刮净。

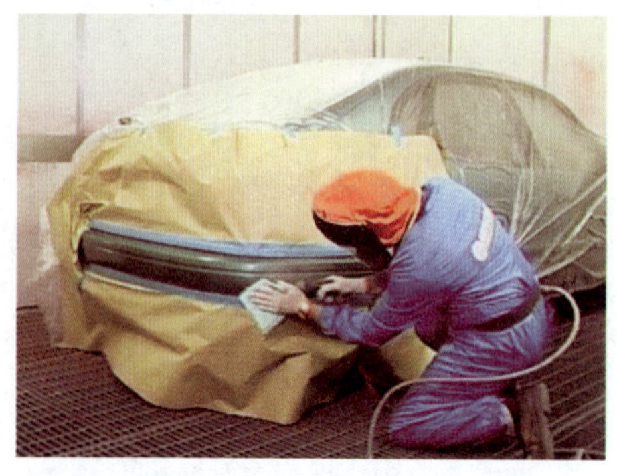

图6—2—6 用除尘枪吹除表面的灰尘

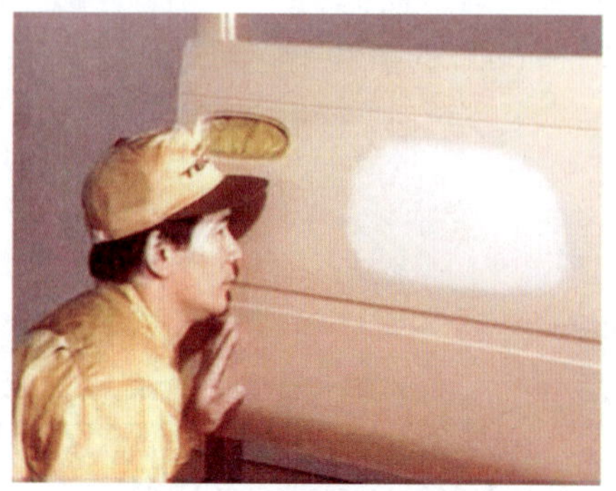

图6—2—7 查找砂眼

砂眼查找与填补结束后，及时干燥修补原子灰，等原子灰完全干燥，用P320～P500干磨砂纸或P800～P1000的水磨砂纸打磨，直至表面光洁没有缺陷。

对高档轿车中涂底漆的涂装通常喷涂两道，每喷涂一道就要找两次砂眼（即中涂底漆干燥后找一次砂眼，在全面水磨后再找一次砂眼），喷两道就需要找平四次砂眼，这样基底的平整度才能基本达到质量要求，然后再经过一道面漆两次砂眼的找平，就可完全达到要求的平整度，这样就可喷涂最后一道面漆了。

4. 面漆喷涂前打磨

面漆喷涂前打磨的目的是清除待涂表面的脏物，制造旧涂膜表面微小磨痕，提高待涂表面对面漆的附着力。

中涂底漆涂层打磨完成后，用P800～P1000水磨砂纸对整个面漆喷涂表面进行打磨，如图6—2—8所示，以提高面漆的附着力，打磨必须进行到整个表面失去光泽为止。

图6—2—8 面漆喷涂前的打磨

二、中涂底漆涂层的打磨

中涂底漆喷涂后，虽然表面已经光滑平整，但仍不能满足喷涂面漆的要求，必须经过细致的打磨，特别是填补修补原子灰以后，表面更需要打磨。

1. 中涂底漆的打磨

中涂底漆的打磨按照打磨方式分为干磨和湿磨两种。

（1）干磨

干磨可以采用机械打磨也可以采用手工打磨。机械打磨经常采用偏心距为3 mm的双动作圆盘打磨机（见图6—2—9）或轨道式打磨机，轨道式打磨机比双动作圆盘式打磨机速度慢，操作比较简单。手工打磨有手刨打磨（见图6—2—10）、使用软磨头或橡胶垫块辅助打磨和纯手工打磨三种，手刨打磨和使用垫块辅助打磨经常用于大范围的平面，纯手工打磨效率比较低，适用于板件边缘和不易打磨到的部位。

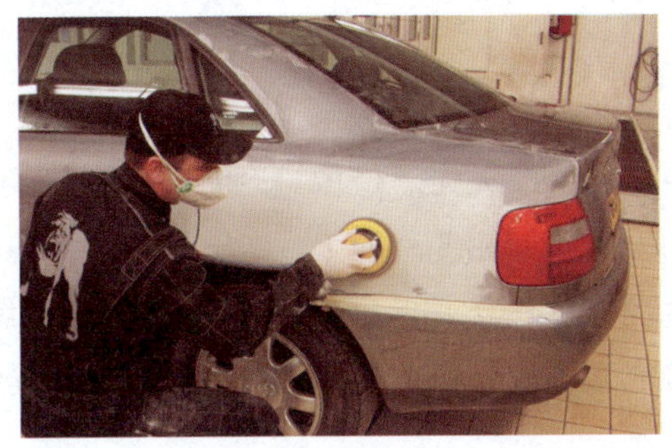

图6—2—9　用圆盘打磨机打磨中涂底漆

图6—2—10　用手刨打磨中涂底漆

中涂底漆的干磨一般使用P400～P500的干磨砂纸。当面漆为素色漆时，采用P400砂纸；当面漆为金属漆时，采用P500砂纸。打磨时不能用太大的力压在涂膜上，只能稍稍用力沿车身表面移动（打磨运行方向如图6—2—11所示），用力过大就会留下很深的砂纸磨痕。不能只打磨喷涂了中涂底漆的部位，旧涂膜与中涂底漆的交界处也要进行仔细的打磨。打磨结束后，应用除尘枪和粘尘布清洁表面。

（2）湿磨

湿磨一般采用P800～P1000水磨砂纸。当面漆是素色漆时，用P800水磨砂纸；面漆是金属漆时，用P1000水磨砂纸。打磨时使用柔软的打磨垫块，手工打磨时应避免手指接触被打磨表面，打磨要仔细，不能有遗漏。打磨结束后，对玻璃滑槽缝、门把手、玻璃四周等边缘部位，要用刷子蘸上研磨膏进行打磨，清除残余的污物，如图6—2—12所示。

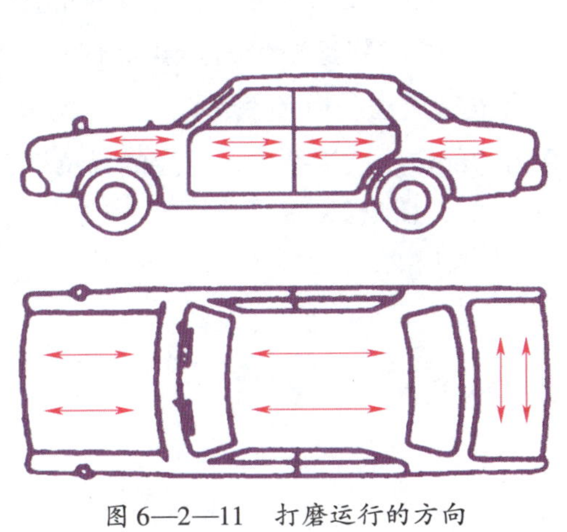

图6—2—11　打磨运行的方向

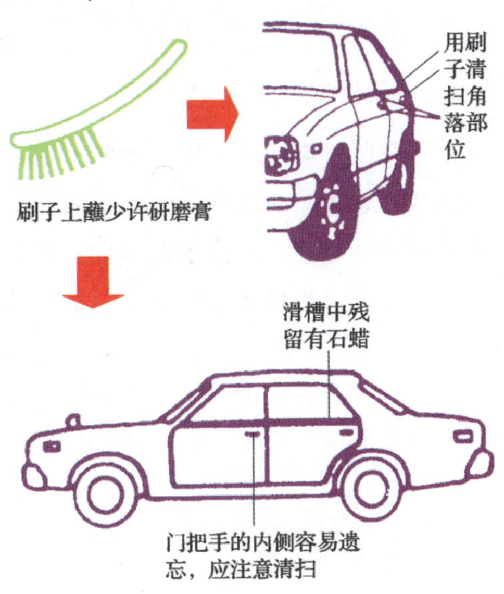

图6—2—12　清除边缘和沟缝中的污物

2. 修补原子灰刮涂部位的打磨

对于用速干原子灰修补的部位，中间涂层的表面打磨要特别注意。如图 6—2—13 所示，先以修补部位为中心，用 P600 ~ P800 水磨砂纸将凸出部分磨平，然后用 P800 ~ P1000 水磨砂纸将整个表面打磨平整。使用轨道式打磨机打磨时，先用 P320 砂纸将凸起部位打磨平，随后用 P400 ~ P500 砂纸整体打磨。

3. 面漆喷涂前打磨

面漆喷涂前打磨要打磨整个喷涂区域，打磨要求是表面失光。机械打磨时，先在打磨表面喷上清水，选用偏心距为 3 mm 的双动作圆盘打磨机配合海绵砂纸（相当于 P1000 水磨砂纸，如图 6—2—14 所示），在整个待涂表面打磨直至失光，然后用手工打磨修整板件边缘。手工打磨用拇指和小指夹住 P1000 水磨砂纸，以其他三指作为打磨垫，对整个待涂表面全面湿磨。

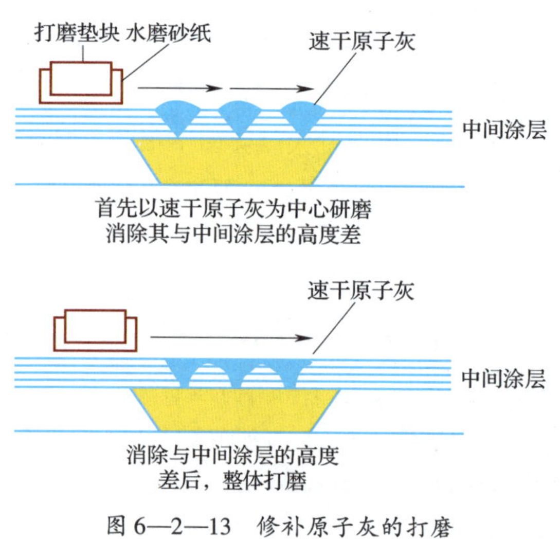

图 6—2—13 修补原子灰的打磨

图 6—2—14 海绵砂纸

4. 打磨表面的清洁与干燥

若采用湿打磨，则用清水冲洗打磨表面，用干净毛巾擦干表面的水分，然后用红外线烤灯和热风加热器将表面除湿干燥。若采用干打磨，应用吸尘器将打磨粉尘彻底清除干净；如果是局部修补涂装，周围的旧涂膜要用粗颗粒的研磨膏进行研磨，以彻底清除污物和油脂。表面清洁后，仔细检查涂膜表面，如果发现有未打磨到的部位，则需要将未打磨的部位打磨彻底。

技能训练

操作一 中涂底漆涂层的修整

1. 砂眼的查找

方法：

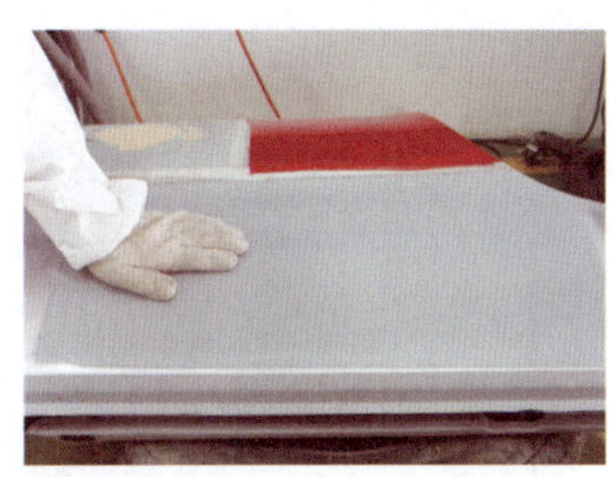

（1）戴上棉质手套，用手触摸中涂底漆涂层表面，确定磨痕、砂眼和小凹陷所处的部位。

（2）利用光的反射，查找涂层表面微小的砂眼。

提示：

微小的不容易发现，只能利用光的反射斜向观察。

2. 砂眼的填补

方法：

（1）取少量的合金原子灰基料，加入适量的固化剂拌和，配制好修补原子灰。

（2）选用软质橡胶刮板，适当用力在涂层缺陷处刮涂。

提示：

（1）如果修补原子灰的颜色与中涂底漆的颜色接近，可以加入颜色区分度大的面漆。

（2）修补原子灰的刮涂层一定要薄，一次刮涂达不到要求，可以分几次刮涂。

3. 修补原子灰的干燥

方法：

（1）调整好红外线烤灯的烘烤模式、烘烤距离和烘烤时间。

（2）用红外线烤灯干燥修补原子灰。

提示：

修补原子灰的干燥一定要彻底，一般情况下，红外线烤灯干燥 8 min 就能达到要求。

4. 施涂打磨指导层

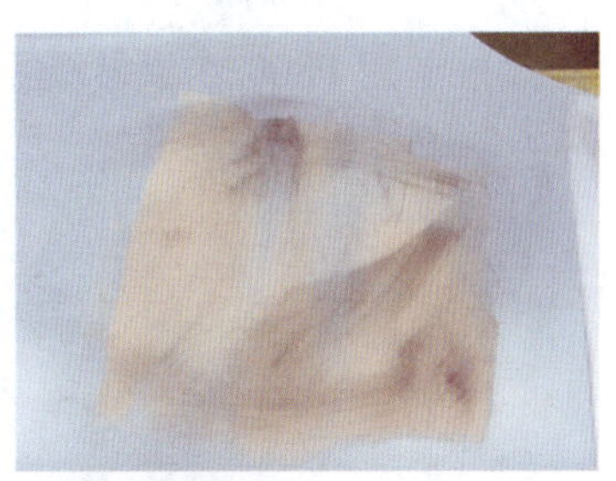

方法：

在干燥后的中涂底漆涂层上擦涂上一层碳粉，用作打磨指导层。

提示：

碳粉指导层要涂布均匀，擦涂碳粉不能过多。

5. 中涂底漆涂层的打磨

方法：

（1）选用 P400 的干磨砂纸和偏心距为 3 mm 的双动作圆盘打磨机，打开吸尘开关，调整打磨机转速。

（2）将打磨机压在中涂底漆涂层上，开动打磨机进行整个涂层大范围打磨。

（3）适当降低打磨机转速，修磨中涂底漆涂层与旧涂层的交界处。

提示：

不易打磨到的部位采用手工打磨；原子灰部位的中涂底漆涂层不能磨穿，否则要重喷中涂底漆。

6. 打磨后的清洁

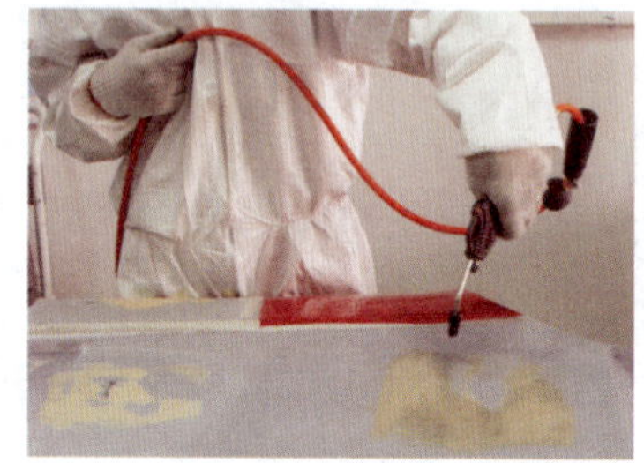

方法：

（1）用除尘枪吹除打磨表面的灰尘。

（2）用干净毛巾擦拭整个打磨表面。

提示：

不要将除尘枪直接对准打磨表面，否则会将缺陷处的碳粉吹走。

7. 砂眼的查找与填补

方法：

（1）在打磨面碳粉存留的位置刮涂修补原子灰，缺陷连成一片时，采用局部小片刮涂。

（2）碳粉位置刮涂完成后，利用触摸和光线反射再次仔细检查缺陷部位，发现缺陷立即刮涂，直至整个表面找不到缺陷为止。

提示：

刮涂修补原子灰要适度用力，使原子灰被挤压到缺陷的孔隙中，原子灰表面要求光滑。

8. 修补原子灰的干燥与打磨

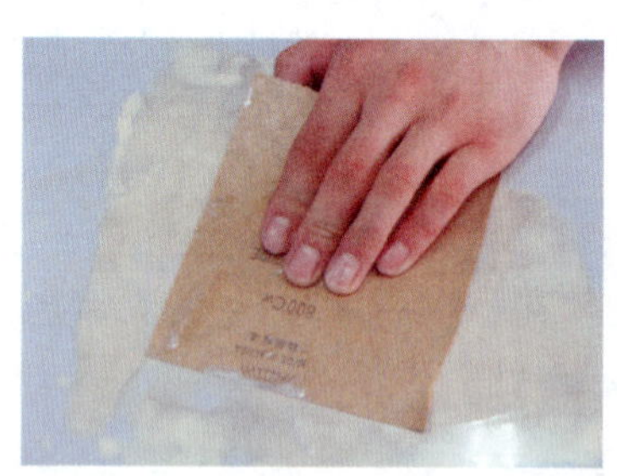

方法：

（1）彻底干燥修补原子灰。

（2）选用 P800 水磨砂纸手工湿打磨修补原子灰，直至修补表面平整光滑。

提示：

打磨修补原子灰时不要磨破中涂底漆涂层。

9. 打磨表面的清洁

方法：

（1）用干净的毛巾擦干打磨表面的水和污物。

（2）用除尘枪吹干板件平面、边缘和接缝处的水分。

提示：

板件边缘和沟缝的水难以清除，必须用除尘枪长时间吹干。

操作二　面漆喷涂前打磨

1. 待涂表面的打磨

方法：

（1）在整个待涂表面上洒上清水。

（2）选用 P1000 的海绵砂纸和偏心距为 3 mm 的双动作圆盘打磨机，对整个待涂表面进行整体打磨，至整个涂装表面失光。

提示：

打磨时，要关闭吸尘开关；不能用力压下打磨机，否则会产生较深的磨痕；板件边缘打磨一定要轻，否则会磨穿涂层。

2. 板件边缘的修磨

方法：

用海绵砂纸或菜瓜布手工修整板件的边缘或不容易打磨到的部位。

提示：

边缘打磨的打磨材料有海绵砂纸、灰色菜瓜布和水磨砂纸，其粗细度均相当于 P1000 的水磨砂纸。

3. 待涂表面的清洁

方法：

（1）用干净的毛巾擦干打磨表面的水分和脏物，用除尘枪吹干整个板件及周围的水分。

（2）用除油剂对整个表面进行除油脱脂操作。

提示：

板件表面一定要清洁，否则会影响面漆的涂装质量。

4. 打磨质量的检查

方法：

（1）用手触摸打磨表面，观察整个待涂表面失光是否均匀，有无漏光现象。

（2）发现待涂表面漏磨，应马上用海绵砂纸重新打磨，直至整个表面均匀一致。

提示：

重新修磨后，需要再次清洁、除油。

训练评价

训 练 评 价

考核要求

1. 在规定的时间内完成中涂底漆涂层的修整，使之符合技术标准。
2. 在操作过程中出现的违规操作，应及时指正。
3. 符合安全文明生产的要求。

考核标准

考评标准表——中涂底漆涂层的修整

考核时间	考核项目	分值	评分标准与指导	评价结果
20 min	正确使用工具	10	工具使用不当酌情扣分，并指正	
	砂眼的查找与填补	10	按要求酌情扣分，并指正	
	修补原子灰的干燥	5	按要求酌情扣分，并指正	
	中涂底漆涂层的打磨	20	按要求酌情扣分，并指正	
	打磨后的清洁	5	按要求酌情扣分，并指正	
	砂眼的第二次填涂与查找	5	按要求酌情扣分，并指正	
	修补原子灰的干燥与打磨	5	按要求酌情扣分，并指正	
	面漆喷涂前的打磨	20	按要求酌情扣分，并指正	
	打磨质量的检查	10	按要求酌情扣分，并指正	
	整理工具、清理现场	10	每项扣 2 分，扣完为止	
	遵守相关安全操作规范 在规定的时间内完成		因违规操作发生人身和设备事故，终止考核，成绩按 0 分计；超时每分钟扣 2 分，超时 5 min 终止考核	
	分数合计	100		

实训报告

1. 简述面漆喷涂前打磨的方法和要求。
2. 中涂底漆涂层修整的操作步骤及注意事项有哪些？

单元七　面涂层涂装

课题 1　面漆喷涂前准备

学习目标

1. 熟悉面漆喷涂前准备的具体内容。
2. 熟悉车身常用面漆的类型。
3. 掌握面漆选用的原则和用量估计的方法。
4. 掌握面漆调色的基本知识和调色步骤。
5. 能调配出与车身颜色基本一致的理想颜色。
6. 能熟练做好面漆喷涂前的各项准备工作。

知识准备

一、面漆喷涂前准备

面漆喷涂前准备按照作业的先后顺序有喷涂前遮盖、喷涂涂料准备、喷涂环境准备、待涂表面准备和喷涂工具准备等，面漆喷涂前准备的主要内容如图 7—1—1 所示。

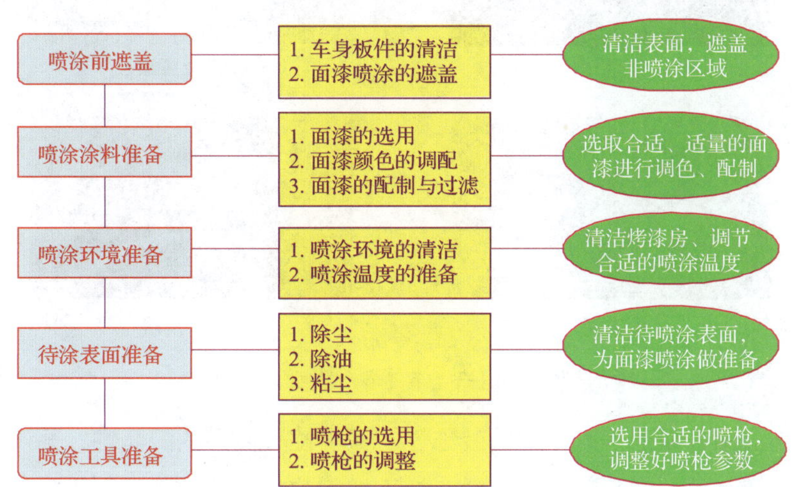

图 7—1—1　面漆喷涂前准备的主要内容

1. 喷涂前遮盖

车身上不需要喷漆的部位必须进行有效的遮盖。遮盖时，首先清除喷涂表面上的灰尘以及沟槽、边缝里的水分和脏物，在遮盖边界除油，以提高遮盖胶带的黏附能力，然后按照面漆喷涂前遮盖的要求进行遮盖操作，最后检查遮盖质量，以确保遮盖严实，没有遮盖不足或遮盖过度的情况。车身遮盖后的整体外观如图 7—1—2 所示。

2. 喷涂涂料准备

喷涂涂料准备具体包括面漆的选用与用量估计、面漆颜色的调配、混合涂料的配制与过滤等内容。

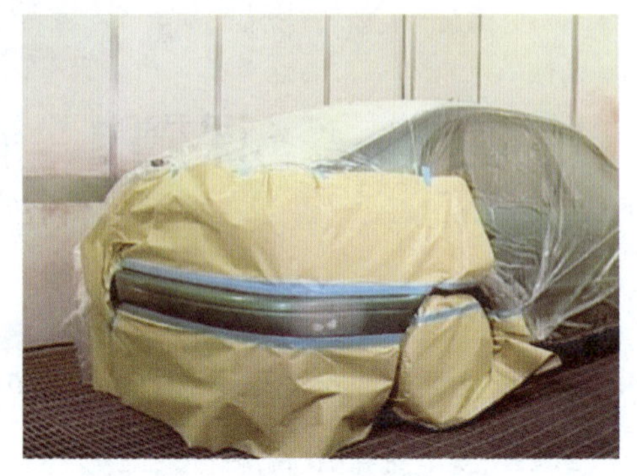

图 7—1—2 车身遮盖后的整体外观

（1）面漆的选用与用量估计

面漆按照其装饰性不同分为素色漆、普通金属漆、珍珠漆和罩光清漆，如图 7—1—3 所示。素色漆在涂装后具备良好的光泽度和鲜映性，在涂膜厚度达到 50 μm 后即可显现完全的色调，车身常用素色漆有硝基漆、醇酸树脂漆、过氯乙烯漆、氨基树脂漆、丙烯酸树脂漆和聚氨酯漆等；金属漆由主要成膜物质、颜料、金属颗粒、溶剂、分散剂等组成，通常为单组分挥发干燥型漆，多采用丙烯酸聚氨酯型树脂，车身常用的金属漆有普通金属漆和珍珠漆两种；罩光清漆不含颜料，通常喷涂在单组分底色漆的表面，用来保护底色漆，提高面漆涂层的光泽。

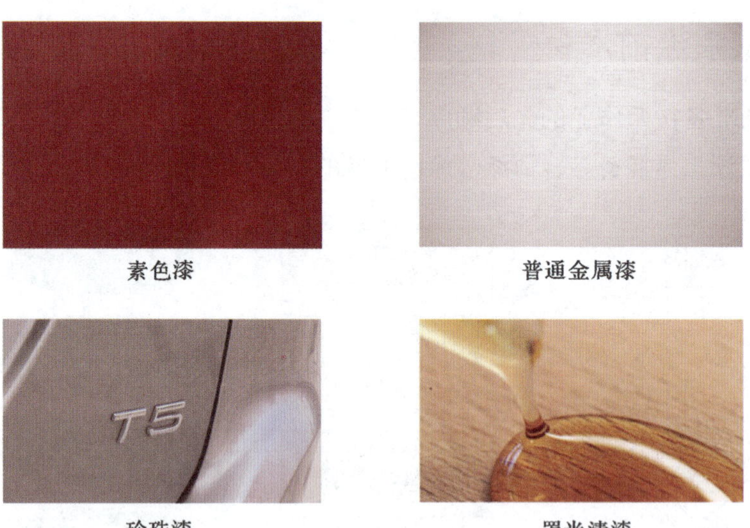

图 7—1—3 车身各种类型面漆

面漆的选用应保证面漆具有一定的装饰性、保护性和良好的配套性，面漆的类型尽可能与原涂层面漆保持一致，面漆的选用应适合施工场所的施工条件，有利于降低成本，有利于工人的身体健康和环境保护。面漆选用的步骤是：考虑汽车修补用面漆与原车面漆相匹配→考虑修补面漆的施工性能→考虑修补面漆的外观特性→考虑修补涂层的硬度和抗崩裂性→考虑修补涂层的耐化学药品性→考虑修补涂层的耐候性和抗老化性→考虑修补涂层的耐湿热和防腐蚀性。

涂装前，对所需的面漆要进行用量估计，面漆用量估计的方法有计算法、参考标准法。在实际的修补涂装中经常使用参考标准法，常见整板喷涂的面漆用量参考标准见表 7—1—1。涂装人员在确定涂料用量时只需要将修补的板件（或面积）与标准相对照，就可以得出涂料的用量。为了充分估计施工中不确定因素对涂料消耗量的影响，确定涂料消耗量还必须留有一定的余量，一般在估计的基础上再增加 10% ~20%。涂料的用量在实际生产中经常采用体积单位，涂料最小的用量为 0.1 L，太少会给调色带来麻烦。

表 7—1—1　　面漆整板喷涂用量的参考标准

面漆 / 部件	单工序素色漆	双工序素色漆		双工序普通金属漆		三工序珍珠漆		
		底色漆	清漆	底色漆	清漆	底色漆	珍珠漆	清漆
翼子板	0.3 L	0.2 L	0.2 L	0.3 L	0.3 L	0.2 L	0.2 L	0.3 L
车门	0.4 L	0.3 L	0.3 L	0.3 L	0.3 L	0.3 L	0.3 L	0.3 L
发动机盖	0.8 L	0.6 L	0.6 L	0.6 L	0.6 L	0.6 L	0.6 L	0.6 L
行李箱盖	0.6 L	0.4 L	0.4 L	0.5 L	0.5 L	0.3 L	0.3 L	0.5 L
车顶	0.5 L	0.4 L	0.4 L	0.4 L	0.4 L	0.4 L	0.4 L	0.4 L
保险杠	0.5 L	0.3 L	0.3 L	0.4 L	0.3 L	0.3 L	0.3 L	0.3 L

（2）面漆颜色的调配

面漆调色就是把几种不同颜色的基本色母按照一定的比例混合在一起（见图 7—1—4），以达到所期望的理想色彩。修补面漆调色的目的就是调配出与原车颜色基本一致的面漆，做到无痕修补。经验调色只能依靠大致估计，调配出来的颜色不够准确，现在 4S 店和汽车修理厂都采用计算机调色。

（3）混合涂料的配制与过滤

调好颜色的面漆黏度很高，不适合喷枪喷涂。涂料配制就是按照面漆的特性加入所需要的组分（如向双组分面漆中加入固化剂），并加入稀释剂稀释面漆到适合喷涂的黏度。面漆的配制要严格按照产品说明书规定的比例混合各组分，混合后要充分搅拌，检查涂料黏度是否符合要求。配制好的涂料在喷涂前要进行过滤，以除去堵塞喷枪或影响面漆质量的颗粒和杂质。涂料过滤使用涂料过滤网（见图 7—1—5），习惯上用筛目号来表示过滤网的规格，涂料过滤网一般有 80 目、100 目、150 目、180 目、200 目五种规格。

3. 喷涂环境准备

（1）喷涂环境清洁

喷涂环境清洁包括喷漆房的清洁和涂装人员工作服的清洁。喷漆房清洁的方法是用除尘枪吹除喷漆房内部灰尘和碎屑（见图 7—1—6），用水冲洗地板，除去空气中飘浮的灰尘；涂装人员工作服的清洁是用除尘枪自我吹拂（见图 7—1—7），以吹去工作服上的灰尘和碎屑。

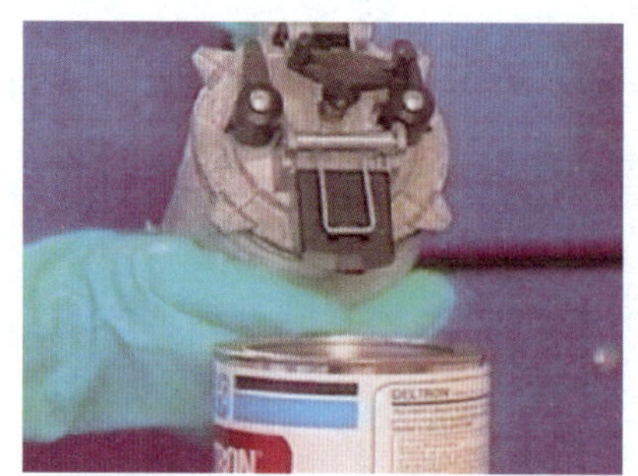

图 7—1—4 面漆调色

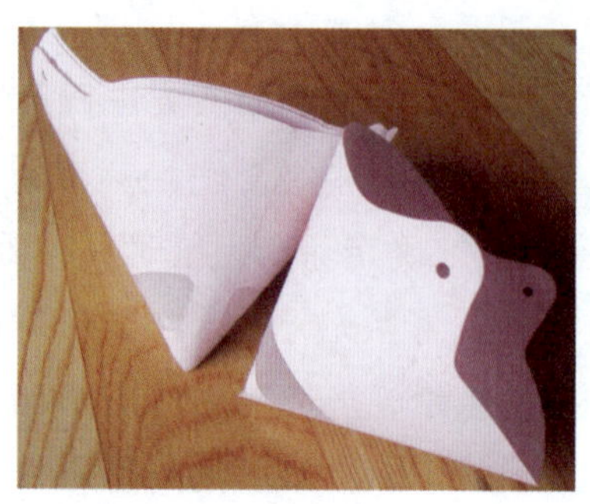

图 7—1—5 涂料过滤网

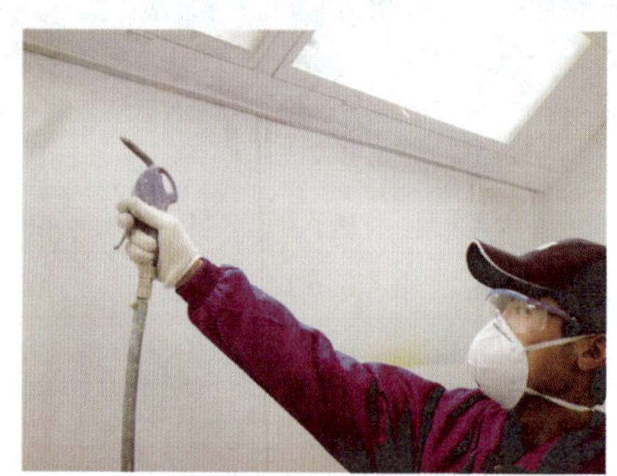

图 7—1—6 烤漆房的清洁

图 7—1—7 工作服的清洁

（2）喷涂温度准备

喷涂环境温度包括喷漆房的环境温度、车辆表面温度和喷涂涂料的温度等。喷漆房的环境温度一般以 20～25℃最为合适。在寒冷的冬季，由于开动循环风后进入喷漆房内的多为寒冷的空气，此时需要加热进入喷漆房的空气，提高喷漆房内的温度；夏季喷漆房内温度与外界基本相同，此时一般通过选用慢干稀释剂和适量的固化剂来调整涂料的干燥速度。寒冷天气车身表面需要喷涂的区域温度很低，直接喷涂会造成溶剂的挥发速度减慢，引起颜色协调和固化等方面的问题，所以在喷涂时应首先将车辆放置在喷漆房内加温烘烤一段时间，使喷涂表面达到合适的温度。同样，在冬季施工时，涂料的温度也非常重要，此时往往需要对调配好的涂料进行保温，或用热水加热的方法使涂料达到适合喷涂的温度。

4. 待涂表面准备

（1）待涂表面的除尘、除水

用除尘枪将压缩空气吹至需要重涂的表面及相邻区域，如图 7—1—8 所示，以确保这些区域完全没有灰尘、污物及水气。除尘时，所用的压缩空气的压力要略高于喷涂时所用的压力，喷漆房要处于运行状态，否则吹动的灰尘又会附着在待涂表面。如果除尘工作做得不彻底，残留的灰尘或污物就会在漆面上产生颗粒。

（2）待涂表面的脱脂处理

用浸有除油剂的抹布擦拭待涂表面，使其湿润；用另一块清洁、干燥的抹布将浮起的油迹在除油剂干燥前擦除，如图 7—1—9 所示。操作时，一只手拿蘸了除油剂的抹布，另一只手拿干净的抹布，先擦涂除油剂，然后用干抹布擦干，交替进行。

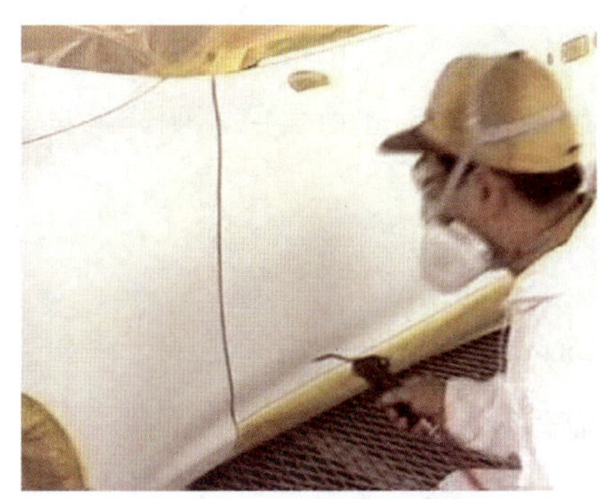

图 7—1—8　待涂表面的除尘

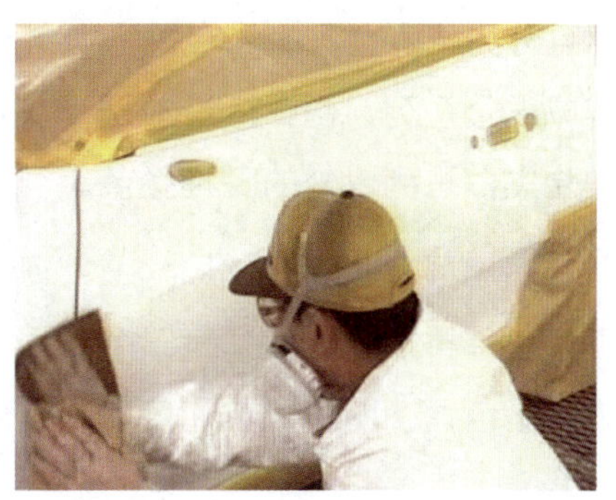

图 7—1—9　待涂表面的除油

（3）粉尘处理

在施涂面漆以前，用粘尘布轻轻擦拭待涂表面，如图 7—1—10 所示。在使用新粘尘布时，先将它完全摊开，然后再将它轻轻折起，以便粘尘布能更加适合物体的外形。注意不要让粘尘布上的黏附物留在车身的修补表面上，否则日后会使涂料起泡。

5. 喷涂工具准备

面漆喷涂的主要工具是空气喷枪，空气喷枪要根据喷涂面积和涂料黏度来选择。一般来说，大面积喷涂选用吸力式喷枪，小面积局部修补选用重力式喷枪；黏度大的面漆选用大口径喷枪，黏度小的则选用小口径喷枪。以黏度为 18 s 的面漆为例，重力式喷枪选用 1.3 ~ 1.5 mm 口径比较合适，吸力式喷枪一般选用 1.5 ~ 1.7 mm 口径比较合适。

面漆喷涂前，要对喷枪的气压、出漆量和喷幅等做仔细的调整，然后测试喷枪，以确定合适的喷涂距离、走枪速度和喷幅重叠程度等。喷涂测试时，要将喷枪扳机扣到底，按规定的喷涂距离，正常的走枪速度和 2/3 的喷幅重叠量喷涂一小条（见图 7—1—11），观察涂膜质量，如果符合要求就可进行正式喷涂，如果不符合要求则要及时进行调整。

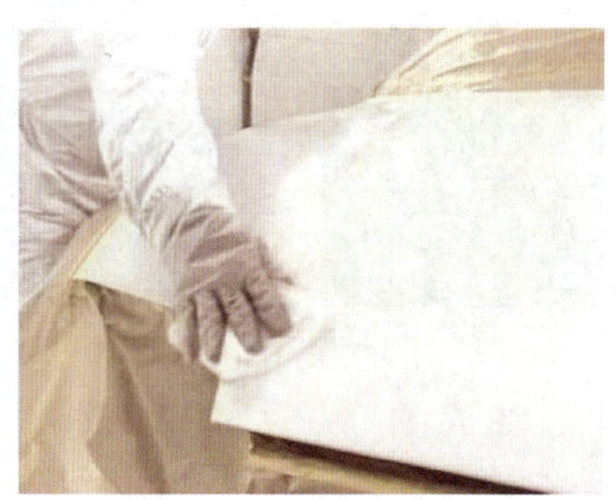

图 7—1—10　待涂表面的粘尘

图 7—1—11　喷枪的调试

二、面漆调色

1. 颜色的分类

颜色可分为无彩色和有彩色两大类。无彩色是指白色、黑色和各种深浅不同的灰色，它们可以排成一个系列，由白色渐渐到浅灰到中灰，再到深灰，直到黑色，叫作黑白系列。有彩色是指除黑白系列以外的各种颜色。

2. 颜色的三属性

尽管颜色种类很多，但都有三个共同点，颜色的这三个共同点叫颜色的三属性。颜色的三属性分别是色调、明度和饱和度，是描述颜色差异和说明颜色变化规律的基本指标。

（1）色调

色调又称为颜色的色相或色别，即色彩的相貌，是色彩最基本的特征，也是颜色彼此相互区分最明显的特征。太阳光光谱分解的七种单色光在视觉上就表现为不同的色调，如红、橙、黄、绿、青、蓝、紫，都表示一个特定波长的色光，给人的特定色彩感受。

在修补涂料的调色系统里，用来描述颜色色调差异的用语一般有红、黄、绿、蓝四个，有时还会用到紫、橙，如图 7—1—12 所示。

（2）明度

明度也称为亮度，是人眼所感受到色彩的明暗程度。各种色彩的明度取决于人眼所感受的辐射能的量，相同色彩物体表面的反射率越高，它的明度就越高。明度一般用黑白度来表示。越接近白色，明度越高；越接近黑色，明度越低。任何一种颜色，如果加入白色，可以提高混合颜色的明度；反之，混入黑色，可以降低混合颜色的明度。由于明度的差别，同一种色调具有不同色彩，如同一种绿色可以分为明绿、淡绿、暗绿和墨绿等，如图 7—1—13 所示。这种色彩明暗差异，使得画面有立体感。

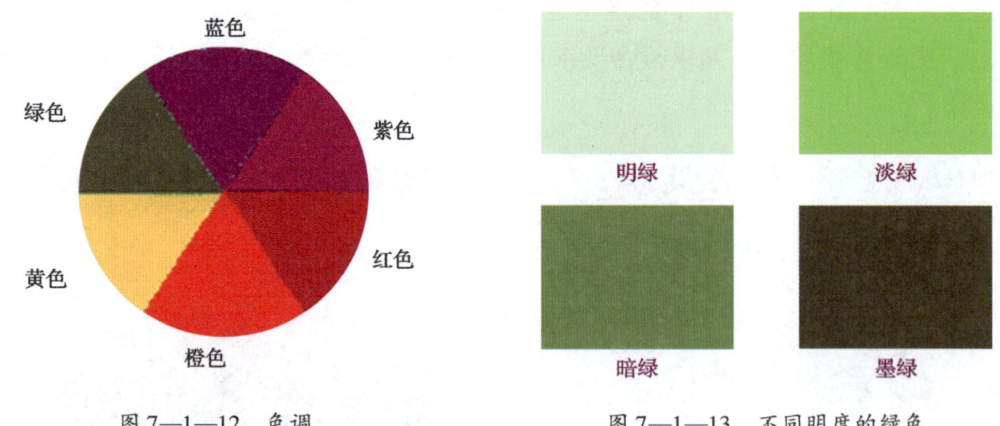

图 7—1—12　色调　　　　图 7—1—13　不同明度的绿色

（3）饱和度

饱和度又称纯度、鲜艳度和彩度，是指反射或透射光线接近光谱色的程度，或者表示为离开相同明度中性灰色的程度。物体颜色的饱和度取决于该物体表面反射光谱色光的选择性。色漆湿的时候颜料颗粒之间的空隙被溶剂填满，表面变得光滑，减少了漫反射的白光成分颜色的饱和度；色漆干后溶剂被蒸发，颜料颗粒被显露使表面变粗糙，色泽变灰暗，颜色就变深了。对合成的颜色来说，由于加入了其他品种的颜色，使得颜色的饱和度降低，也就是说合成色的饱和度都低于单色。加入的不同品种的颜色越多，各个颜色的饱和度越低，合成后的颜色越混浊。同一色调不同饱和度的颜色比较如图 7—1—14 所示。

3. 颜色的比较方法

视觉比色就是把试样的颜色和样本的颜色并排放在一起、用肉眼观察它们是否相同的方法，如图 7—1—15 所示。颜色比较时，视线与光线间应成 45°夹角，视线与光线其中有一项应与试样垂直。颜色的比较从色调、明度和饱和度三个属性入手。先将样板的色调与车身的颜色相比较，找出样板与车身颜色在色调上的差异；再比较明度，分辨样板颜色在明度上的差异；最后比较饱和度，确定哪个颜色比较纯净，饱和度高。

饱和度低

饱和度高

图 7—1—14　不同的饱和度比较

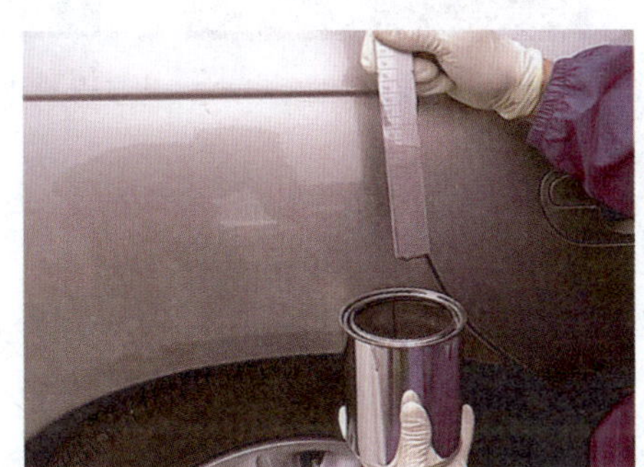

图 7—1—15　颜色的比较

4. 常用调色设备和工具

面漆调色时的主要设备和工具有调漆架、调色电脑、比色卡、调漆杯、电子秤、调漆尺、样板烘箱和比色箱等，如图 7—1—16 所示。

5. 调色原理

调色是指根据颜色的三个基本属性，将两种或两种以上的不同基本颜色按一定比例混合在一起，以产生所需要的理想颜色的过程。色彩的名目繁多，千变万化，但有三种颜色是最基本的，用它们可以调配出各种色彩，但用任何颜色却调配不出这三种颜色，这三种颜色称为三原色。通常把红、黄、蓝称为物体的三原色，也称为第一色。每两种原色可调出一种间色，如红色 + 黄色 = 橙色，蓝色 + 黄色 = 绿色，红色 + 蓝色 = 紫色，如图 7—1—17 所示。在调配时如果某种色漆的含量多，则混合涂料的颜色就带有含量多的原色。如黄色和蓝色混合，黄色相对多时混合色呈黄绿，相反，混合色就呈蓝绿。

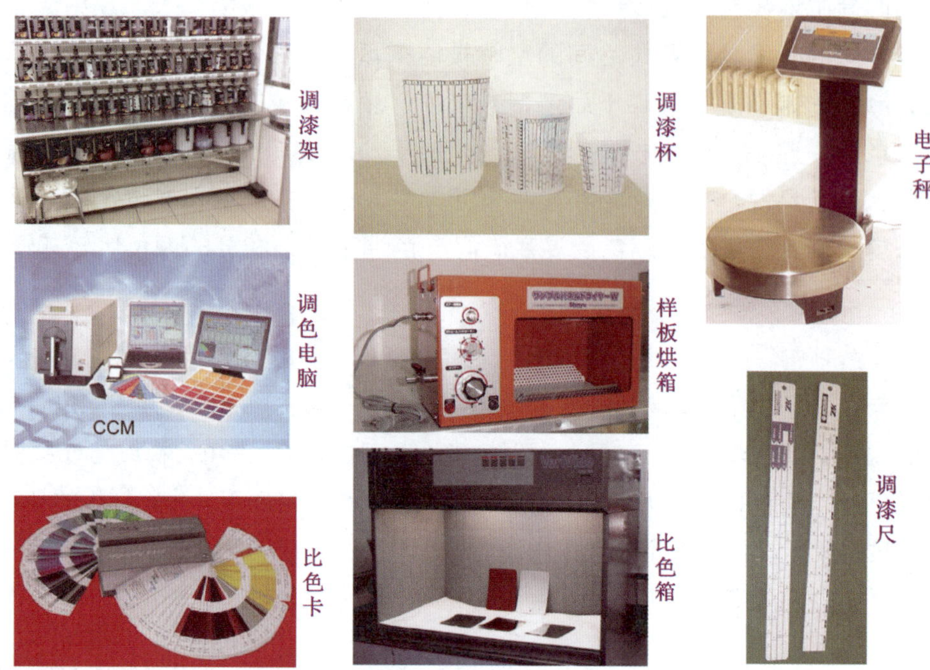

图 7—1—16　面漆调色常用的工具和设备

6. 面漆调色流程

（1）准确辨别原车涂层的颜色

辨别原车涂层颜色时，首先要对车身表面不起眼的部位进行清理、打磨，使之露出本来面目。辨别原车颜色的方法有经验法、色卡对比法、查找原车涂料颜色代码法等。

经验法是依据调色规律和长期积累的经验，识别出原车颜色是由哪种主色和哪几种副色配成的，配比关系大约是多少。此方法一般用于质量要求不高场合的涂装。色卡对比法是采用专用的比色卡组与原车颜色进行反复对比，找出与原车颜色最接近的色卡，如图 7—1—18 所示，然后找出对应色卡的颜色代码。查找原车涂料颜色代码法是根据汽车生产厂家的颜色代码获得原车的颜色，以减小修补色与原车颜色的差别，大部分轿车车身上都贴有一个印有颜色代码的标签（见图 7—1—19），不同车型颜色代码标签粘贴的位置不一定相同。

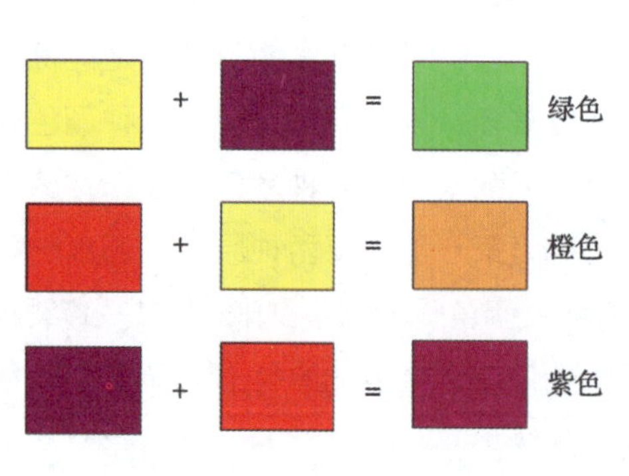

图 7—1—17　调色的基本原理

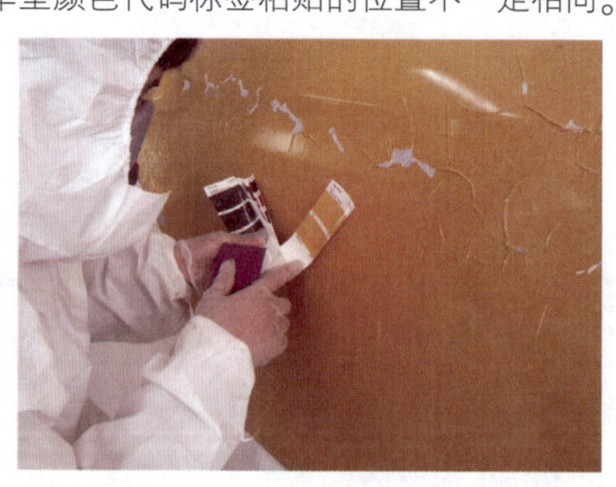

图 7—1—18　色卡比对

(2) 把握调色依据

大多数调色的主要依据是标准色卡或色板，通过色卡或色板可查到颜色的配方，调色比较准确。标准色卡是由汽车制造厂或涂料厂提供的，色卡的颜色配方比例是以相应的色母代码表示。

(3) 正确选择涂料

选择面漆前，首先要鉴别车身原涂层的类型，然后选用与原涂层一致或配套性好的涂料。采用普通色漆调色，则参与调色的各色漆必须在品种、类型、用途、性能等方面配套，互溶性好；采用色母调色，则必须使用与色卡配套的色母系列。稀释剂和添加剂也要与涂料配套。

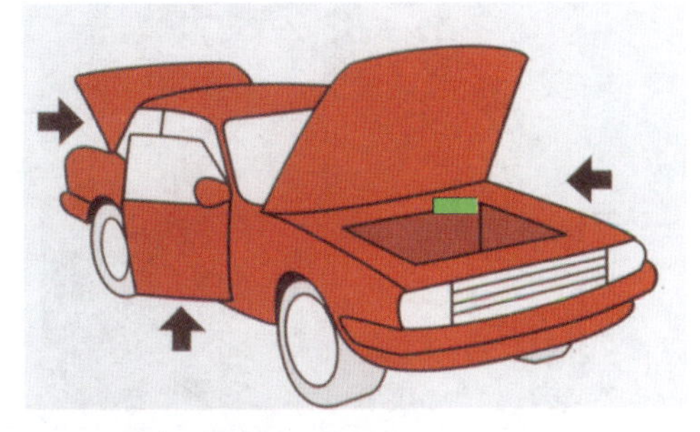

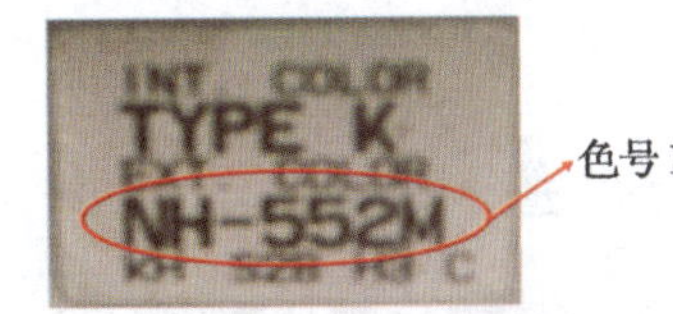

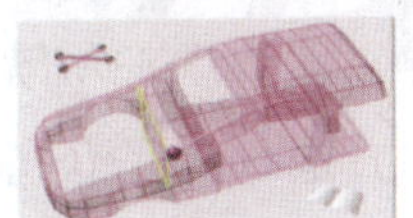

标牌在引擎盖内，左边 B 柱和后备箱内

图 7—1—19 颜色代码所处的位置

(4) 颜色调配

找到颜色配方，计算需要色母的数量，利用电子秤计量添加色母的质量，如图 7—1—20 所示。在添加完所有色母后，要用搅杆或比例尺充分混合涂料（见图 7—1—21），以形成均匀的颜色。如果涂料粘到容器的内壁，要用搅杆刮下涂料，以防产生色差。

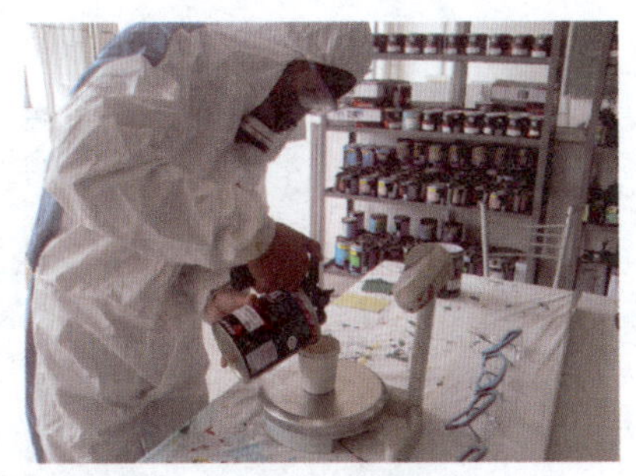

图 7—1—20 添加色母

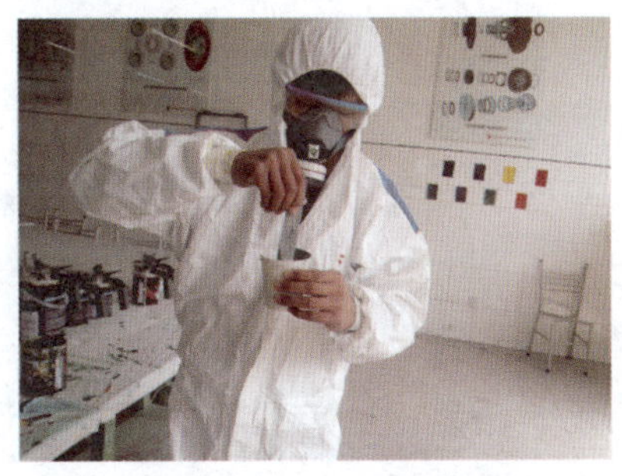

图 7—1—21 搅拌涂料

(5) 及时比对颜色

搅拌均匀后的涂料，从色相、明度、彩度三方面与待调配的标准色板进行对比，以找出颜色的差异。当调配的颜色接近标准色时，边调制边比对，直到与标准色最接近或相同。颜色比对的方法有比较法、点漆法、涂抹法和制作色漆样板法。

比较法是把调漆尺上涂料的颜色与车身颜色直接进行比对。此法操作简便，但准确度不高，如图 7—1—22 所示。点漆法是把试调的色漆滴在车身隐蔽的地方，待干燥后再进行比对。涂抹法是把试调色漆均匀涂抹在试板上，待干燥后再进行比对，如图 7—1—23 所示。制作色漆样板法是将试调色漆喷涂在试板上，待干燥后与原车颜色进行比对，样板比较法比较精确，在实际调色中经常用到。

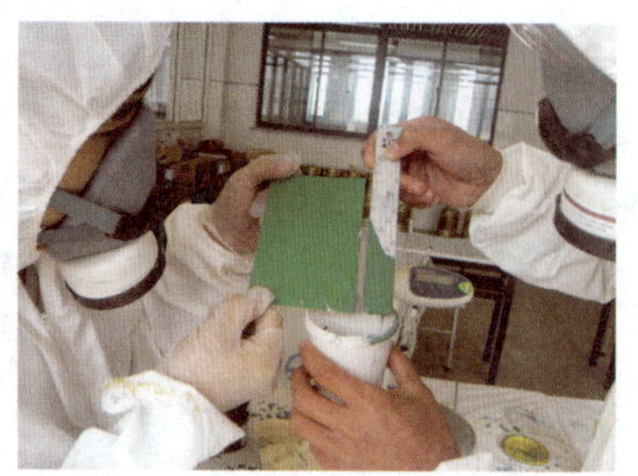
图 7—1—22 颜色比较法

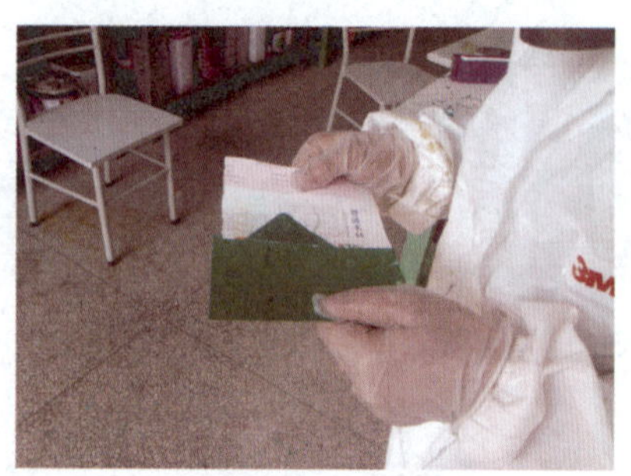
图 7—1—23 涂抹法

（6）添加色母进行微调

颜色微调的方法是从色调、明度和饱和度去分析所调颜色与车身颜色的差异，逐步添加所缺色母，使之与车身颜色接近或基本一致的方法。为了获得理想的颜色，要一点儿一点儿地添加选择的色母，然后进行试杆施涂和颜色比较，防止色母添加过量。比较和添加涂料不断循环（见图 7—1—24），直至获得理想的车身颜色。

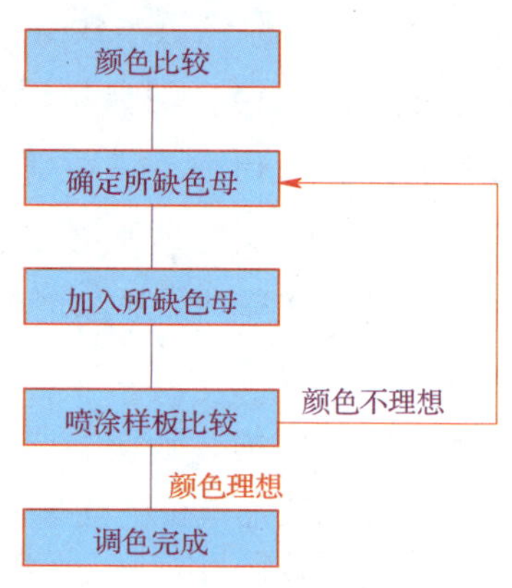

图 7—1—24 颜色微调流程

技能训练

操作一 面漆颜色的调配

1. 查找车身颜色代码

方法：

（1）在车身上找到贴有颜色编号的标签，找出颜色代码，并记录。

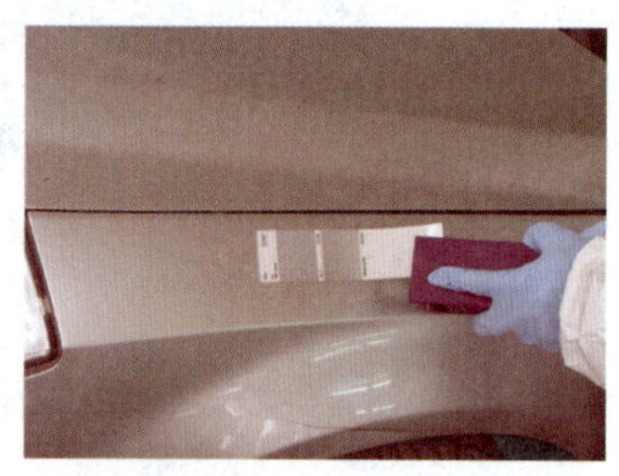

（2）如果车身上找不到贴有颜色编号的标签，则在车身面漆上找一块易于比色的地方，用除油剂和干净毛巾擦拭，使之露出面漆原来的颜色，然后将色卡组中的色卡与原漆膜的颜色进行比对，找出与原漆膜颜色最接近的色卡，在色卡上找出对应的颜色代码。

提示：

在车身上找颜色代码所调的颜色比较准确，在可能的情况下尽量选用。

2. 根据车身的颜色代码查找配方

方法：

（1）根据色卡上的颜色代码，在光盘、计算机或微缩胶片上找到相应的颜色配方。

（2）分析配方，确定配方采用的是累积量还是绝对量，如果是累积量则要转化为绝对量。

提示：

采用绝对量计量色母能够保证色母加入量的准确性。

3. 确定面漆的用量，计算各种色母的绝对量

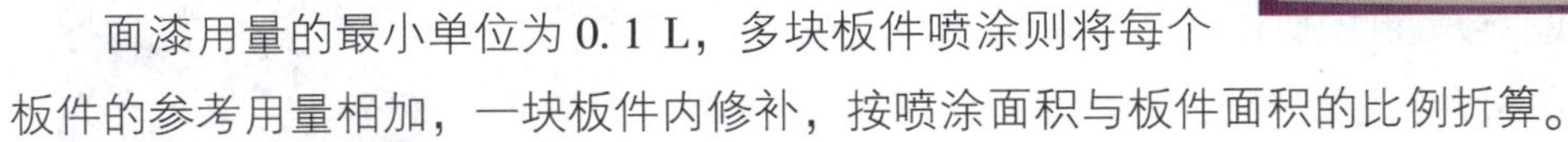

方法：

（1）根据修补板件的面积和数量，确定所需要面漆的用量。

（2）根据颜色配方，计算出每个色母所需要的绝对量。

提示：

面漆用量的最小单位为 0.1 L，多块板件喷涂则将每个板件的参考用量相加，一块板件内修补，按喷涂面积与板件面积的比例折算。

4. 面漆调色前准备

方法：

（1）根据配方在调漆架上选取相应的色母。

（2）用干净的擦布将调漆杯、调漆尺、电子秤等擦拭干净。

（3）打开电子秤，清零，校准电子秤。

（4）充分搅拌色母。

提示：

选取色母时，一定要核对色母的型号、颜色，清洁浆盖的涂料流出口。

5. 按照色母的绝对量依次加入色母

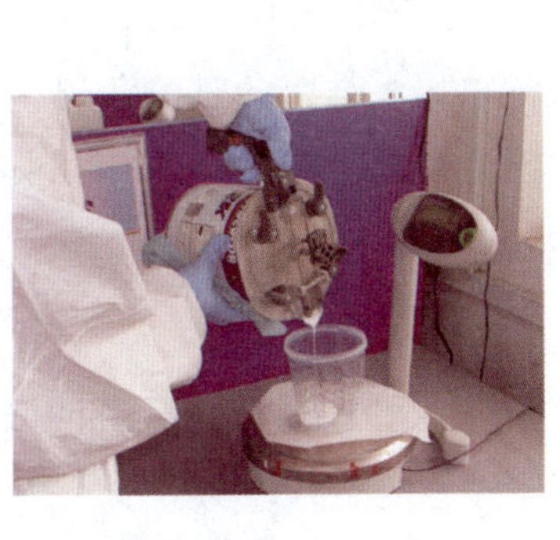

方法：

（1）将调漆杯放在电子秤上，清零。

（2）拿出主色母，将浆盖嘴对准调漆杯，缓慢压下浆盖控制手柄，使涂料倒入调漆杯。

（3）当色母的质量接近所需要的量时，松开手柄，然后采用滴入法一滴一滴地加入色母，直到电子秤上显示的数字与所计算的数据一致。

（4）按照色母的量从大到小依次加入各个色母，每个色母加完都必须清零。

提示：

色母添加时不要滴在调漆杯的杯壁上，否则会导致颜色不准确；添加色母时严禁过量。

6. 充分搅拌，混匀色母

方法：

充分搅拌混合面漆，使颜色混合均匀。

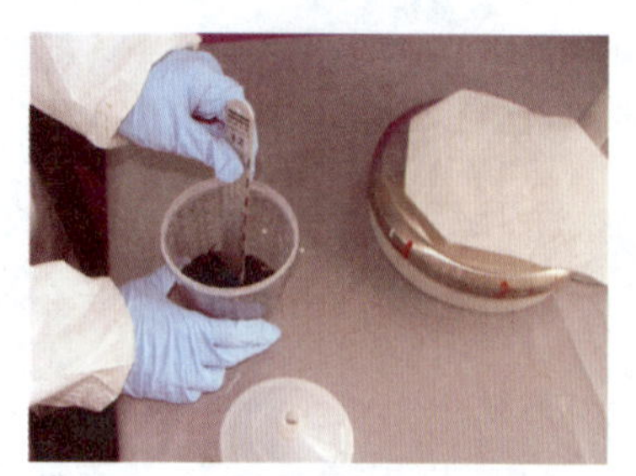

提示：

（1）搅拌色母的幅度不要过大，否则会混入大量的空气气泡，影响喷涂质量。

（2）如果杯壁上粘有配比量少的色母，一定要用调漆尺刮到涂料中，否则会使颜色失准。

（3）搅拌均匀的涂料应颜色均一、恒定、无杂色。

7. 喷涂样板

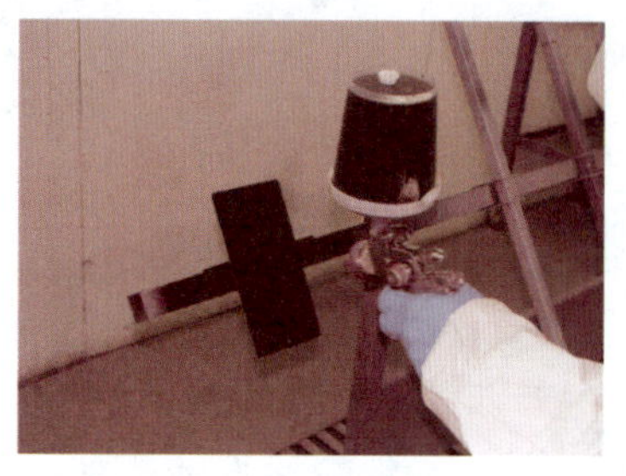

方法：

（1）取 20 g 混合均匀的涂料，按涂料配制的要求加入各组分，配制成适合喷涂的面漆。

（2）按照面漆喷涂的要求喷涂样板。

（3）将样板放入烘箱内烘干。

提示：

喷涂样板的喷涂手法和喷涂参数要与正式喷涂面漆基本一致。

8. 颜色比较

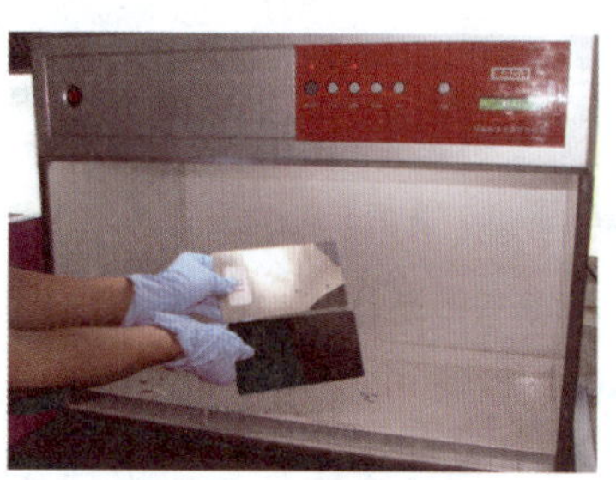

方法：

（1）将干燥后的样板与车身颜色相比较。

（2）从色调、明度、饱和度三个方面分析样板与车身颜色的差异。

提示：

如果不能分辨所缺的色母，可以取少量涂料，在少量涂料中加入难以分辨的色母，观察颜色的变化；如果颜色向接近的方向变化，则该涂料就缺少这种色母。

9. 加入所缺色母，进行微调

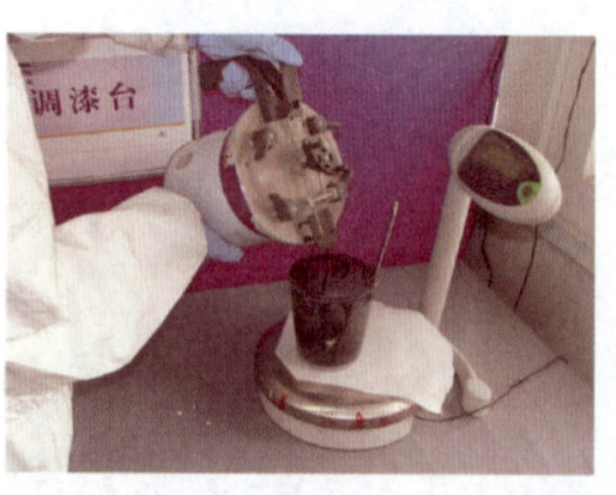

方法：

（1）加入适量的所缺色母，搅匀、喷板、比较，再次分辨颜色的差异。

（2）重复（1）的操作，直到涂料的颜色与原面漆的颜色基本一致或相当接近为止。

提示：

色母的添加要逐次循环添加，不要一次添加过量，否则会导致调色失败。

10. 完成调色

方法：

（1）最后喷涂样板，细致分析颜色差异。

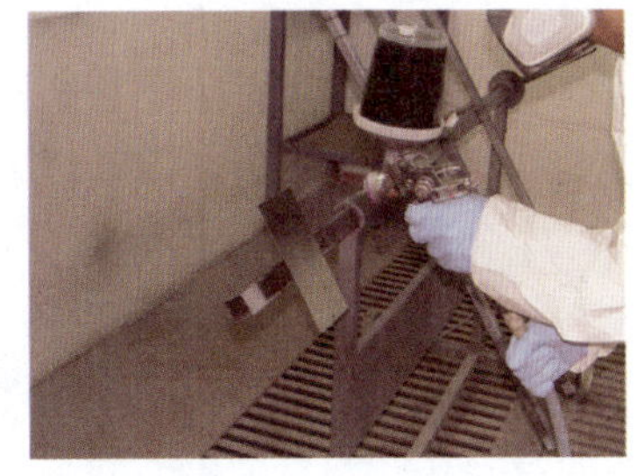

（2）如果颜色差异较为明显，则需要再次添加少量的色母；如果差异很小或很难分辨差异，则调色完成。

提示：

分辨颜色差异时，可以根据色母的特性，借助比色箱中 D65、钠灯、紫灯等光源来进行仔细的分析。

操作二　面漆喷涂前准备

1. 烤漆房的清洁

方法：

（1）用清水清洗烤漆房地板，用干净的拖把将烤漆房地面拖干净。

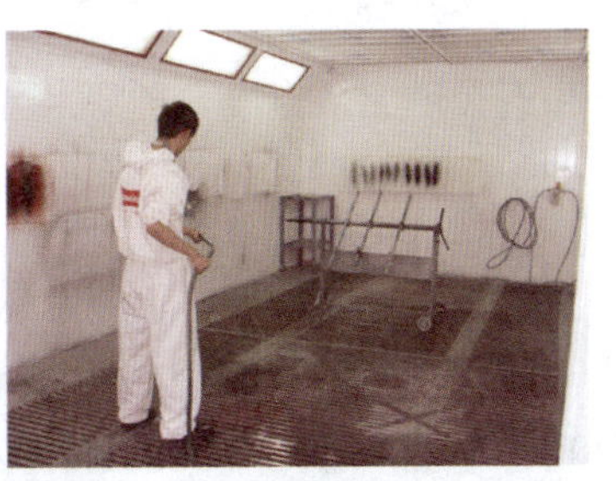

（2）用除尘枪吹除烤漆房四壁的灰尘。

提示：

清洗地板后要清除烤漆房内的污水，防止污水堵塞烤漆房地棉。

2. 喷涂人员工作服的清洁

方法：

喷涂人员用除尘枪吹拂自己身上的工作服，清除工作服上的灰尘和游离的纤维。

提示：

工作人员应穿防静电工作服，做好各种安全防护措施。

3. 车辆（板件）进入烤漆房

方法：

（1）将车辆或板件移入烤漆房内。

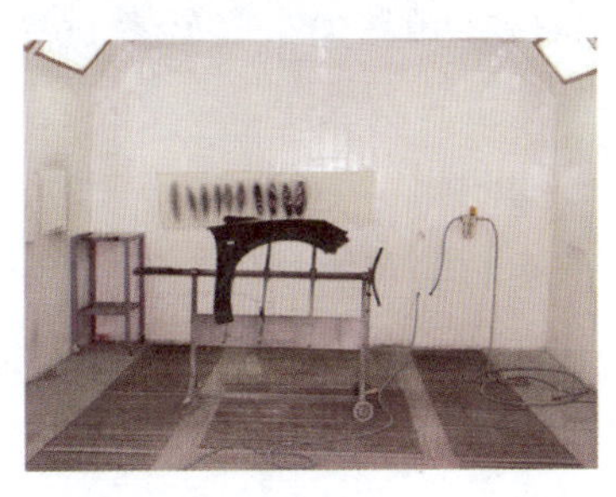

（2）固定好车辆或放稳板件。

提示：

车辆进入烤漆房，应拉起手制动器，车轮前后应垫好木枕。

4. 开启烤漆房

方法：

（1）打开烤漆房照明灯，关好烤漆房房门，使烤漆房成为一个相对独立的空间。

(2) 转动烤漆控制面板上的开关，将烤漆房调整到喷涂模式。

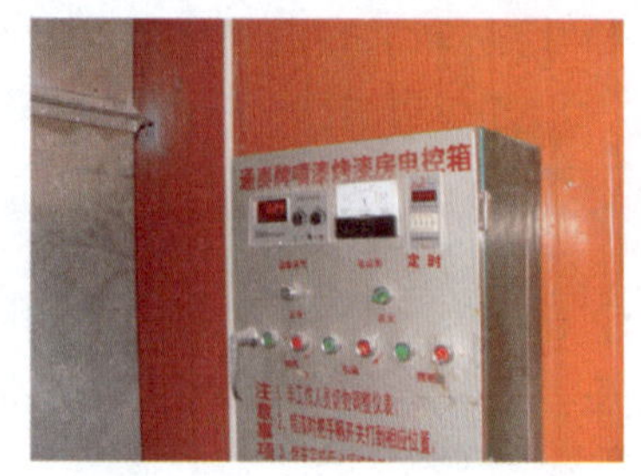

提示：

根据外界气温的情况，选择模式开关。气温高于15℃，调整到单纯的喷涂模式；气温低于15℃，调整到升温喷涂模式。

5. 待涂表面的除尘

方法：

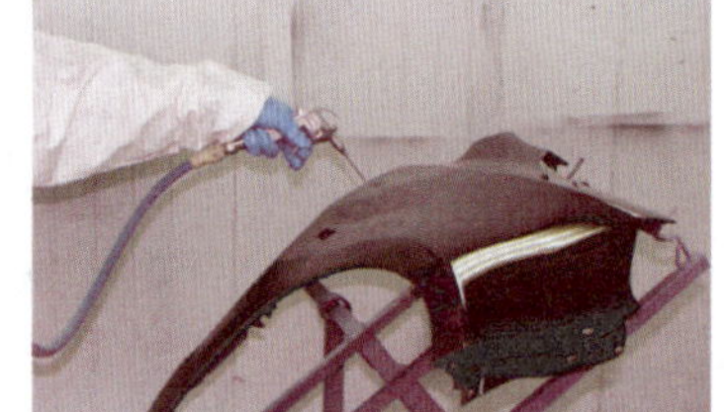

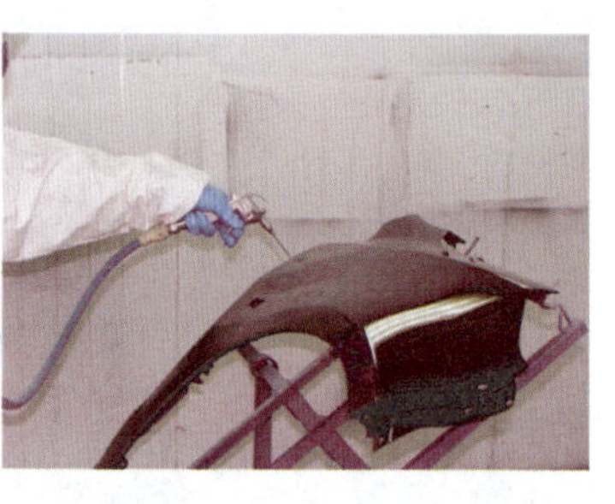

用除尘枪吹除喷涂表面的灰尘，如果表面处理采用湿磨，则要再次除水，确保整个喷涂区域干燥，无水无尘。

提示：

除尘枪吹尘的气压不要过大，否则会将粘贴好的遮盖纸和遮盖胶带吹起；吹尘后要仔细检查遮盖是否严实。

6. 待涂表面的除油

方法：

用干净的擦布蘸上除油剂，擦拭待喷涂的表面，使其湿润，当油脂从待涂表面浮起，除油剂未干时，用另一块干擦布将除油剂擦除。

提示：

除油要一小块一小块地进行，防止遗漏。

7. 待涂表面的粘尘

方法：

(1) 拆开装有粘尘布的包装袋，将粘尘布完全摊开，然后松软地叠成1/4大小。

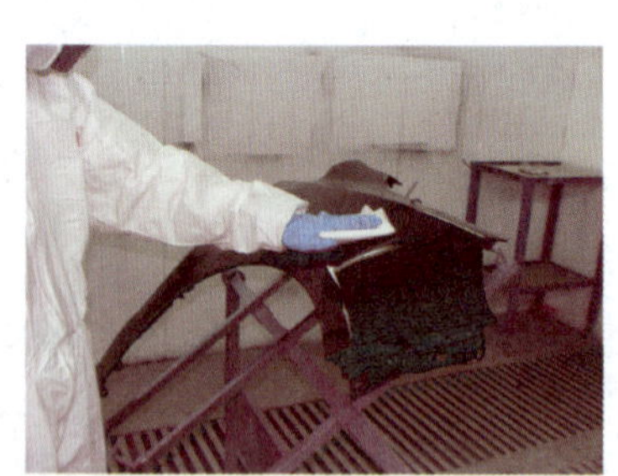

(2) 用粘尘布轻轻擦拭待喷涂表面和周围的遮盖纸，进行最后一次除尘。

提示：

用粘尘布擦拭时，不能用力，否则粘尘布上的黏性物会粘在待涂表面，影响面漆涂膜的质量。

8. 面漆的配制

方法：

(1) 按照面漆使用说明指定的配比比例，依次加入各组分，充分搅拌。

(2) 测试面漆的黏度是否达到喷涂的要求。

提示：

涂料喷涂的黏度往往是一个范围值，一般按照涂料配比的比例加入各组分，涂料黏度刚好合适。不同气温，加入稀释剂的量也要做相应调整。

9. 面漆的过滤

方法：

（1）根据面漆的类型选用合适的涂料滤网。

（2）用滤网过滤涂料。

提示：

实际生产中常见的做法是将滤网直接放在喷枪的枪壶上，向滤网中倒入涂料，涂料经滤网过滤后直接流入枪壶中。

10. 喷枪的调试

方法：

（1）选取合适的面漆喷枪。

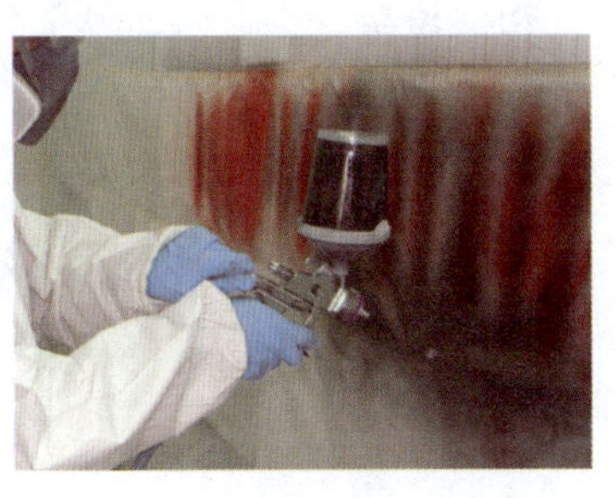

（2）根据喷涂的具体情况，调整好喷涂气压、喷涂流量和喷幅。

（3）在烤漆房墙壁上贴上一张遮盖纸，在遮盖纸上按照适当的喷涂距离、喷涂速度和喷涂重叠量喷涂一小条，观察喷涂质量，如果不符合要求，则要重新调整喷枪。

提示：

喷枪调整和测试时的各项技术参数要与实际喷涂时保持一致。

训练评价

训 练 评 价

考核要求

1. 在规定的时间内完成面漆喷涂前准备，使之符合技术标准。
2. 在操作过程中出现的违规操作，应及时指正。
3. 符合安全文明生产的要求。

考核标准

考评标准表——面漆喷涂前准备

考核时间	考核项目	分值	评分标准与指导	评价结果
90 min	正确使用工具	5	工具使用不当酌情扣分，并指正	
	查找颜色代码和配方	5	按要求酌情扣分，并指正	
	确定面漆用量和计算色母的量	5	按要求酌情扣分，并指正	

续表

<table>
<tr><th>考核时间</th><th>考核项目</th><th>分值</th><th>评分标准与指导</th><th>评价结果</th></tr>
<tr><td rowspan="9">90 min</td><td>面漆调色前准备</td><td>5</td><td>按要求酌情扣分，并指正</td><td></td></tr>
<tr><td>计量调色</td><td>10</td><td>按要求酌情扣分，并指正</td><td></td></tr>
<tr><td>颜色微调</td><td>20</td><td>按要求酌情扣分，并指正</td><td></td></tr>
<tr><td>烤漆房及工作人员工作服的清洁</td><td>10</td><td>按要求酌情扣分，并指正</td><td></td></tr>
<tr><td>待涂表面的准备</td><td>10</td><td>按要求酌情扣分，并指正</td><td></td></tr>
<tr><td>涂料和喷枪的准备</td><td>20</td><td>按要求酌情扣分，并指正</td><td></td></tr>
<tr><td>“6S”作业</td><td rowspan="2">10</td><td>每项扣 2 分，扣完为止</td><td></td></tr>
<tr><td>遵守相关安全操作规范
在规定的时间内完成</td><td>因违规操作发生人身和设备事故，终止考核，成绩按 0 分计；超时每分钟扣 2 分，超时 5 min 终止考核</td><td></td></tr>
<tr><td>分数合计</td><td>100</td><td></td><td></td></tr>
</table>

实训报告

1. 面漆调色的操作步骤是怎样的，有哪些注意事项?
2. 面漆喷涂前准备包括哪些内容?

课题 2　面漆整体喷涂

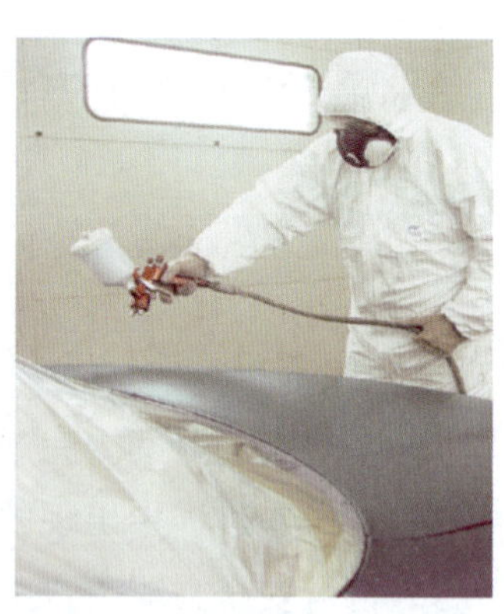

学习目标

1. 熟悉面漆喷涂的各种喷涂方式。
2. 掌握素色漆整体喷涂工艺。
3. 掌握金属闪光漆整体喷涂工艺。
4. 掌握面漆干燥的步骤和方法。
5. 能熟练进行素色漆的整体喷涂。
6. 能熟练进行金属闪光漆的整体喷涂。

知识准备

一、面漆喷涂的方式

面漆的喷涂方式通常有以下几种。

1. 干喷

干喷是指喷涂时选用快干稀释剂，采用较大的气压、较小的出漆量和较低涂料黏度的方式喷涂，喷涂后漆面较干的喷涂方式。要想获得理想的干喷效果，喷涂时必须加大喷涂距离，加快喷枪的运行速度，延长两次喷涂的时间间隔。

2. 湿喷

湿喷是指喷涂时选用慢干稀释剂，采用较小的喷涂气压、较大的出漆量和较高涂料黏度的方式喷涂，喷涂后漆面较湿的喷涂方式。获得湿喷效果的操作方法与干喷方法相反。

3. 湿碰湿喷涂

湿碰湿的喷涂方式就是不等上道漆中溶剂挥发，马上继续喷涂下一道漆，如图 7—2—1 所示。

4. 虚枪喷涂

在喷涂色漆后，将大量溶剂或固体分调整得极低的涂料喷涂在面漆上的操作方式称为虚枪喷涂。虚枪喷涂一般用于新喷的修补漆与原来的旧涂膜之间晕色，使经过修补后的汽车表面看不出修补痕迹，如图 7—2—2 所示。

5. 雾罩喷涂

雾罩喷涂俗称飞雾法喷涂，一般用于金属漆的施工。金属漆与色漆的喷涂方式大不相同，金属漆中的金属颗粒比重大，喷金属漆时采用散花状的雾罩喷涂。雾罩喷涂时，喷涂气压和出漆量必须调小，喷涂距离要适当加大，喷幅要调至最大，如图 7—2—3 所示。

图 7—2—1　湿碰湿喷涂

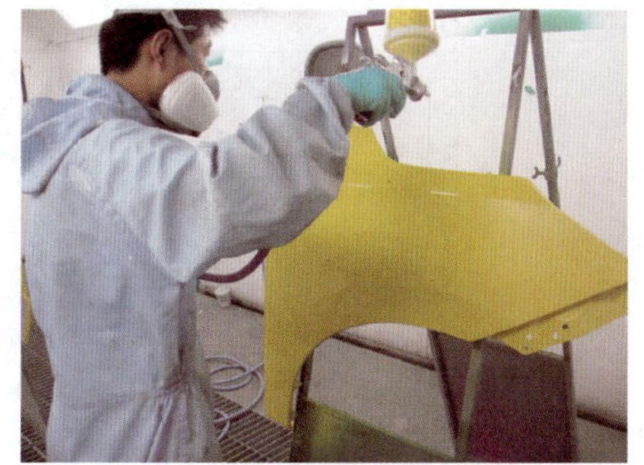

图 7—2—2　虚枪喷涂

6. 带状喷涂

喷涂某个构件的边缘时经常采用带状喷涂，此时应将喷幅调得相对窄一些，一般调整到大约 10 cm 宽，喷出的雾束比较集中，呈带状覆盖，如图 7—2—4 所示。这样可以减少过度喷涂，达到节约原材料的目的。

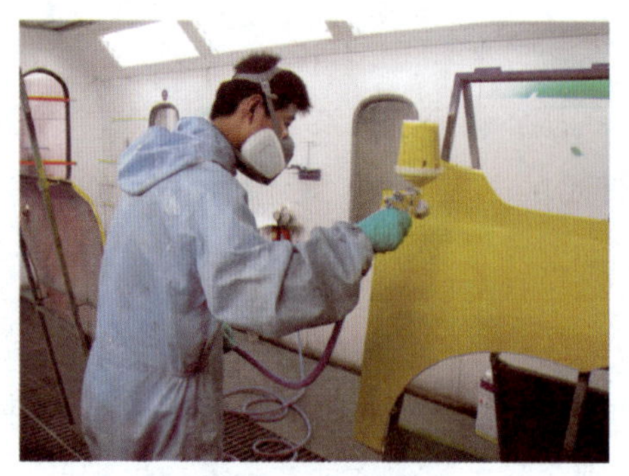

图 7—2—3　雾罩喷涂

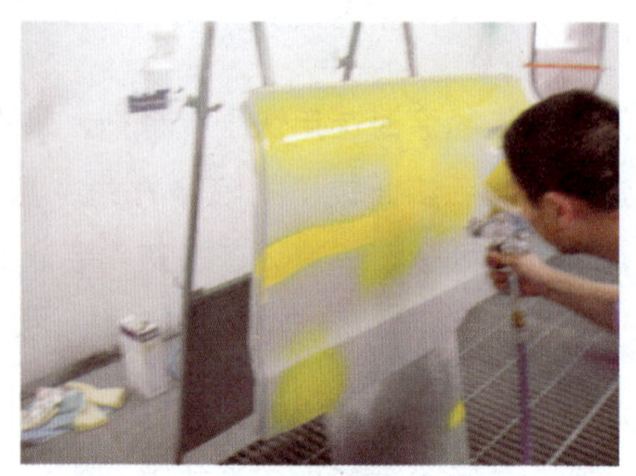

图 7—2—4　带状喷涂

二、面漆喷涂工艺

车身面漆喷涂按照修补面积的大小划分为整体喷涂和局部修补喷涂，按照修补涂料的不同可以分为素色漆喷涂和金属闪光漆喷涂。面漆整体喷涂工艺如下。

1. 素色漆的整体喷涂

素色漆的整体喷涂工艺见表 7—2—1。

表 7—2—1　　素色漆整体喷涂的方法

作业步骤	喷涂参数	喷涂方法
步骤 1：预喷涂，提高表面附着力	（1）涂料黏度：16～20 Pa·s（20℃） （2）喷涂气压：343 kPa （3）喷束直径：全开 （4）喷涂流量：1/2～2/3 开度 （5）喷涂距离：25～30 cm （6）喷枪运行速度：快	以车身整体喷上一层雾的感觉，薄薄地预喷一层。喷这一层的目的，一是提高涂料与旧涂膜的亲和力，同时确认有无排斥涂料的部位，如果有就在该部位稍微加大气压喷涂，覆盖住涂料排斥的部位
步骤 2：着色喷涂，形成涂膜	（1）涂料黏度：16～20 Pa·s（20℃） （2）喷涂气压：343 kPa （3）喷束直径：全开 （4）喷涂流量：2/3～3/4 开度 （5）喷涂距离：20～25 cm （6）喷枪运行速度：适当	在该工序基本形成涂膜层，要达到一定的涂膜厚度。该工序要注意尽可能喷厚一些，这是最终获得良好表面质量的基础，但同时要注意涂膜过厚会产生流挂，涂膜厚度以不产生流挂为标准
步骤 3：表面色调和平整度的调整	（1）涂料黏度：14～18 Pa·s（20℃） （2）喷涂气压：294～343 kPa （3）喷束直径：全开 （4）喷涂流量：全开 （5）喷涂距离：20～25 cm （6）喷枪运行速度：适当	第二次喷涂已形成了一定的膜厚，第三次喷涂的主要目的是调整涂膜色调，同时要形成光泽，此时要加入透明涂料，有时为调整色调，要加入干燥速度慢的稀释剂

素色漆一般喷涂三次就能形成所需要的膜厚、光泽和色调。如果色调还达不到效果的话，可将面漆稀释到 14 Pa・s，再喷涂修正一次。

2. 金属闪光漆的整体喷涂

金属闪光漆的整体喷涂方法见表 7—2—2。

表 7—2—2　金属闪光漆的整体喷涂方法

作业步骤	喷涂参数	喷涂方法
步骤 1：预喷涂，提高附着力	（1）涂料黏度：14～16 Pa・s（20℃） （2）喷涂气压：392～490 kPa （3）喷束直径：全开 （4）喷涂流量：1/2～2/3 开度 （5）喷涂距离：25～30 cm （6）喷枪运行速度：快	以喷雾感沿车身表面整体薄薄喷涂，既提高涂料与旧涂膜的亲和力，同时确认有无排斥涂料现象。如果出现了排斥现象，就在有排斥现象的部位，提高喷射气压（637 kPa 左右）喷涂
步骤 2：着色喷涂，形成涂膜	（1）涂料黏度：14～16 Pa・s（20℃） （2）喷涂气压：392～490 kPa （3）喷束直径：全开 （4）喷涂流量：2/3～3/4 开度 （5）喷涂距离：20～25 cm （6）喷枪运行速度：稍快	第二次喷涂决定涂膜颜色。喷涂时，不必在意出现的喷涂斑纹和金属斑纹，喷枪移动速度稍快一点为好。丙烯酸聚氨酯涂料遮盖力较强，一般喷两次就行了，但有的色调需要再喷涂一次
步骤 3：过渡层的喷涂，消除金属漆表面的斑纹	（1）涂料黏度：11～13 Pa・s（20℃） （2）喷涂气压：392～490 kPa （3）喷束直径：全开 （4）喷涂流量：1/2～2/3 开度 （5）喷涂距离：20～25 cm （6）喷枪运行速度：快	取金属闪光磁漆 50%、透明漆 50% 相混合。第三次喷涂是修正第二次喷涂形成的喷涂斑纹和金属斑纹，目的是形成金属质感，防止喷涂透明层时引起金属斑纹
步骤 4：透明清漆的预喷涂	（1）涂料黏度：12～14 Pa・s（20℃） （2）喷涂气压：294～343 kPa （3）喷束直径：全开 （4）喷涂流量：1/2～2/3 开度 （5）喷涂距离：20～25 cm （6）喷枪运行速度：稍快	透明层清漆的预喷涂不能太厚，一次喷涂太厚会引起金属颗粒排列被打乱，所以要采取薄喷的方法
步骤 5：透明清漆的精细喷涂	（1）涂料黏度：11～13 Pa・s（20℃） （2）喷涂气压：294～343 kPa （3）喷束直径：全开 （4）喷涂流量：2/3～1 （5）喷涂距离：20～25 cm （6）喷枪运行速度：普通或稍慢	以第五次喷涂结束涂膜的喷涂工作。喷涂时，要边观察涂膜平整度边仔细喷涂。如果采用快速移动喷枪，往返两次覆盖，能得到很理想的表面色泽。尤其是在车顶、行李箱盖、发动机罩等处，喷涂两次为好

消除金属斑纹时，原则上清漆和金属闪光漆各占50%，但随颜色不同多少有些变化。例如，浅色金属漆消斑处理时，清漆比例要多一些，占70%～80%，金属闪光漆只能占20%～30%。消斑后一般闪干10～15 min，使涂膜中的溶剂充分挥发。检查时用指尖轻轻触碰喷涂表面，若不粘手，就可以进行清漆喷涂。

三、面漆的干燥

修补面漆的干燥可以采用自然干燥，也可以采用强制干燥。为了提高修补效率，节省作业时间，往往采用强制干燥的方法。

图7—2—5 面漆的干燥

面漆喷涂结束后，须静置10～20 min，使涂膜中的溶剂挥发，以免产生涂膜缺陷，再用烤漆房或红外线烤灯进行面漆的强制干燥，如图7—2—5所示。一般情况下，面漆干燥需在60℃条件下干燥30 min左右。

强制干燥结束后，要趁汽车车身还未冷却就揭去遮盖胶带和遮盖纸，这样可以保护好涂膜，方便省力；若采用自然干燥方式，应在喷涂后10～15 min，再揭去胶带纸。如果面漆是硝基类涂料，待涂膜干燥到能用手指触摸的程度，就可以揭去遮盖胶带。涂膜完全干燥后再揭去遮盖胶带，会弄坏涂膜。

技能训练

操作一 素色漆整体喷涂

1. 素色漆整体喷涂前准备

方法：

（1）对非喷涂区域进行遮盖，只露出待涂表面。

（2）对涂料进行调色、配制、过滤，准备好面漆。

（3）清洁烤漆房及周边的环境。

（4）对待涂表面进行除水、除尘、除油、粘尘，确保待涂表面清洁。

（5）选择口径为1.5 mm的吸力式喷枪。

提示：

喷枪的选择要根据喷涂的面积和涂料的类型，以方便施工和形成质量良好的涂膜为原则。

2. 素色漆整体预喷涂

方法：

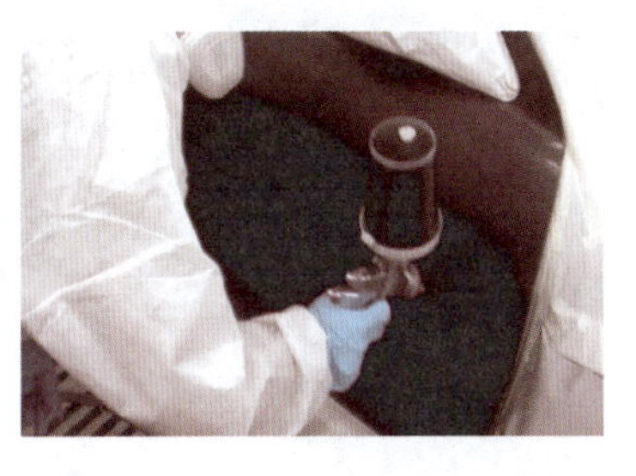

(1) 按照素色漆整体预喷涂的技术规范调整喷枪，测试喷涂图形，确保喷枪接近理想喷涂状态。

(2) 以25～30 cm的喷涂距离，速度较快地在待涂表面上喷涂，使喷涂表面涂上一层稍许光亮的涂膜。

(3) 检查喷涂的表面有无涂料的排斥反应，如果有，则加大喷涂气压，以干喷的方式盖住喷涂部位。

(4) 喷涂后，静置3～5 min使面漆闪干。

提示：

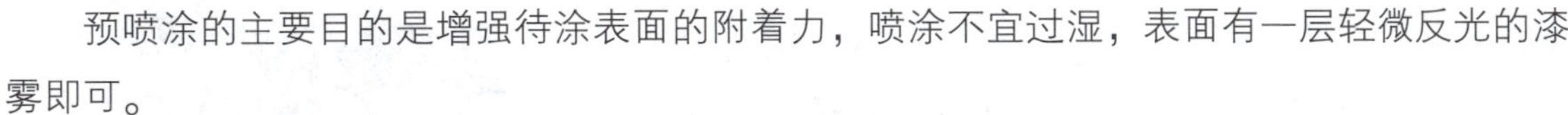

预喷涂的主要目的是增强待涂表面的附着力，喷涂不宜过湿，表面有一层轻微反光的漆雾即可。

3. 素色漆整体着色喷涂

方法：

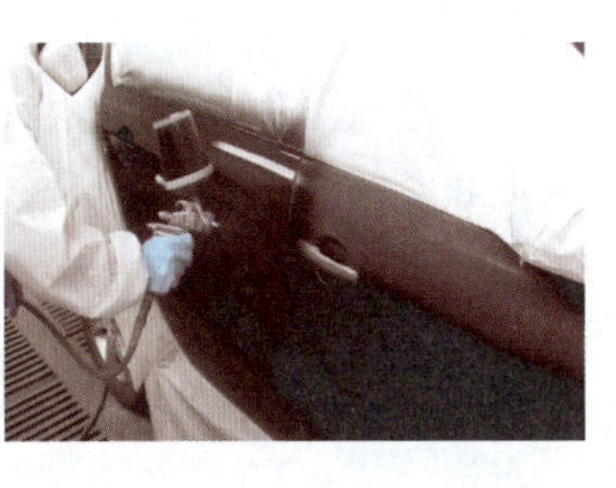

(1) 素色漆预喷涂涂料闪干后，将喷涂流量的调整旋钮调整至全程开度2/3～3/4。

(2) 以20～25 cm的喷涂距离，标准的喷涂速度对喷涂表面进行整体喷涂，形成一层均一、较厚的面漆涂膜，涂膜整体要出现较高的光泽。

(3) 静置5～8 min，使涂膜充分流平，表面闪干至不粘手。

提示：

素色漆着色喷涂要求尽可能喷得很厚，但要以不出现流挂为前提。

4. 素色漆整体修正喷涂

方法：

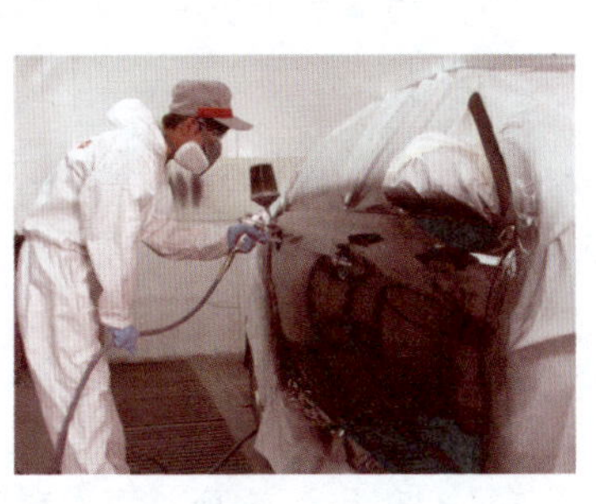

(1) 向喷枪涂料罐中加入适量的清漆或慢干稀释剂，使其黏度下降至14～18 Pa·s。

(2) 转动涂料流量调节旋钮，使涂料流量全开，以标准喷涂速度和20～25 cm的喷涂距离整体喷涂一层。

提示：

修正喷涂的主要目的是调整涂膜的色调，形成统一的纹理，进一步提高涂膜的光泽。

5. 素色面漆涂层干燥

方法：

(1) 喷涂结束后，静置10～15 min，使涂膜表干至不粘手。

(2) 将烤漆房逐渐升温至40℃，保持10 min，然后将烤漆房升温至60℃，保温35 min，使涂膜彻底干燥。

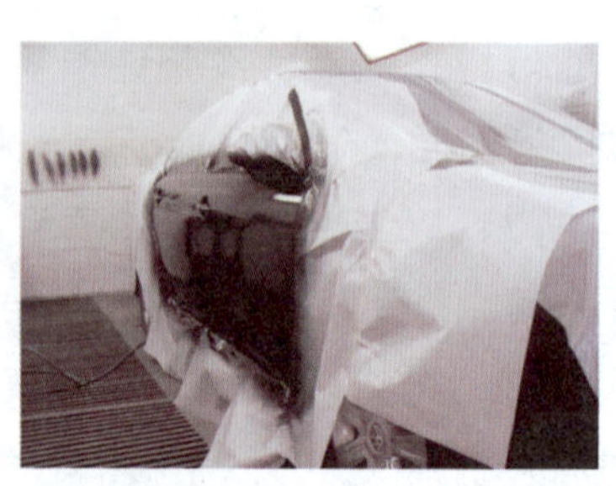

（3）打开烤漆房，使涂膜自然冷却。

提示：

面漆涂膜的干燥不能急剧升温至60℃，否则会使涂膜产生缺陷。

6. 收尾工作

方法：

（1）趁面漆涂膜未冷时，揭去遮盖胶带和遮盖纸。

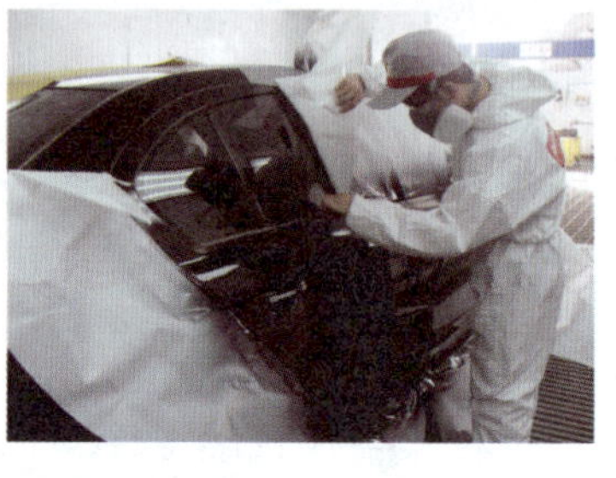

（2）将喷涂好的汽车或板件移出烤漆房，清洁、整理烤漆房。

（3）关闭烤漆房，清洗喷涂工具，整理喷涂设备和喷涂材料。

提示：

为了提高工作效率，对于需要抛光的涂膜，去遮盖只需要揭开遮盖胶带，不要去除遮盖纸，这样能为抛光工序省去大部分遮盖工作。

操作二　金属闪光漆整体喷涂

1. 金属闪光漆整体喷涂前准备

方法：

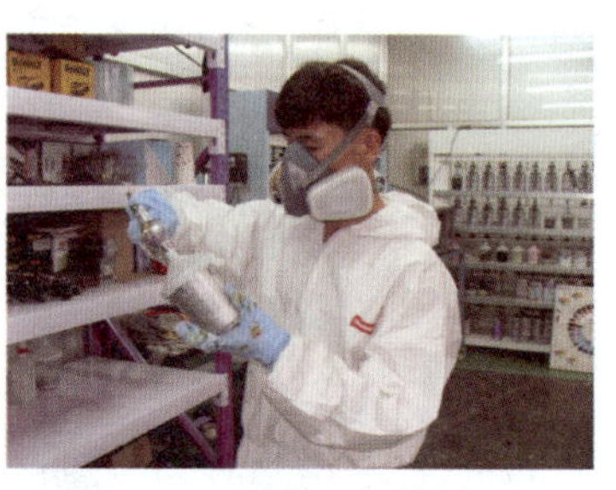

（1）遮盖非喷涂区域。

（2）准备好适合喷涂黏度的面漆。

（3）喷涂环境的清洁。

（4）待涂表面的清洁。

（5）选择合适的空气喷枪。

提示：

金属闪光漆中，颜料成分的密度较大，喷涂前要充分搅拌，以防喷涂的颜色不一致。

2. 金属闪光漆整体预喷涂

方法：

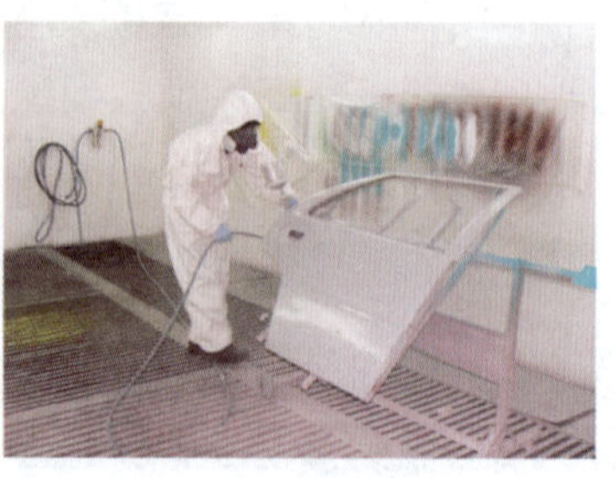

（1）按照金属闪光漆整体预喷涂的技术规范调整和测试喷枪，使喷枪达到理想的工作状态。

（2）以25～30 cm的喷涂距离，快速地在待涂表面上以雾状喷涂，形成一层薄薄的涂膜。

（3）检查有无涂料的排斥现象。如果出现排斥，按照喷涂规范调高喷涂气压，盖住涂料排斥的部位。

（4）喷涂后，静置 3～5 min 使面漆闪干。

提示：

金属闪光漆整体预喷涂比素色漆整体预喷涂的气压要高，喷涂的速度要快，喷涂表面较干。

3. 金属闪光漆整体着色喷涂

方法：

（1）金属闪光漆预喷涂涂料闪干后，将喷涂流量调整至 2/3～3/4 开度，喷涂气压保持不变。

（2）以 20～25 cm 的喷涂距离，以较快的喷涂速度对喷涂表面进行整体喷涂。

（3）静置 2～3 min，使涂膜表面闪干。

提示：

（1）喷涂时，喷枪的移动速度稍快一些为好。

（2）若达不到合适的涂膜厚度，则可以直接再喷涂一层。

4. 金属闪光漆面层消斑处理

方法：

（1）在喷枪的涂料罐中直接加入与金属闪光漆等量的清漆，使其黏度为 11～13 Pa·s。

（2）将喷涂流量调整为 1/2～2/3，以 20～25 cm 的喷涂距离快速喷涂一层。

（3）静置，闪干 10～15 min。

提示：

金属闪光漆涂层表面消斑处理的主要目的是修整涂膜表面的喷涂斑纹，形成金属质感，防止清漆层出现金属斑纹。

5. 透明清漆整体预喷涂

方法：

（1）配好透明清漆，使其黏度在 12～14 Pa·s 范围。

（2）将喷枪工作气压调整至 294～343 kPa，以 1/2～2/3的喷涂流量、20～25 cm 的喷涂距离，稍快地喷涂一薄层透明清漆。

（3）静置，闪干 3～5 min。

提示：

透明层清漆的预喷涂采用薄喷的方法，一次喷涂太厚会引起金属颗粒排列被打乱。

6. 透明清漆整体精细喷涂

方法：

（1）将透明清漆的黏度调整至 11～13 Pa·s。

（2）以 2/3～1 的喷涂流量，以普通或稍慢的喷涂速度，厚喷一层透明清漆，形成均一、光洁的厚涂膜。

提示：

喷涂时，边观察涂膜平整度边仔细喷涂；快速移动喷涂时，采用往返两次覆盖的方法。

7. 金属闪光面漆涂层的干燥

方法：

（1）喷涂结束后闪干 10～15 min，使大部分溶剂挥发，涂膜表面基本流平。

（2）将烤漆房逐渐升温至 40℃，保持 10 min，然后将烤漆房升温至 60℃，保温 35 min，使涂膜彻底干燥。

（3）关闭烤漆房的烘烤模式，使涂膜自然冷却。

提示：

大部分烤漆房可以设定烘烤时间，设定时间一到，烘烤模式自动关闭。

8. 收尾工作

方法：

（1）趁涂膜未冷时除去遮盖胶带和遮盖纸。

（2）将喷涂好的汽车或板件移出烤漆房，清洁、整理烤漆房。

（3）关闭烤漆房，清洗喷涂工具，整理喷涂材料和保养喷涂设备。

提示：

喷涂后的喷枪要及时清洗，否则会因涂料固化而堵塞喷枪。

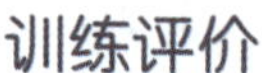

训练评价

训 练 评 价

考核要求

1. 在规定的时间内完成面漆的整体喷涂，使之符合技术标准。
2. 在操作过程中出现的违规操作，应及时指正。
3. 符合安全文明生产的要求。

考核标准

考评标准表——面漆的整体喷涂

考核时间	考核项目	分值	评分标准与指导	评价结果
40 min	素色漆整体喷涂前准备	10	按要求酌情扣分，并指正	
	素色漆整体预喷涂	10	按要求酌情扣分，并指正	
	素色漆整体着色喷涂	10	按要求酌情扣分，并指正	
	素色漆整体修正喷涂	10	按要求酌情扣分，并指正	
	金属漆整体喷涂前准备	5	按要求酌情扣分，并指正	
	金属漆整体预喷涂	5	按要求酌情扣分，并指正	
	金属漆整体着色喷涂	10	按要求酌情扣分，并指正	
	金属漆整体过渡喷涂	10	按要求酌情扣分，并指正	
	透明清漆的喷涂	10	按要求酌情扣分，并指正	
	面漆涂膜的干燥	10	按要求酌情扣分，并指正	
	“6S”操作	10	每项扣2分，扣完为止	
	遵守相关安全操作规范 在规定的时间内完成		因违规操作发生人身和设备事故，终止考核，成绩按0分计；超时每分钟扣2分，超时5 min终止考核	
	分数合计	100		

实训报告

1. 素色漆整体喷涂的步骤是怎样的，有哪些注意事项?
2. 简述金属闪光漆消斑处理的具体喷涂方法。

课题3　面漆局部修补喷涂

学习目标

1. 熟悉局部修补喷涂的方法。
2. 熟悉素色漆局部修补喷涂工艺。
3. 熟悉金属闪光漆局部修补喷涂工艺。
4. 掌握新喷素色漆面纹理调整的方法。
5. 掌握金属闪光漆消斑处理的方法。
6. 掌握局部修补晕色处理的方法。
7. 能熟练进行素色漆局部修补喷涂。

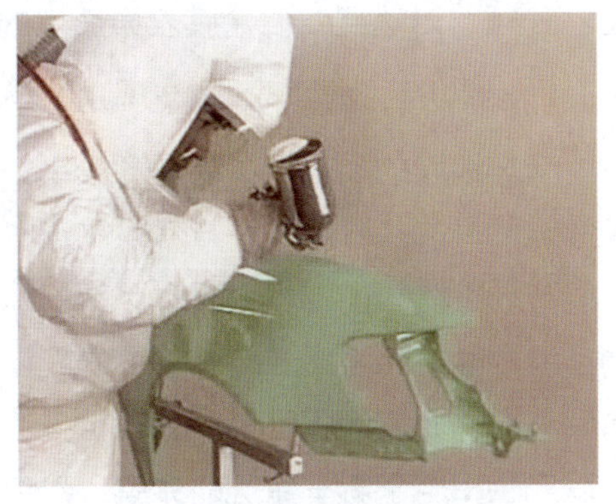

8. 能熟练进行金属闪光漆局部修补喷涂。

知识准备

一、局部修补的喷涂方法

局部修补是对车身的某一局部进行涂装修理，大多数需要进行修补涂装的车辆都属于这种情况。局部修补喷涂的关键是解决喷涂区域与非喷涂区域之间颜色的逐步过渡，使之与周围部位的颜色一致，表面流平效果相同。

为了在修补之后使修补部位与其周围未修补部位在视觉上达到颜色无差异，修补喷涂时需要使颜色有一个逐渐过渡的区域，让颜色逐渐变化。局部修补喷涂一般采用“挑枪法”，“挑枪法”是指喷涂时以手臂的肘部为轴，或摆动腕部，使喷枪对喷涂表面的距离发生圆弧形变化，如图 7—3—1 所示。挑枪喷涂对需要修补部位的距离近一些，喷涂比较实，而对颜色过渡区域逐渐变远，漆雾逐渐变淡，如图 7—3—2 所示。这样喷涂边缘将形成一个逐渐过渡的颜色变化区域，最终与周围未修补区域相融合。

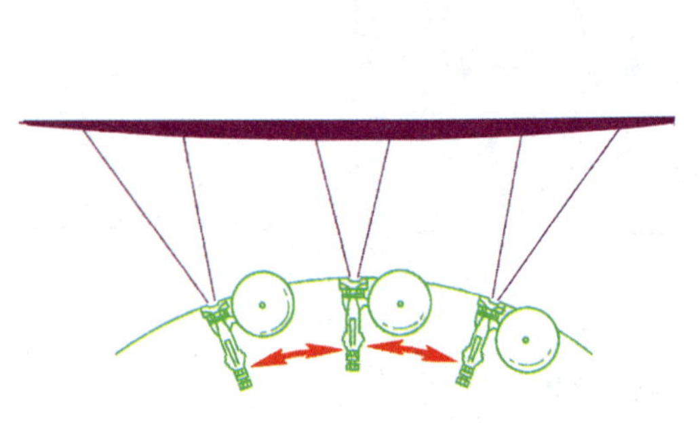

图 7—3—1　挑枪喷涂法

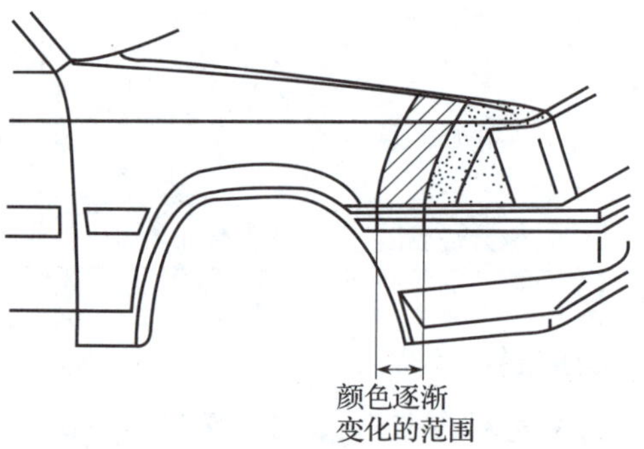

图 7—3—2　挑枪喷涂区域颜色的逐渐变化

二、局部修补喷涂的修饰处理

板件经过着色喷涂涂膜达到一定的厚度以后，为了获得良好的表面质量，素色漆必须调整喷涂表面的纹理，使喷涂表面的纹理与原涂膜纹理基本一致；金属闪光漆必须进行“消斑”处理，以达到新旧涂膜表面颜色的协调。

1. 素色漆喷涂表面纹理的调整

新车涂膜的水平表面纹理一般比垂直表面平滑，为了适应这一事实，可以通过改变喷涂条件达到目的。喷涂条件与涂膜纹理的关系见表 7—3—1。

在调整纹理前，一定要对比新旧涂膜纹理，如图 7—3—3 所示，找出涂膜纹理的差别。调整纹理时，除考虑表 7—3—1 的因素外，还要考虑到底材的状况。用硝基中涂底漆处理的涂装表面，面漆涂膜容易产生较粗糙的纹理；在氨基甲酸乙酯中涂底漆层的表面喷涂面漆，可以产生相当于新车涂层的涂膜；着色喷涂中，喷涂了过多的磁漆也容易产生粗糙的纹理。

表 7—3—1　　喷涂条件与涂膜纹理的关系

纹理 / 喷涂条件	凸纹数目		凸纹高度	
涂料黏度	低	高	高	低
喷涂速度	快	慢	慢	快
喷口直径	小	大	大	小
稀释剂挥发速度	—	—	快	慢
喷涂压力	高	低	低	高
静置时间	—	—	长	短

一般情况下，减小喷涂距离、增加喷涂量、增大涂料的稀释比例都会产生较湿的涂层和较光滑的涂膜纹理。但必须注意，增大涂料的稀释比例对涂膜纹理变化不明显，对慢干清漆纹理的调整不起作用。

2. 金属闪光漆的消斑处理

金属闪光漆中的铝粉和云母颜料要比着色颜料重，容易沉积，正侧光效果差别明显，容易出现斑痕。由于喷涂条件的不同，使铝粉和云母颜料扩散到磁漆底部的状态不一致（见图 7—3—4）是产生斑痕的主要原因。

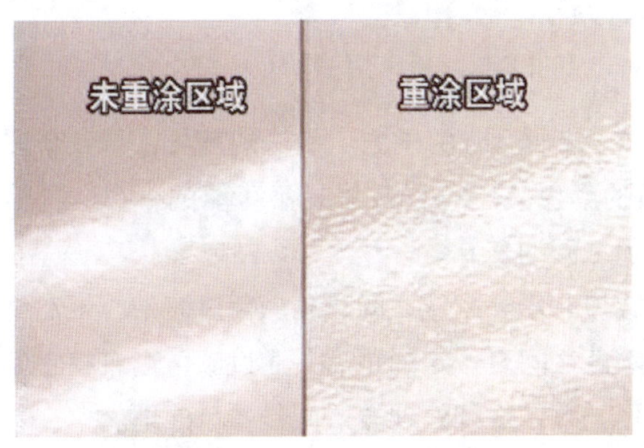

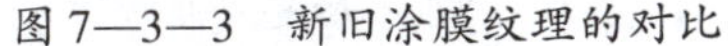
图 7—3—3　新旧涂膜纹理的对比

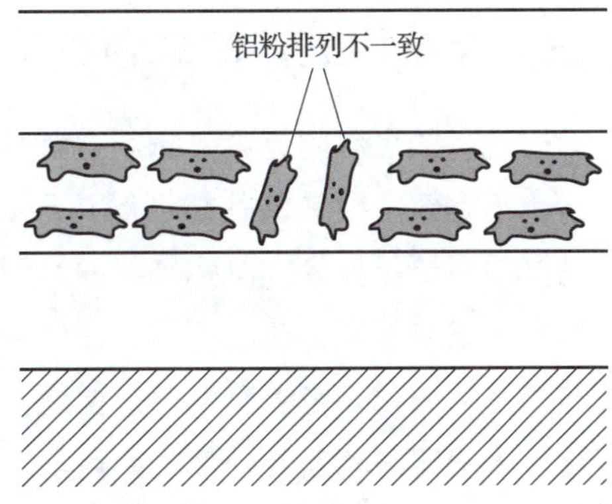

图 7—3—4　铝粉的分布状态

将金属闪光漆薄薄地喷涂在出现斑痕的部位，形成一层有规则排列的薄涂层，如图 7—3—5 所示，以调整斑痕区域的明亮度，使该区域的颜色与周围颜色一致，这个过程称为“消斑处理”。消斑处理采用薄喷的喷涂方法，涂层不宜涂得过厚，否则会使消斑部位颜色发生变化。

消斑处理的关键是掌握消除斑痕的恰当时机，如果选择的时机不对，斑痕就不能被消除。一般情况下，通过观察喷涂表面对日光灯光源的反射程度来确定消斑时刻。喷涂表面的光泽为着色喷涂结束时光泽的 50% ~70%，日光灯灯光反射的清晰度逐渐减小的时刻为消斑处理的最佳时机（见图7—3—6），此时准备消斑的涂层与它下面的涂层融为一体（见图7—3—7），斑痕很容易被消除掉。

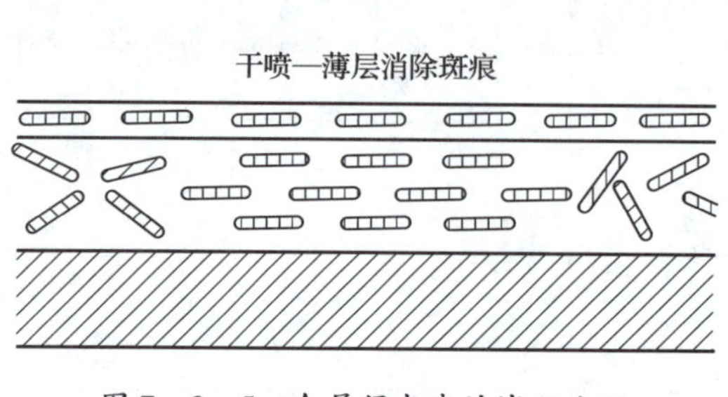

图7—3—5　金属闪光漆的消斑处理

图7—3—6　消斑的最佳时机

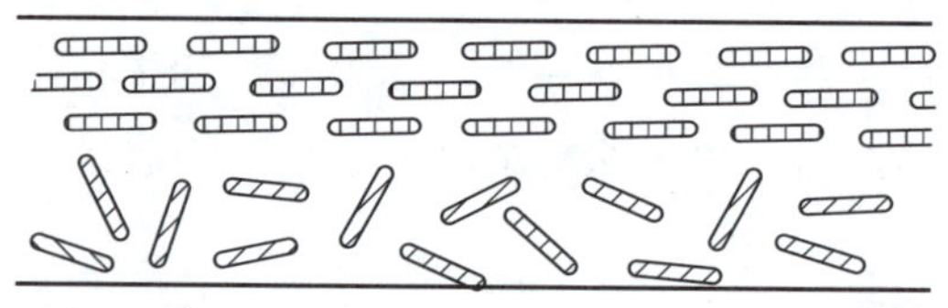

图7—3—7　消斑涂层与底涂层融为一体

如果喷完底色漆后马上喷涂清漆，喷涂表面也会出现斑痕，因此喷涂金属底色漆后，需静置10～15 min后再进行清漆的预喷涂。在喷漆房内，很难从背光方向检查金属漆表面有无斑痕，这时可以用点光源，将光投射到喷涂表面，改变观察角度以方便检查。

三、金属闪光漆的晕色处理

对于浅色的金属闪光漆（银粉漆和珍珠漆），喷涂时由于施工手法的差异，导致新旧涂层的颜色不一致。要使修补处涂膜与原涂膜的颜色完全一样几乎是不可能的，在这种情况下，需要采用晕色技术，以弥补新旧涂膜颜色之间的差异。

利用人眼对颜色记忆的不足，在修补区域与非修补区域之间建立颜色过渡带，虽然修补部位与非修补部位颜色上有色差，但是两个颜色之间有一定的距离，通过颜色过渡将它们连接起来，人眼无法判断修补部位颜色与车身不一致，这种处理方法叫作晕色处理。

对于湿涂层来说，因为铝粉排列不规则，侧面看上去浅一些；对于干喷涂层，铝粉排列一致，侧面看深一些。原厂漆因为干燥速度慢，类似于湿涂层，侧面颜色较浅，而修补边缘较薄，相当于干喷，侧面颜色较深，修补区域不同位置铝粉的排列如图7—3—8所示，所以在进行金属闪光漆修补时，晕色部位的边界会出现一个“黑圈”。

为了防止接口部位“黑圈”的出现，经常采用“底清漆法”。底清漆法是用100%或200%的稀释剂稀释清漆，在修补边缘喷涂一层，以此作为晕色色漆的底层，使晕色的色漆层变得较湿，相当于湿涂层（见图7—3—9），从而保证了晕色部位与原涂层颜色基本一致。底清漆法有效地防止了薄板静电产生的斑痕，使修补边缘变得很光滑。

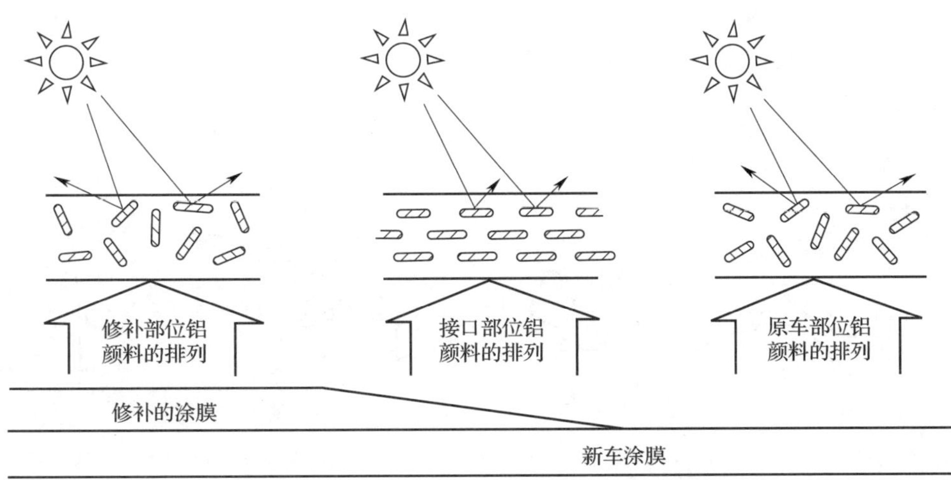

图 7—3—8　修补区域不同位置的铝粉颗粒排列

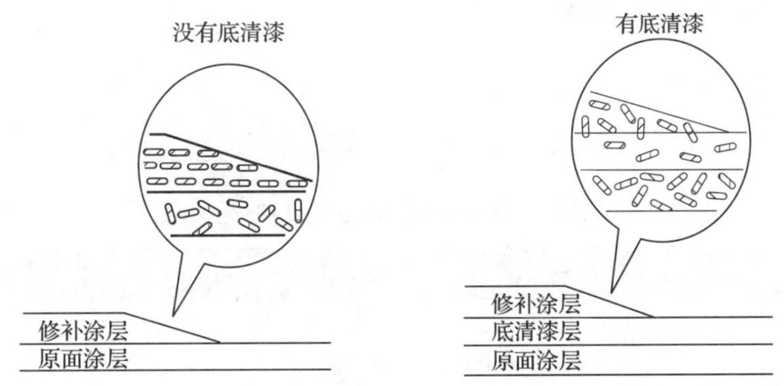

图 7—3—9　有无底清漆晕色区铝粉排列比较

颜色层晕色是在喷涂颜色层的涂料中加入 50% ~60% 的稀释剂或驳口水，以 125 kPa 的喷涂气压，10 ~ 15 cm 的喷涂距离从颜色层逐渐向外围更为宽广地喷涂 2 ~ 3 次，以达到一个平滑的晕色区域。清漆层晕色是将 100% 的稀释剂或驳口水稀释喷剩的清漆，一面顺畅地晕色，一面使薄涂料溶入修补区域周围，静置 3 ~ 5 min 后，将喷剩的稀涂料再次加入 100% 的稀释剂进行稀释，扩大范围进行最后一次晕色。

晕色区域的大小没有具体规定，以颜色逐渐变化到视觉上没有明显的差别为好。通常颜色调得越准确，所需逐渐变化的区域就越小，反之则需要比较大的晕色区域才能弥补。

小面积局部喷涂，一般不要扩大到邻近的板材，只对损伤部位及周围做小范围的修补即可，晕色区域要尽量控制得小一些。如果被喷涂表面有诸如车身板冲压线等特殊部位，在颜色能够充分融合的情况下尽量使晕色区域不超过冲压线的范围，如图 7—3—10 所示，这样可以避免颜色和涂膜纹理等方面出现明显的变化。

如果整板需要喷涂修补或需要修补的部位在紧邻车身其他板件的接缝处，为了防止车身接缝处产生明显的颜色差异，通常要将晕色区域扩大到相邻的板件以求得颜色统一。在这种情况下晕色区域终止的位置首先考虑因素并不是颜色一致性，而是在什么部位终止才能最大限度地隐藏修补痕迹。在整车上进行晕色处理，一般选择有特征线（如车身板冲压线、车身上的装饰条等）或车身形体过渡到面积比较窄的地方结束，如图 7—3—11 所示，使修补痕迹不明显。

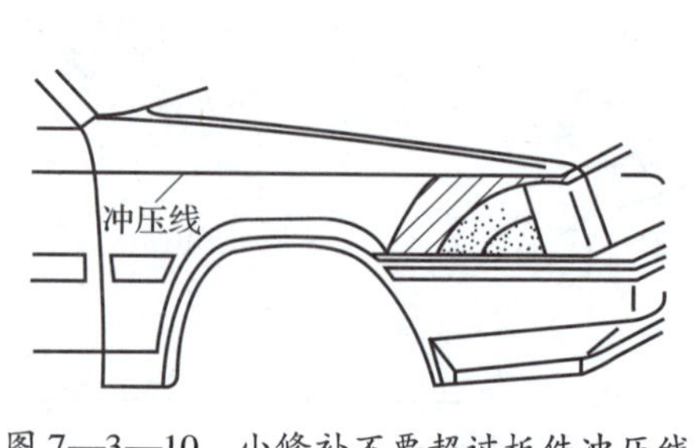

图 7—3—10 小修补不要超过板件冲压线

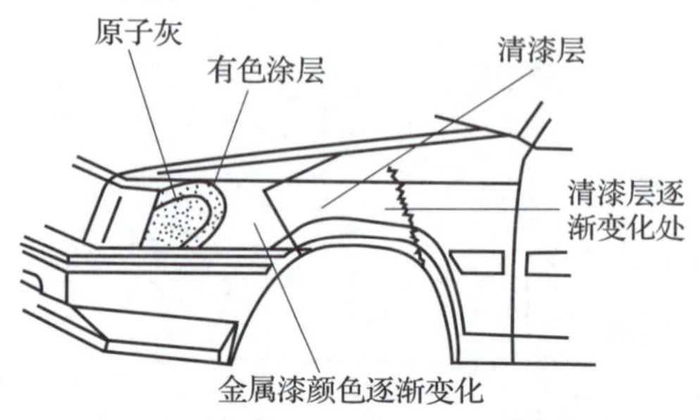

图 7—3—11 晕色区终止的部位

四、面漆局部修补喷涂工艺

1. 素色漆的局部修补喷涂工艺

素色漆的局部修补喷涂工艺以丙烯酸聚氨酯涂料为例，其工艺要点见表 7—3—2。

表 7—3—2 素色漆局部修补喷涂的作业要点和作业方法

作业步骤	作业要点	作业方法	图示
步骤 1：喷涂前的准备	（1）喷涂前打磨 （2）除水、清洁 （3）遮盖 （4）脱脂、除油 （5）除尘 （6）按照涂料说明书的比例配制好涂料	用 P400 的干磨砂纸打磨喷涂部位，用 P500 干磨砂纸打磨喷涂部位与旧涂膜的交界处；打磨后用除油剂清除油脂和污垢，然后用粘尘布仔细除去细小的粉尘	中涂底漆 用P400干磨砂纸干打磨 用P500干磨砂纸干打磨
步骤 2：局部修补喷涂	（1）第一层预喷 （2）第二层着色喷涂，一、二两层涂料的喷涂黏度为 14～16 Pa・s	第一次喷涂薄薄的一层，以提高底层和旧涂膜与涂料的亲和力；第二次喷涂比第一次喷涂稍宽一些，并在湿的状态下定出色彩；第三次喷涂比第二次要喷得更宽些，以获得高的表面质量	喷第一遍 喷第二遍 喷第三遍

续表

作业步骤	作业要点	作业方法	图示
步骤 2：局部修补喷涂	（3）第三层修饰喷涂，涂料黏度为 13～14 Pa·s，修补操作喷涂气压为 245～294 kPa，喷涂距离为 250 mm，雾束开度和出漆量根据修补面积的大小调整，修补面积小，则适当减小	喷枪采用圆弧运动方式操作，使喷枪从中心向外移动。操作时，适当减少喷涂流量和喷涂气压	喷枪做圆周运动
步骤 3：修补边缘的晕色	（1）用 30% 的聚氨酯磁漆，加入 70% 的稀释剂进行修补边缘晕色 （2）晕色处理后进行强制干燥	将稀释后的聚氨酯涂料或专用“驳口水”薄薄地喷涂在新喷漆层与旧漆层的交界处，注意不要喷得太多，否则会出现流挂。 晕色处理后一定要强制干燥，一般在 60℃ 下，干燥 30 min 即可	晕色区

2. 金属闪光漆的局部修补喷涂

将金属闪光漆以 1∶1 的比例加入稀释剂，黏度调整到 14～16 Pa·s；将清漆按 1∶2 的比例加入固化剂，然后加入 10%～20% 的稀释剂稀释，黏度调为 12～13 Pa·s，选用合适的滤网分别过滤。选取合适的喷枪，调整并测试喷枪。完成这些准备工作之后，就可以开始喷涂，金属闪光漆的局部喷涂方法见表 7—3—3。

表 7—3—3　　金属闪光漆的局部喷涂方法

喷涂步骤	喷涂方法	图示
步骤 1：喷涂前准备	在中涂底漆涂层的附近用 P500 的水磨砂纸进行湿打磨。晕色部位用 P600 干磨砂纸干磨。然后用压缩空气吹干净，用除油剂清洁，最后用粘尘布擦拭	用P500干磨砂纸进行干磨　用P600干磨砂纸进行干磨

续表

喷涂步骤	喷涂方法	图示
步骤 2：金属漆的喷涂	先在中涂底漆层四周喷一层透明清漆，以使所喷的金属闪光漆更光滑；然后薄薄喷一层金属闪光漆，以提高与中涂底漆和旧涂膜的亲和力；最后喷涂确定涂层的颜色，一般喷 2～3 遍，如果着色不好，则需要喷 3～4 遍。着色喷涂不要喷得过厚，要均匀薄薄地喷涂	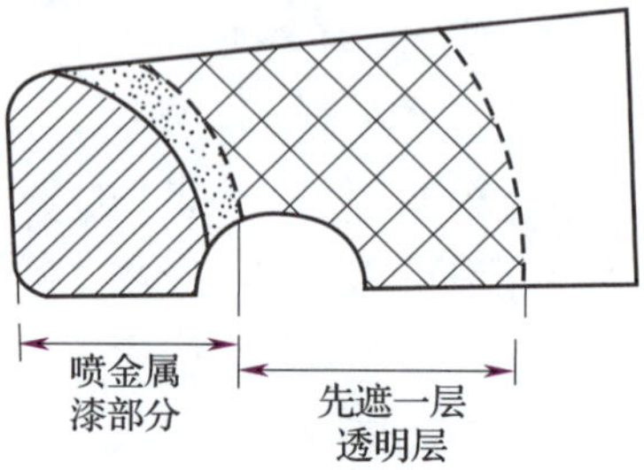
步骤 3：金属漆面的消斑处理	将 50% 的金属闪光漆与 50% 的清漆相混合，黏度调至 11～12 Pa·s。喷涂时比步骤 2 喷得要更宽一些。喷涂时应使涂料呈雾状，薄薄地喷涂，以消除斑纹，调整金属质感，同时兼有晕色处理作用。每两次喷涂之间，需设置 10～15 min（20℃）的闪干时间	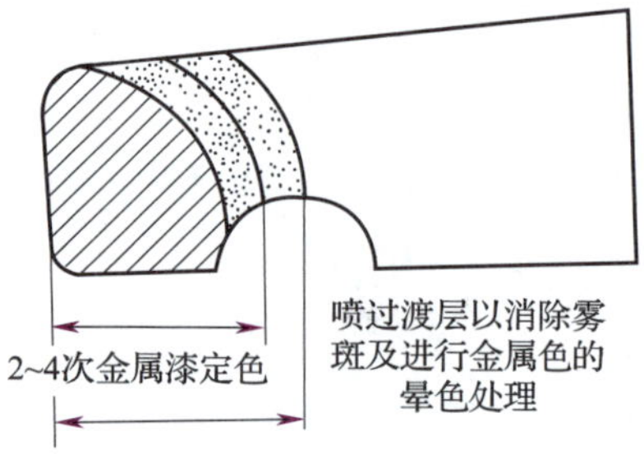
步骤 4：透明清漆的喷涂	透明清漆喷涂面积要更大一些。第一次薄薄地喷一层，间隔大约 5 min，再喷第二次。喷涂时要边观察色调边喷涂，以形成光泽	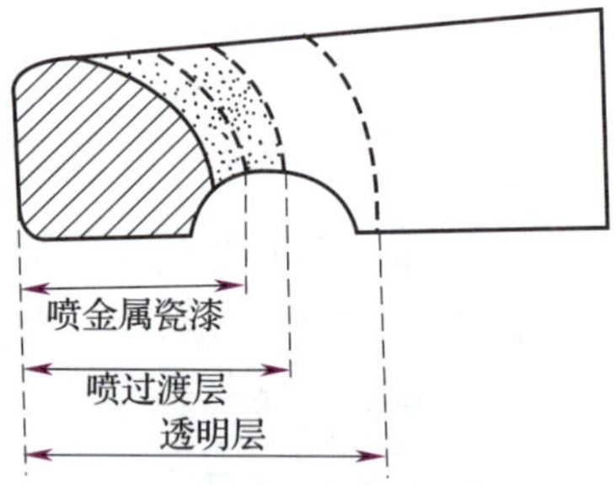
步骤 5：晕色处理	将 20% 的清漆和 80% 的稀释剂相混合，然后在清漆层区域周围喷涂，以掩盖其由于喷涂雾滴带来的影响。注意喷得要薄，防止产生流挂	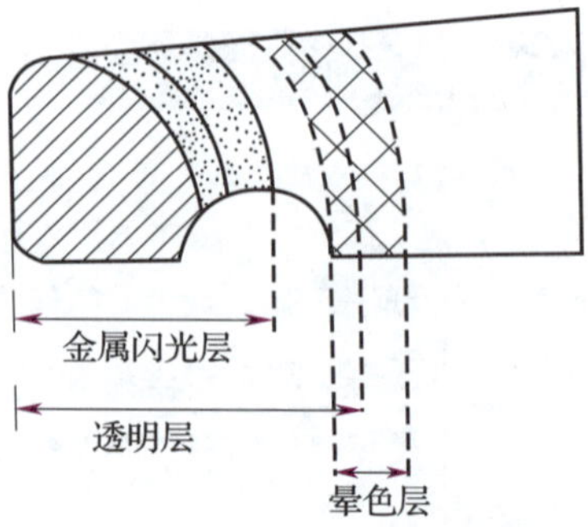

技能训练

操作一　局部修补喷涂方法练习

1. 修补的预喷涂练习

方法：

(1) 按照面漆局部修补喷涂的规律，在一张黑白格纸的一角画出中涂底漆涂层区、颜色过渡区和晕色区。

(2) 调整好喷枪的各项参数，在第一道圆弧内练习局部修补的预喷涂。

提示：

(1) 小面积修补时，传统喷枪一般选用 1.0～1.3 mm 口径的重力式喷枪，喷涂气压196～245 kPa，喷涂流量为 1/2，喷幅宽度为 2/3，喷涂距离为 20 cm。

(2) 预喷涂一般是采用普通的喷涂方法在中涂底漆层区域薄薄地喷涂一层，不要喷得过厚。

2. 修补的着色喷涂练习

方法：

适当减小喷涂距离和走枪速度，在中涂底漆涂层区域和颜色过渡区域喷涂。

提示：

(1) 着色喷涂的实喷区域为中涂底漆层区域和过渡区域的 1/3，当喷枪走枪到第一道圆弧线外围时，喷枪按“挑枪法”向晕色区域做弧形摆动，以形成颜色逐渐变淡的过渡层。

(2) 过渡层要沿圆弧扩展的方向逐渐变薄，整体渐变一致。

3. 修补的修饰喷涂练习

方法：

(1) 在喷枪涂料罐中加入适量的稀释剂，使涂料的黏度降低到 13～14 Pa·s。

(2) 观察过渡和晕色区域涂料颗粒分布情况，用“挑枪法”在整个修补区域内喷涂。

提示：

(1) 若某处颜色渐变的程度与周围不一致，则整体应适当多喷几次，以使修补边缘颜色渐变自然。

（2）在晕色区域以外的广大区域可能沾上涂料飞漆，此时应用粘尘布轻轻擦拭除去。

4. 过渡区晕色练习

方法：

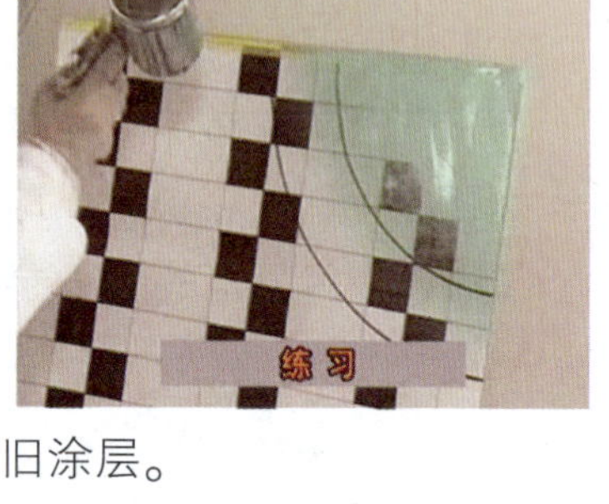

（1）以涂料30%、稀释剂70%的比例，在喷枪涂料罐中加入稀释剂，充分搅匀。

（2）在旧涂膜和涂料颜色的渐变区域薄薄地喷涂。

（3）静置闪干3～5 min后，在喷枪中加入专用驳口水，在修补边缘更为广阔的区域内薄薄地喷涂。

提示：

晕色处理一般要喷涂2～3遍，使修补边缘薄层涂料溶于旧涂层。

操作二　素色漆的局部修补

1. 喷涂前的打磨和遮盖

方法：

（1）先用P400干磨砂纸打磨中涂底漆涂层区域，然后用P500干磨砂纸打磨修补的过渡区域。

（2）用除尘枪除尘、除水，用除油剂清洁整个待涂表面和周边部位，将非喷涂区域遮盖好。

提示：

打磨一定要使中涂底漆涂层与旧涂层之间的连接平滑，过渡自然。

2. 喷涂前的其他准备工作

方法：

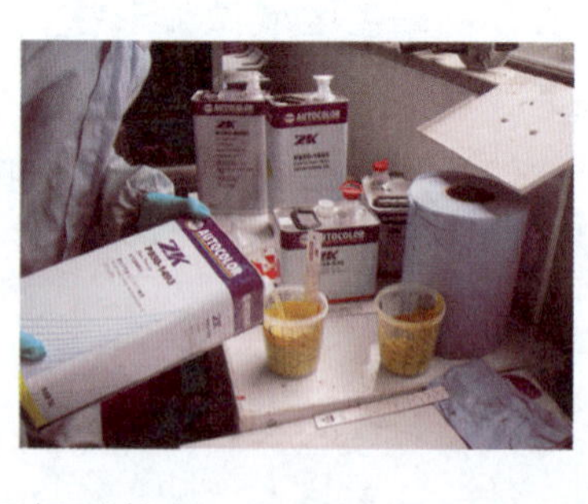

（1）再次对待涂表面进行除尘、除油和粘尘，确保待涂表面的清洁。

（2）配制、过滤待涂面漆。

（3）选用口径为1.3 mm的重力式环保喷枪，按照喷涂的具体要求，调整并检测喷枪，使之保持理想的工作状态。

提示：

环保型喷枪的喷涂参数与传统型喷枪差异很大，喷涂效果相对较好。

3. 预喷涂

方法：

（1）将环保型重力式喷枪的工作气压调整到147～196 kPa，喷涂流量为1/2，喷幅宽度

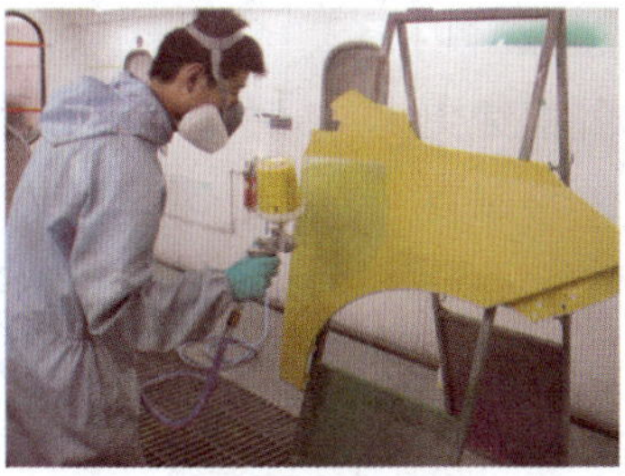

为 3/4。

（2）以 15 cm 的喷涂距离在中涂底漆涂层区域较快地喷涂。

（3）静置 3～5 min 进行闪干。

提示：

预喷涂是以雾罩喷涂的方式喷涂，只要求在喷涂表面形成一薄层涂膜。

4. 着色喷涂

方法：

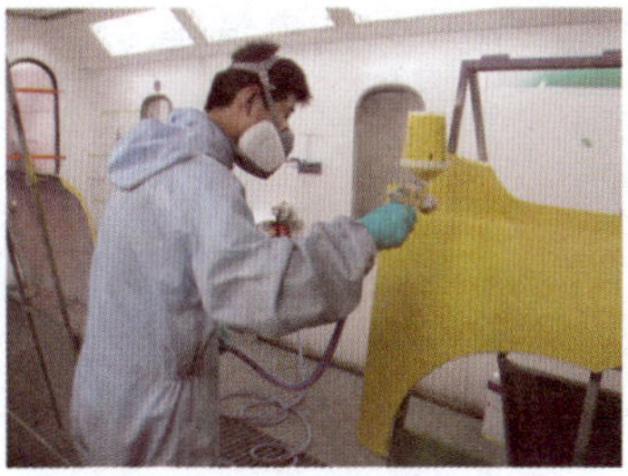

（1）将环保型重力式喷枪的工作气压调整到 98～147 kPa 之间，喷涂流量为 2/3，喷幅宽度为 2/3，以 13 cm 的喷涂距离在中涂底漆涂层区域和过渡区域速度适中地喷涂。

（2）当喷枪走枪到中涂底漆涂层边缘的外围时，喷枪按“挑枪法”向晕色区域做弧形摆动，以形成颜色逐渐变淡的过渡层。

（3）静置 3～5 min 进行闪干。

提示：

着色喷涂比预喷涂的范围要稍大一些，而且要形成基本的过渡层，实喷区域要在湿的状态下定出色彩。

5. 修饰喷涂

方法：

（1）在喷枪涂料罐中加入适量的稀释剂，使涂料的黏度降低到 13～14 Pa·s。

（2）修饰喷涂的喷枪参数与着色喷涂时相同，在比着色喷涂稍大的区域内以 17 cm 的喷涂距离速度适中地喷涂。

（3）静置 3～5 min 进行闪干。

提示：

修饰喷涂的主要目的是细化新喷素色漆涂膜的纹理，实现素色漆颜色的自然过渡。

6. 晕色处理

方法：

（1）以涂料 30%、稀释剂 70% 的比例，在喷枪涂料罐中加入稀释剂，充分搅匀后，在旧涂膜和涂料颜色的渐变区域薄薄地喷涂。

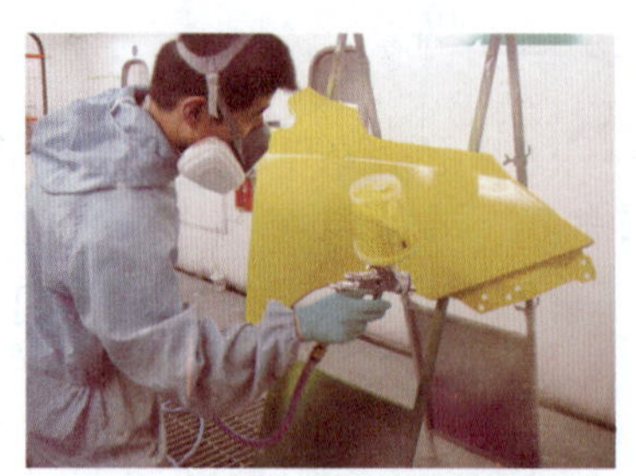

（2）闪干3～5 min后，在喷枪中加入专用驳口水，在修补边缘更为广阔的区域内薄薄地喷涂。

提示：

晕色喷涂只能采用薄喷，每两次喷涂之间要留3～5 min的闪干时间，否则会产生流挂。

7. 面漆的干燥

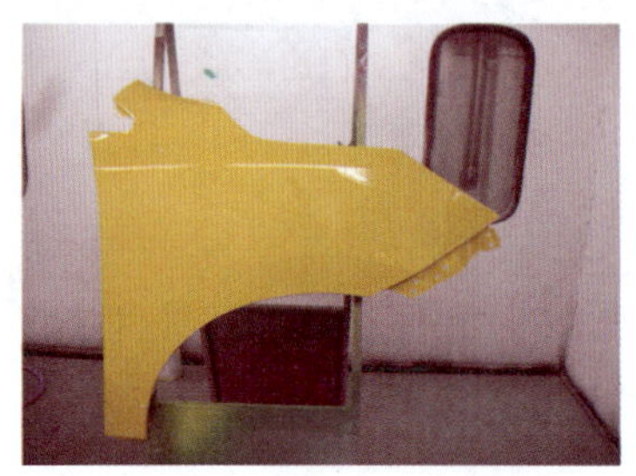

方法：

（1）静置10～15 min，使修补涂膜中的稀释剂充分挥发，用手指触碰不粘手。

（2）将烤漆房调整到烘烤模式，设置35 min的烘烤时间。

提示：

烤漆房升温不能过急，否则会使涂膜产生缺陷。

8. 收尾工作

方法：

（1）烘烤结束后，趁板件或车身涂膜未冷时揭开遮盖胶带。

（2）清洗喷枪和其他涂装工具，拿出喷好的板件，清洁烤漆房。

提示：

一般局部修补的边缘接口都需要经过抛光处理，因此遮盖纸的去除要在抛光后进行。

操作三　金属闪光漆的局部修补

1. 喷涂前的打磨与遮盖

方法：

（1）先用P500干磨砂纸打磨中涂底漆涂层区域，然后用P600干磨砂纸打磨修补的过渡区域。

（2）用除尘枪除尘、除水，用除油剂清洁整个待涂表面和周边部位，将非喷涂区域遮盖好。

提示：

金属闪光漆容易显现细小的磨痕和微小的缺陷，打磨时需用比素色漆更细的砂纸。

2. 喷涂前的其他准备工作

方法：

（1）对待涂表面进行除尘、除油和粘尘，确保待涂表面的清洁。

（2）配制、过滤金属闪光漆和透明清漆。

（3）选用口径为 1.3 mm 的环保型重力式喷枪，按照喷涂的具体要求调整并检测喷枪，使之达到理想的工作状态。

提示：

喷涂周围的遮盖纸也需要粘尘，这样可以防止遮盖纸上的灰尘飘入新喷的涂膜中。

3. 喷涂底清漆

方法：

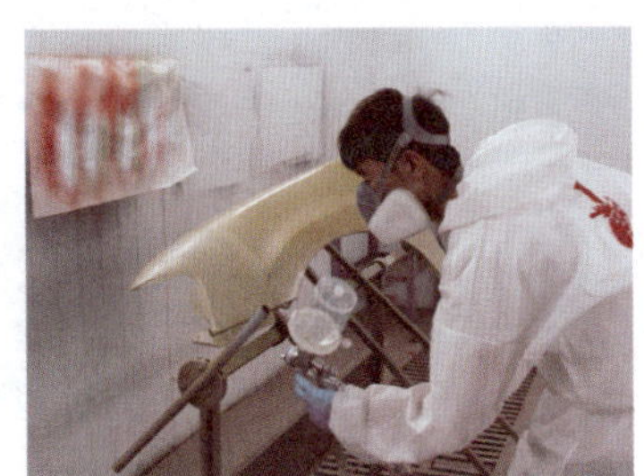

（1）将环保型喷枪的喷涂气压调整至 147 kPa，喷涂流量为 2/3，喷幅宽度为 2/3。

（2）在中涂底漆层边缘的过渡区域，以 15 cm 的喷涂距离速度适中地喷涂一层清漆。

提示：

喷涂底清漆是防止金属漆过渡区域铝粉层出现“黑圈”。

4. 金属闪光漆的预喷涂

方法：

（1）将环保型喷枪的喷涂气压调整至 196 kPa，喷涂流量为 1/2，喷幅宽度为 3/4。

（2）在中涂底漆层的范围内，以 17 cm 的喷涂距离速度较快地预喷一层金属闪光漆。

（3）闪干 3 min。

提示：

金属闪光漆预喷涂的主要目的提高新旧涂层之间的亲和力，薄喷一层即可。

5. 金属闪光漆的着色喷涂

方法：

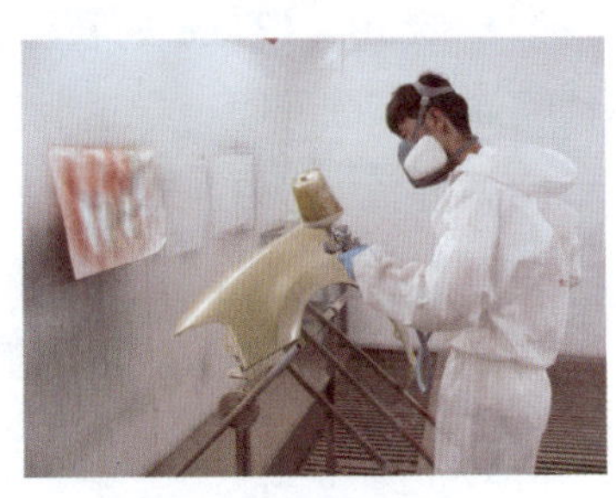

（1）将环保型喷枪的喷涂气压调整至 147 kPa，喷涂流量为 2/3，喷幅宽度为 2/3。

（2）在中涂底漆层和过渡层区域，以 15 cm 的喷涂距离用“挑枪法”速度适中薄薄地喷涂，着色喷涂决定涂层的颜色，一般要喷涂 2 ~ 3 遍，如果着色不好，则要喷涂3 ~ 4 遍。

（3）闪干 2 ~ 3 min。

提示：

金属闪光漆的着色喷涂不需要太厚，每次薄薄地喷涂，只要完全遮盖底材即可。

6. 金属闪光漆的消斑处理

方法：

（1）将 50% 的金属闪光漆与 50% 的清漆相混合，黏度调至 11 ~ 12 Pa·s。

（2）喷枪参数与着色喷涂相同，喷涂范围比着色喷涂要更宽一些，使涂料呈雾状，薄薄地喷涂。

（3）两次消斑处理之间设置 2 ~ 3 min 的闪干时间，消斑处理结束后，静置 10 ~ 15 min 闪干。

提示：

消斑处理的作用是消除斑纹，调整金属质感，同时兼有晕色处理作用。

7. 透明清漆的预喷涂

方法：

（1）将环保型喷枪的喷涂气压调整至 147 kPa，喷涂流量为 2/3，喷幅宽度为 2/3。

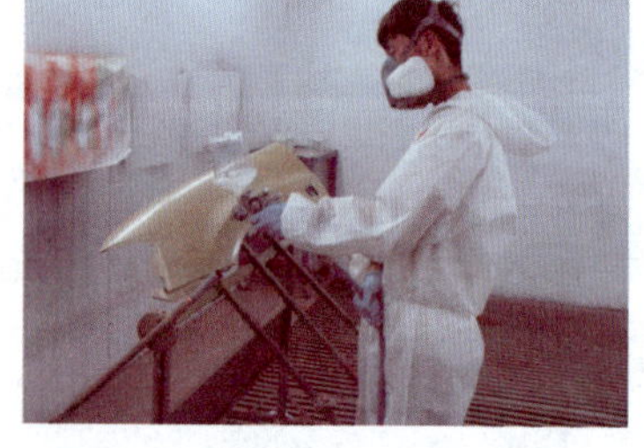

（2）以 15 cm 的喷涂距离，速度适中地在整个修补区域喷涂薄薄的一层透明清漆。

（3）静置闪干 5 min。

提示：

如果新喷金属闪光漆闪干不充分，则金属颜料会溶于清漆中，导致漆面颜色产生差异。

8. 透明清漆的精细喷涂

方法：

（1）将环保型喷枪的喷涂气压调整至 147 kPa，喷涂流量为 3/4，喷幅宽度全开。

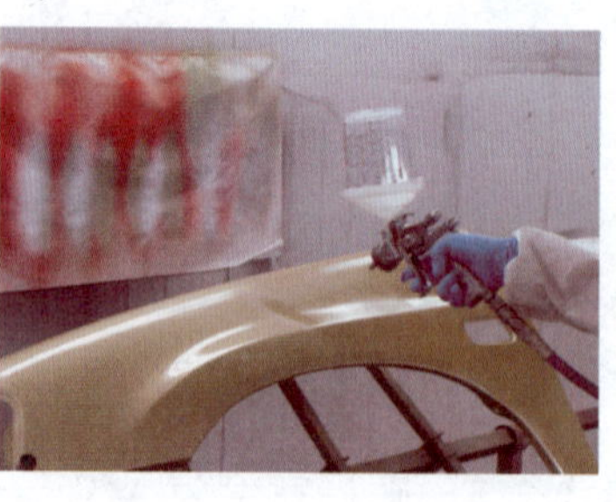

（2）以 10 ~ 13 cm 的喷涂距离，速度较慢地在大于清漆预喷涂的范围厚喷一层透明清漆。

（3）静置闪干 3 ~ 5 min。

提示：

喷涂时要边观察涂膜的色调边喷涂，确保形成良好的光泽。

9. 晕色处理

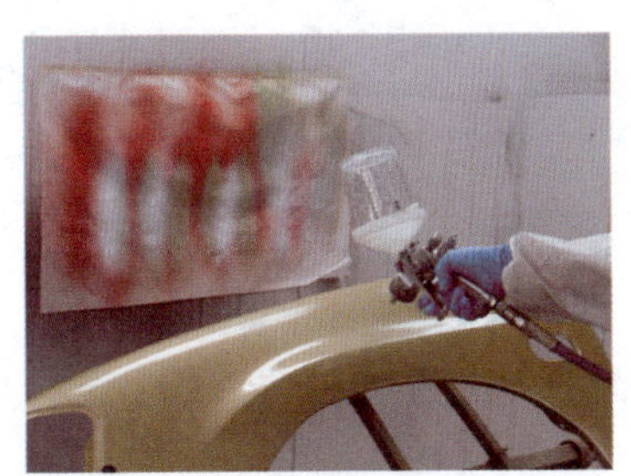

方法：

（1）以涂料20%、稀释剂80%的比例，在喷枪涂料罐中加入稀释剂，充分搅匀后，在旧涂膜和新喷清漆的交界处薄薄地喷涂。

（2）静置闪干3～5 min后，在喷枪中加入专用驳口水，在修补边缘更为广阔的区域内薄薄地喷涂。

提示：

晕色处理每次喷涂都要喷得很薄，以防止流挂的产生。

10. 金属闪光面漆涂层的干燥

方法：

（1）静置10～15 min，使修补涂膜中的稀释剂大部分挥发，指触不粘手。

（2）将烤漆房调整到烘烤模式，在60℃的条件下烘烤35 min。

提示：

如果采用自然干燥，喷涂后干燥24 h即可。

11. 收尾工作

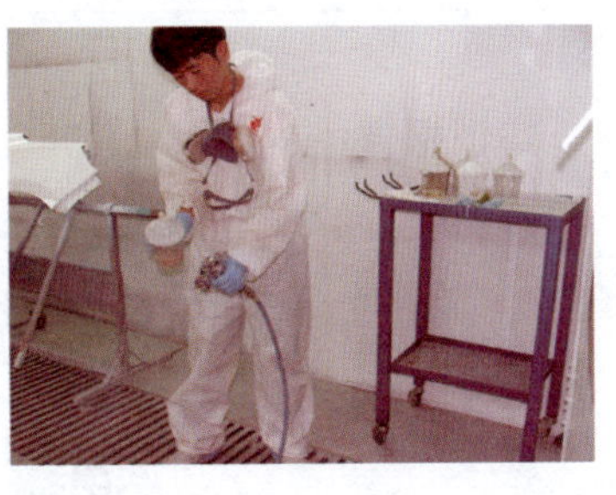

方法：

（1）烘烤结束后，趁车身涂膜未冷时，揭开喷涂边缘的遮盖胶带。如果晕色区和修补区的涂膜质量良好，不需要修整和抛光，则去除掉所有的遮盖物。

（2）清洗喷枪和其他喷涂辅助工具，整理漆料、废料，归置和保养喷涂设备，清洁场地。

提示：

涂装产生的废料不能随意丢弃，要分类处理。

训练评价

训 练 评 价

考核要求

1. 在规定的时间内完成面漆的局部修补，使之符合技术标准。
2. 在操作过程中出现的违规操作，应及时指正。
3. 符合安全文明生产的要求。

考核标准

考评标准表——面漆局部修补

考核时间	考核项目	分值	评分标准与指导	评价结果
100 min	素色漆局部修补前准备	10	按要求酌情扣分，并指正	
	素色漆预喷涂	5	按要求酌情扣分，并指正	
	素色漆着色喷涂	10	按要求酌情扣分，并指正	
	素色漆修饰喷涂	5	按要求酌情扣分，并指正	
	金属漆局部修补前准备	10	按要求酌情扣分，并指正	
	底清漆喷涂	5	按要求酌情扣分，并指正	
	金属漆喷涂	15	按要求酌情扣分，并指正	
	金属漆消斑处理	10	按要求酌情扣分，并指正	
	透明清漆的喷涂	10	按要求酌情扣分，并指正	
	晕色处理	10	按要求酌情扣分，并指正	
	整理工具、清理现场	10	每项扣2分，扣完为止	
	遵守相关安全操作规范 在规定的时间内完成		因违规操作发生人身和设备事故，终止考核，成绩按0分计；超时每分钟扣2分，超时5 min终止考核	
	分数合计	100		

实训报告

1. 素色漆局部修补的步骤是怎样的，有哪些注意事项？
2. 简述金属闪光漆局部修补喷涂的步骤和方法。

课题4　漆面修理与抛光

学习目标

1. 熟悉涂膜修整所需要的工具和材料。
2. 掌握漆面局部修理的方法。
3. 掌握漆面抛光和打蜡的施工方法。
4. 能熟练地修理几种常见涂膜缺陷。
5. 能熟练进行车身漆面抛光。
6. 能熟练进行全车打蜡。

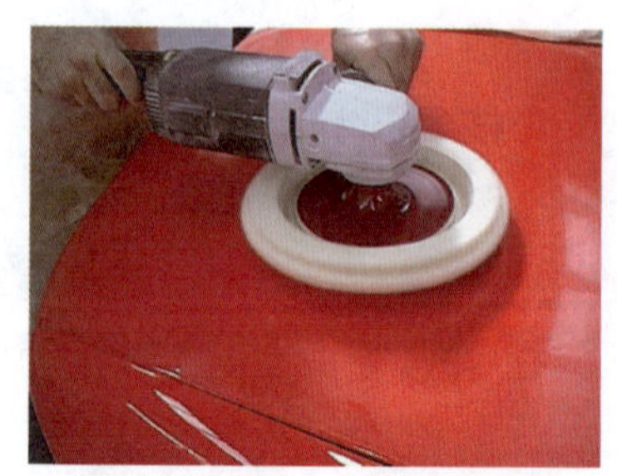

知识准备

面漆喷涂结束后，涂装的工作已经大部分完成，但还需要进行最后的涂膜修整工作。涂膜修整的主要内容是漆面修理和漆面抛光。

一、涂膜修整所需要的材料和工具

1．涂膜修整所需要的材料

面漆施工完成后，在新涂涂膜的表面可能存在诸如脏点、颗粒（见图 7—4—1）、虚漆、橘皮（见图 7—4—2）、流挂等缺陷，修理这些缺陷常见的材料有水磨砂纸、磨石、麂皮、抛光蜡和上光蜡等。

图 7—4—1　涂膜表面的颗粒

图 7—4—2　涂膜表面的橘皮

抛光蜡由水溶性蜡（也有油性蜡）加研磨颗粒组成，按研磨颗粒的粗细程度分为粗蜡、中粗蜡、细蜡三种，如图 7—4—3 所示。各种抛光蜡的用途、适用范围和抛光效果的比较见表 7—4—1。

图 7—4—3　汽车常用抛光蜡

表 7—4—1　各种抛光蜡的用途、适用范围和抛光效果比较

种类	用途	适用范围	涂膜抛光效果
粗蜡	消除砂纸痕迹使涂膜具有光亮，或对良好的失光旧漆层进行抛光美容时使用	适用于对经过细砂纸（P1000～P2000 水磨）打磨的部位进行更加细致的研磨	消除了砂纸痕迹，但涂膜的光亮程度和鲜映性不能达到要求

续表

种类	用途	适用范围	涂膜抛光效果
中粗蜡	消除粗蜡研磨的痕迹，使涂膜光亮	适用于经粗蜡研磨部位的抛光	涂膜光亮，鲜映性良好，基本上无须做其他上光处理
细蜡	使涂膜最终达到反光和提高鲜映性的效果	用于高档轿车的最终抛光处理和一般微小擦痕和划痕的抛光美容工作	涂膜光亮，鲜映性最好

上光蜡（见图7—4—4）中不含研磨颗粒，只起保护涂膜和上光作用。现在市场上有油性上光蜡和水性上光蜡两类。油性上光蜡和水性上光蜡的优缺点比较见表7—4—2。

图7—4—4 汽车常用上光蜡

2. 涂膜修整所需要的工具

涂膜修整常用手工工具有打磨垫块、毛笔、竹扦等，如图7—4—5所示；机械修理工具主要有抛光机和其附件抛光垫等。

表7—4—2 油性上光蜡和水性上光蜡的优缺点比较

类别	优点	缺点
油性上光蜡	不易干燥，耐水性比较好，保光时间长，可达一个星期左右	不溶于水，不易用水清理干净，脱蜡时须采用专门的除硅酮清洁剂；干燥慢，容易在车身上黏附很多的细小沙尘，影响光亮，不推荐使用
水性上光蜡	可溶于水，干燥时间较短，车身上沾染细小沙尘后很容易用水洗的方法清理干净	耐水性差，保光时间比较短，通常为两天到一个星期

打磨垫块

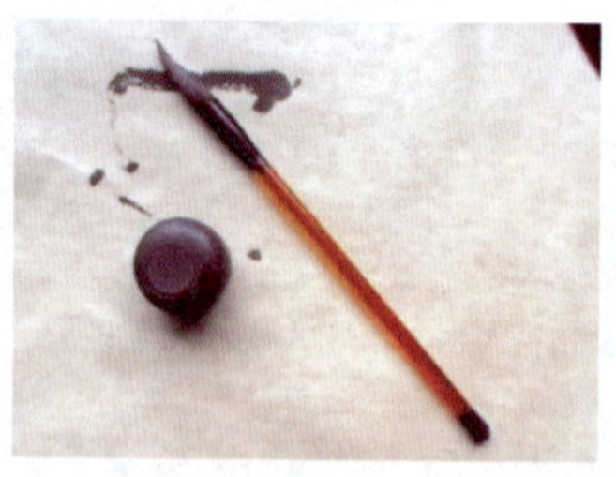
毛笔

竹签

图7—4—5 涂膜修整的手工工具

抛光机是利用抛光垫对已喷涂的外涂层进行光整加工的设备，有电动机驱动和压缩空气驱动两种形式，如图7—4—6所示。由于电动机驱动型转矩大，能保证在有负载的情况下旋转稳定，所以电动抛光机比气动抛光机用得普遍。

电动抛光机

气动抛光机

图 7—4—6　两种形式的抛光机

抛光机的主要附件就是抛光垫。抛光垫按其与抛光机的连接方式的不同可分为螺母盘、螺栓盘及吸盘；根据材料不同抛光垫可分为毛巾式、毛绒式和海绵式，如图 7—4—7 所示。毛巾式抛光垫的研磨效力最高，它一般与中、粗颗粒的抛光剂配套使用；海绵式抛光垫留下的抛光痕迹最小，常用于精细抛光；毛绒式抛光垫的磨削力则居于前两者之间。

毛巾式抛光垫

毛绒式抛光垫

海绵式抛光垫

图 7—4—7　三种形式的抛光垫

二、漆面修理

喷涂过程中经常会由于各种原因在面漆表面造成一些微小的缺陷，例如，局部流挂、涂膜颗粒（脏点）、微小划擦痕迹和凹坑等，影响了涂膜的装饰性，因此必须进行修理。

1. 涂膜流挂、颗粒的修理

涂膜流挂、漆面颗粒的修理必须在涂膜完全干燥的情况下进行。处理过程为首先平整流挂或颗粒部位，然后用抛光的方法使修理部位与其他部位光泽一致，消除修理痕迹。

（1）平整修理

平整流挂和小颗粒多采用打磨的方法，但对于流痕或颗粒比较大的情况，往往先用铲刀将流痕或大颗粒削平，然后再用较细的砂纸打磨。打磨流挂一般使用 P1200 ~ P2000 水磨砂纸配合硬质打磨垫块来进行，如图 7—4—8 所示。为提高打磨效率，可以先用 P800 ~ P1000 砂纸打磨一遍，使流痕的高度略高于整体涂膜的高度，然后用更细一级的砂纸打磨，直到痕迹可以用抛光的方法消除为止。打磨时，不要跨

图 7—4—8　平整打磨

级使用砂纸，不要磨穿流痕周围的涂膜，要保证抛光足够的膜厚，对于边角等涂膜比较薄且极易磨穿的地方尤其要小心。

对于颗粒等小范围的打磨，一般使用小型打磨块配合 P1500 ~ P2000 水磨砂纸进行。打磨方法同打磨流挂一样，须平行于涂膜运动并用肥皂水润滑，如图 7—4—9 所示。如果颗粒过大或流痕凸出部位非常明显，可以先用刮刀刮除，然后再用上述的打磨方法进行平整处理。刮削时，刮刀刃口应略向上方倾斜，不可切削过量，如图 7—4—10 所示。

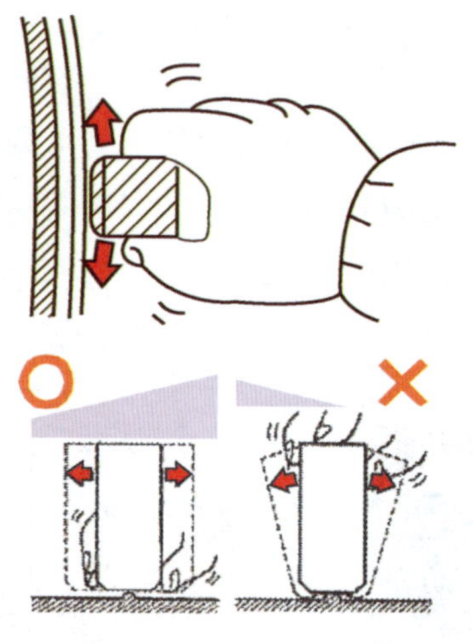

图 7—4—9 平整打磨的方法

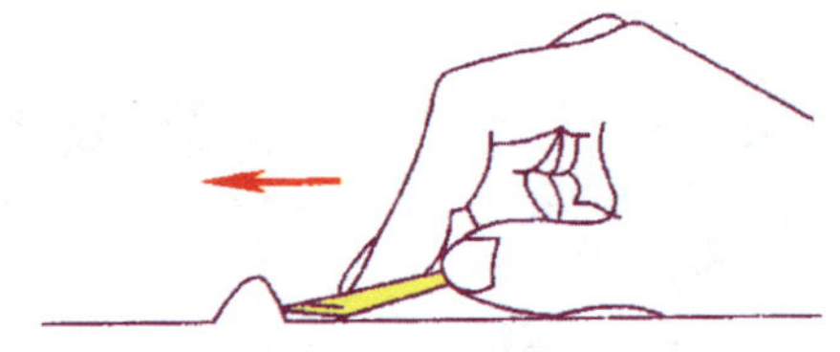

图 7—4—10 切削凸出流痕的方法

（2）局部抛光

经过平整处理的区域必须进行抛光，对小范围修补区域一般使用手工抛光的方法，也可用机械抛光来提高效率。

手工抛光时，用法兰绒布蘸上少许抛光粗蜡或中粗蜡，用力在打磨区域擦拭以消除打磨痕迹（见图 7—4—11），运动轨迹以无序为好，尽量不要留下打磨的痕迹。待砂纸痕迹基本消除并具有一定的光泽后，用法兰绒布将粗蜡清理干净，然后换用细抛光蜡再次进行精细抛光。细蜡抛光的面积要大于修理区域 3 ~ 5 倍，使修补区域与未修补区域无明显的差异。细蜡抛光完成后，用上光蜡在板件表面进行上光处理。

用抛光机进行局部抛光与手工抛光的步骤相同。首先将中粗抛光蜡涂抹于修理区域，选用小型海绵抛光轮以较低的转速对修理区域进行研磨抛光（见图 7—4—12），待修理区域基本消除打磨痕迹并显现出光泽后，逐渐提高转速并扩大抛光区域至修理区域的 3 ~ 5 倍，然后换用较大的抛光轮，用细蜡对整板进行抛光上光一体操作，消除光泽和颜色的差异。

图 7—4—11 局部手工抛光

2. 涂膜凹陷的修理

在面漆喷涂完毕后，涂膜上常常会有个别因喷涂表面清洁不净，留有油渍、汗渍等造成涂膜张力变化而形成的小凹坑（见图 7—4—13），或是清除贴护时造成的小范围涂膜剥落等现象。对这些地方进行修理时，若缺陷位置不明显，一般不需要用喷枪，只要用小毛笔或牙签等对凹陷部位进行填补就可以了。

图 7—4—12　局部机械抛光

图 7—4—13　涂膜上的小凹坑

涂膜凹陷修理的步骤如下。

（1）填补凹陷最好在涂膜未干时操作，若面漆涂膜已经干燥，则需要用清洁剂对需要填补的区域进行清洁。

（2）用牙签或小毛笔蘸上少许面漆，迅速地滴到故障部位或其他需要填补的部位，如图 7—4—14 所示。

（3）用另一支小毛笔蘸取少许面漆稀释剂，涂抹在滴注面漆的周围（见图 7—4—15），以使修饰部位变得平整，并利用稀释剂的晕开和溶解作用使修补部位与其周围相融合。

（4）待完全干燥后，稍稍进行打磨，然后进行局部抛光处理。

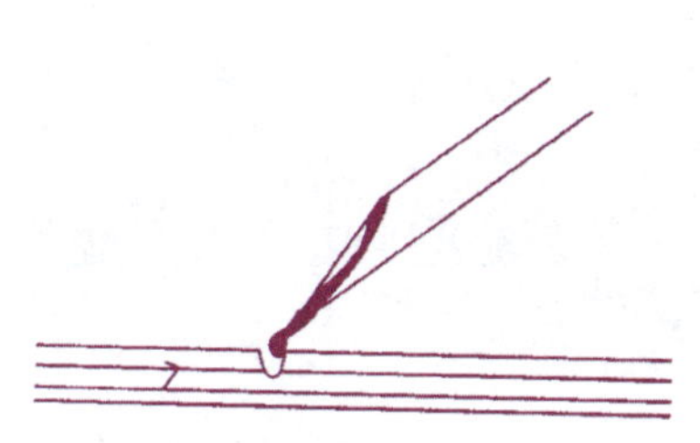
图 7—4—14　用牙签滴入油漆

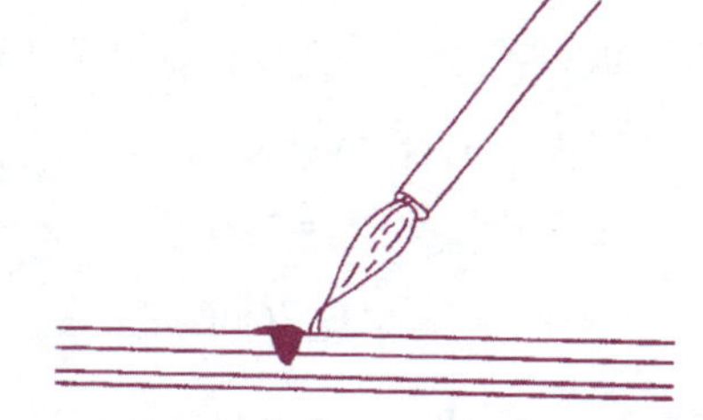
图 7—4—15　在修理部位及边缘涂抹稀释剂

三、漆面抛光与打蜡

1. 漆面抛光

漆面抛光就是通过打磨的方法，除去附着在涂膜表面的灰尘和麻点，对表面粗糙和起皱等平整度不良的部位进行修整，以达到提高涂膜表面的光泽度、消除修补痕迹的目的。抛光处理最好的时机是涂膜干燥程度为 90% 时，常温下涂膜一般在干燥 2 ~ 3 天最适合抛光。

根据涂膜表面的具体情况不同，抛光分为晕色区域抛光和涂膜纹理调整抛光两种。

（1）晕色区域抛光

处理车身晕色区域，应使用超细的研磨膏，薄薄地涂在晕色部位，然后用装有海绵抛光垫的抛光机打磨，如图 7—1—16 所示。打磨时，抛光垫只能轻轻接触涂膜，边观察光泽和涂膜状态边仔细操作；晕色部位涂膜很薄，容易磨穿而造成露底现象，晕色区抛光的抛光方向只能从重涂区域向非重涂区域运行，不能反向抛光，如图 7—1—17 所示。双组分的丙烯酸聚氨酯硝基涂膜和丙烯酸聚氨酯涂膜的晕色部位，在抛光前一定要用红外线烤灯加热，以确保涂膜完全干燥和固化；如果涂膜处于半干状态，抛光时就会出现涂膜脱落、发白等现象。

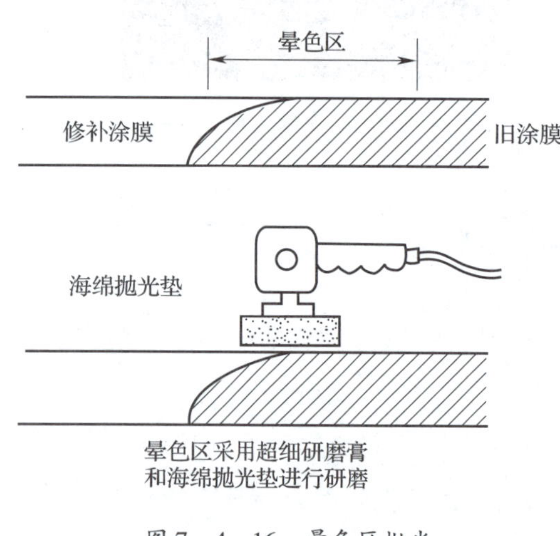

图 7—4—16 晕色区抛光

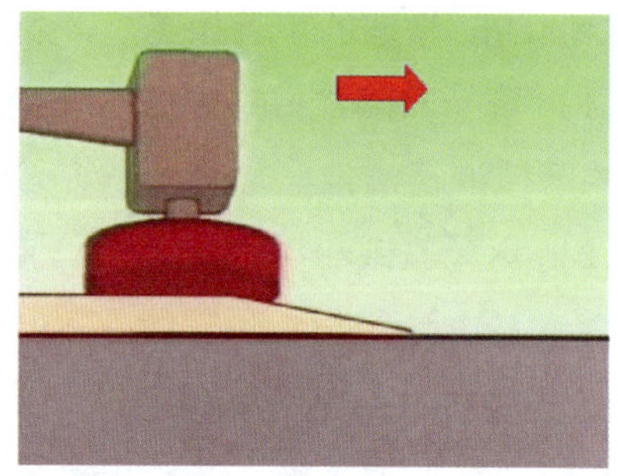

图 7—4—17 晕色区抛光的方向

（2）涂膜纹理调整抛光

重涂表面的纹理一般比原涂膜表面粗糙，通过抛光磨去重涂表面的部分凸起，以获得与原涂膜相似表面纹理的方法称为涂膜纹理调整抛光。涂膜纹理调整抛光的步骤如下。

1）比较新旧涂膜纹理（见图 7—4—18），确定是否需要抛光。

2）用砂纸湿打磨重涂表面。

3）用调整光泽的粗抛光剂抛光。

4）用产生光泽的细抛光剂抛光。

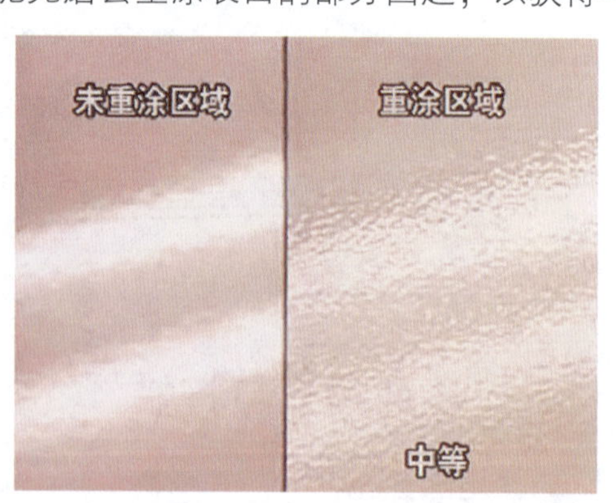

图 7—4—18 新旧涂膜纹理比较

2. 漆面打蜡

抛光作业完成后应彻底清洗车身，待车身涂

膜完全干燥才能打蜡。汽车打蜡的主要目的是保持车身漆面亮丽整洁，保护车身涂膜。漆面打蜡按照作业方式的不同分为手工打蜡和机械打蜡两种。

(1) 手工打蜡

手工打蜡首先是上蜡，将适量的车蜡涂在专用打蜡海绵上，每次按 0.5 m^2 的面积往复直线涂抹涂匀（见图 7—4—19），每道涂抹应与上道涂抹区域有 1/5 ~ 1/4 的重合度，防止漏涂及保证均匀涂抹，注意在边角处的涂抹应避免超出漆面。上完蜡后，等待几分钟时间，待车蜡凝固。最后用无纺布往复直线擦拭抛光（见图 7—4—20），以达到涂膜表面光亮如新、清除剩余车蜡的目的。

图 7—4—19 手工涂蜡

图 7—4—20 手工抛光

(2) 机械打蜡

机械打蜡是将液体上光蜡均匀倒在打蜡机上蜡盘套上，如图 7—4—21 所示，每次按 0.5 m^2 的面积涂匀，直至打完全车。上完蜡后，等待几分钟时间，待车蜡凝固。确认蜡盘中无杂质后装上抛蜡盘，开启打蜡机，将其轻放在车体上横向或纵向进行覆盖式抛光，如图 7—4—22 所示，直至光泽令人满意。

要想达到理想的效果，在汽车打蜡作业时必须注意以下几点。

1) 打蜡时一定要擦干车身，否则会影响打蜡效果。

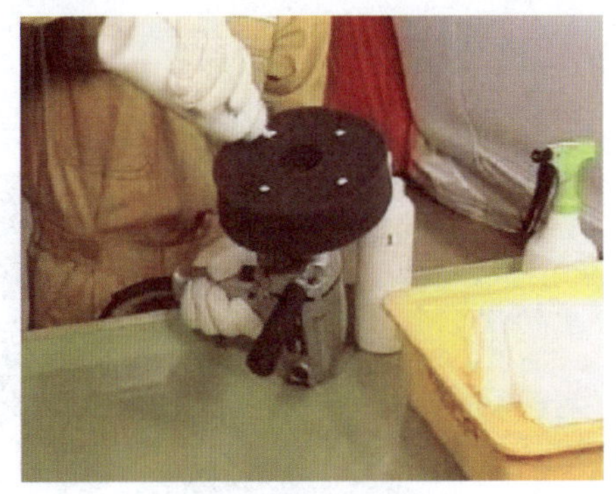
图 7—4—21 将液体蜡倒在蜡盘上

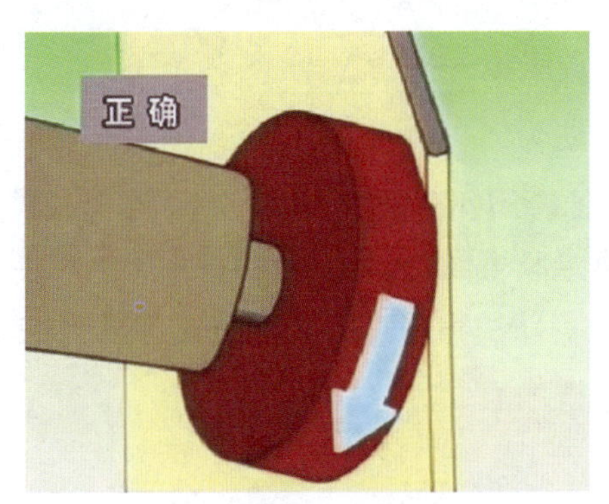

图 7—4—22 覆盖式抛光

2）打蜡作业环境要清洁，要有良好的通风过滤装置。

3）应在阴凉处给汽车打蜡，车表温度高会使车蜡附着力下降，影响打蜡效果。

4）打蜡时，手工海绵及打蜡机海绵运行应进行直线往复运动，不宜环形涂抹，防止由于施涂不均造成强烈的环状漫反射。

5）上蜡时应遵循先上后下的原则，即先涂抹车顶，后涂抹前、后盖板，最后涂抹车身侧面等。

6）上蜡时，若海绵上出现有车漆的颜色，可能是车身漆面已经破损，应立即停止打蜡，进行修补处理。

图 7—4—23 蜡盘的清洗

7）上蜡完成后，要遵循先上蜡的地方先抛光的原则，抛光要在规定的时间内进行。

8）抛光结束后要仔细检查，及时清除车牌、车灯、门边等处残存的车蜡，防止产生腐蚀和影响整车美观。

9）打蜡结束后，设备及用品要进行清洁处理（见图 7—4—23），妥善保存。

技能训练

操作一 局部轻微流挂的修理

1. 板件表面的清洁

方法：

（1）先用水清洗流挂的板件，然后用毛巾擦干。

（2）用除尘枪吹除板件表面的水分和灰尘。

（3）在流痕上检查涂膜的硬度，确定是否适合抛光。

提示：

板件表面清洁的目的是清除沙粒和灰尘，最大限度地减少因打磨带来的涂膜损伤。

2. 初步平整流痕

方法：

（1）将 P800 ~ P1000 的水磨砂纸包在打磨垫块外面，湿打磨涂膜表面凸起的流痕。

（2）待流痕高度降低到略高于涂膜表面时，停止打磨，用清水洗净表面。

提示：

（1）若流痕高度过大，可以先用刮刀刮削流痕，以节省打磨时间。

（2）打磨时只能打磨产生流痕部位，不要碰擦到流痕周围的涂膜。

3. 细致平整流痕

方法：

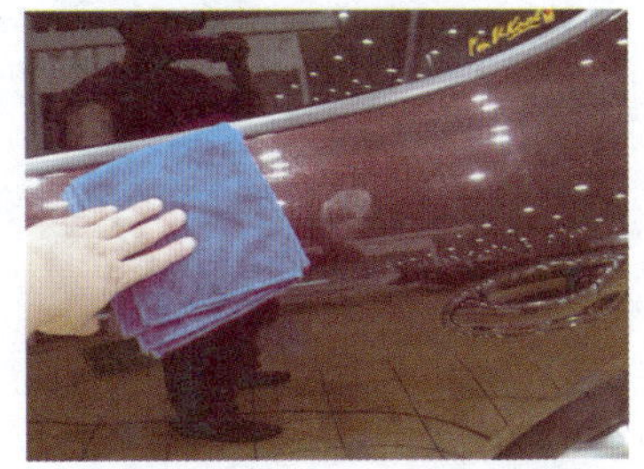

（1）用 P1500 的水磨砂纸细致打磨经初步平整过的流痕，当流痕的高度打磨到与涂膜平面高度一致时，停止打磨。

（2）用清水清洗打磨区域，然后用毛巾擦干。

提示：

打磨过程中要用清水不断冲洗，反复检查打磨程度，防止打磨过度。

4. 用粗蜡抛光

方法：

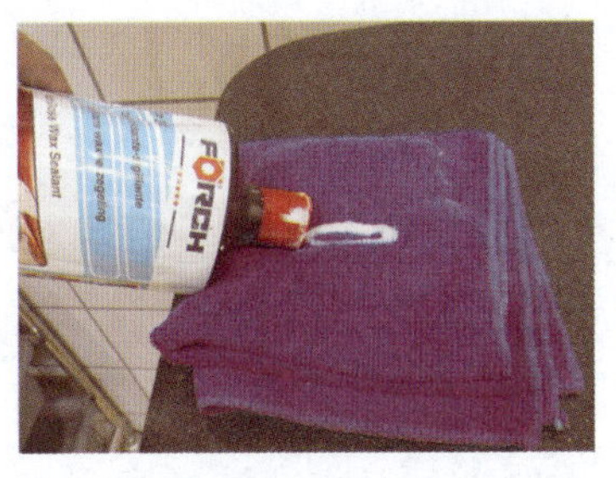

（1）在法兰绒布上倒上粗蜡，在流痕修理的打磨区域用力擦拭，直至打磨痕迹基本消除为止。

（2）用清水洗去粗蜡，然后用毛巾擦干。

提示：

粗蜡抛光的作用是进一步平整流痕，消除 P1500 砂纸的打磨痕迹，抛光的运动轨迹以无序打磨为最好。

5. 用中粗蜡抛光

方法：

（1）在干净的法兰绒布上倒上中粗蜡，在大于粗蜡抛光两倍面积的范围内打磨，直至流痕完全消失，表面显现较高的光泽为止。

（2）用湿毛巾擦除涂膜表面的中粗蜡。

提示：

一般来说，抛光蜡大多数是水溶性的，因此洗去抛光蜡比较简单。

6. 用细蜡抛光

方法：

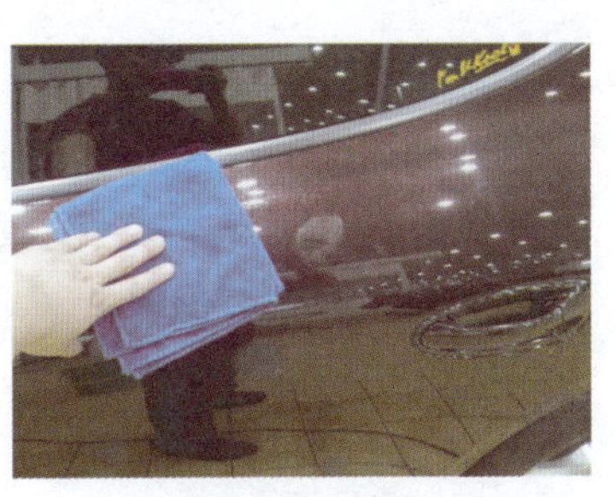

在麂皮或毛巾上涂上细抛光蜡，在大于粗抛光区域 3 ~ 5 倍的范围内细致抛光，直到表面出现很高的亮度为止。

提示：

经细蜡抛光后，整个涂膜表面的光洁度应很高，整体均匀细腻，看不出任何流挂的痕迹。

7. 抛光后清洁

方法：

（1）清除板件周围的遮盖材料。

（2）用干净的毛巾擦除板件边缘、沟缝里的蜡质。

提示：

单块板件局部手工抛光一般不需要遮盖，但修理时一定要避免损伤周围的涂膜。

8. 收尾工作

方法：

（1）清洗抛光用的法兰绒布和毛巾。

（2）整理砂纸和抛光剂等相关修理材料。

（3）清扫作业场地。

提示：

严格按照“6S”要求进行分类整理。

操作二 涂膜纹理调整抛光

1. 板件表面的清洁

方法：

（1）用清水冲洗车身上需要抛光的部位及周围，除去抛光部位的沙粒和灰尘。

（2）用湿毛巾擦拭车身，除去车身上积留的水。

提示：

不要将车身表面完全擦干，抛光表面较湿的状态有利于后面进一步施工。

2. 新旧涂膜纹理比较

方法：

（1）借助水膜的反光，从侧面比较新旧涂膜的纹理。

（2）通过侧面的反光，可以看出新涂膜纹理比较粗，表面不够光滑，只有通过抛光才能使新旧涂膜纹理基本一致。

提示：

湿涂膜表面的反光效果越好，侧面观察就越明显。

3. 湿磨新喷涂膜

方法：

（1）将 P1000 水磨砂纸包在中号打磨垫块外面，在新喷涂膜表面整体打磨，边打磨边用清水冲洗。

（2）当新喷涂膜的粗纹理被基本磨平时停止打磨，用清水整体清洗，然后用毛巾擦干。

提示：

湿打磨的主要目的是降低新涂膜纹理的高度，提高抛光效率。

4. 用粗蜡抛光

方法：

（1）在车身上倒上适量的粗抛光蜡，然后利用羊毛抛光垫将粗蜡涂在车身需要抛光的部位。

（2）将抛光机转速调到 1 000 r/min，放在涂膜上，开动抛光机进行抛光。

（3）当新喷涂膜的纹理与原涂层大致相当，表面出现轻微光泽时，停止抛光，用毛巾擦去粗抛光蜡。

提示：

用粗蜡抛光不能形成很高的光泽，出现轻微光泽就应该停止抛光。

5. 用细蜡抛光

方法：

（1）将抛光机上的羊毛抛光垫换成海绵抛光垫，在海绵抛光垫上均匀地倒上细抛光蜡。

（2）用海绵抛光垫将细蜡涂在车身上，然后将抛光机转速调到 1 500～2 500 r/min，开动抛光机进行精细抛光。

（3）当涂膜表面出现很高的光泽，整体均匀一致时，停止抛光。

提示：

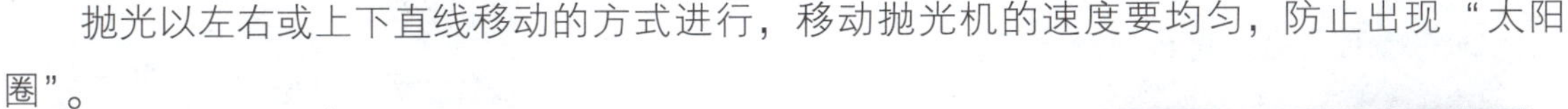

抛光以左右或上下直线移动的方式进行，移动抛光机的速度要均匀，防止出现“太阳圈”。

6. 抛光后清洁

方法：

（1）用干净的毛巾在车身抛光区域擦拭，以除去残留的细抛光剂。

（2）用擦布或毛刷清除板件边缘、接缝和沟槽里面的抛光剂。

提示：

机械抛光后，车身板件接缝和沟槽里的抛光剂应及时清理干净，否则会影响涂膜的装饰性。

7. 收尾工作

方法：

（1）整理打磨砂纸、抛光蜡等抛光材料。

（2）清洗抛光垫并晾干，妥善存放抛光机。

（3）整理并清扫作业场地。

提示：

存放抛光机时，应将抛光盘打磨面向上放置，切忌将抛光盘平放并承受整个抛光机的质量，否则会使抛光盘受力变形。

操作三　全 车 打 蜡

1. 车身表面的清洁

方法：

（1）清洗车身，除去车身涂膜表面的沙粒、灰尘和脏污。

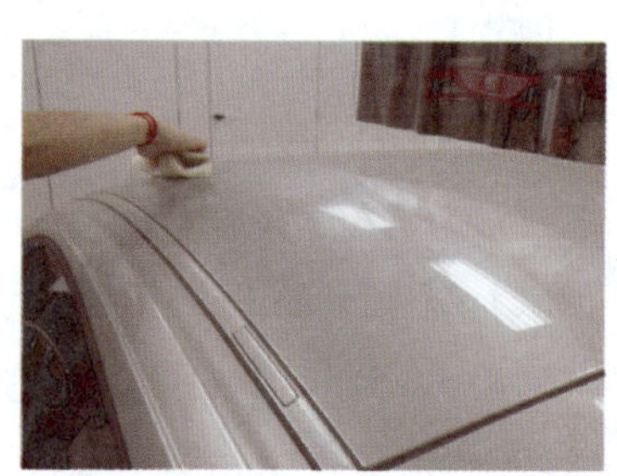

（2）晾干车身，用除尘枪吹除车身板件边缘和缝隙里的水分。

提示：

打蜡前一定要洗车，否则难以保证打蜡的效果。

2. 上蜡

方法：

（1）将液体蜡均匀倒在打蜡机上蜡盘套上，每次按 $0.5\ m^2$ 的面积在车身上涂匀。

（2）按照先涂抹车顶，再涂抹前后盖板，最后涂抹车身侧面的顺序上蜡，直至打完全车。

提示：

在车身上涂蜡要均匀，不能有遗漏。

3. 待蜡凝固

方法：

（1）上蜡完成后，等待几分钟，待液体车蜡凝固。

（2）当车身表面的车蜡变成白色，说明车蜡已经凝固，可以进行下一工序的施工。

提示：

车蜡变成白色时是开始抛光的最好时机，过早和过晚抛光都难以达到理想的效果。

4. 抛光

方法：

（1）将抛光机的转速调到 3 000 r/min 左右，按照上蜡的先后顺序进行全车抛光。

（2）一块一块地将整个车身涂膜抛出镜面光泽。

提示：

按照直线往复移动的方式抛光，蜡盘应水平覆盖在涂膜上，板件边缘抛光时间应相对较短，否则会抛穿涂膜。

5. 清除残蜡

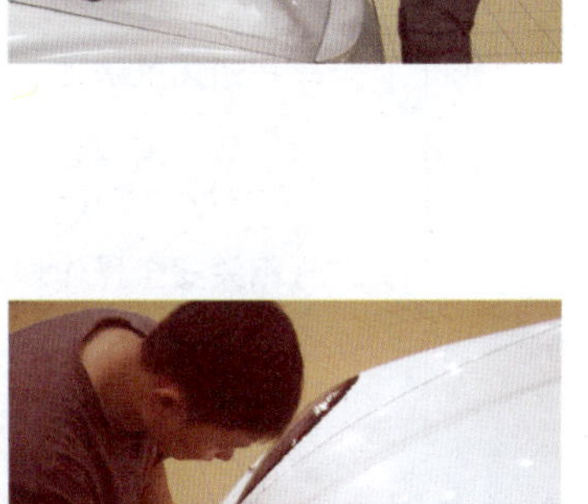

方法：

（1）打蜡结束后，仔细检查车身涂膜的光泽度是否达到要求，是否有遗漏，如果达不到要求，则需继续抛光。

（2）清除车标、车灯、门边等处残存车蜡，防止产生腐蚀和影响整车美观。

提示：

车身板件边缘和沟缝处容易堆积大量的车蜡，必须清除干净。

6. 收尾工作

方法：

（1）打蜡结束后，打蜡设备及用品要进行清洁处理，妥善保存。

（2）及时清理场地，美化环境。

训练评价

训 练 评 价

考核要求

1. 在规定的时间内完成车身涂膜的修整，使之符合技术标准。
2. 在操作过程中出现的违规操作，应及时指正。

3. 符合安全文明生产的要求。

考核标准

考评标准表——车身涂膜的修整

考核时间	考核项目	分值	评分标准与指导	评价结果
40 min	正确使用工具	10	工具使用不当酌情扣分，并指正	
	流挂板件的清洁	5	按要求酌情扣分，并指正	
	流挂的平整处理	10	按要求酌情扣分，并指正	
	局部手工抛光	10	按要求酌情扣分，并指正	
	新旧涂膜纹理的比较	5	按要求酌情扣分，并指正	
	新涂膜的湿打磨	10	按要求酌情扣分，并指正	
	修复新涂膜纹理的抛光	10	按要求酌情扣分，并指正	
	全车上蜡	10	按要求酌情扣分，并指正	
	全车打蜡后的抛光	10	按要求酌情扣分，并指正	
	全车打蜡后的清理	10	按要求酌情扣分，并指正	
	整理工具、清理现场	10	每项扣2分，扣完为止	
	遵守相关安全操作规范 在规定的时间内完成		因违规操作发生人身和设备事故，终止考核，成绩按0分计；超时每分钟扣2分，超时5 min终止考核	
	分数合计	100		

实训报告

1. 简述车身涂膜局部轻微流挂的修理步骤。
2. 修复车身新喷涂膜纹理的操作步骤及注意事项有哪些？

单元八　特殊涂装与新型涂装

课题 1　塑料件涂装与特殊涂装

学习目标

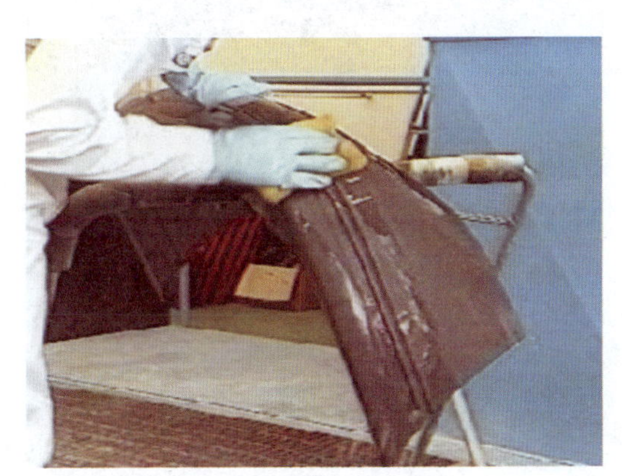

1. 了解汽车塑料件的种类和在车身上的位置。
2. 了解塑料件涂装和特殊涂装所需要的材料。
3. 熟悉塑料件的涂装工艺和涂装方法。
4. 熟悉特殊涂装的种类和涂装方法。
5. 能熟练地进行车身外塑料件的涂装。
6. 能熟练地进行抗砂石和抗划痕涂装。

知识准备

一、车身塑料件的涂装

1. 汽车塑料件基础知识

（1）汽车常用的塑料件

塑料由合成树脂、填料和添加剂组成，其中合成树脂是塑料的主要成分。塑料具有质量轻、强度高、耐腐蚀性强、可塑性好等优点，在汽车上应用得很广，汽车上使用塑料件的部位如图 8—1—1 所示。

图 8—1—1　塑料件在汽车上的部位

按照质地的软硬程度，一般将汽车塑料制品分为软质塑料（如聚丙烯 PP、聚氨酯 PU 等）和硬质塑料（如车身用 ABS 塑料、玻璃钢等）。汽车保险杠、前格栅、车门嵌条、侧面门槛嵌板等都是由 PP 软塑料做成，汽车反光镜、车身护板、仪表板的材质是 ABS 硬塑料。

（2）车身塑料件的鉴别方法

为了确定合理的修补工艺，在涂装施工前必须进行车身塑料件材质的鉴别。车身塑料件鉴别方法如下。

图 8—1—2 轮胎罩内装饰板塑料件识别码

1）查看压制在塑料部件上的 ISO 代号，一般在零件拆下后就能看到所标的符号，轮胎罩内装饰板塑料件识别码如图 8—1—2 所示。

2）燃烧鉴别。切下一小片塑料，用镊子夹住放入火中燃烧，查看其火焰颜色、燃烧情况及闻气味。如 PVC 塑料受热后容易熔化，燃烧时火焰呈绿色或青色，有盐酸味；聚烯烃类塑料在燃烧时的火焰没有明显的烟雾，有蜡的气味；聚酯酸纤维素类塑料经点燃后有醋酸味；ABS 塑料燃烧时有明显的烟雾产生。

3）焊接法。塑料焊条能与之焊合的即为此种焊条类型质地的塑料品种，市场上能提供的焊条大致有 6 种。

4）敲击法。用手敲击塑料制品内侧，PU 塑料声音较弱，PP 塑料声音较大。

5）打磨法。PU 塑料用砂纸打磨后没有粉末，而 PP 塑料则有粉末。PU 塑料易被划伤，PP 塑料不易被划伤等。

2. 车身塑料件的涂装

（1）塑料件涂装用材料

1）塑料表面清洁剂。塑料表面清洁剂（见图 8—1—3）的作用是清除塑料件表面的脱膜剂，增强表面的附着力。使用时，先用菜瓜布彻底打磨塑料件的表面，再用以 1 份清洁剂与 2 ~ 4 份清水混合后的混合液清洁整个工件，然后用清水清洗干净，待工件完全干燥后才可喷涂塑料底漆。塑料表面清洁剂具有溶解性适中、不损伤塑料表面、能抗静电的特点。

图 8—1—3 塑料表面清洁剂

2）塑料平光剂。塑料平光剂（见图 8—1—4）的主要作用是消除汽车内部塑料件表面部分光泽，使其呈现半光泽或完全无光泽状态。塑料平光剂有聚氨酯用和非聚氨酯用两大类。使用时，先将喷涂面漆后样板的光泽与原车塑料件的光泽做比较，以决定是否使用平光剂，如果需要就在面漆中加入平光剂，搅拌均匀后做喷涂样板对比试验，在样板与原涂膜的光泽达到一致时，可正式喷涂施工。单工序涂装消光可直接将平光剂加入涂料中，而双工序涂装消光是将平光剂加在清漆内，不加在色漆中。

3）PVC 表面调整剂。PVC 表面调整剂（见图 8—1—5）的作用是对 PVC 表面进行处理，使其有利于重涂。PVC 表面调整剂由强溶剂配制而成，具有很强的渗透性，能够软化 PVC 表面并产生轻微的溶胀，使修补涂料很容易渗透进入塑料表面，大大提高了涂料对基材的附着力。

图 8—1—4　塑料平光剂

图 8—1—5　PVC 表面调整剂

4）汽车塑料件用涂料。汽车塑料件用底漆有专用塑料底漆（见图 8—1—6）和配制的塑料底漆两种，配制的塑料底漆是由普通底漆加柔软剂配制而成。软塑料件中的聚丙烯塑料是一种难粘、难涂的材料，要使用专用底漆来增强它的附着力，其他塑料件可以使用配制的塑料底漆，软塑料件使用的面漆通常也需要加入柔软剂；硬塑料件表面对涂料的附着力很强，通常不需要底漆，使用的面漆与在金属底材上使用的面漆一致。

图 8—1—6　汽车专用塑料底漆

对于汽车外部的零部件（如保险杠、挡泥板以及车门的镶边等）所选用的涂料，最突出的要求是耐候性、较好的耐介质性和耐磨性，这类涂料多为丙烯酸聚氨酯涂料、聚酯—聚氨酯涂料、热塑性丙烯酸涂料等；对于汽车内部用塑料（如仪表板、控制手柄、冷藏箱、各种把手、工具箱等），经常使用的涂料为热塑性丙烯酸、改性环氧树脂、聚氨酯和有机硅涂料等。

（2）塑料件涂装工艺

1）汽车软质塑料部件的涂装工艺

①表面预处理。先用专用塑料清洁剂对整个需喷涂的塑料表面进行清洁，如果是新塑料件，则用塑料清洗剂配合灰色菜瓜布打磨整个表面，彻底除去脱模剂，如图 8—1—7 所示；再用清水冲洗整个喷涂表面，用毛巾擦干，用除尘枪吹除板件沟槽和缝隙里的水分，如果塑料制品是具有吸水性的材料（如尼龙等），则在水洗或清洁之后需要加温或放置一段时间，

以便于吸收的水分充分挥发；最后用抗静电除油剂擦拭表面（见图8—1—8），消除塑料件表面的静电。

图8—1—7　清除脱模剂

图8—1—8　除静电处理

②原子灰涂层的涂装。软塑料部件修补时，用P180干磨砂纸将需要修补的区域进行打磨，然后刮涂塑料原子灰，如图8—1—9所示。待塑料原子灰干燥后，用P320或P400干磨砂纸磨平修补区域，打磨原子灰四周的羽状边，吹净粉尘并用粘尘布擦干净，遮盖非喷涂区域，用塑料清洁剂进行二次清洁。

③底漆的喷涂。对整个需要喷涂区域薄喷一层专用塑料底漆（见图8—1—10），静置5～10 min，然后即可以湿碰湿的方式喷涂中涂底漆。

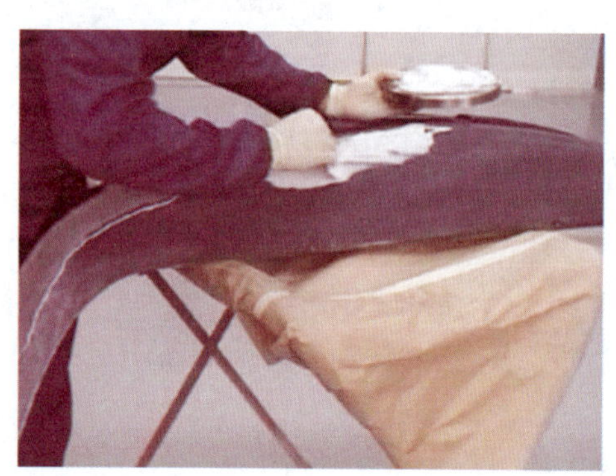

图8—1—9　刮涂塑料原子灰

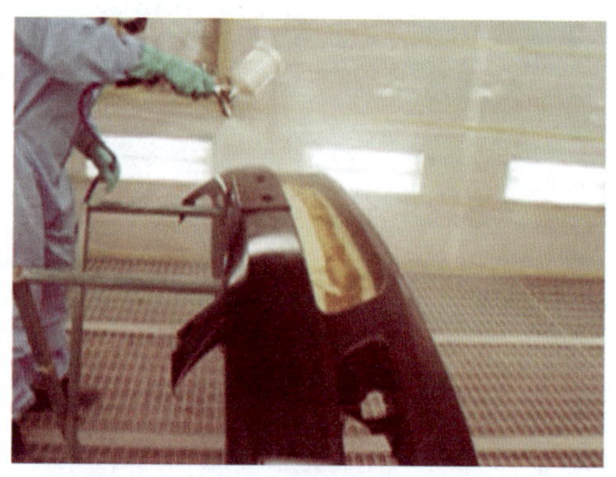

图8—1—10　专用塑料底漆的喷涂

④中涂底漆涂层的涂装。在中涂底漆中加入适量的柔软剂，在塑料底漆未干时喷涂，以便获得良好的黏附能力。喷涂中涂底漆时应优先选择快干型稀释剂，且每道喷涂要薄一些，不要过湿，要想获得较厚的涂膜可以多喷几道。等底涂层彻底干燥后，用P400干磨砂纸进行打磨，用清洁剂清洗整个表面，为喷涂面漆做好准备。

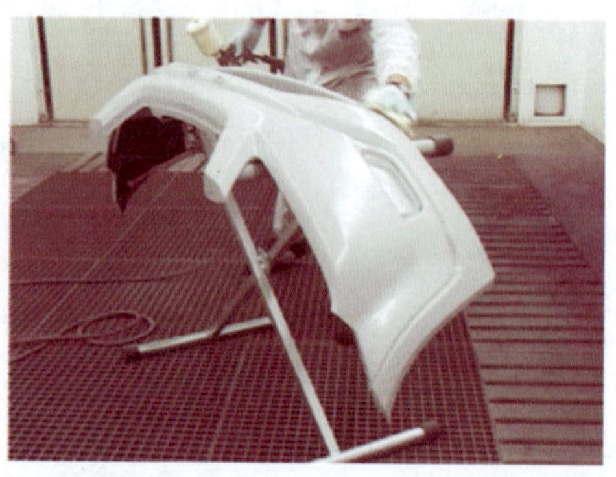

图8—1—11　透明清漆的喷涂

⑤面涂层涂装。按照涂料厂商的规定，将面漆、柔软剂和溶剂混合在一起。将喷枪压力调到规

定值，喷涂双层湿涂层，以便完全遮盖表面，然后干燥 30 ~ 60 min。根据面层光泽度的需要，确定是否需要加入塑料平光剂，然后喷涂透明层（见图 8—1—11），干燥后，装在车上使用。

汽车软质塑料部件的种类有很多，针对不同的情况可适当采取不同的措施。

2）汽车硬质塑料部件的涂装工艺。硬质塑料部件通常都与普通的涂装材料有较好的附着力，一般可不用塑料底漆进行处理，但若使用塑料底漆，涂装效果会有一定的提高。硬质塑料弄不清楚是什么材质时，可按照玻璃钢制品来进行处理。玻璃钢车身部件的涂装方法与车身钢材基本相同，其涂装工艺如下。

①硬质塑料板件是新板材时，要用专用的脱模剂清洗液进行清洗或用软布蘸上酒精进行全面的擦拭，以去除脱模剂成分。

②用塑料清洁剂对喷涂表面进行清洁处理，处理方法与清洁裸金属和良好旧漆层相同。

③硬质塑料局部修补时，用 P80 ~ P120 干磨砂纸打磨需要修补的部位，吹尘后进行二次清洁。注意打磨只要平整即可，对于玻璃钢制件一定不要磨穿树脂层。

④使用普通原子灰对需要填补的部位进行填补，干燥后，用 P320 砂纸打磨平整并磨出羽状边。清洁喷涂表面，喷涂底漆或中涂底漆。对于磨穿的玻璃钢件，也可用普通原子灰在磨出玻璃纤维的地方进行刮涂覆盖，然后打磨平整。

⑤对喷涂完底漆或中涂漆的部件进行打磨，用 P400 干磨砂纸将涂膜打磨平整，清洁后准备喷涂面漆。

⑥用溶剂清洗塑料件表面，用粘尘布进一步除尘。

⑦根据硬质塑料的要求和特点，选用并调配好面漆，然后根据涂料产品说明书的要求，喷涂面漆。

⑧按油漆厂规定时间干燥漆层，然后再装到车上。

3）塑料件皮纹效果的喷涂。一般车用塑料件除有些需要非常平整外，大多数都有自然的纹理，有些内饰件还专门制造出模仿皮革的纹理效果。这些部位在涂装修理时需要特殊处理，使涂膜出现需要的纹理。

喷涂皮纹效果操作工艺如下。

①按照涂料和纹理添加剂的使用说明适当调配涂料，采用低气压，在喷涂区域采用干喷的方法薄喷一层。

②第一层稍干后再薄喷第二层，第二层的喷涂面积要比第一层略大一些。两层喷涂之间一定要留有足够的干燥时间，而且每一层喷涂都不要过湿，否则会影响纹理的形成。若需要较厚的涂层，可以用这种方法多喷涂几次。

③当喷涂达到所需的厚度后，开始混合修理区域的纹理。这项操作与喷涂其他涂层相似，然后用强制干燥的方法提高干燥速度。

④涂膜干燥后，用 P2000 干磨砂纸轻轻打磨驳口和纹理部位，使新旧纹理融合。

⑤如果需要，可在纹理上层再喷涂一层清漆。用单组分挥发型纹理剂喷涂的纹理部位应用高压空气吹干净，并用粘尘布轻轻擦拭。不能用清洁剂擦拭，否则清洁剂中的溶剂成分会

破坏纹理。喷涂后的纹理效果如图 8—1—12 所示。

图 8—1—12 塑料件皮纹纹理效果

二、特殊涂装

1. 底盘装甲

新车底板或轮罩内表面涂上电泳层以后，为防止涂膜被撞击后崩裂，涂上乙烯塑料丁酯。但是，由于乙烯塑料丁酯必须在 120 ~ 130℃ 的温度下干燥，这不能用作一般车辆的修理。因此在修补车身底面时，使用空气干燥型车底涂料。车身底面的涂装部位如图 8—1—13 所示。

（1）底盘装甲涂料

底盘装甲涂料（见图 8—1—14）有黏涂剂（黑）WC、黏涂剂（黑）UC、黏涂剂（白）UC 和自喷灌黏涂剂（白）UC 四种类型。

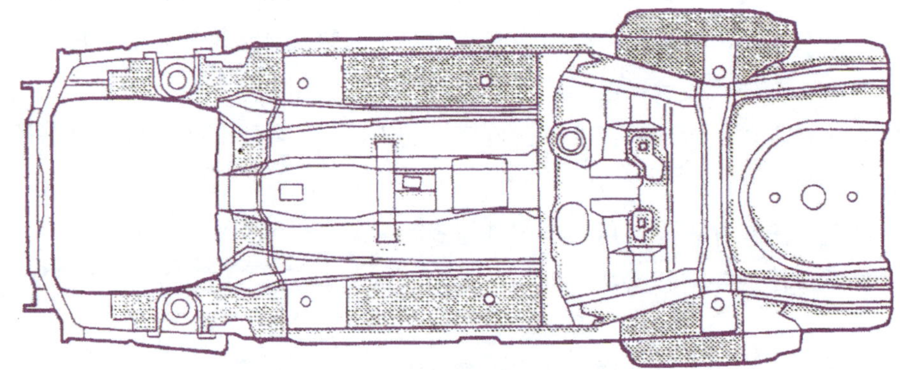
图 8—1—13 车身底面的涂装部位

喷罐式车底涂料可以直接喷到下部车身，但 1 L 罐式只能用喷枪喷涂，如图 8—1—15 所示。为得到良好的防崩裂性能，车底喷涂的膜厚度应在 0.5 mm 以上。

图 8—1—14 底盘装甲用涂料

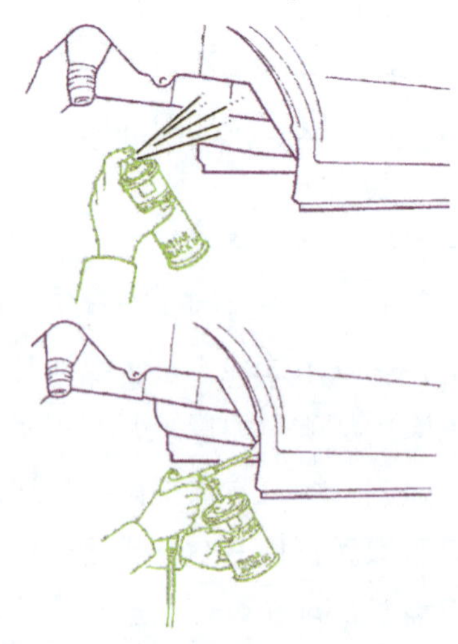
图 8—1—15 底盘装甲涂料两种喷涂方式

（2）底盘装甲工艺

车身底面的涂装步骤为：遮盖→施涂车底涂料→干燥。

1）遮盖。遮盖周围的部分，防止多喷。

2）施涂车底涂料。喷涂车底涂料时首先将要喷涂的部位进行清洁、除油，然后开始喷涂。喷涂几层涂料，以便涂层厚度超过 0.5 mm。注意车底焊接和板件相交的部位是喷涂的重点部位。

3）干燥。干燥车底涂层。

2. 内板件涂装

新车内板件的涂层没有中涂底漆层，因此在修补涂装时不必要涂中涂底漆（但脱掉电泳层的部位必须涂中涂底漆）。喷涂前，修补涂装内板的涂料也必须配色。

内板件的涂装步骤如下。

（1）涂刮原子灰。给需要修补的部位涂刮原子灰，恢复内板原来的形状。

（2）打磨。打磨要喷涂的内板，损坏的部位用 P400 或更细的砂纸打磨，接口部位用细研磨膏打磨。

（3）车身密封。将车身密封剂涂在折边处，密封车身板连接处。

（4）涂布车底涂料。按照车底涂装方法涂装。

（5）干燥、遮盖。

（6）内板涂装。清洁、除油，然后喷涂几层与内板颜色相匹配的面漆。

（7）面漆干燥。

3. 抗砂石撞击涂装

抗砂石撞击涂料是一种喷涂汽车车身的涂料，用于防止行驶时轮胎崩起的石头或砂子撞击使涂膜脱落而引起的车身生锈。抗砂石撞击涂料有面漆型和中间涂层型两种。两种类型涂料的不同之处在于面漆型抗砂石撞击涂料是黑色的，而中间涂层型抗砂石撞击涂料与面漆的颜色相同，两种类型的涂料都能形成特有的橘皮纹理，如图 8—1—16 所示。

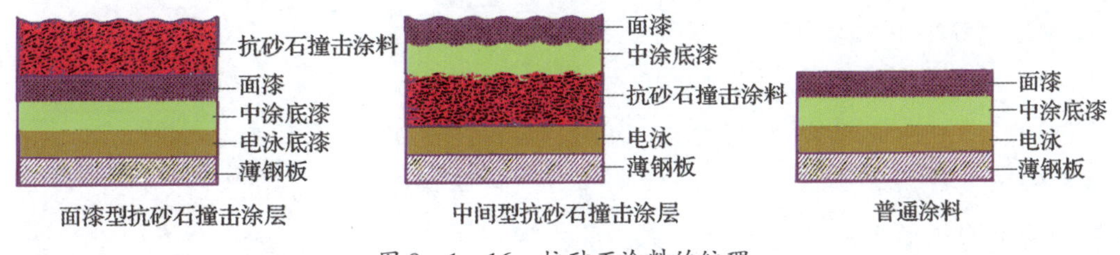

图 8—1—16　抗砂石涂料的纹理

抗砂石撞击涂层修理材料必须具有良好的抗砂石撞击性能，即使涂层受到石头的撞击也不会剥落；为了确保良好的抗砂石撞击性能，抗砂石撞击涂料必须具有适当的厚度，一般来说，抗砂石撞击涂层的厚度为 60～80 μm；涂抗砂石撞击涂料的部位有橘皮的组织，最好的方法是先喷涂试验板，以确定喷涂状况是否接近原来的纹理。

（1）面漆型抗砂石撞击涂料的涂装工艺

面漆型抗砂石撞击涂料的涂装步骤为：打磨面漆→面漆型抗砂石撞击涂料涂装→干燥

1）打磨。用大约 P400 砂纸打磨要喷涂的部位，用抛光剂打磨面漆型抗砂石撞击涂层分形线的周围。

2）面漆型抗砂石撞击涂料的喷涂。对必要的部位清洁、除油和遮盖，喷涂几次抗砂石撞击涂料，以得到适当的涂层厚度。

3）干燥。让涂层干燥，遵守涂料生产厂提供的说明。

（2）中间型抗砂石撞击涂料的涂装工艺

中间型抗砂石撞击涂料的涂装步骤：打磨原子灰→中间型抗砂石撞击涂料施工→干燥→打磨→中涂底漆涂装→干燥→打磨→面漆涂装。

1）打磨。用大约 P300 砂纸，打磨中间型抗砂石撞击涂料涂装的部位。

2）中间型抗砂石撞击涂料涂装。对必要的部位清洁、除油和遮盖，喷涂几道抗砂石撞击涂层，得到适当的厚度。

3）干燥。让涂层干燥，遵守涂料生产厂提供的说明。

4）打磨。打磨涂中间型抗砂石撞击涂层的部位，打磨时要防止橘皮式结构被损坏。

5）中涂底漆涂装。

6）干燥。让涂料干燥，遵守涂料生产厂提供的说明。

7）打磨。打磨要涂面漆的部位，涂中间型抗砂石撞击涂层的部位必须用刷子打磨，以防止橘皮式结构被损坏。

8）面漆涂装。遮盖非喷涂表面，喷涂面漆。

4. 抗划痕涂装

划痕与涂层的颜色有直接的关系，颜色越深划痕越明显，所以有一些深色的汽车采用了抗划痕的涂料。抗划痕涂料的涂层硬度与普通涂层的硬度一样，但抗划痕涂料与涂层树脂的原子相互缠结在一起，从而提高了抗划痕的性能。

在使用抗划痕涂料修补时，应注意以下几点。

（1）现在市场上大多用清漆作为抗划痕涂料（见图8—1—17），在修补抗划痕素色漆时，首先喷涂底色漆，然后喷涂抗划痕漆。在使用抗划痕涂料作为原厂涂料的汽车中，有些使用了双清漆涂装，即喷两层清漆，第一层普通清漆的作用是取得适当的涂层厚度，第二层抗划痕清漆用以得到较光滑的纹理。

（2）由于抗划痕涂层需要长时间的抛光，施工时要尽可能地进行整板修补，以最大限度地减少抛光。

（3）为防止在驳口部位产生深的划痕，可用 P2000 砂纸和抛光剂打磨该部位。

图 8—1—17　抗划痕清漆

（4）抗划痕涂料涂装完成后，要根据涂料供应商的要求，保证充分的层间静置时间、初步干燥和强制干燥时间，否则容易产生针孔，或使抗划痕能力下降，修补部位抛光时易开裂。

技能训练

操作一 新保险杠的涂装

1. 除去新保险杠表面的脱模剂

方法：

（1）用 1 份塑料清洁剂与 2～4 份清水混合，配制成塑料清洗液。

（2）用灰色菜瓜布蘸上塑料清洁剂打磨新保险杠，以除去保险杠上的油渍和脱模剂。

提示：

用温水配制塑料清洗液，其去脱模剂和去油脂的能力会大幅度增加。

2. 清除保险杠表面的残留物

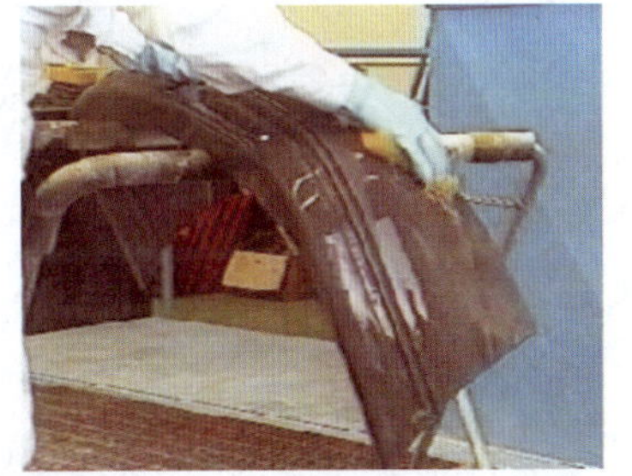

方法：

（1）用清水彻底洗掉塑料件上的残留物，然后用毛巾擦去保险杠表面的水。

（2）用除尘枪将压缩空气吹向保险杠的表面，一边吹一边用毛巾擦拭，以去除保险杠表面和缝隙里的水分。

提示：

如果保险杠上积留的水一时难以清除，则需要在水洗或清洁之后加温或放置一段时间，以便于水分充分蒸发。

3. 去除塑料保险杠表面的静电

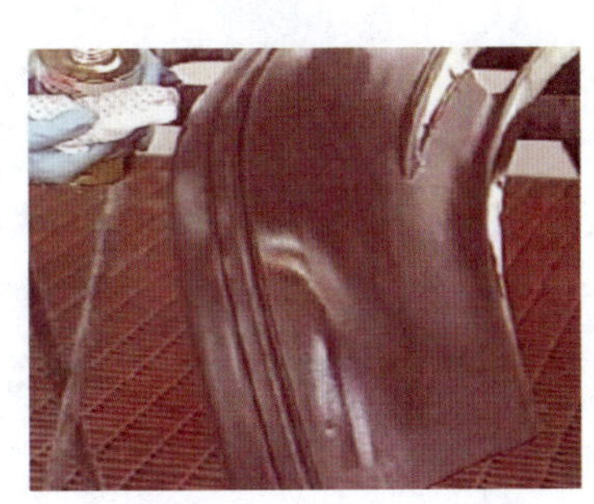

方法：

将溶剂型抗静电清洁剂倒在一块清洁的擦布上，然后用擦布擦拭保险杠表面，以消除塑料保险杠表面积聚或打磨时产生的静电。

提示：

如果不消除静电，喷涂在保险杠上的涂料就不能均匀附着。

4. 喷涂前遮盖

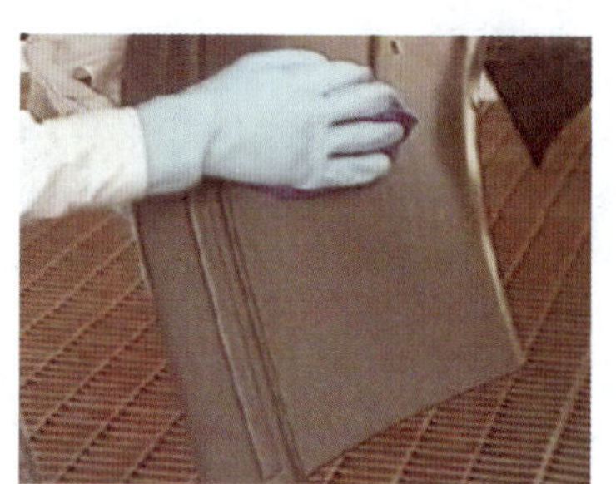

方法：

（1）用遮盖纸和遮盖胶带对保险杠的中间栅格进行遮盖。

（2）遮盖完成后，检查遮盖是否符合要求，有无过度遮盖和遮盖不足的现象。

提示：

塑料保险杠中间栅格和背面不需要喷涂面漆，因此必须进行遮盖。

5. 保险杠表面的二次清洁

方法：

（1）用除尘枪将压缩空气吹向保险杠表面，边吹边用干净的毛巾擦拭。

（2）在干净的毛巾上倒上除油剂，擦拭保险杠表面，然后用另一块毛巾擦干，进一步清除表面的油脂。

（3）用粘尘布在保险杠表面轻轻擦拭，进行喷涂前最后一次除尘工作。

提示：

粘尘时，用粘尘布擦拭的动作一定要轻，否则会在待涂表面留下黏附物，影响涂装的质量。

6. 喷涂塑料底漆

方法：

（1）在喷枪中加入单组分塑料底漆，以较小气压在保险杠表面薄薄地喷涂一层塑料底漆。

（2）静置闪干 2 ~ 3 min。

提示：

塑料底漆的作用是增加底材的附着力，不能喷得太厚，谨防产生流挂。

7. 调制并过滤中涂底漆

方法：

（1）按照产品说明书的要求，在中涂底漆中加入适量的柔软剂，稀释至合适的喷涂黏度。

（2）选取 100 目的涂料过滤网，将滤网放在喷枪的涂料罐上，然后将中涂底漆倒入滤网中进行过滤。

提示：

柔软剂可以使涂膜变得柔软并具有伸缩性，以顺应底材的变形而避免开裂，柔软剂的加入量必须按照产品说明严格操作。

8. 喷涂中涂底漆

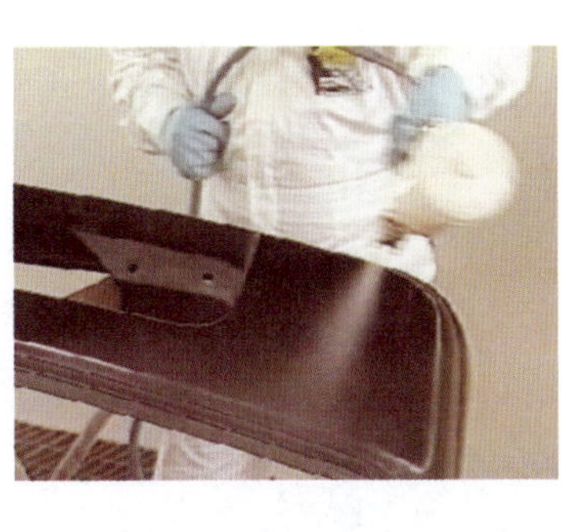

方法：

（1）在塑料底漆未干的情况下，采用湿碰湿的喷涂方式喷涂中涂底漆。

（2）用红外线烤灯或烤漆房烘烤，使涂膜彻底干燥。

（3）用 P400 干砂纸打磨中涂底漆层，然后将打磨过的表面清洁干净。

提示：

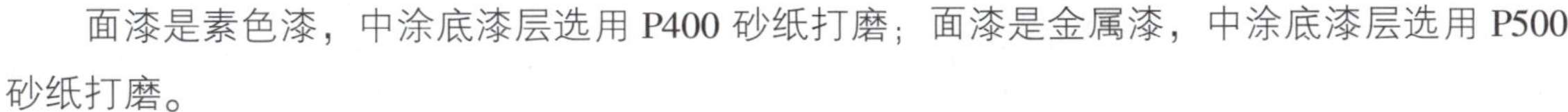

面漆是素色漆，中涂底漆层选用 P400 砂纸打磨；面漆是金属漆，中涂底漆层选用 P500 砂纸打磨。

9. 喷涂面漆

方法：

（1）用压缩空气吹拂喷涂表面，用粘尘布擦拭落到保险杠上的灰尘，然后喷涂两层湿底色漆。

（2）静置 10～15 min，然后喷涂清漆。

提示：

如果底色漆是单工序素色漆，则不需要进行清漆的喷涂。

10. 涂膜的干燥

方法：

（1）清漆喷涂结束后，静置 10～15 min。

（2）打开红外线烤灯，在温度为 60℃ 的条件下烘烤 30 min即可。

提示：

不同的涂料，其层间闪干的时间也不一定相同，闪干和强制干燥的时间必须遵照产品说明书的要求。

操作二 中间型抗砂石撞击涂料的涂装

1. 涂膜破损部位的打磨

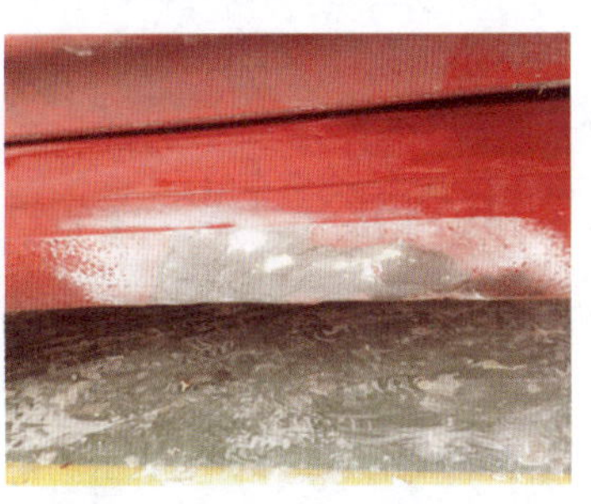

方法：

（1）用 P80 干磨砂纸，打磨需要喷涂抗砂石撞击涂料的部位，除去破损的涂膜。

（2）用 P120 干磨砂纸打磨旧涂膜破损边缘的羽状边。

（3）用压缩空气吹除待涂表面的灰尘，用除油剂在打磨区域及周边除油。

提示：

为了防止碰伤非喷涂区域的涂膜，最好在涂装区域边缘进行适当的遮盖。

2. 原子灰的刮涂、干燥与打磨

方法：

（1）在涂膜破损区域刮涂原子灰，填平车门槛板下边缘处的凹陷。

（2）打开红外线烤灯，烘烤原子灰 7～10 min，确保原子灰干燥。

（3）分别用 P80、P120、P180 干磨砂纸配合手刨，打磨原子灰，恢复车门槛板原来的形状。

提示：

打磨后，车门槛板中间的轮廓线要清晰、平直，完全恢复到损伤前的状态。

3. 填眼灰的刮涂、干燥与打磨

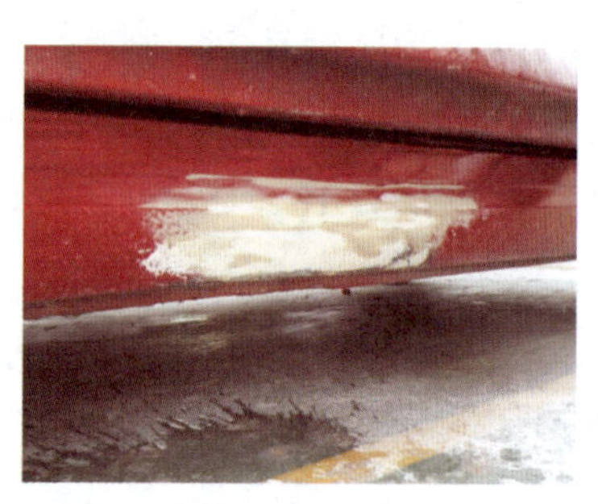

方法：

（1）查找原子灰涂层表面的砂眼，在原子灰表面整体刮涂一薄层填眼灰。

（2）用红外线烤灯彻底干燥填眼灰。

（3）先后用 P240 干磨砂纸打磨填眼灰，然后用 P320 打磨需要喷涂抗砂石撞击涂料的整个区域。

（4）打磨结束后，进行除尘、除油处理。

提示：

除油时，不要将除油剂涂抹在原子灰上，否则会产生涂膜缺陷。实际生产中，可以省略中涂底漆的涂装，直接喷涂面漆。

4. 抗砂石撞击涂料的喷涂

方法：

（1）在车门槛板的分形线上贴上遮盖胶带，然后遮盖分形线上面的部分。

（2）按下自喷灌喷头，让抗砂石撞击涂料均匀地喷涂在待涂区域。

（3）分几次均匀喷涂，当获得了适当厚度的抗砂石撞击涂料的涂层时，停止喷涂。

（4）揭下遮盖纸和遮盖胶带，静置 3～5 min。

提示：

抗砂石撞击涂料一般使用自喷罐充装，喷涂方便，喷涂后会自动产生橘皮结构的纹理。

5. 面漆的喷涂与干燥

方法：

（1）对非喷涂区域进行遮盖，对待涂表面进行清洁处理。

（2）配制、过滤面漆，在喷涂区域喷涂 2～3 层面漆。

（3）打开烤漆房烘烤模式，在 60℃ 的条件下烘烤 30～40 min，直至面漆完全干燥。

提示：

常见抗砂石撞击涂装在车门槛板的外侧，如果仅为此处的涂装，通常使用红外线烤灯干燥。

6. 收尾工作

方法：

（1）趁修补部位的涂膜未完全冷却时除去遮盖纸和遮盖胶带。将汽车开出烤漆房。

（2）清洁烤漆房，清洗喷枪，整理涂装材料，清洁施工场地。

训练评价

训 练 评 价

考核要求

1. 在规定的时间内完成新保险杠涂装和中间型抗砂石撞击涂料涂装，并符合技术标准。
2. 在操作过程中出现的违规操作，应及时指正。
3. 符合安全文明生产的要求。

考核标准

考评标准表——塑料件涂装和抗砂石撞击涂装

考核时间	考核项目	分值	评分标准与指导	评价结果
100 min	正确使用工具	10	工具使用不当酌情扣分，并指正	
	保险杠表面脱模剂的清除	10	按要求酌情扣分，并指正	
	保险杠表面静电的消除	5	按要求酌情扣分，并指正	
	塑料底漆的喷涂	10	按要求酌情扣分，并指正	
	保险杠中涂底漆的喷涂	10	按要求酌情扣分，并指正	
	保险杠面漆的喷涂	10	按要求酌情扣分，并指正	
	抗砂石撞击涂装表面的清洁	10	按要求酌情扣分，并指正	
	抗砂石撞击涂料的涂装	10	按要求酌情扣分，并指正	

续表

考核时间	考核项目	分值	评分标准与指导	评价结果
100 min	中涂、面漆的喷涂与干燥	15	按要求酌情扣分，并指正	
	整理工具、清理现场	10	每项扣 2 分，扣完为止	
	遵守相关安全操作规范 在规定的时间内完成		因违规操作发生人身和设备事故，终止考核，成绩按 0 分计；超时每分钟扣 2 分，超时 5 min 终止考核	
	分数合计	100		

实训报告

1. 新塑料保险杠涂装的步骤是怎样的，有哪些注意事项？
2. 简述中间型抗砂石撞击涂料涂装的方法和步骤。

课题 2　干磨工艺流程

学习目标

1. 了解干磨工艺的特点。
2. 熟悉干磨工艺所需要的工具和设备。
3. 熟悉干磨工艺所需要的材料。
4. 掌握干磨工艺的施工流程。
5. 掌握干磨工艺的施工要点。
6. 能熟练进行干磨施工流程。

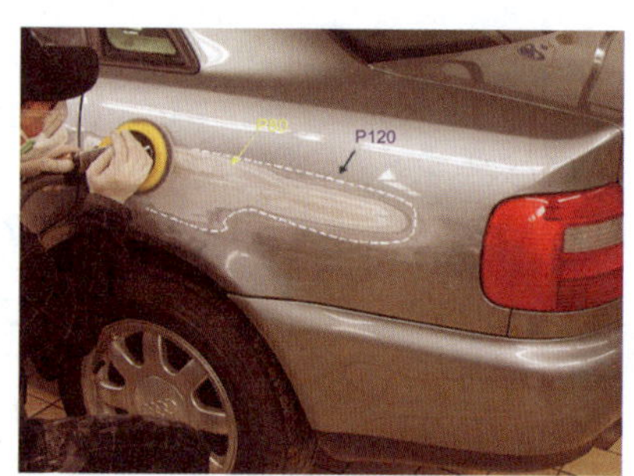

知识准备

一、干磨工艺的特点

为了提高涂装质量和生产效率，降低生产成本，现在汽车修补涂装大多采用干磨修补工艺。现实中，一些传统喷涂技术人员对干磨工艺有一些疑问和忧虑，认为干磨施工烦琐，而且感觉水磨比干磨平整、效果好。产生这些顾虑是因为缺少对干磨工艺进一步的了解，没有从效率、质量和降低成本等方面进行整体考虑。

与传统的手工水磨相比，无尘干磨在很大程度上提高了打磨速度，降低了劳动强度，缩短了修补时间，从而显著地提高了工作效率；同时，无尘干磨避免了车身底材由于水磨而引起生锈以及原子灰、中涂底漆多次的干燥过程，简化了修补程序，保证了修补质量。无尘干磨与传统手工水磨的比较见表 8—2—1。

表 8—2—1 无尘干磨与传统手工水磨的比较

对比内容	手工水磨	无尘干磨
打磨速度	慢	较手工水磨快 2 ~4 倍
表面光滑度	不确定、人为因素很大	好，质量可靠
技术要求	高	一般
砂纸消耗	多	少
打磨粉尘	无	微量
打磨污水	遍地	无
干燥时间	需要	不需要
辅助设备	排水系统	集尘系统
打磨工序	多	简单
劳动强度	很大	小
涂装质量	底材易锈蚀，涂膜易产生水气泡，寿命短	涂膜缺陷少，使用寿命长

二、干磨工艺所需要的设备和材料

1. 干磨工艺所需要的工具和设备

干磨工艺所需要的打磨设备有干磨工具车、真空吸尘器、单动作打磨机、双动作打磨机、吸尘手刨、吸尘软管、打磨机保护垫等，干磨工艺所需要的打磨设备如图 8—2—1 所示。

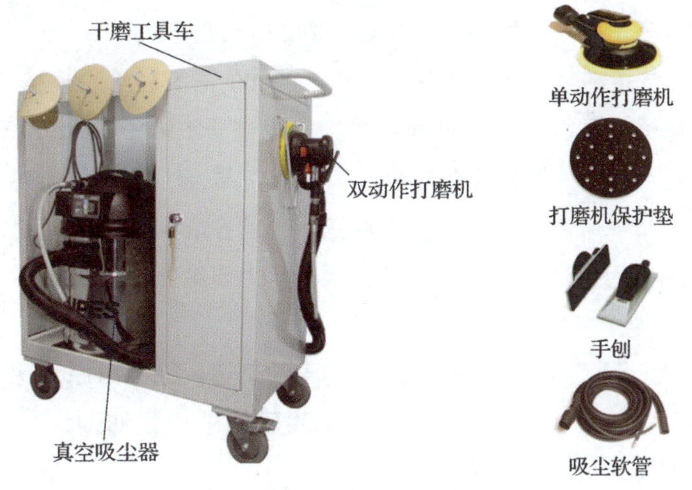

图 8—2—1 无尘干磨设备

干磨工艺所需要的其他工具和设备有干燥设备——红外线烤灯（见图 8—2—2）、刮涂工具——刮板和刮刀（见图 8—2—3）、喷涂工具——空气喷枪（见图 8—2—4）等。

图 8—2—2 红外线烤灯

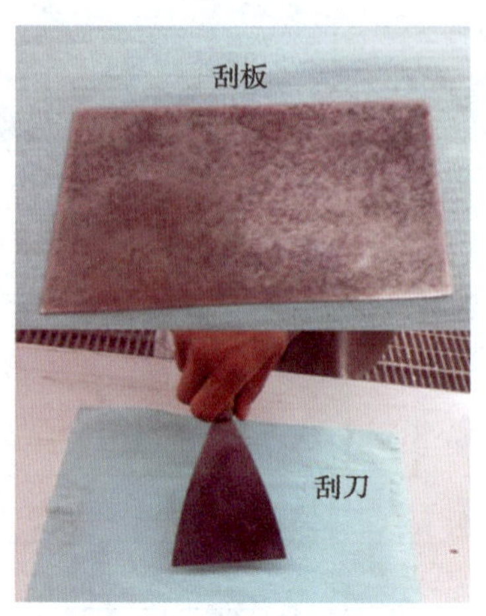

图 8—2—3 刮板和刮刀

2. 干磨工艺所需要的材料

干磨工艺所需要的打磨材料有手刨砂纸、机磨砂纸、菜瓜布和研磨膏等，干磨工艺所需要的打磨材料如图 8—2—5 所示。手工打磨时，原子灰的打磨使用 P40 ~ P180 的手刨砂纸，中涂底漆的打磨使用 P180 ~ P320 手刨砂纸；机械打磨时，选用砂纸应根据不同涂层采用不同的砂纸规格，除旧涂层用 P60 ~ P80 砂纸，羽状边打磨用 P120 ~ P240 砂纸，中涂底涂层打磨单工序用 P400 砂纸，双工序用 P500 砂纸，面漆喷涂前打磨用 P600 ~ P1200 砂纸，面漆喷涂后清除细小尘点用 P1200 ~ P4000 干磨砂纸。菜瓜布是一种三维打磨材料，常见的菜瓜布有绿、红、灰三种，绿色菜瓜布相当于 P320 干磨砂纸，红色菜瓜布相当于 P360 干磨砂纸，粗灰色菜瓜布相当于P800 ~ P1200 干磨砂纸，灰色超细菜瓜布相当于 P1500 ~ P2000 干磨砂纸。研磨膏用于打磨喷涂的过渡区域或用于涂膜修理与抛光，粗研磨膏的细度相当于 P1000 ~ P1500 砂纸，细研磨膏相当于 P2000 ~ P3000 砂纸。研磨指示剂专门用于打磨指导层，在原子灰或中涂底漆打磨前，将指示剂施涂在原子灰或中涂底漆上，打磨后指示剂留在表面坑洼或存在砂眼的地方，以达到检查表面平整度的作用。汽车修补涂装常用碳粉作为研磨指示剂，碳粉研磨指示剂盒如图 8—2—6 所示。

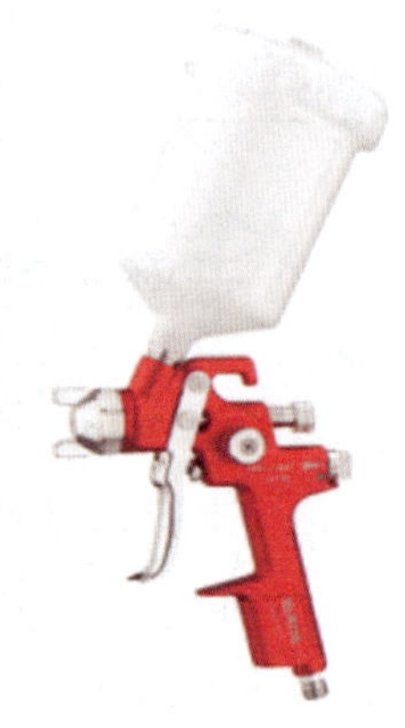

图 8—2—4 空气喷枪

干磨工艺所需要的涂装材料有涂料、施工用辅助剂等。涂料有原子灰、底漆、面漆和稀释剂等，常用汽车涂料如图 8—2—7 所示；施工用辅助剂有除油剂、脱漆剂和涂料添加剂等，施工用辅助剂如图 8—2—8 所示。

三、干磨工艺流程

干磨工艺是现代汽车涂装发展的一种新型修补工艺，其工艺流程见表 8—2—2。

手刨砂纸
机磨砂纸
研磨膏
菜瓜布

图 8—2—5　干磨工艺所需要的打磨材料

图 8—2—6　碳粉研磨指示剂盒

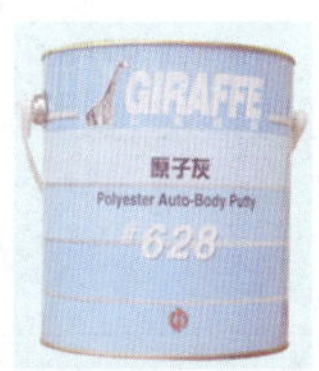

原子灰

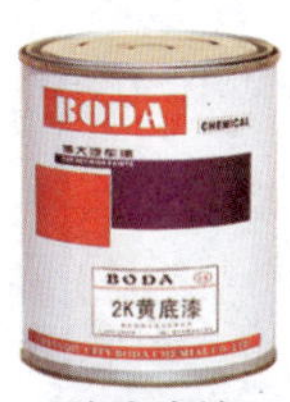

汽车底漆

汽车面漆

稀释剂

图 8—2—7　常用汽车涂料

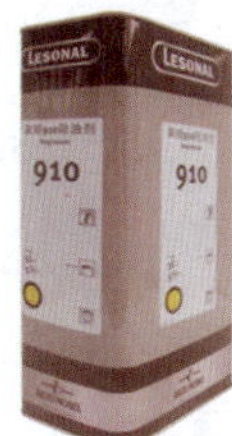

除油剂

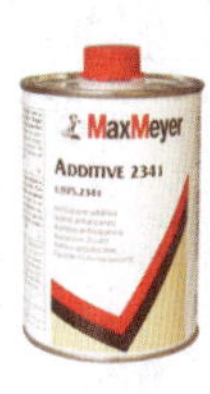

抗鱼眼剂

脱漆剂

图 8—2—8　施工用辅助剂

表 8—2—2　干磨工艺流程

步骤	工序	工序要求	工具和材料
1	表面清洁	清除工件表面的灰尘、油脂和其他污物	洗车工具、干毛巾、除尘枪 汽车清洗剂
2	清除旧漆	清除破损区域内的旧漆膜	单动作打磨机 遮盖胶带、P40 ~ P80 干磨砂纸
3	打磨羽状边	制造边缘过渡区域的斜坡，消除台阶	双动作打磨机、无尘干磨系统 P40 ~ P80 干磨圆盘砂纸
4	清洁除油	清除施工带来的灰尘和油脂	除尘枪 压缩空气、除油纸、除油剂
5	刮涂原子灰	填平板件凹陷	原子灰刮板、刮刀、调灰板 原子灰、固化剂

续表

步骤	工序	工序要求	工具和材料
6	干燥、打磨原子灰	恢复板件原来的形状，达到一定平整度	烤灯、手刨、无尘干磨系统 P80～P180 手刨干磨砂纸
7	除尘、检查平整度	检查修补表面是否平整	除尘枪 棉纱手套
8	填补针眼	填补、修补表面的针眼，提高表面光滑度	刮刀、刮板、手刨、无尘干磨系统 P80～P180 手刨干磨砂纸
9	打磨原子灰的羽状边	使原子灰涂层与旧漆膜层连接平顺	双动作打磨机、无尘干磨系统 P180～P320 干磨圆盘砂纸
10	原子灰涂层周边打磨	打磨原子灰周围旧涂层，提高附着力	双动作打磨机、无尘干磨系统 P240 或 P320 干磨圆盘砂纸
11	清洁除油	清除修理表面的灰尘和油脂	除尘枪 压缩空气、除油纸、除油剂
12	反向贴护	遮盖非喷涂区域，确保中涂边缘无台阶	遮盖纸供应机 遮盖胶带、遮盖纸
13	喷涂中涂底漆	填平细小砂眼，形成一定厚度的涂膜	底漆喷枪、涂料过滤纸漏斗 中涂底漆、稀释剂
14	干燥中涂底漆	形成均匀、厚度符合要求的中间涂层	红外线烤灯或烤漆房 烤漆房用柴油
15	打磨中涂底漆	修整中间涂层，形成光滑的表面	手刨、双动作打磨机、吸尘器 P400 或 P500 手刨干磨砂纸
16	检查、修整平整度	检查、修整平整度，使表面光滑、丰满	刮刀、刮板、手刨、无尘干磨系统 P400 或 P500 干磨砂纸
17	涂料的调色、配制	调出与原涂层颜色相符、适合喷涂的面漆	调色工具和设备、涂料过滤漏斗 色母、清漆、固化剂、稀释剂
18	面漆喷涂前打磨	在待喷涂的区域内打磨，提高表面附着力	双动作打磨机、无尘干磨系统 P600 干磨砂纸、研磨膏
19	面漆喷涂前遮盖	除尘，遮盖非喷涂区域	除尘枪、遮盖纸供应机 遮盖胶带、遮盖纸
20	面漆喷涂前清洁	除尘、除油、粘尘，确保表面清洁	除尘枪 除油纸、除油剂、粘尘布
21	喷涂面漆	形成与原涂层颜色一致、效果相同的涂膜	面漆喷枪 面漆涂料、添加剂

续表

步骤	工序	工序要求	工具和材料
22	干燥面漆	通过规范干燥，形成理想的面漆涂层	红外线烤灯或烤漆房 烤漆房用柴油
23	收尾工作	清除遮盖，清洁整理，交付使用	洗枪机、安装用工具 清洗剂

技能训练

操作一　干磨施工流程训练

1. 板件表面的清洁

方法：

（1）用清水或洗车液清洗整个板件，除去板件表面的沙粒、灰尘和其他污物，擦干后用除尘枪除水。

（2）在除油纸上倒上除油剂，在板件的修补区域涂抹，除油剂未干前用另一块干净的除油纸擦干。

提示：

板件在车身上未拆下时，清洁时需要进行整车或板件及周围大面积的清洗。

2. 清除旧漆

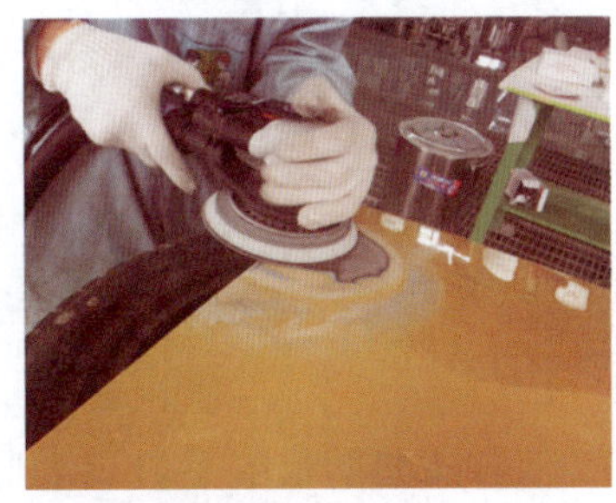

方法：

（1）在修补区周边容易碰擦到的地方贴上遮盖胶带，以保护周边非修补区域，提醒施工人员注意。

（2）用单动作打磨机或偏心距为 7 mm 的双动作打磨机配合 P60 ~ P80 干磨砂纸，在涂膜破损及其影响区域内除去旧漆至裸金属。

提示：

一般情况下，大面积除旧漆使用单动作打磨机，小面积除旧漆使用大偏心距双动作打磨机。

3. 打磨羽状边

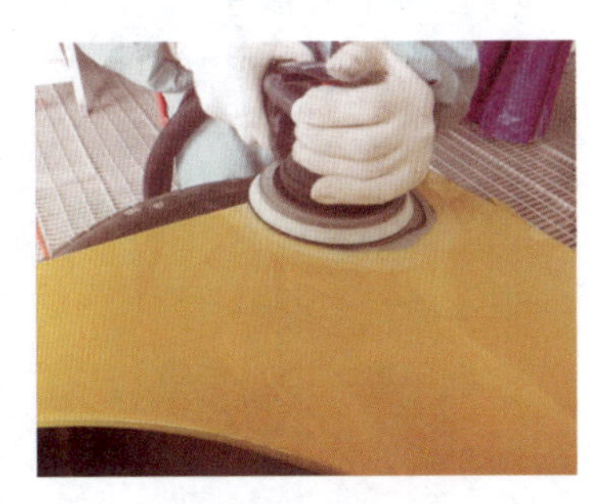

方法：

（1）用除尘枪吹除打磨表面的灰尘，在打磨区内除油。

（2）用偏心距为 5 mm 的双动作打磨机配合 P120 干磨砂纸，打磨羽状边。

提示：

羽状边边缘距离裸金属凹陷至少 70 ~ 80 cm，羽状边的宽度至少为 20 mm。

4. 施工表面的清洁

方法：

（1）用除尘枪吹除板件表面的灰尘。

（2）在需要刮涂原子灰的区域使用除油剂除油。

提示：

除油剂擦涂的范围不要超出原子灰刮涂的范围。

5. 刮涂、干燥原子灰

方法：

（1）取适量的原子灰，按比例加入固化剂并拌和均匀。

（2）在羽状边的范围内刮涂原子灰，填平凹陷并适当高出板件平面。

（3）用红外线烤灯强制加热 5～10 min，使原子灰涂层完全固化。

提示：

原子灰刮涂的范围应在羽状边的范围内。若一次不能完全填平板件的凹陷，则可以待第一层原子灰干燥后再次填涂；刮涂后，可以用红外线烤灯烘烤，加速固化时间，提高效率。

6. 打磨原子灰

方法：

（1）在原子灰上涂抹碳粉，使用干磨机配合 P80 干磨砂纸，在原子灰范围内进行粗磨。

（2）再次涂抹碳粉，使用吸尘手刨配合 P80、P120、P180 进行手刨打磨，直至完全整平原子灰涂层。

提示：

涂抹碳粉的目的是显示未打磨区域及砂眼，方便矫正。

7. 原子灰涂层平整度的检查

方法：

（1）戴上棉质手套，分别从长度和宽度方向用手摸感觉原子灰区域是否平整。

（2）如果修补区域不平整，可再进行原子灰的刮涂与打磨。

提示：

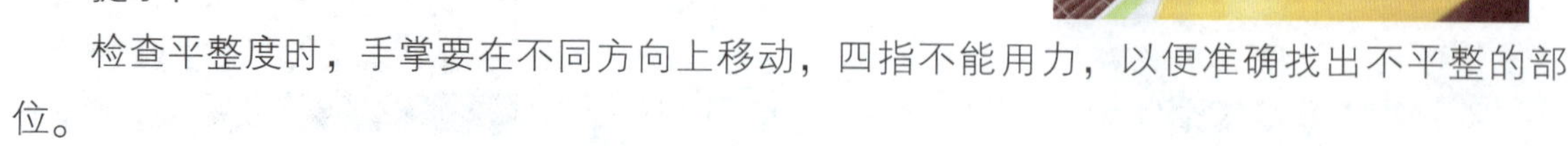

检查平整度时，手掌要在不同方向上移动，四指不能用力，以便准确找出不平整的部位。

8. 填补原子灰表面的针眼

方法：

（1）用除尘枪彻底清洁原子灰涂层表面，吹掉修补区灰尘，观察原子灰涂层表面有无针眼。

（2）如果有针眼，用双组分的原子灰进行填补，干燥后使用 P120 ~ P180 砂纸打磨。

提示：

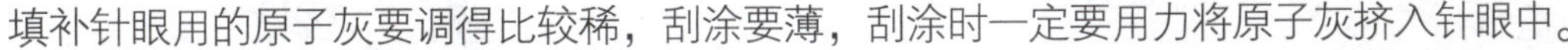

填补针眼用的原子灰要调得比较稀，刮涂要薄，刮涂时一定要用力将原子灰挤入针眼中。

9. 打磨原子灰羽状边

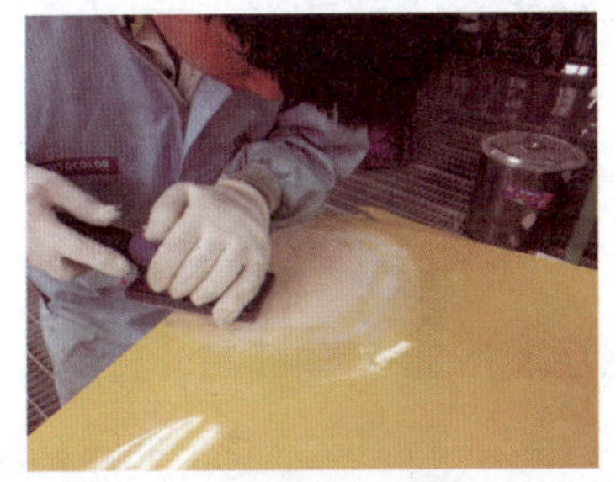

方法：

（1）先用偏心距为 5 mm 的双动作打磨机配合 P180 打磨砂纸，打磨原子灰涂层边缘羽状边。

（2）再换用 P240 砂纸，进一步修整原子灰涂层边缘的羽状边。

提示：

打磨羽状边时不要打磨原子灰涂层，边打磨边检查羽状边的质量，确保涂膜交界平顺，过渡自然。

10. 打磨原子灰周边旧涂层

方法：

（1）使用 P320 干磨砂纸、软质保护垫配合 3 mm 或 5 mm 偏心距的双动作打磨机，在羽状边至周边不少于 15 cm 的范围内打磨。

（2）难以打磨的部位，使用相当于 P400 的海绵砂纸，手工打磨。

提示：

打磨原子灰周边旧涂层的目的是为中涂底漆喷涂做准备，其打磨面积一般为原子灰羽状边向周边扩展 20 cm 的范围。

11. 表面清洁、除油

方法：

（1）用除尘枪吹除表面的打磨灰尘。

（2）用毛巾遮住原子灰区域，用一块除油纸蘸上除油剂，在原子灰涂层周边的打磨区域内擦涂，然后用另外一块干净除油纸将除油剂擦干。

提示：

除油时，一定不要将除油剂擦到原子灰涂层上，否则，原子灰会将除油剂吸入内部，导致面漆涂膜产生溶剂气泡。

12. 中涂底漆喷涂前的反向贴护

方法：

（1）确定好中涂底漆喷涂的边缘。

（2）在喷涂边缘以反向遮盖的方式贴好遮盖胶带和遮盖纸。

提示：

一般以原子灰周边旧涂膜的打磨边缘作为中涂底漆的喷涂边缘；反向遮盖是为了避免中涂底漆的喷涂台阶。

13. 喷涂中涂底漆

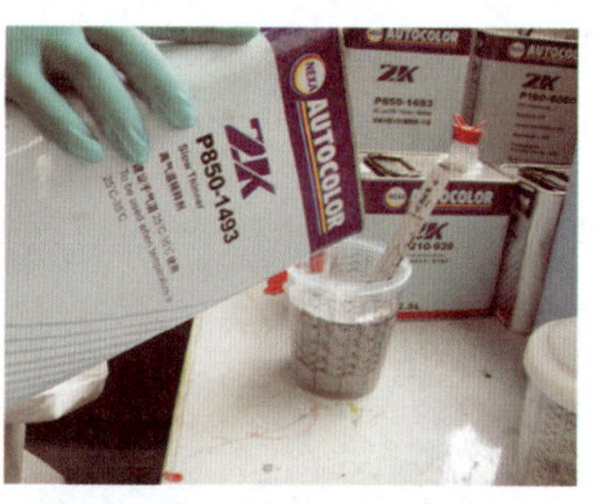

方法：

（1）按照中涂底漆的配制比例，加入固化剂和稀释剂，然后使用 80 目的纸漏斗过滤。

（2）均匀喷涂 3～4 层双组分中涂底漆，不要过度喷涂，每层喷涂需闪干。

提示：

为了确保涂层的质量，现代涂装修补经常采用双组分中涂底漆。

14. 干燥中涂底漆

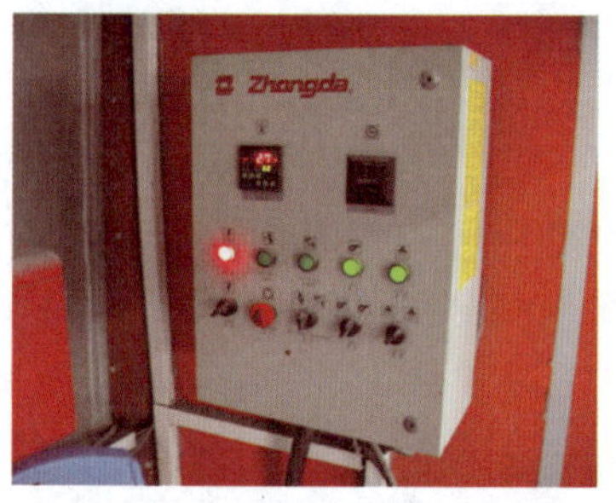

方法：

将烤漆房工作调整到烘烤模式，在 60℃ 的条件下，烘烤 30 min 左右，确保中涂底漆干燥。

提示：

干燥时不能升温过急，否则会使涂膜起泡。

15. 打磨中涂底漆

方法：

（1）在中涂底漆上施涂碳粉指导层。

（2）手刨打磨先使用 P180 砂纸打磨，再使用 P240～P320 砂纸打磨。机械打磨使用 P320～P400 砂纸打磨。

提示：

打磨的目的是平整中涂底漆层，每次更换不同型号的砂纸前均使用指导涂层。

16. 中涂底漆涂层平整度的检查与修整

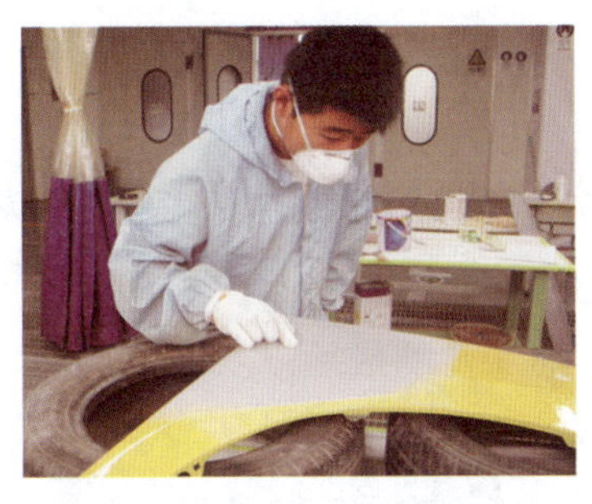

方法：

（1）用手感觉修补区域，如不平整则持续打磨直至平整。

（2）观察中涂底漆表面有无针眼和砂痕，如果有，需在针眼和砂痕处补涂合金原子灰，干燥后打磨平整。

（3）用除尘枪吹除打磨表面的灰尘。

提示：

由于传统的填眼灰容易使面漆出现咬底，所以使用合金原子灰代替传统的填眼灰。

17. 面漆的调色与配制

方法：

（1）按照颜色配方调配面漆的颜色，并作适当的颜色微调。

（2）按照面漆的配制比例，配制适合喷涂的涂料，选取合适涂料过滤漏斗进行过滤。

提示：

颜色调配尽可能与原车颜色接近，在可能的情况下要采用配方调色。

18. 面漆喷涂前打磨

方法：

（1）使用偏心距为 3 mm 的打磨机，配合中间软垫、P400 或 P500 砂纸，打磨需要喷涂面漆的整个区域。

（2）难以打磨的部位使用 P500 ~ P1000 海绵砂纸打磨。

提示：

如果喷涂单工序面漆，用 P400 号砂纸打磨；如果喷涂双工序面漆，用 P500 号砂纸打磨。

19. 面漆喷涂前遮盖

方法：

（1）用除尘枪吹除板件表面的灰尘，用除油剂在遮盖胶带粘贴的部位擦拭除油。

（2）按照面漆喷涂的遮盖要求进行遮盖。

提示：

遮盖完成后，要仔细检查有无过度遮盖和遮盖不足，发现缺陷及时补救；单件喷涂不需要遮盖。

20. 面漆喷涂前清洁

方法：

（1）用除尘枪再次吹除喷涂表面的灰尘。

（2）用除油剂在待喷涂的表面上除油。

（3）用粘尘布在待涂表面和周围遮盖纸上粘尘，做面漆喷涂前的最后一次清洁。

提示：

粘尘时，要事先将粘尘布完全摊开，重新折叠后，在待涂表面轻轻擦拭粘尘。

21. 面漆喷涂

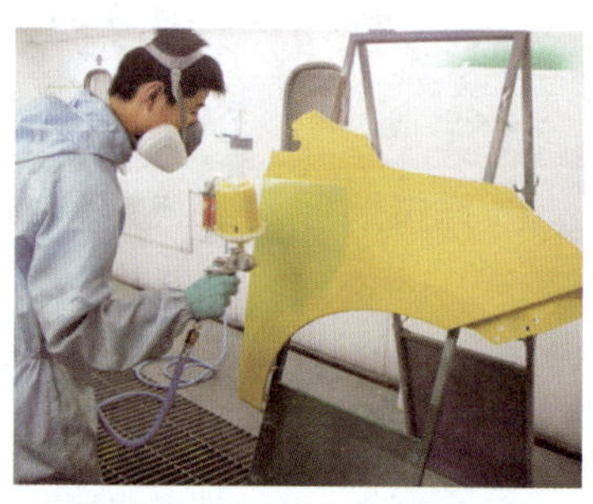

方法：

（1）向喷枪中倒入调配好的涂料，根据喷涂的具体情况调试好喷枪。

（2）按照面漆的喷涂规范，对板件的修补区域喷涂面漆。

提示：

面漆喷涂重点强调其装饰性能，因此面漆涂膜的光泽度、丰满度和鲜映性等都要达到要求。

22. 面漆干燥

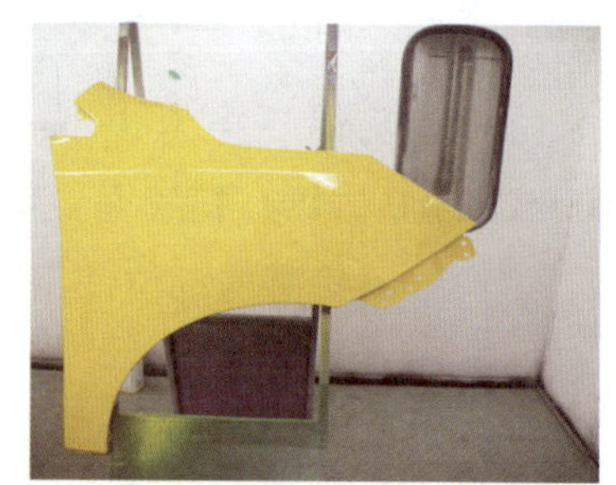

方法：

（1）面漆喷涂完成后，静置 10 ~ 15 min，使面漆中的溶剂尽可能挥发。

（2）将烤漆房调整到烘烤模式，先升温至 40℃ 烘烤 10 min，然后升温至 60℃ 烘烤 30 min，确保面漆涂膜干燥。

提示：

如果修补面积较大，一般采用烤漆房烘烤干燥；如果是板件局部点修补，可以用红外线烤灯干燥。

23. 面漆抛光

方法：

（1）新喷的涂膜完全干燥后，检查涂膜质量，对漆面的颗粒和流挂进行抛光。

（2）用 P1000 水砂纸打磨，清除涂膜表面的颗粒与流挂；用 P1500 水砂纸打磨，消除 P1000 水砂纸的打磨痕迹。

（3）用法兰绒布和全能抛光蜡，对涂膜缺陷处及周围进行抛光。

提示：

抛光必须在涂膜完全干燥后进行。抛光要在自然干燥48 h以后，强制干燥40 min以上，涂膜完全冷却的条件下进行。

训练评价

训 练 评 价

考核要求

1. 在规定的时间内完成干磨施工流程，使之符合技术标准。
2. 在操作过程中出现的违规操作，应及时指正。
3. 符合安全文明生产的要求。

考核标准

考评标准表——干磨施工流程

考核时间	考核项目	分值	评分标准与指导	评价结果
240 min	正确使用工具	5	工具使用不当酌情扣分，并指正	
	待涂表面的清洁	5	按要求酌情扣分，并指正	
	底材的处理	10	按要求酌情扣分，并指正	
	原子灰的刮涂	10	按要求酌情扣分，并指正	
	原子灰的干燥、打磨与修整	10	按要求酌情扣分，并指正	
	喷涂前遮盖	10	按要求酌情扣分，并指正	
	中涂底漆的喷涂、干燥与修整	10	按要求酌情扣分，并指正	
	面漆喷涂前处理	10	按要求酌情扣分，并指正	
	面漆的喷涂与干燥	10	按要求酌情扣分，并指正	
	漆面抛光	10	按要求酌情扣分，并指正	
	整理工具、清理现场	10	每项扣2分，扣完为止	
	遵守相关安全操作规范 在规定的时间内完成		因违规操作发生人身和设备事故，终止考核，成绩按0分计；超时每分钟扣2分，超时5 min终止考核	
	分数合计	100		

实训报告

1. 干磨施工流程是怎样的，指出干磨流程的哪些工序可以进一步提高工作效率？
2. 简述干磨工艺的特点和各个工序的施工要点。

课题 3　快速修补工艺

学习目标

1. 熟悉快速修补的定义。
2. 熟悉快速修补的分类和特点。
3. 熟悉快速修补所需要的设备和材料。
4. 掌握快速修补工艺。
5. 能按照快速修补流程进行涂装施工。

知识准备

一、快速修补的分类和特点

随着汽车工业的快速发展，国内汽车保有量不断攀升，汽车维修涂装车间出现了超负荷运转，为了满足社会的需求和汽车维修行业发展的需要，美国 PPG 漆油贸易公司在我国率先推出了快速修补工艺。

快速修补工艺（Fast Repair Solution，FRS）是指通过专业的快修施工小组，专用的施工工位，对符合小修、巧修标准的车辆进行的专门汽车涂装修补工艺。标准的专业快修施工小组由 3 ~ 4 人组成；一个专用的施工工位占地大约 50 m^2，配备干磨机、遮盖纸供纸机、红外线烤灯等专业设备，底漆和面漆的干燥都使用红线烤灯烘烤，无须移动车辆，专业的快修工位如图 8—3—1 所示；快速修补专门针对符合小修、巧修标准的车辆，修补时不需要拆卸任何部件，根据具体情况尽量少刮原子灰或不刮原子灰，从而大大地提高了修补的速度。

图 8—3—1　专业的快速修补工位

1. 快速修补的分类

快速修补按照车身涂膜的具体情况分为普通快修补和特快修补两种。快速修补只能在车身上的 B 区、C 区和 D 区进行，车身上的 A 区由于位置太显眼，不宜进行快速修补，D 区位于车身上隐蔽的部位，只是在客户要求的情况下做快速修补，如图 8—3—2 所示。普通快修补适用车身涂膜的创面范围在 20 cm^2 以内，凹陷深度小于 2.5 mm，凹陷范围的直径在 5 cm 以内的轻度损伤（见图 8—3—3），涂膜损伤的区域为车身的 B 区和 C 区，其作业包括刮涂原子灰，但不包括钣金整形的内容，整体的修补时间为 3 h 左右；特快修补适用于涂膜创面范围在 10 cm^2 以内，没有凹陷，不需要刮涂原子灰的轻微损伤（见图 8—3—4），涂膜的损伤区域多为车身的 C 区，B 区的特快修补要视情况而定，特快修补的整体时间大约为 90 min。

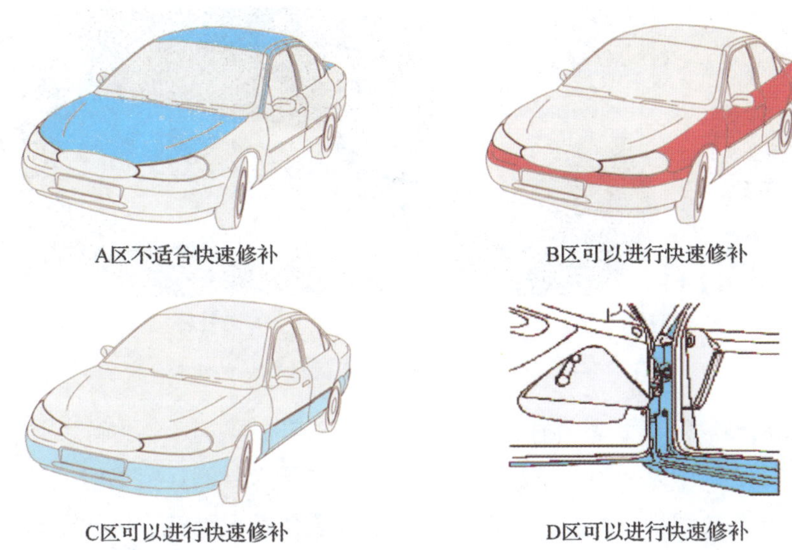

图 8—3—2　快速修补在车身上的位置

图 8—3—3　适用于普通快修补的轻度损伤

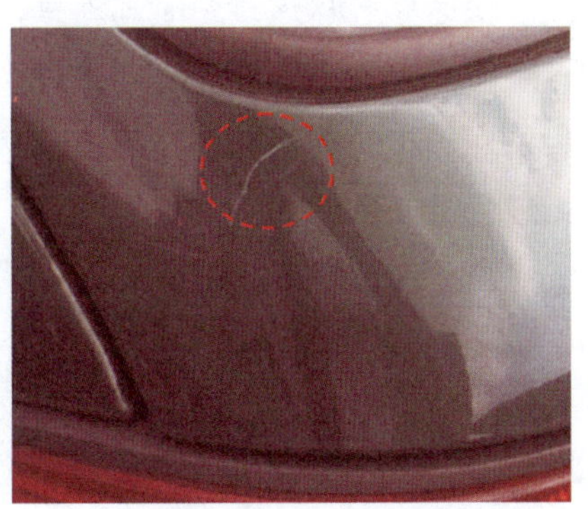
图 8—3—4　适用于特快修补的轻微损伤

2. 快速修补的特点

快速修补工艺是结合全球多年的实际操作经验，运用国际最先进的技术和产品，选用快速修补专业设备，根据我国市场特色和实际现场条件而量身定制的汽车修补涂装工艺，快速修补工艺的特点如下。

（1）修补工艺先进。快速修补工艺是在无尘干磨工艺的基础上，将小修补工艺与巧修补工艺科学地结合，并根据具体情况进行本土化调整而形成的先进汽车涂装工艺，其中包含无尘干磨技术、红外线干燥和紫外线固化技术、新型涂料的施工技术、修补过渡技术等。总之，快速修补工艺无论是从工艺理念、施工设备、施工耗材、施工技术的哪一方面，都能完美地体现其先进性。

（2）修补质量可靠。快速修补是在确保施工质量的前提下提高施工效率，有科学合理的修补工艺，以先进的修补技术和专业的技术人员作为保障，能够做到汽车车身涂膜的无痕修补。快速修补前后涂膜缺陷部位的比较如图 8—3—5 所示。

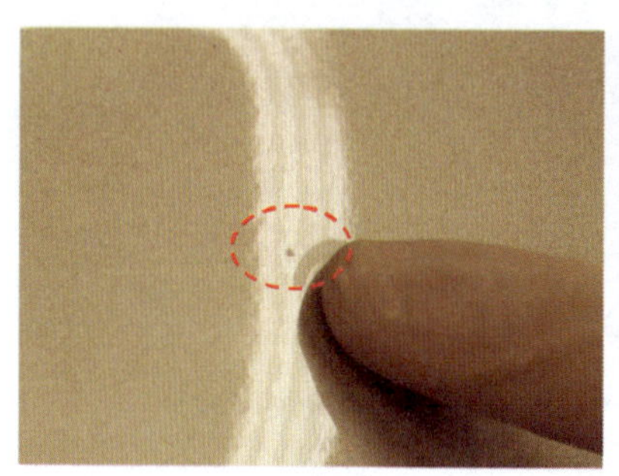

修补前

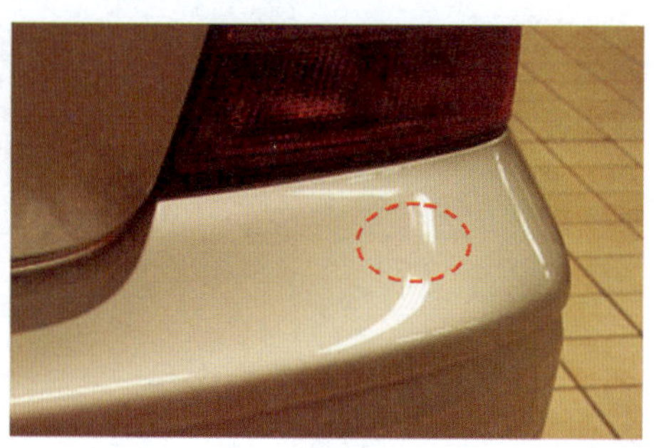

修补后

图 8—3—5　快速修补前后涂膜缺陷部位的比较

（3）修补工期短。汽车涂装修补工期包括固定工作时间、操作不确定时间和施工过程中浪费的时间。固定工作时间为原子灰、底漆和面漆的干燥时间；打磨时间的长短要根据施工人员的技术、原子灰刮涂面积的大小以及涂膜表面质量状况而定，属于不确定的时间；车辆的移动，专用工具、设备和工位的等候，涂装修补返工等所需要的时间为施工过程中浪费的时间。快速修补从这三个时间入手，尽可能缩短原子灰、底漆、面漆的干燥时间和移动车辆的等待时间，提高打磨、遮蔽、抛光等工作的效率，减少返工，达到了最大限度地缩短工期的目的。与传统的修补工艺相比，快速修补的时间大大缩短，快速修补与传统修补施工效率的比较见表 8—3—1。

表 8—3—1　快速修补与传统修补施工效率的比较

项目	传统修补	普通快修补		特快修补	
		施工情况	节省/%	施工情况	节省/%
施工时间/min	285	149	48	71	75
干燥时间/min	95	27	72	19	80
烘烤能耗/元	110	2	98	1.5	99
工位占用/min	380	176	54	90	76

二、快速修补所需要的设备和材料

1. 快速修补的设备和工具

快速修补的主要工具和设备有短波红外线烤灯、UV 紫外线固化烤灯、无尘干磨设备和环保型修补喷枪等，如图 8—3—6 所示。

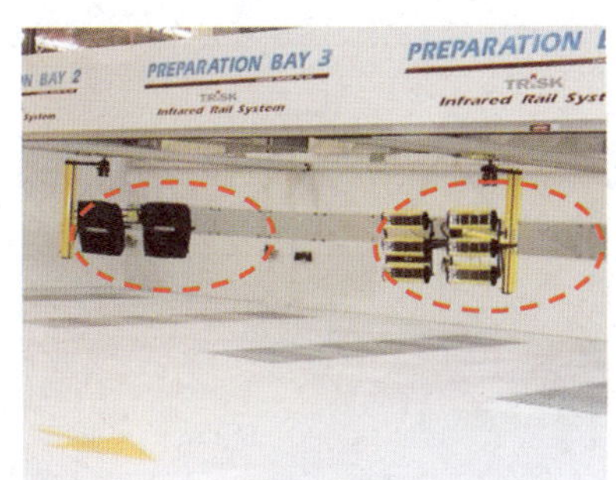

短波红外线烤灯

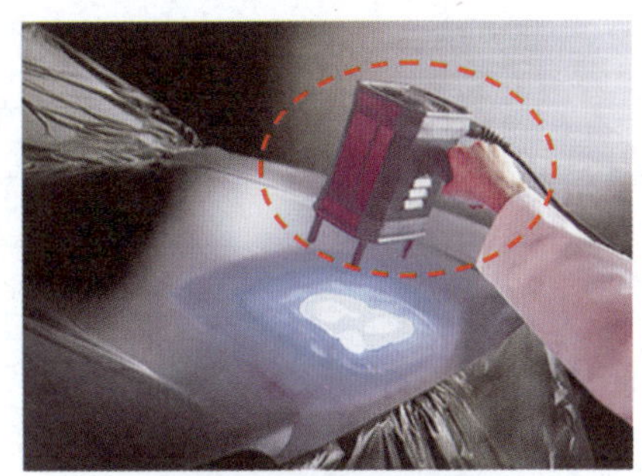
UV紫外线固化烤灯

无尘干磨设备

环保型修补喷枪

图 8—3—6 快速修补主要的工具和设备

2. 快速修补使用的材料

快速修补所使用的耗材有高强度清洁剂、无尘干磨砂纸、水性研磨膏和全能抛光蜡等，使用的涂料主要是高品质、快干型产品，PPG 公司快速修补所使用的材料见表 8—3—2。

表 8—3—2 PPG 公司快速修补所使用的材料

施工工序	产品类型	Nexa Autocolor 2K 系列产品	达壮系列产品
前处理	除油、清洁产品	除油剂	高强度清洁剂
			抗鱼眼清洁剂
	原子灰	万能原子灰（钣金灰）	多用途聚酯原子灰
	研磨膏	水性研磨膏	水性研磨膏
中涂底漆	传统快干底漆	高固含量厚膜底漆（可调灰度）	多用途底漆
	自喷罐快干底漆	小修补自喷底漆	
	UV 快干底漆	紫外光速干底漆	紫外光速干底漆
	塑料基材底漆	单组分塑料底漆	塑料底漆

续表

施工工序	产品类型	Nexa Autocolor 2K 系列产品	达壮系列产品
面漆喷涂	色漆	2K 系列色母	达壮系列色母
	驳口产品	驳口水	BC 漆接口剂
			DG 清漆接口剂
	快干清漆	超劲皇牌清漆	低有机挥发分快干清漆
		极品清漆	超快干清漆
		快干清漆	快干清漆
抛光打蜡	抛光、打蜡产品	全能抛光蜡系列	

三、快速修补工艺

快速修补要根据涂膜损伤的具体情况选择普通快修补工艺或特快修补工艺，快速修补工艺见表 8—3—3。

表 8—3—3　　快速修补工艺

施工工序	工序步骤	普通快修补		特快修补	
		施工方法、设备和材料（单片修补）	耗时/min	施工方法、设备和材料（单片修补）	耗时/min
中涂底漆施工前处理	遮蔽贴护	用专用遮盖纸/遮盖膜贴护	3	用专用遮盖纸/遮盖膜贴护	3
	清洁、除油	用菜瓜布清洁、用除油布除油	2	用菜瓜布清洁、用除油布除油	2
	打磨除漆	基本不用	0	—	0
	打磨羽状边	用无尘干磨系统打磨	3	用无尘干磨系统打磨	2
	清洁、除油	用除尘枪除尘，用除油布除油	2	用除尘枪除尘，用除油布除油	1
	原子灰施工	刮涂少量的原子灰、干燥打磨	25	—	0
	清洁除油	用除尘枪除尘，用除油布除油	2	—	0
	中涂前遮盖	用专用遮盖纸/遮盖膜遮盖	6	用专用遮盖纸/遮盖膜遮盖	6
中涂底漆施工	中涂底漆的喷涂	用喷枪或气雾罐喷涂	15	用气雾罐喷涂	3
	中涂底漆的干燥	用红外线烤灯干燥	12	用 UV 烤灯干燥	4
面漆前处理	面漆前打磨	用无尘干磨系统打磨	15	用无尘干磨系统打磨	12
	清洁	用除尘枪除尘，用清洁布擦拭	2	用除尘枪除尘，用清洁布擦拭	1
	面漆前遮盖	用专用遮盖纸遮盖	10	用专用遮盖纸/遮盖膜遮盖	3

续表

施工工序	工序步骤	普通快修补		特快修补	
		施工方法、设备和材料（单片修补）	耗时/min	施工方法、设备和材料（单片修补）	耗时/min
面漆施工	除油、粘尘	用除油布除油，用粘尘布粘尘	2	用除油布除油，用粘尘布粘尘	1
	色漆喷涂	用 SATA 面漆修补枪喷涂	20	用 SATA 专业点修补枪喷涂	15
	清漆喷涂	用 SATA 面漆枪喷涂	12	用 SATA 面漆枪喷涂	10
	面漆干燥	用红外线烤灯烘烤	15	用红外线烤灯或 UV 烤灯干燥	15
抛光	抛光打蜡	用精磨砂棉、机磨与手工配合打磨	30	用精磨砂棉、机磨与手工配合打磨	12
合计			176		90

技能训练

操作一　快速修补工艺流程训练

1. 快速修补工艺的确定

方法：

（1）损伤情况：涂膜破损部位在车身的 B 区，破损面积小于 20 cm^2，凹陷深度为1.5 mm，凹陷范围的直径为 3 cm。

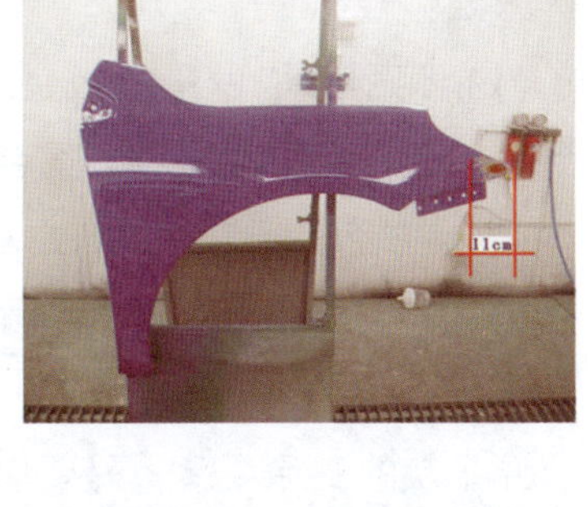

（2）确定工艺：根据涂膜损伤的情况和快速修补的条件，该处涂膜的修补采用普通快修补工艺。

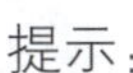

提示：

确定快速修补工艺要根据涂膜损伤的具体情况来决定，严格把握快速修补的准入条件。

2. 快速修补施工前的准备

方法：

（1）准备好施工用的工具、耗材和涂料。

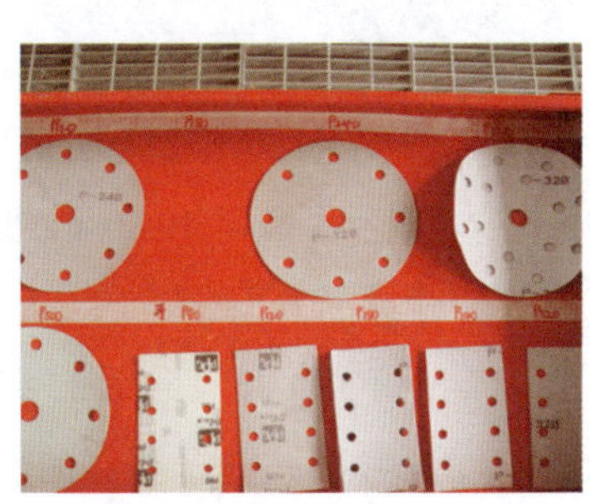

（2）确定修补的范围，在修补区域外的板件接缝处贴上遮盖胶带，以保护非修补区域。

提示：

面漆调色由专业调漆人员负责，与修补施工同时进行，调色操作时间不重复计入修补施工时间。

3. 施工表面的清洁

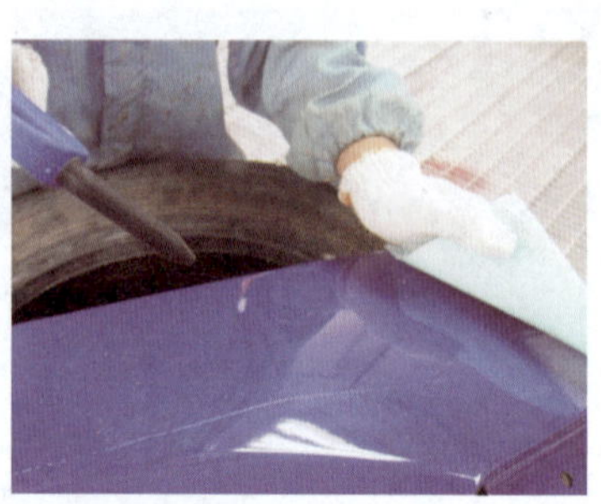

方法：

（1）用红色菜瓜布打磨修补表面，然后用除尘枪吹除表面的灰尘。

（2）在专用除油布上倒上除油剂，在除尘后的表面上除油。

提示：

红色菜瓜布相当于 P360 干磨砂纸，用于除去旧涂膜表面黏结的灰尘和污物。

4. 打磨羽状边

方法：

（1）选用 P120 圆盘干磨砂纸，配合偏心距为 5 mm 的双动作打磨机，打磨涂膜破损边缘。

（2）当涂膜破损边缘的台阶完全消除，用手触摸感觉过渡自然时停止打磨。

提示：

快速修补时，打磨的羽状边不要求太宽，一般为 10 mm 左右就可以了。

5. 原子灰的施涂与干燥

方法：

（1）用刮刀取少量的钣金原子灰基料，将固化剂直接挤到刮刀上，用刮板与刮刀配合调配原子灰。

（2）在轻度损伤的凹陷处刮涂原子灰。

（3）用红外线烤灯干燥原子灰。

提示：

原子灰的刮涂要薄，只要填平小凹陷就可以了，原子灰表面要光滑，非刮涂区域不要粘上原子灰。

6. 原子灰的打磨

方法：

（1）先用 P120 干磨砂纸配合手刨初步打磨原子灰，待表面基本平整后换用 P180 砂纸打磨，最后用 P240 砂纸精细修磨整个原子灰涂层。

（2）用 P320 圆盘砂纸配合双动作打磨机打磨原子灰羽状边和周边需喷涂中涂底漆的旧涂膜。

提示：

打磨完成后，要检查原子灰表面的平整度和表面存在的其他缺陷，必要时再填补适量的

原子灰。

7. 中涂底漆喷涂前的遮盖

方法：

（1）打磨完成后，用除尘枪吹除表面的灰尘。

（2）用反向遮盖的方式遮盖非喷涂区域，将喷涂中涂底漆的表面限定在一定范围内。

提示：

中涂底漆喷涂不需要大面积遮盖，只要喷涂区域四周贴上遮盖纸就可以了，如果缺陷处于板件中央部位，甚至可以省略遮盖。

8. 中涂底漆的喷涂

方法：

（1）调配双组分快干中涂底漆并过滤，将喷枪气压调到 98 kPa，喷幅调整到全开的1/3～1/2。

（2）在修补表面薄薄地喷涂 2～3 遍中涂底漆。

提示：

有条件的情况下，尽可能采用自喷罐快干中涂底漆或 UV 紫外光速干中涂底漆，这样可以节省大量的时间。

9. 中涂底漆的干燥

方法：

（1）调整好烘烤距离，将红外线烤灯调到烘烤模式，对速干底漆进行烘烤。

（2）烘烤 10～12 min 后，关闭红外线烤灯，检查中涂底漆的干燥程度。

提示：

如果选用 UV 速干中涂底漆，用紫外线烤灯干燥通常只要 4 min。

10. 面漆前的打磨与遮盖

方法：

（1）用 P500 干磨砂纸配合双动作打磨机打磨中涂底漆和周围待涂面漆的旧涂膜并检查，确保表面平滑无缺陷。

（2）先用除尘枪吹除表面的灰尘，然后用专用的清洁布擦拭整个板件表面。

（3）修补边缘用遮盖纸遮盖，整车用专用覆盖罩或乙烯薄膜遮盖。

提示：

中涂底漆打磨完成后，如果发现表面还存在缺陷，需要马上填补，消除缺陷。快速修补要求施工人员尽可能减少不必要的返工。

11. 待涂表面的清洁

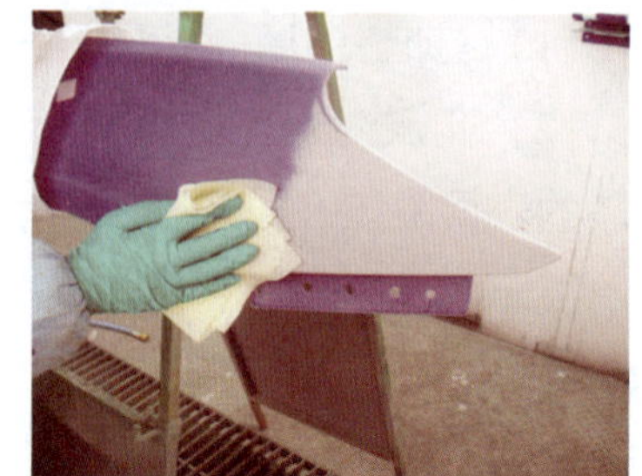

方法：

（1）用除尘枪和专用除尘布除尘。

（2）在待涂面漆的表面上除油。

（3）用粘尘布在修补表面和周围的遮盖纸上除尘。

提示：

待涂表面的清洁一定要彻底，以确保面漆涂膜不会产生缺陷。

12. 底色漆的喷涂

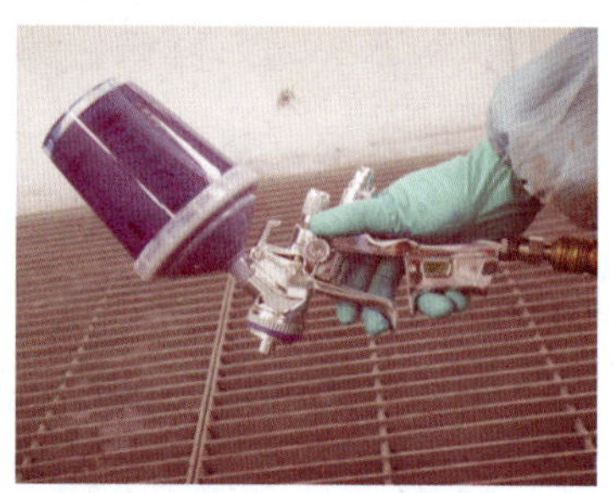

方法：

（1）选用口径为 0.8～1.0 mm 的萨塔面漆修补喷枪，采用98～147 kPa 的喷涂气压，1/2～2/3 的喷幅，1/2～2/3 的喷涂流量，以 10～13 cm 的喷涂距离预喷一层底色漆。

（2）闪干 1～3 min 后，进行底色漆的着色喷涂。

提示：

底色漆使用快干稀释剂，可以节省大量的闪干时间。

13. 清漆的喷涂

方法：

（1）先预喷一层快干清漆，稍稍闪干后再精细喷涂快干清漆。

（2）在清漆的边缘薄薄地喷涂清漆接口剂或驳口水，使新喷清漆与旧清漆涂膜融为一体。

提示：

用于快速修补的清漆一般为快干清漆或超快干清漆，使用的驳口溶剂也要与之配套。

14. 面漆的干燥

方法：

（1）调整好红外线烤灯的烘烤距离，将红外线烤灯调整到直接烘烤模式，设置烘烤时间为 15 min，对喷涂的面漆进行烘烤。

（2）烘烤结束后，揭开非喷涂区域的遮盖胶带。

提示：

干燥完成后只揭开遮盖胶带，不去除遮盖纸，以便在抛光工序中保护非修补区域。

15. 抛光

方法：

（1）选用全能抛光蜡，与精磨砂棉配合，在修补过渡的区域内进行手工抛光。

（2）修补过渡区域出现初步光泽后，改用海绵抛光垫配合全能抛光蜡，进行大面积的机械抛光。

提示：

过渡区域的抛光只能从重涂区向非重涂区抛光，不能反向抛光。

训 练 评 价

考核要求

1. 在规定的时间内完成涂膜破损区域的快速修补，使之符合技术标准。
2. 在操作过程中出现的违规操作，应及时指正。
3. 符合安全文明生产的要求。

考核标准

考评标准表——涂膜破损区域的快速修补

考核时间	考核项目	分值	评分标准与指导	评价结果
180 min	正确使用快速修补工具	5	工具使用不当酌情扣分，并指正	
	正确选择快速修补工艺	5	按要求酌情扣分，并指正	
	打磨羽状边	5	按要求酌情扣分，并指正	
	原子灰涂层的施工	15	按要求酌情扣分，并指正	
	喷涂前的遮盖	5	按要求酌情扣分，并指正	
	中涂底漆涂层的施工	15	按要求酌情扣分，并指正	
	面漆喷涂前的处理	5	按要求酌情扣分，并指正	
	面漆涂层的施工	20	按要求酌情扣分，并指正	
	抛光处理	15	按要求酌情扣分，并指正	
	整理工具、清理现场	10	每项扣 2 分，扣完为止	
	遵守相关安全操作规范 在规定的时间内完成		因违规操作发生人身和设备事故，终止考核，成绩按 0 分计；超时每分钟扣 2 分，超时 5 min 终止考核	
	分数合计	100		

实训报告

1. 快速修补的基本条件是什么，专门用于快速修补的材料有哪些？
2. 普通快速修补的操作步骤及注意事项有哪些？

课题四 汽车水性漆涂装

学习目标

1. 熟悉汽车水性漆的组成与分类。
2. 掌握汽车水性漆的特点和储存方法。
3. 熟悉汽车水性漆的修补涂装工艺。
4. 掌握汽车水性漆涂装设备的使用方法。
5. 熟练使用汽车水性漆修补涂装设备。
6. 能熟练进行汽车水性漆修补施工。

知识准备

一、汽车水性漆的基础知识

VOC是挥发性有机化合物（Volatile Organic Compound）的英文缩写，所有有机溶剂均可被视作VOC。传统的汽车涂料是溶剂型涂料，其中的VOC挥发到大气中会危害人类健康、污染环境。随着人类环保意识的增强，各国相继制定了保护环境的法规，限制VOC排入大气。近年来，国际上对VOC排放量的要求越来越严。如1995年德国大气净化法就规定，车身被涂面积的VOC排放量应小于35 g/m^2。在严格限制VOC排放的环保要求促使下，国际上（特别是欧美国家）大力发展水性漆。目前，欧美汽车工业发达国家均实现了汽车涂装水性化，汽车用水性漆及其涂装技术也已经成熟，水性漆在品种配套、涂层质量方面可与传统溶剂型漆相媲美。我国在2009年9月30日发布了强制性国家标准GB 24409—2009《汽车涂料中有害物质限量》，并于2010年6月1日起实施，该标准对汽车用涂料中的VOC含量进行了限制。现在，我国一些大型汽车公司和4S店已经使用汽车水性漆，国内市场上有PPG公司Aquabase Plus、杜邦Cromax、鹦鹉90－系列、施得乐Standohyd、劲亮Autowave等国际知名品牌的水性漆（见图8—4—1）。

1. 汽车水性漆的组成

汽车水性漆是以去离子水作为油漆的主要溶解物和稀释剂，以有效减少油漆中挥发性有机化合物含量的油漆。水性漆与传统溶剂型漆一样，基本成分包括溶剂、树脂、颜料和添加剂等。水性漆所含溶剂主要是水，树脂分散在水中形成聚合物分散体系，而传统溶剂型漆的溶剂主要是有机溶剂，树脂在溶剂中形成聚合物溶液，这就是水性漆与溶剂型漆的最大差别。水性金属底色漆与溶剂型金属底色漆各成分含量的比较见表8—4—1。

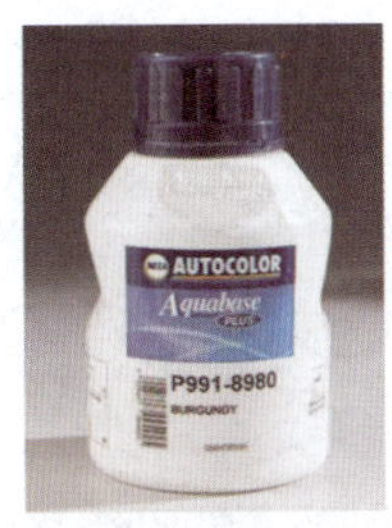

Aquabase Plus 水性漆

杜邦 Cromax 水性漆

鹦鹉 90– 系列水性漆

施得乐 Standohyd 水性漆

劲亮 Autowave 水性漆

图 8—4—1 国内市场上的品牌水性漆

表 8—4—1 水性金属底色漆与溶剂型金属底色漆的成分含量比较

油漆的成分	水性金属底色漆/（%）	低固体分溶剂型金属底色漆/（%）
固体分	21	13
有机溶剂	14	87
水	65	0

水性中涂底漆主要有聚酯和聚氨酯漆，其施工固体分较高，一般为 50% ~60%。水性中涂底漆的抗石击性能优于传统溶剂型中涂底漆。水性面漆的底色漆主要有丙烯酸和聚氨酯漆。水性清漆由于价格较高，尚未广泛应用，目前普遍采用高固体分双组分溶剂型罩光清漆。

2. 汽车水性漆的分类

汽车水性漆以水作为溶剂或者作为分散介质，按照树脂在水中分散的形态可以分为水溶型漆、水稀释型漆和水分散型漆三种。

水溶型漆是以水溶性树脂为成膜物质，以聚乙烯醇及其各种改性物为代表，除此之外还有水溶醇酸树脂、水溶环氧树脂及无机高分子水性树脂等。水稀释型漆是以乳化乳液为成膜物配制的漆，先使溶剂型树脂溶在有机溶剂中，然后在乳化剂的帮助下靠强烈的机械搅拌使树脂分散在水中形成乳液，制成的漆在施工中可用水来稀释。水分散型漆主要是指以合成树脂乳液为成膜物配制的漆。水溶型聚酯树脂和水分散型丙烯酸聚酯树脂在水中分布的形态如图 8—4—2 所示。汽车水性漆主要是水分散型和水稀释型水性漆。

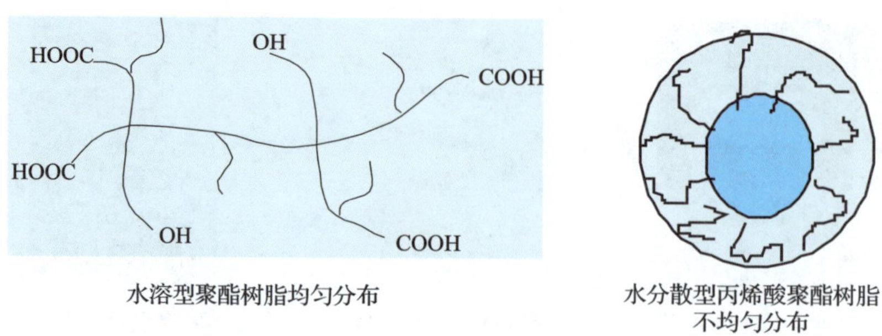

图 8—4—2 水溶型树脂和水分散型树脂在水中的分布形态

3. 汽车水性漆的特点

由于水的特性与有机溶剂有很大的不同，所以水性涂料相对于溶剂型涂料也有很大差异。水性漆表面张力大，难以渗入涂装表面的针眼和细缝，水性漆难润湿，颜料分散性不是很好；水的汽化温度高，涂料喷涂时不易挥发，在施工过程中要加入预热工艺；水性漆随着搅拌力的增强其黏度会急剧下降，对容器、输送管路、喷漆室体等易受潮部位有腐蚀性；水性漆的介电常数大，导电性好，当采用静电喷涂时，水性漆有特殊要求。

与溶剂型漆相比，水性漆在施工性能上要比溶剂型漆差，但在世界各国环保法规的要求下，经涂料专业研究人员的不断改进，现在的水性漆的各项性能已经与传统溶剂型漆相当。市场上优质汽车水性漆的性能特点见表 8—4—2。

表 8—4—2 市场上优质汽车水性漆的性能特点

性能指标	性 能 特 点
环保	水性漆无味、无溶剂蒸气。优质水性漆涂装排放的 VOC 较溶剂型漆降低了 73.5%，符合当今以及未来的法律、法规的要求，利于环保，改善了工作环境，更有利于使用者的身体健康
适应性	优质水性漆无重涂敏感性，不会与基底发生反应，特别是与原厂漆不发生反应
施工性能	优质水性漆施工方法简便，容易实现溶剂型涂料涂装到水性涂料涂装的转换，与车间标准修补设备基本兼容
颜色特性	优质水性漆的颜色鲜艳、遮盖力强，能有效地节省修补时间；有些品牌的水性漆的色母无须搅拌，有效地减少能源的消耗和噪声污染
修补性能	优质水性漆驳口容易，效果良好，节省大量工作时间，提高了生产效率
外观	优质水性漆外观光滑平整，能提高涂层的光泽度和鲜映性

4. 汽车水性漆的储存

水性漆对温度很敏感，如果储存温度低于冰点就会导致油漆中活性物质沉淀，涂料就不均匀。经过重新加热后，水性漆也不会回到均质状态，它的特性已被破坏。水性漆储存的温度应控制在 5～30℃，一般存放在专用温控柜中。

因水性漆中含水，故会使传统油漆喷涂设备产生腐蚀，不仅损坏设备，而且油漆本身易受3价离子如Fe^{3+}的影响，这些离子将影响油漆的流变特性。因此，要求所有接触到水性漆的设备必须用不锈钢或塑料制品。

水性漆树脂一般能储存1年，加入稀释剂后的混合涂料最长时间能保存6个月，但其稳定性仅为3个月时间，对储存又有较高要求。因此，国内汽车公司如使用水性漆不宜从国外进口，最好能从国内的水性漆生产基地直接进货。

二、汽车水性漆涂装所需要的设备和工具

1. 汽车水性漆喷漆房

汽车水性漆喷漆房是在传统油性漆喷漆房的基础上改进而成的，为了严格控制喷漆房内的环境温度和湿度，适应水性漆的特点，水性漆喷漆房的墙体采用不锈钢板，加装了水性漆速干系统。

汽车水性漆速干系统由顶棚系统、气流转换开关、热电偶和电控箱组成。顶棚系统（见图8—4—3）是由12个装在喷房顶部的文丘里吹风机组成的系统，每个吹风机的送风流量约为150 L/min，这些吹风机用万向接头安装在管道上，以便可以单独调向那些需要空气流动的区域，以加速喷涂区域上方的空气流动；气流转换开关安装在喷漆房外的空气过滤单元的出口和环保水性漆速干系统控制板之间的空气管路上；为了精确测量温度，热电偶安装在喷漆房的进风口，紧挨着顶棚过滤棉的位置；电控箱与喷漆房控制面板、气流转换开关、恒温器以及顶棚系统的控制连接，可以根据喷漆房的特性设定最佳的工艺时间和温度。

图8—4—3　顶棚系统

使用顶棚系统时，喷漆房原有的控制面板可以被新的电控箱取代，新的电控箱（见图8—4—4）是预制编程的，可以根据外界温度在夏季模式和冬季模式之间选择。电控箱选择夏季模式时，喷漆房的喷涂温度控制功能被忽略，加热器根据电控箱预编程系统的运行时间，有专门的加热时段，系统运行时间结束时，喷漆房将恢复到正常的温度设置；电控箱选择冬季模式时，喷漆房将从喷涂模式切换到循环供风或烘烤模式，加热器根据指令加热喷漆房中的空气，系统运行时间结束后，喷漆

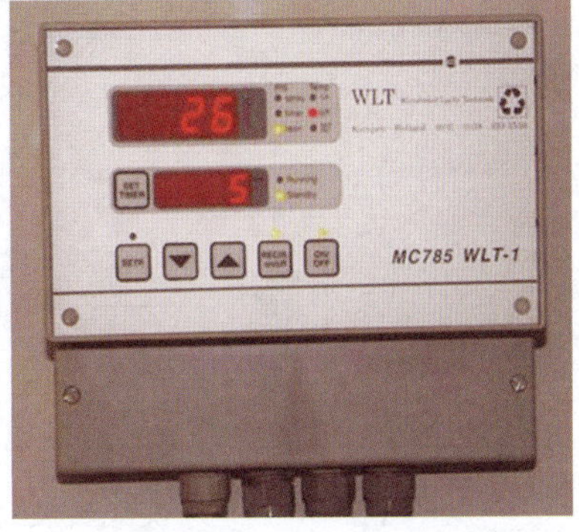

图8—4—4　电控箱

房将恢复到设定的温度。

通过水性漆速干系统的精确控制，喷漆房内的喷涂环境能够保证 RH（65 ±5）% 的最佳相对湿度，（23 ±3）℃的最佳喷涂温度，40 ~45℃的最佳闪干温度，0.2 ~0.6 m/s 的空气流动速度，实现了色漆双层喷涂工艺，同时使能源消耗降到了最低。

2. 吹风枪

吹风枪的作用是向喷涂表面吹送空气，使水溶性涂料加速干燥，用于中、小型面积修补的吹风枪有手提式吹风枪和站立式吹风枪两种。

（1）手提式吹风枪

手提式吹风枪由手柄、截流阀、快速接头、过滤器支架、滤网和空气喷口组成（见图 8—4—5），其耗气量为 350 L/min，空气压力为 392 ~441 kPa，最大空气压力为 1 176 kPa。干燥水性漆时，将吹风枪置于距离喷涂表面 30 ~50 cm 处，吹风枪与涂膜表面成 45°角，打开节流阀，从上方沿对角线吹拂待干燥的物体，使吹出空气的气流方向与烤漆房内的空气气流方向尽可能相同，以获得最佳干燥效果。不要把吹风枪对准地板，这样会使灰尘粒子四处飞扬；也不要将吹风枪垂直对准涂膜表面，否则强大的气流会使未干的涂膜产生波纹。每次使用吹风枪前，都必须检查滤网是否受到污染，如果有必要，应使用稀释剂和刷子清洁吹风枪，注意不要将吹风枪浸入稀释剂或超声波清洁设备中清洗。

（2）站立式吹风枪

站立式吹风枪（见图 8—4—6）由支架和吹风枪组成，支架带有几个标准接头，用于支撑 1 ~3 个吹风枪。支架的高度、宽度和吹风的角度均可以调节，吹风枪通过压缩空气软管与支架连接。站立式吹风枪的优点是能靠近车体，快速促进空气流动，特别适合于小至中型面积的修补，与加热器同时使用可加快涂膜流平，在涂膜闪干过程中无须守护。

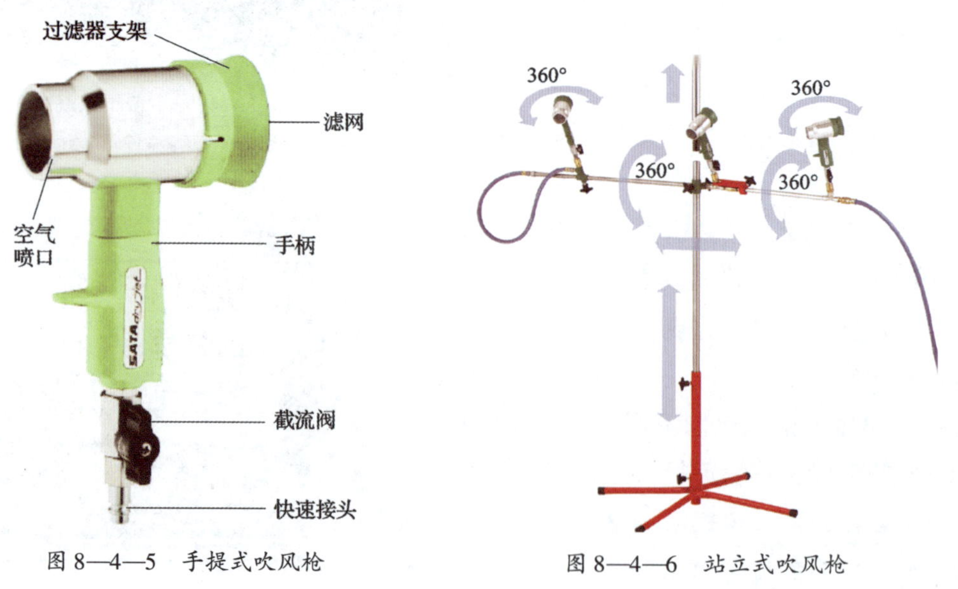

图 8—4—5 手提式吹风枪

图 8—4—6 站立式吹风枪

3. 汽车水性漆喷枪

传统型喷枪和环保型喷枪均可以喷涂水性漆，现代汽车修补涂装大多使用 SATA 环保型喷枪，为了适应水性漆的喷涂，萨塔喷涂设备公司还开发了专门用于水性漆喷涂的喷嘴（WSB），专用水性漆喷嘴与其他喷嘴的雾化效果比较如图 8—4—7 所示。水性漆喷涂一般选用重力式喷枪，以 1.2～1.4 mm 口径喷枪的喷涂效果最佳。不同类型的 SATA 喷枪，水性漆的喷涂参数也不同。以 Aquabase Plus 品牌水性漆为例，SATA 1.2 mm 口径的 RP 喷枪与 SATA WSB 环保型喷枪喷涂参数的比较见表 8—4—3。

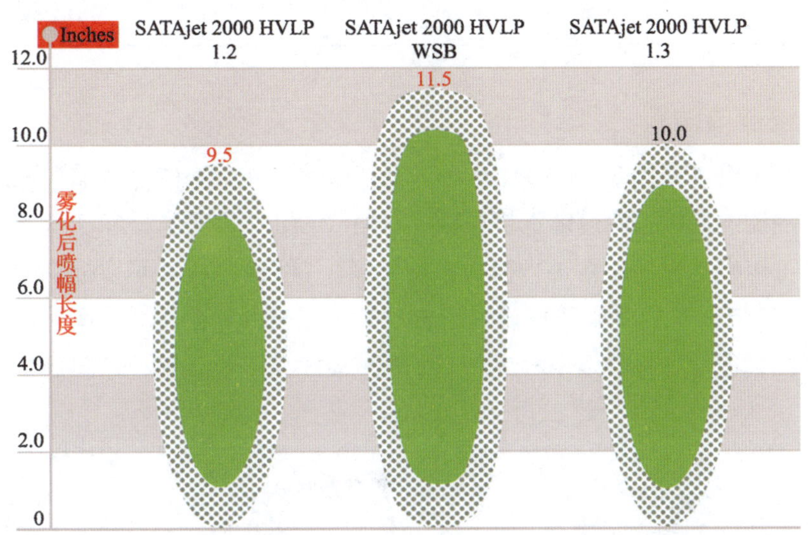

图 8—4—7 专用水性漆喷嘴与其他喷嘴的雾化效果比较

表 8—4—3 SATA 1.2 mm 口径的 RP 喷枪与 SATA WSB HVLP 喷枪喷涂参数的比较

	SATA 1.2 mm 口径 RP 喷枪	SATA WSB HVLP 喷枪
整件雾罩喷涂	喷涂气压 1.5 bar，距离 18～20 cm	喷涂气压 1.5～2 bar，距离 18～20 cm
整件遮盖喷涂	喷涂气压 2.0 bar，距离 18～20 cm	喷涂气压 1.5～2 bar，距离 15 cm
接口雾罩喷涂	喷涂气压 1.5 bar，距离 18～20 cm	喷涂气压 1.0～1.2bar，距离 15 cm
接口遮盖喷涂	喷涂气压 2.0 bar，距离 18～20 cm	喷涂气压 1.2～1.5 bar，距离 15 cm

注：bar（巴）是喷涂中常用的气压单位，1bar = 98 kPa。

另外，不同品牌的水性漆，即使使用同一喷枪，其喷枪参数的设置也不相同。以口径为 1.2 mm 的环保型喷枪为例，Aquabase Plus 水性漆与鹦鹉 90 – 系列水性漆喷枪设置的参数比较见表 8—4—4。

表 8—4—4　Aquabase Plus 水性漆与鹦鹉 90 - 系列水性漆喷枪设置的参数比较

参数＼品牌	Aquabase Plus 水性漆			鹦鹉 90 - 系列水性漆		
	预喷涂	着色喷涂	雾罩喷涂	预喷涂	着色喷涂	雾罩喷涂
枪距/cm	13 ~ 17	13 ~ 17	18 ~ 20	10 ~ 15	10 ~ 15	25 ~ 35
气压/bar	1.5 ~ 2	1.5 ~ 2	1.1 ~ 1.3	2	2	2
喷幅	打开 1/4	打开 1/4	全开	全开	全开	全开
出漆量/圈	打开 2 圈	打开 2 圈	打开 1 圈	全开	全开	全开
重叠	1/2 ~ 2/3	1/2 ~ 2/3	1/2 ~ 2/3	3/4	3/4	3/4

4. 喷枪快速清洗机

喷枪快速清洗机（见图 8—4—8）是一款提高喷涂工作效率的新产品，适用于水性漆和溶剂型漆喷枪的清洗。喷枪快速清洗机面板上设有“喷涂”“清洗”和“吹干”三个工作模式，涂装人员可以根据程序所需进行模式自由切换。“喷涂”模式可以提供喷涂所需要的空气流量和压力；“清洗”模式则将操作气压自动降至适当的安全压力，同时清洁液混合气泡从清洗喷嘴喷出，进行喷枪的清洗程序；“吹干”模式用于吹干喷枪涂料通道和枪体外表的清洁剂。

图 8—4—8　喷枪快速清洗机

喷枪快速清洗可分为两步操作，仅需 25 s 即可完成。第一步将工作模式调至“清洗”模式，喷枪送入清洗室进行冲洗，喷枪涂料通道、枪针、枪嘴及风帽的清洗工作可以在 21 s 内完成；第二步将模式旋钮调至“吹干”模式，4 s 后喷枪的涂料通道和枪体都被吹干。

5. 汽车水性漆保温柜

水性漆应在5～30℃的温度下储存，汽车涂装车间一般将水性漆存放在保温柜中。常见的水性漆保温柜（见图8—4—9），可以存放某一品牌的全套色母，具有0～20℃的温控功能。使用水性漆保温柜时，首先接通电源，合上小型断路器，然后转动温度控制器旋钮，设定控制温度（见图8—4—10），水性漆保温柜最高的设定温度为20℃。到达设定的温度后，设备自动停止加热。

图8—4—9　水性漆保温柜

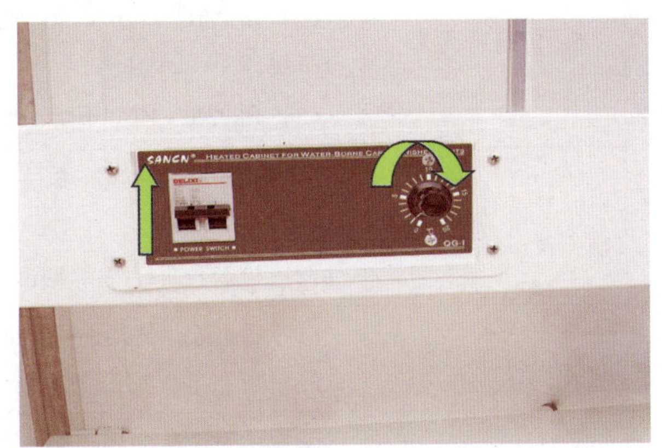

图8—4—10　水性漆保温柜温度的设定

三、汽车水性漆涂装工艺

目前，欧美水性漆涂装普遍采用阴极电泳漆＋水性中涂底漆＋水性底色漆＋高固体分溶剂型罩光清漆的工艺体系。我国的水性漆涂装还在推广阶段，为了确保水性漆的涂装质量，大多采用水性底色漆加高固体分溶剂型罩光清漆工艺，其喷涂工艺与溶剂型漆大体一致，现代4S店汽车水性漆修补工艺流程见表8—4—5。

表8—4—5　　汽车水性漆修补工艺流程

施工工序	工序步骤	作业要点	工艺参数
中涂底漆施工前处理	1. 清洁	（1）用红色菜瓜布打磨表面，用除尘枪吹净灰尘 （2）用除油剂浸湿高效擦拭布在修补面除油	选用溶剂型除油剂或水性表面清洁剂
	2. 旧漆打磨	（1）用P60～P80干磨砂纸打磨，去除旧漆至裸金属 （2）用P120干磨砂纸打磨羽状边	—
	3. 施涂底漆	（1）除尘，遮盖修补边缘的非喷涂区域 （2）喷涂1～2层底漆，干燥后膜厚达15～20 μm	选用溶剂型超快干无铬环氧底漆

续表

施工工序	工序步骤	作业要点	工艺参数
中涂底漆施工前处理	4. 施涂原子灰	(1) 按照100:2～3的比例调配原子灰 (2) 刮涂原子灰，填平板件的凹陷 (3) 用红外线烤灯干燥	选用溶剂型万能原子灰（合金原子灰）
	5. 打磨原子灰	(1) 施涂打磨指导层 (2) 用P80、P120/P180～P240干磨砂纸手磨原子灰 (3) 用P240～P320干磨砂纸机磨原子灰羽状边	—
	6. 除尘、检查针眼	(1) 先用高效擦拭布抹去灰尘，然后用除尘枪除尘 (2) 检查表面针眼，填补好针眼干燥后打磨	细小针眼用溶剂型专用单组分原子灰填补
中涂底漆施工	7. 清洁与贴护	(1) 根据喷涂需要进行仔细的吹尘、除油 (2) 用专用遮盖纸/遮盖膜反向贴护非喷涂区	—
	8. 喷涂中涂底漆	(1) 按照中涂底漆配制比例调配并过滤中涂底漆 (2) 在中涂底漆喷涂区域除尘、除油、粘尘 (3) 喷涂2～4层中涂底漆，层间闪干5～7 min	选用溶剂型高固含量厚膜中涂底漆，喷涂黏度19～23 s，干燥后膜厚75～125 μm
	9. 干燥中涂底漆	(1) 静置10～15 min (2) 采用强制干燥或自然干燥	红外线干燥8～12 min 烤漆房（60℃）20 min 风干（20℃）2～3 h
水性底色漆喷涂前准备	10. 面漆前表面处理	(1) 施涂打磨指导层 (2) 用P400或P500干磨砂纸手工打磨中涂底漆 (3) 用P800或P1000精棉砂纸机磨面漆驳口区域	面漆为素色漆时用P400干磨砂纸，面漆为金属漆时用P500干磨砂纸手工打磨中涂底漆
	11. 清洁与遮盖	(1) 用高效擦拭布抹去灰尘，然后吹尘、除油 (2) 用专用遮盖纸/遮盖膜遮盖非喷涂区域	—
	12. 水性底色漆准备	(1) 按照规范调色程序进行水性底色漆调色 (2) 按照产品说明配制，理想黏度为DIN4杯22～26 s (3) 使用125 μm网眼尼龙过滤器过滤水性底色漆	不同水性底色漆的配制比例也不同，要严格按照产品说明书的要求

续表

施工工序	工序步骤	作业要点	工艺参数
水性底色漆喷涂前准备	13. 喷涂环境准备	将喷漆房调到水性漆喷涂模式，达到温度25℃、相对湿度小于70%、风速0.2～0.6 m/s的理想喷涂环境	—
	14. 待涂表面清洁	（1）用灰色菜瓜布擦拭并用除尘枪彻底吹除灰尘 （2）先用水性清洁剂，然后用除油剂清洁待涂表面 （3）用粘尘布擦拭待涂表面及周边，进行最后除尘	—
水性底色漆喷涂	15. 水性漆遮盖喷涂	（1）使用驳口添加剂，从修补区向边缘外喷涂50 mm （2）喷涂一个双遮盖层：薄喷一层，无须闪干，再喷一中湿层。遮盖力不好的颜色需喷涂两个双遮盖层，两个双遮盖层间需要用吹风枪吹拂闪干 （3）使用吹风枪吹干涂层	喷涂参数：SATA喷枪，出漆量打开2圈，喷幅打开1/4，气压1.2～1.5 bar，枪距15 cm
	16. 表面质量的修整	（1）如果水性底色漆表面有脏点或其他缺陷，用P1000号精棉砂纸手工打磨，并补涂底色漆 （2）如有必要，用粘尘布轻轻擦拭驳口区域，以减少色差和灰尘	—
	17. 水性漆雾罩喷涂	（1）调整好喷枪参数 （2）雾罩喷涂（水性素色漆无须雾罩喷涂） （3）使用吹风枪吹干水性底色漆涂层	喷涂参数：SATA喷枪，出漆量打开1圈，喷幅全部打开，气压1.0～1.2 bar，枪距15 cm
清漆喷涂	18. 清漆喷涂	（1）在喷涂底色漆的区域喷涂清漆，闪干5～10 min （2）在整板上喷涂清漆 （3）将烤漆房升温，在60℃下烘烤20～30 min	选用极品清漆或高固体分清漆，按照溶剂型清漆喷涂规范喷涂
抛光处理	19. 抛光	（1）使用P1500～P4000砂纸打磨涂膜表面颗粒 （2）使用全能抛光蜡抛光	—

技能训练

操作 汽车水性漆的修补

1. 待修补区域的清洁

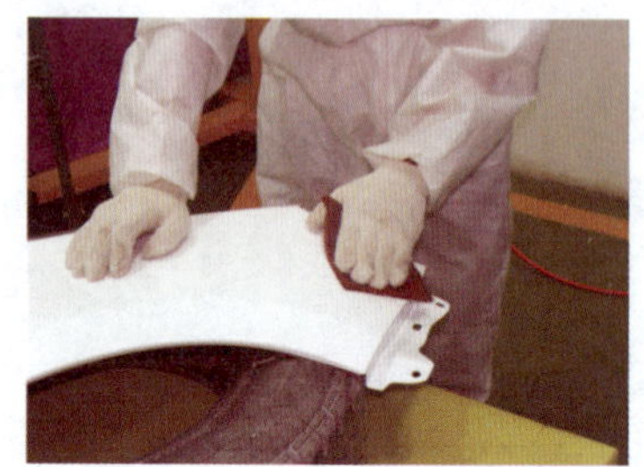

方法：

（1）用红色菜瓜布打磨修补区域，用除尘枪吹净表面的灰尘。

（2）将除油剂倒在全能高效擦拭布上，擦拭工作表面，并马上用另一块擦拭布擦干。

提示：

除油选用溶剂型除油剂或水性表面清洁剂，除油剂有快干除油剂和高温除油剂两种，要根据环境温度进行选用。

2. 旧漆打磨

方法：

（1）用 P60～P80 干磨砂纸，配合单动作打磨机或偏心距为 7 mm 的双动作打磨机，在修补区域去除旧漆至裸金属。

（2）用 P120 干磨砂纸和偏心距为 5 mm 的双动作打磨机，打磨裸金属边缘旧漆膜的羽状边。

提示：

大面积除旧漆选用单动作打磨机，小范围除旧漆选用偏心距为 7 mm 的双动作打磨机。

3. 施涂底漆

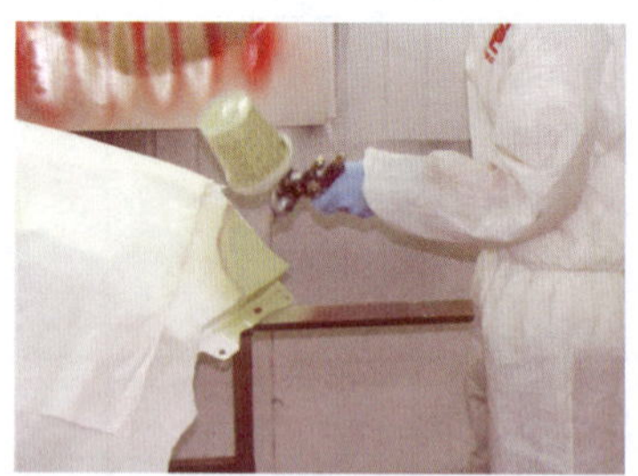

方法：

（1）用除尘枪吹除打磨区的灰尘并用全能高效擦拭布擦拭，遮盖修补边缘的非喷涂区域。

（2）调配好底漆，在打磨的裸金属上喷涂 1～2 层，干燥后膜厚为 15～20 μm。

提示：

选用溶剂型超快干无铬环氧底漆，按照产品说明正确配制，喷涂干燥后无须打磨，直接进入下一道施工。

4. 施涂原子灰

方法：

（1）按照 100∶2～3 的比例调配原子灰。

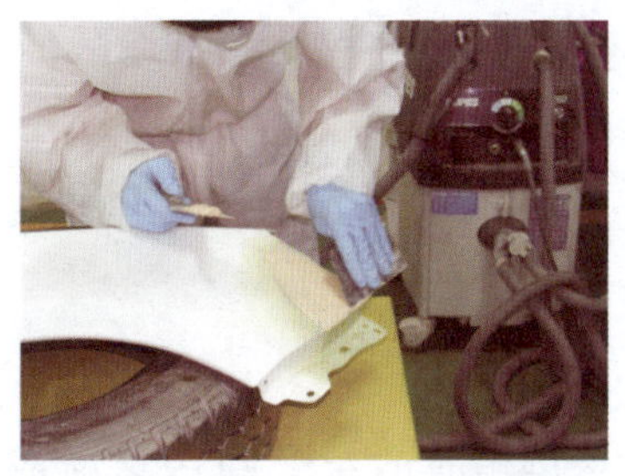

（2）在修补区刮涂原子灰，填平板件的凹陷。

（3）用红外线烤灯干燥 5 ~ 10 min。

提示：

选用溶剂型万能原子灰（合金原子灰）薄薄地刮涂，一次不能填平则可以分几次刮涂，直到板件凹陷被填平且适当高于旧涂膜表面。

5. 打磨原子灰

方法：

（1）施涂打磨指导层。

（2）用 P80、P120/P180 ~ P240 干磨砂纸逐级手磨原子灰，每次换砂纸前都要施涂打磨指导层。

（3）用 P240 ~ P320 干磨砂纸机磨原子灰涂层周围羽状边，消除涂层边缘接口处的台阶。

提示：

打磨过程中要用手不断触摸原子灰涂层表面，检查表面的平整度，以防打磨不足或打磨过度。

6. 除尘、检查针眼

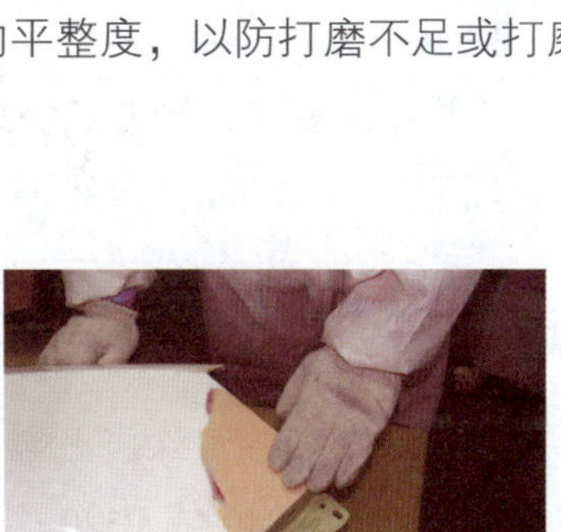

方法：

（1）先用高效擦拭布抹去灰尘，然后用除尘枪彻底吹除打磨表面的灰尘。

（2）检查表面有无针眼，如果有针眼则需马上填补针眼，干燥后再打磨。

提示：

细小针眼用溶剂型专用单组分原子灰填补，较大砂眼用双组分原子灰填补。

7. 清洁与贴护

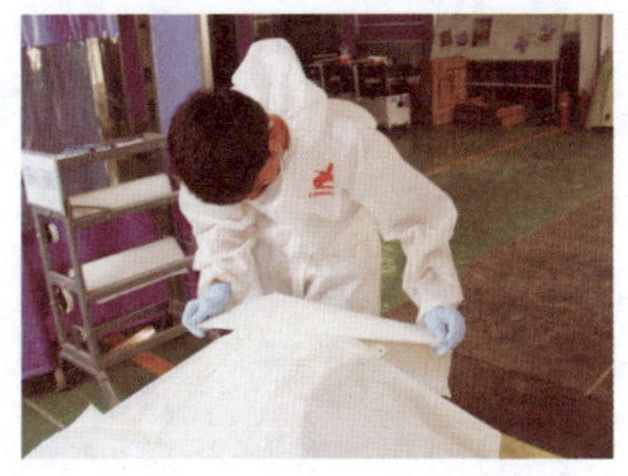

方法：

（1）根据喷涂需要进行仔细的吹尘、除油。

（2）用专用遮盖纸/遮盖膜反向贴护非喷涂区域。

提示：

贴护边界设定在原子灰羽状边外的旧涂膜打磨区边缘，最好对非喷涂区进行全部遮盖。

8. 喷涂中涂底漆

方法：

（1）按照中涂底漆的配制比例调配底漆，并选用合适的滤网过滤中涂底漆。

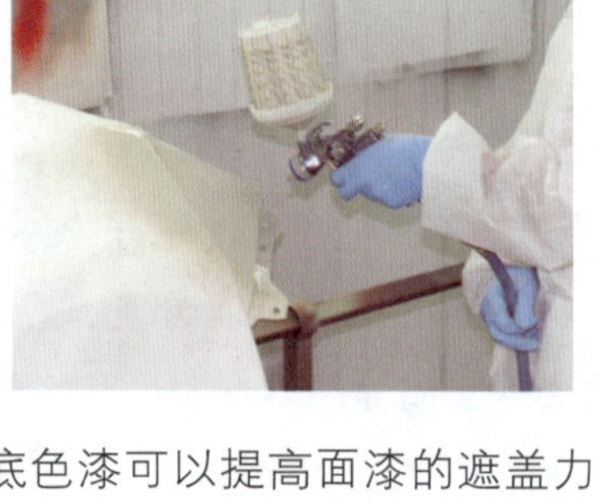

（2）在中涂底漆喷涂区域除尘、除油、粘尘，确保喷涂表面的清洁。

（3）喷涂2～4层中涂底漆，保持5～7 min的层间闪干时间。

提示：

选用溶剂型高固含量厚膜中涂底漆，喷涂黏度19～23 s，干燥后膜厚75～125 μm；选用可调灰度中涂底漆或灰底色漆可以提高面漆的遮盖力，进一步减少水性漆的用量。

9. 干燥中涂底漆

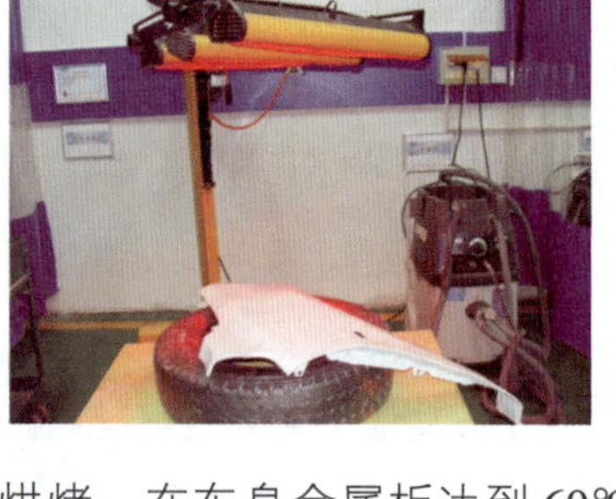

方法：

（1）中涂底漆喷涂结束后，静置10～15 min，使溶剂尽量挥发完全。

（2）按照中涂底漆干燥的要求，采用强制干燥或自然干燥。

提示：

干燥中涂底漆，短波红外线干燥8～12 min；烤漆房升温烘烤，在车身金属板达到60℃的条件下烘烤20 min；自然干燥在环境温度为20℃的条件下，风干2～3 h。

10. 面漆喷涂前表面处理

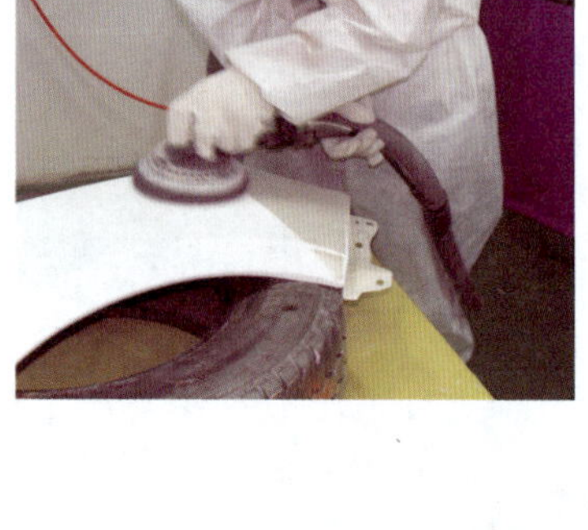

方法：

（1）在中涂底漆涂层上涂上碳粉，作为打磨指导层。

（2）先用P240或P320干磨砂纸，在中涂底漆涂层上手工打磨，然后用P400或P500干磨砂纸机磨中涂底漆涂层，直至表面平整光滑。

（3）用P800或P1000精棉砂纸机磨水性底色面漆的驳口区域。

提示：

面漆为素色漆时用P400干磨砂纸，面漆为金属漆时用P500干磨砂纸机械修磨中涂底漆。

11. 清洁与遮盖

方法：

（1）用全能高效擦拭布抹去灰尘，用吹尘枪仔细地吹尘，然后彻底清除修补表面的油污。

（2）整车用专用遮盖纸/遮盖膜遮盖非喷涂区域，单块板件不需要遮盖。

提示：

遮盖完成后，仔细检查有无过度遮盖和遮盖不足，确保遮盖操作的质量。

12. 水性底色漆准备

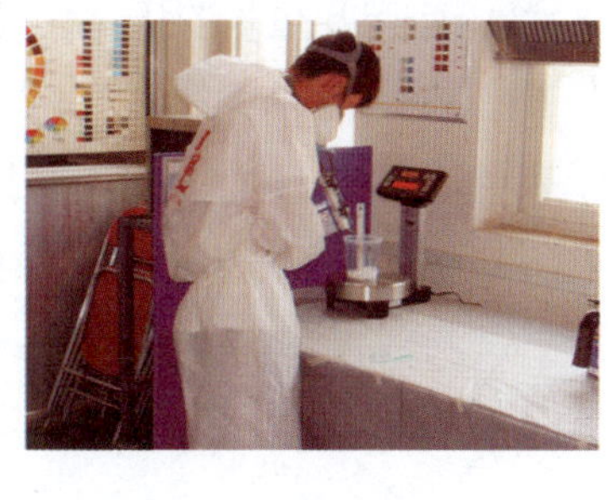

方法：

（1）按照规范的调色程序进行水性底色漆的调色，尽可能保证调色的准确性。

（2）按照水性底色漆说明书的要求配制涂料，使涂料的黏度在 22 ~26 s（DIN4 杯）的范围。

（3）使用 125 μm 网眼尼龙过滤器过滤水性底色漆。

提示：

不同水性底色漆的配制比例也不同，要严格按照产品说明书的要求进行配制。

13. 喷涂环境准备

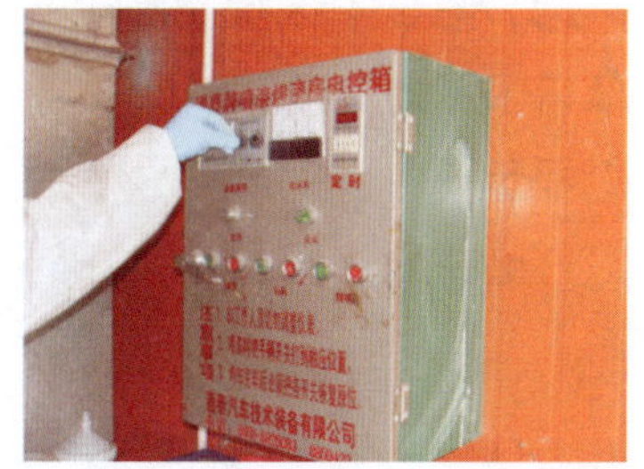

方法：

（1）打开烤漆房，将烤漆房调到水性漆喷涂模式。

（2）当烤漆房达到温度 25℃ 左右、相对湿度小于 70%、风速为 0.2 ~0.6 m/s 的喷涂环境时，就可以喷涂水性底色漆。

提示：

烤漆房理想的喷涂环境：温度为 23 ±1℃，相对湿度为 65% ±5%，流动风速为 0.30 m/s。

14. 待涂表面清洁

方法：

（1）用全能高效擦拭布在待涂表面上擦拭，用除尘枪彻底吹除其表面上的灰尘。

（2）先用水性清洁剂，然后用除油剂清洁待涂表面。

（3）用粘尘布在待涂表面及周边遮盖纸上擦拭粘尘，进行最后一道除尘。

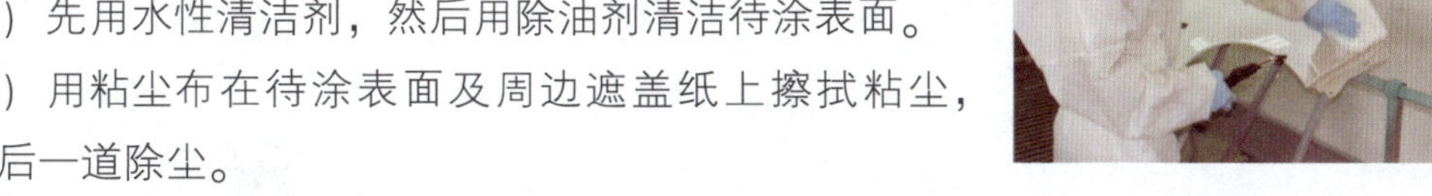

提示：

用粘尘布在待涂表面擦拭的动作一定要轻，不要将粘尘布上的黏性物留在待涂表面上，否则会使涂膜产生缺陷。

15. 水性漆遮盖喷涂

方法：

（1）使用水性漆驳口添加剂，从修补区边缘向外喷涂约 50 mm，以帮助驳口并使驳口区域外围的擦痕最小化。

（2）喷涂一个双遮盖层：薄喷一层，无须闪干，再喷一中湿层。遮盖力不好的颜色需喷涂两个双遮盖层，两个双遮盖层间需要用吹风枪吹拂闪干。

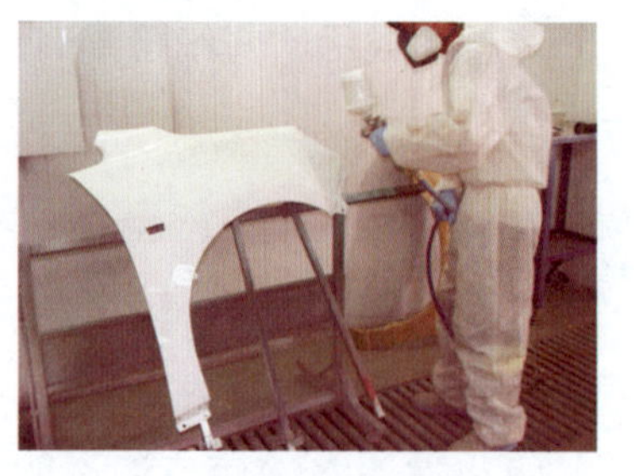

（3）使用吹风枪吹干底色漆的遮盖层。

提示：

喷涂参数：SATA 喷枪，出漆量打开 2 圈，喷幅打开 1/4，气压 1.2～1.5 bar，枪距 15 cm。

16. 表面质量的修整

方法：

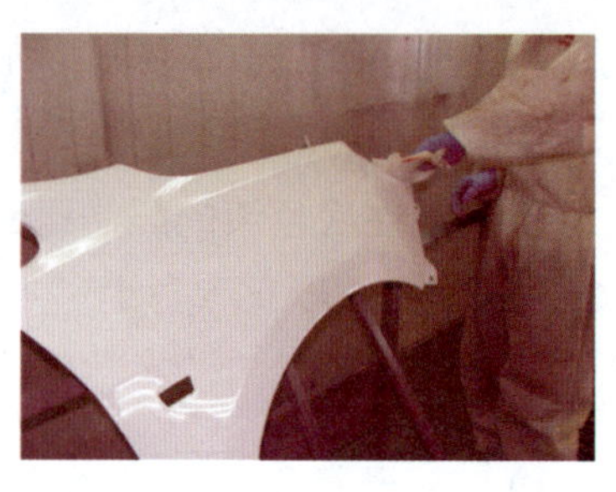

（1）检查水性底色漆遮盖层表面的缺陷，如果表面有脏点或其他缺陷，则用 P1000 精棉砂纸手工打磨，并补涂底色漆。

（2）在驳口区域用粘尘布轻轻擦拭，以减少驳口色差和驳口区域的灰尘。

提示：

打磨缺陷部位的动作幅度不要过大，以防止破坏周边良好的涂膜。

17. 水性漆雾罩喷涂

方法：

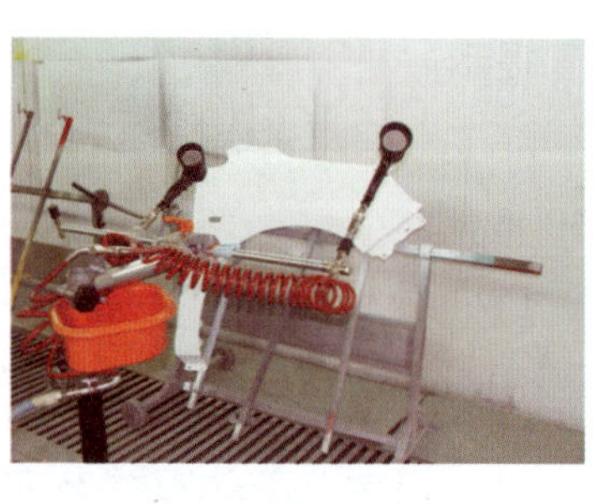

（1）按照雾罩喷涂规范调整好喷枪。

（2）进行底色漆的雾罩喷涂。（水性素色漆无须雾罩喷涂）

（3）使用吹风枪吹干水性底色漆涂层。

提示：

喷涂参数：SATA 喷枪，出漆量打开 1 圈，喷幅全部打开，气压 1.0～1.2 bar，枪距 15 cm；吹风枪与板件成 45°，与板件距离约为 50 cm。

18. 清漆喷涂

方法：

（1）在喷涂底色漆的区域喷涂清漆，静置闪干 5～10 min。

（2）按照溶剂型清漆整板喷涂规范，在整个板件上喷涂清漆。

（3）静置闪干 5～10 min 后，将烤漆房升温，在车身金属板件达到 60℃ 的条件下，烘烤 20～30 min。

提示：

水性底色漆的表面一般选用极品清漆或高固体分清漆，以进一步减少 VOC 的排放。

19. 抛光

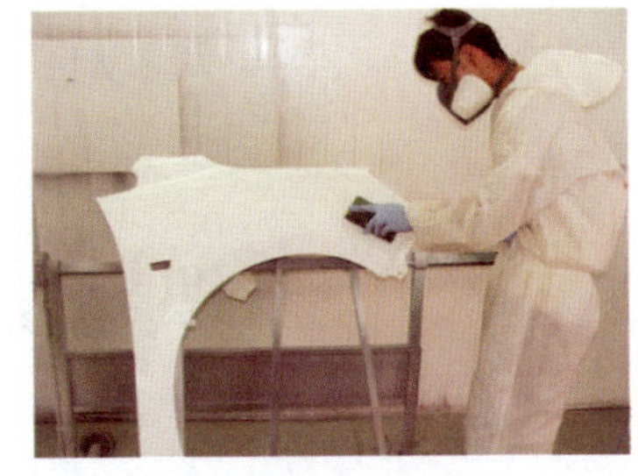

方法：

（1）根据具体情况，用 P1500 ~ P4000 砂纸手工湿打磨涂膜表面，以除去涂膜表面的颗粒。

（2）使用全能抛光蜡配合海绵抛光垫，对打磨区及周边进行抛光，使涂膜整体光洁亮丽。

提示：

是否进行抛光作业，要根据修补的具体情况而定，一般来说，整板喷涂后涂膜质量良好就不需要抛光，而局部驳口修补的驳口区域必须进行抛光。

训练评价

训 练 评 价

考核要求

1. 在规定的时间内完成水性漆的修补，使之符合技术标准。
2. 在操作过程中出现的违规操作，应及时指正。
3. 符合安全文明生产的要求。

考核标准

考评标准表——汽车水性漆的修补

考核时间	考核项目	分值	评分标准与指导	评价结果
180 min	正确使用工具	10	工具使用不当酌情扣分，并指正	
	中涂底漆施工前处理	15	按要求酌情扣分，并指正	
	中涂底漆施工	10	按要求酌情扣分，并指正	
	水性底色漆喷涂前准备	20	按要求酌情扣分，并指正	
	水性底色漆的喷涂	20	按要求酌情扣分，并指正	
	清漆的喷涂	10	按要求酌情扣分，并指正	
	抛光处理	5	按要求酌情扣分，并指正	
	整理工具、清理现场	10	每项扣 2 分，扣完为止	
	遵守相关安全操作规范 在规定的时间内完成		因违规操作发生人身和设备事故，终止考核，成绩按 0 分计；超时每分钟扣 2 分，超时 5 min 终止考核	
	分数合计	100		

实训报告

1. 水性底色漆喷涂前准备有哪些内容，它们的要求有哪些？
2. 水性底色漆喷涂操作步骤及注意事项有哪些？

单元九　涂膜缺陷分析与防治

课题 1　涂膜弊病与缺陷防治

学习目标

1. 熟悉汽车涂装中经常出现的涂膜缺陷。
2. 熟悉导致涂膜缺陷产生的主要因素。
3. 掌握常见涂膜缺陷的种类和外观形态。
4. 能正确分析产生涂膜缺陷的主要原因。
5. 能正确采取预防涂膜缺陷的措施。
6. 对涂膜缺陷能采取正确的补救措施。

知识准备

一、汽车涂装中常见的涂膜缺陷

涂膜缺陷是在涂装过程中或涂装后不久产生的，它一般与被涂物的状态、选用的涂料、涂装方法、涂装工艺及设备、涂装环境等因素有关。

素色面漆一般采用单工序喷涂，喷涂要达到一定的涂膜厚度才能显示完全色调，满足涂膜的丰满度、鲜映性和光泽度的要求。由于各种因素的影响，车身涂膜往往会产生各式各样的缺陷。素色面漆常见的缺陷有橘皮、流挂、气泡、针孔、颗粒、鱼眼、渗色、咬底、起皱、发白、起痱子、遮盖力差、光泽不良等。

金属漆大多属于双工序面漆，即先喷涂金属底色漆，然后用双组分配套清漆罩光。与单工序面漆相比，金属漆相当于喷涂了两层面漆，所以在生产过程中除容易产生素色面漆常见的缺陷外，还容易产生金属底色漆粗糙、颜色不均匀，罩光清漆不丰满、光泽不良等缺陷。

二、涂膜产生缺陷的主要因素

产生涂膜缺陷的原因可以从涂料因素、设备因素、涂装方法、外部环境和被涂物表面质量等几个方面进行分析。

1. 涂料因素

涂料因素包括底漆、中涂底漆、面漆、稀释剂、原子灰等选择不配套，涂料质量不符合要求或使用过期、变质的涂料，面漆调色不准确，涂料配制的比例不符合要求等。

2. 设备因素

设备的因素有压缩空气不清洁，压缩空气的工作气压达不到要求，使用劣质喷枪或喷枪的清洗不彻底，打磨设备不符合要求，调色设备脏污或被污染等。

3. 涂装方法

打磨方法不正确，越级使用砂纸，使被涂表面过于粗糙，各个涂层的过渡打磨不合乎要求，打磨不够平整；添加剂使用不合理，未按要求进行添加，稀释剂添加过多或过少，使涂料喷涂黏度达不到要求，涂料的搅拌不均匀，过滤不充分；喷枪调整或喷涂方法不正确，喷涂压力过高或过低，喷涂流量过大或过小，喷涂距离过近或过远；干燥方法不正确，升温过快或烘烤过度等都会使涂膜产生缺陷。

4. 外部环境

外部环境的影响因素主要包括喷涂的温度过高或过低，喷涂湿度过大，烤漆房内过脏，喷涂室内尘土飞扬；工作场所通风不良，溶剂蒸气浓度过高；光线不好，面漆调色不准确，喷涂质量达不到要求等。

5. 被涂物表面质量

被涂物表面不平整，存在凹陷或凸起；被涂物表面不光滑，有打磨痕迹、砂纸纹或砂眼；被涂物表面准备不充分，旧漆打磨不彻底，除锈、脱脂、除尘不充分；被涂物底材疏松多孔，容易吸收面层涂料；被涂物表面过于光滑，附着性能不良等因素都会导致涂膜缺陷。

技能训练

缺陷外观	分析缺陷产生的原因	分析缺陷防治的方法	补救措施
1. 流挂 喷涂在垂直面上的涂料向下流动，使涂膜产生不均一的条纹和流痕的现象称为流挂。流挂形状如同波浪线、浅滩或圆形的山脊。根据流痕的形状可分为下沉和流淌等	（1）涂料中使用了重质颜料或颜料研磨不均 （2）涂料的黏度不符合要求，稀释剂添加太多 （3）所用溶剂挥发过慢或与涂料不配套 （4）喷枪喷嘴直径过大或气压过小 （5）喷涂操作不当，一次喷得过厚 （6）喷涂环境温度过低或周围空气中溶剂蒸气含量过高 （7）在光滑的旧涂膜上涂布新涂料时也容易发生流挂	（1）调整涂料配方或在涂料中添加阻流剂 （2）严格控制涂料的施工黏度和施工温度 （3）正确选择溶剂，注意溶剂的溶解能力和挥发速度 （4）选取适合涂料特性要求的喷枪，按规范调整喷枪工作气压 （5）提高喷涂操作的熟练程度，一次喷涂的厚度控制在 20 μm 左右 （6）加强换气，施工场所的环境温度应保持在 15℃以上 （7）在旧涂膜上涂新涂料时要预先打磨	出现流挂时，最好应在涂膜未干前予以修平；若涂膜已干，轻微的流挂，通过打磨除掉多余的涂料，磨平表面，然后抛光；严重的流挂，应先磨去流挂的面漆层，然后重新喷涂

续表

缺陷外观	分析缺陷产生的原因	分析缺陷防治的方法	补救措施
2. 橘皮 橘皮是在喷涂时不能形成平滑的干涂膜而表面呈橘子皮状凹凸的现象。涂膜的凹凸度约为 3 μm	(1) 涂料混合不均匀，黏度不适当，稀释剂型号不对或质量太差 (2) 喷枪喷嘴直径大小不适合，压缩空气压力低，出漆量过大，导致雾化不良 (3) 喷枪到被涂面的距离过远 (4) 空气及被涂物的温度偏高，喷涂室内过度通风，溶剂挥发过快 (5) 喷涂厚度不足 (6) 晾干时间过短	(1) 调整涂料黏度，在涂料中添加挥发速度较慢的溶剂，改善涂料的流平性 (2) 选择喷嘴口径合适的喷枪，调整好喷涂气压、出漆量等喷枪参数，使涂料达到良好的雾化 (3) 调整好喷涂距离 (4) 保持被涂物温度在 50℃以下，喷涂室内气温在 20℃左右 (5) 控制好涂膜厚度 (6) 适当延长晾干时间	轻微橘皮，用水砂纸或研磨膏打磨除去橘皮，然后进行抛光处理；严重的橘皮，只能用水砂纸整平表面，重新喷涂
3. 起皱 起皱是指涂膜在涂料干燥过程中，表面出现凸凹不平的隆起、起皱的现象	(1) 涂料中使用的稀释剂型号不对或质量太差 (2) 含有干性的油性漆或醇酸漆的催干剂选用不当，使用钴、锰催干剂过多，锌催干剂过少 (3) 面漆的溶剂渗入底漆后溶解了底漆涂膜 (4) 涂膜过厚 (5) 氨基漆晾干过度 (6) 各道漆层间流平时间不足，烘干升温过急，表面干燥过快	(1) 使用推荐的稀释剂，确保稀释剂的质量良好 (2) 合理选用催干剂，尽量不用或少用钴、锰催干剂，多用铅或锌催干剂 (3) 面层涂料尽量选用溶解力小的溶剂 (4) 按规定涂膜厚度喷涂 (5) 按照干燥规范干燥面漆 (6) 各道漆层之间要留有足够的流平时间，干燥升温要符合规范	对于轻微的起皱，打磨平整后抛光即可；对于较为严重的起皱，用水磨砂纸打磨平滑后重涂；对于非常严重的起皱，应清除涂膜，重新涂装

续表

缺陷外观	分析缺陷产生的原因	分析缺陷防治的方法	补救措施
4. 咬底 咬底是指喷涂第一道面漆于底层表面时，因底层过分变软而引起的起皱、胀起、起泡等现象	（1）涂料不配套，底层的耐溶剂性差 （2）色漆中含有较强的溶剂，穿透底层 （3）底层未干透就涂下一道漆 （4）涂得过厚	（1）改变涂料体系，另选用合适的底漆 （2）调配面漆时，尽可能选用溶解力弱的溶剂 （3）底层干透后再涂面漆 （4）第一层面漆采用薄喷	咬底现象不太严重时，将缺陷区的涂膜打磨掉，喷涂封闭底漆，重新喷涂面漆；缺陷特别严重时，则需将涂膜打磨至基底，然后重新涂装
5. 拉丝 拉丝是指涂料在喷涂时雾化不良，喷涂于基底上的漆雾呈丝状，使涂膜形成不能流平丝网的现象	（1）涂料的黏度过高 （2）溶剂溶解力不足，待涂料从喷枪中喷出时有大量溶剂挥发 （3）易拉丝的树脂含量超过无丝喷涂含量	（1）控制好涂料适当的施工黏度 （2）选用溶解力较强的溶剂，调节喷枪的各项喷涂参数 （3）调整涂料配方，减少易拉丝树脂的含量	干燥后打磨，然后重新涂装。易产生拉丝的涂料主要有环氧树脂涂料、丙烯酸树脂涂料及过氯乙烯树脂涂料等

续表

缺陷外观	分析缺陷产生的原因	分析缺陷防治的方法	补救措施
6. 鱼眼 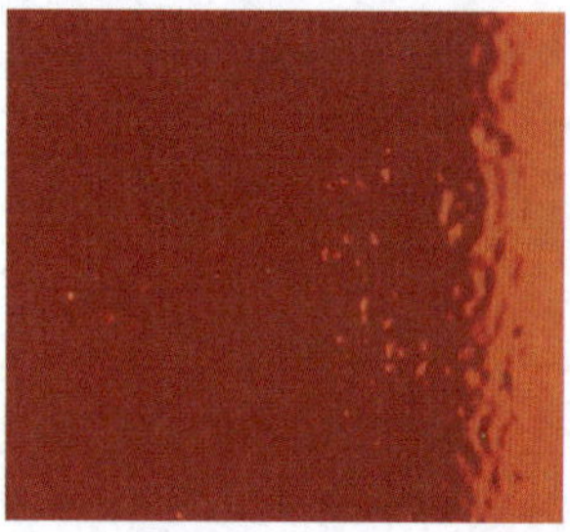 鱼眼是指受被涂物面存在异物的影响，涂料不能均匀附着，涂膜表面产生抽缩，出现类似火山口状空洞或凹坑。大尺寸的凹坑单独出现，而小凹坑则以较小密度成片出现。在凹坑中心一般可以发现有小的杂质颗粒存在	(1) 涂装表面有含硅的有机化合物或其他污染物，如油脂、洗涤剂、尘土、蜡等 (2) 压缩空气管路中含有水分、油等 (3) 底漆中含有不匹配的成分 (4) 喷涂室内蒸气饱和	(1) 喷涂前应彻底清洁待涂装表面，禁止在喷涂室内使用含硅类的抛光剂进行抛光作业 (2) 每日应对压缩空气管路进行清洁，使用规定的压缩机润滑油 (3) 底漆成分一定要匹配 (4) 注意喷涂室内蒸气饱和程度	彻底清除缺陷区域的涂膜，按要求处理基底表面，重新喷涂。必要时，还需要在涂料中添加鱼眼防止剂
7. 颗粒 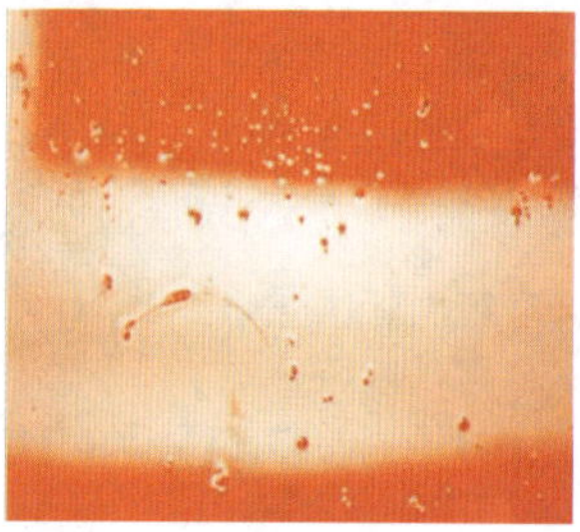 颗粒（又称为灰尘、麻点等）是指涂料中混入了杂质微粒，使涂膜表面出现粗糙不平的现象	(1) 车身表面在涂装前没有彻底清洁 (2) 喷涂时或喷涂后不久，空气中飘浮的微粒掉落并陷入涂膜中 (3) 盛涂料或稀释剂的容器敞口或生锈，导致灰尘混入涂料中 (4) 压缩空气的过滤系统失效 (5) 涂装人员工作服未清洁	(1) 喷涂前，彻底清洁被喷涂表面 (2) 确保喷涂室内环境清洁，不在喷涂室内进行打磨操作 (3) 保证所有材料清洁、容器密封，涂料使用前要过滤 (4) 定期维护压缩空气过滤系统 (5) 喷涂前仔细清洁工作服	对于轻微的颗粒，用砂纸打磨平整，然后抛光。如果杂质或颗粒陷得较深，需要将涂膜磨平，然后重新喷涂

续表

缺陷外观	分析缺陷产生的原因	分析缺陷防治的方法	补救措施
8. 起粒 起粒是指涂装后涂膜整个表面或局部出现颗粒状凸起物	(1) 颜料分散不良，色漆所用漆基中有不溶的聚合物软颗粒或析出不溶性金属盐 (2) 涂装施工环境不清洁，调漆室、喷涂室、晾干室和烘干室内有灰尘 (3) 被涂物表面不洁净 (4) 施工操作人员的工作服、手套及漆前用材料掉纤维 (5) 易沉淀的涂料未充分搅拌和过滤 (6) 喷涂室温度过高或溶剂挥发太快 (7) 漆雾过多（干喷涂），涂料黏度过高	(1) 涂料应充分净化，不使用变质或分散不良的涂料，供漆管路上应安装过滤器 (2) 调漆室、喷涂室、晾干室和烘干室的空气除尘要充分，确保涂装环境洁净 (3) 确保被涂面表面的清洁 (4) 操作人员要穿戴不掉纤维的工作服及手套 (5) 喷涂前要充分搅拌涂料，并选用合适的滤网过滤 (6) 将喷涂室温度、风速调整适当 (7) 调整好合适的涂料黏度，喷涂的漆雾不能过干	轻微起粒，可待涂膜完全干固后，用极细的砂纸进行湿打磨，然后抛光处理，使光泽重现；如出现严重的起粒缺陷，应用砂纸打磨后重新涂装
9. 沾污 沾污是指涂膜表面由于沾上污物（如铁粉、水泥粉、砂尘、漆雾等），产生污点、斑点或变色的现象	(1) 喷涂环境不清洁，车身表面清洁不彻底 (2) 色母涂料或颜料没有充分搅拌，所用固化剂或稀释剂不正确 (3) 喷涂前没有用粘尘布在待涂表面及周围粘尘 (4) 汽车表面有静电，使表面吸引灰尘 (5) 灰尘、污物、异物、漆沫飘落到湿漆上面 (6) 涂料存放在脏的涂料容器或罐内，使用了过期涂料	(1) 确保涂膜干燥场所的清洁，消除污染物 (2) 涂料应在彻底搅拌后使用，并使用高质量的滤网过滤 (3) 每层漆喷涂前都要用粘尘布粘尘 (4) 使用防静电清洁剂或将汽车接地 (5) 特别注意不要让新涂膜暴露在任何可能导致脏污的环境中 (6) 使用干净的容器存放涂料，不使用过期涂料	沾污缺陷不太严重时，先用洗涤剂溶液冲洗，再打磨、抛光，使涂膜表面恢复光泽。若达不到目的，则将涂膜除去，然后重新喷涂

续表

缺陷外观	分析缺陷产生的原因	分析缺陷防治的方法	补救措施
10. 漆雾 漆雾是指涂装过程中的飞漆落在涂膜上，出现一片片粘在或部分陷入涂膜的团粒状微粒的现象	（1）非喷涂表面未进行有效的遮盖 （2）喷涂操作不正确，如喷枪与被涂面的距离太远，喷束与被涂面不垂直等 （3）被涂件之间距离太近 （4）喷涂室内气流混乱，风速太低（小于0.3 m/s）	（1）非喷涂表面应遮盖严实，特别是在喷涂异色漆时 （2）纠正不正确的喷涂操作 （3）被涂件之间应留足距离，间距应不小于1.5 m，且喷涂方向正确 （4）喷涂室的气流应有一定方向，风速符合喷涂的要求	对不严重的漆雾可通过抛光、打蜡予以解决，严重时应在打磨后重新涂装
11. 发白 发白是指在涂装过程中或刚涂装完的涂膜表面呈乳白色，严重时甚至完全失光的现象	（1）空气湿度过高，环境相对湿度在80%以上 （2）溶剂挥发过快，选用溶剂的类型不正确 （3）被涂物的温度过低，涂料与被涂物之间的温差太大 （4）漆料、稀释剂或压缩空气中有水分	（1）喷涂环境的相对湿度不应高于70%，温度最好在15～25℃ （2）选用挥发速度较低的有机溶剂，添加防白剂或防潮剂 （3）涂装前先将被涂物加热，使其比环境温度略高 （4）防止通过涂料和压缩空气带入水分	对已发白的涂膜，可待涂膜干燥后进行抛光、打蜡处理；对于严重发白的涂膜，可在涂料中加入10%～20%的防潮剂，喷涂1～2道

续表

缺陷外观	分析缺陷产生的原因	分析缺陷防治的方法	补救措施
12. 发花 发花是指涂膜的颜色局部不均匀，出现斑印、条纹和色调杂乱的现象	（1）涂料中的颜料分散性差 （2）多种颜料混合不均匀 （3）涂料黏度不适当 （4）溶剂的溶解能力差 （5）涂膜过厚	（1）更换涂料品种，选用分散性和互溶性好的颜料 （2）喷涂前充分搅拌，使颜料混合均匀 （3）正确配制涂料，使其黏度符合要求 （4）选择溶解率较好的溶剂 （5）按照面漆喷涂规范正确喷涂	如涂膜较湿，可再喷涂一道薄层的面漆进行修正；或让涂膜稍干，规范喷涂一道面漆
13. 起云 起云又称为起斑或起雾，是指喷涂后涂膜颜色变得较白并呈云团状的现象	（1）催干剂或稀释剂与面漆不匹配，尤其是采用快干型稀释剂 （2）喷枪气压调得过高 （3）操作人员为加速涂膜干燥，用喷枪中高压气流喷扫，导致水分凝结于涂膜表面 （4）涂膜过厚，涂膜的挥发时间不足 （5）基底表面温度太高或太低	（1）使用推荐的稀释剂和催干剂，并充分混合好 （2）喷涂前调整好喷枪气压 （3）采用正确的喷涂方法和干燥方法，确保涂膜表面不产生水雾 （4）保证基底表面的温度处于推荐的范围之内 （5）空气湿度超过80%时应密封喷涂室，并在升温后再进行喷涂	若还没有喷涂罩光层，可再喷涂一层银粉遮盖住起云部位。若已喷涂罩光层，待干燥后进行抛光或重新喷涂

续表

缺陷外观	分析缺陷产生的原因	分析缺陷防治的方法	补救措施
14. 浮色 浮色是指涂膜表面与内部的色调不一致，各断面色调有差异的现象	（1）涂料的配方及制漆工艺不合理 （2）在涂装两种以上颜料的复色漆时，溶剂在涂层的表里挥发不一 （3）涂料中颜料的密度相差悬殊 （4）涂装方法及设备选用得不合理	（1）选用不易浮色的、颜料易分散的涂料 （2）选择合适的溶剂，确保溶剂在涂料中挥发表里如一 （3）在涂料中添加防浮色剂 （4）选用合适的涂装方法和涂装设备	在湿涂膜上再喷涂一道薄薄的涂层，对面层进行修正。也可以待涂膜稍干，再喷涂一道面漆
15. 渗色 渗色是指面层涂料中的溶剂使底层溶解，使底层的颜色渗透到面层，导致面层变色的现象	（1）底层涂膜中含有有机颜料或溶解了的色素渗入面涂层中 （2）底材（如木材）含有有色物质或底层上附有着色物 （3）面漆含有溶解力强的溶剂（如脂类、酮类）或底层涂膜未完全干透就涂面漆 （4）底涂层上有着色物质	（1）在含有机颜料的涂层上不宜喷涂含有异种颜料的涂料 （2）为防止渗色，需增涂一层封底涂料 （3）面漆选用挥发快、对底层涂膜溶解力差的调配溶剂 （4）清洗除去底层上的着色物质后再涂漆	当在多层底漆及面漆均已喷涂，表面发生渗色时，应清除出毛病的涂膜至金属底材，从裸基底开始，重新涂装
16. 色差 色差是指修补部位涂膜的色调、饱和度、亮度与原涂膜存在差异	（1）不同批次的涂料有较大的色差 （2）在换色喷涂时，喷枪清洗不干净 （3）烘干时间及温度控制不规范，局部过度烘干	（1）对于不同批次的涂料应加强检验 （2）换色时，喷枪一定要清洗干净 （3）烘干时间、温度应严格控制在工艺规范内	将表面打磨光滑，选择匹配的颜色，并精细调色至颜色相当接近，然后重新喷涂

续表

缺陷外观	分析缺陷产生的原因	分析缺陷防治的方法	补救措施
17. 银粉泛色 银粉泛色是指银粉漆表面的金属颗粒出现于罩光层中，引起变色的现象	（1）涂料选用不当，色漆和清漆不匹配，稀释剂用错 （2）喷涂操作不当，喷枪气压调整过高，色漆没有足够闪干就喷涂清漆，或清漆喷涂过湿	（1）按要求选用色漆和清漆，使用推荐的稀释剂 （2）按照涂料的特性和喷涂规范的要求，正确调整喷枪的各项参数，预留足够的闪干时间	对于严重的银粉泛色缺陷，应打磨后重新喷涂
18. 金属光泽不匀 金属光泽不匀是指含有银粉及珠光颜料的涂料在喷涂后出现金属颜料分布不均，漂浮在金属漆表面形成斑点或条纹的现象	（1）涂料配方不当，如铝粉含量偏低，溶剂比重大，树脂分子量低，树脂的干燥速度慢等 （2）喷涂黏度选择不当，过低或过高 （3）涂层过厚或膜厚不均匀，雾化差，喷涂操作不熟练 （4）涂底色漆与罩光清漆采用“湿碰湿”工艺时，闪干时间过短 （5）环境温度低	（1）改进涂料配方，使用油漆指定的溶剂 （2）选择合适的喷涂黏度 （3）提高喷涂操作的熟练程度，采用专用喷涂工具 （4）延长“湿碰湿”工艺的闪干时间，采用60～80℃热风工序 （5）将喷涂时的环境温度调节到合适的范围	待色漆层干燥后，用金属底色漆连续修饰喷涂两道；如果缺陷是在喷清漆后才看得见，则待清漆彻底干燥后依照作业流程，重新喷涂色漆和清漆

续表

缺陷外观	分析缺陷产生的原因	分析缺陷防治的方法	补救措施
19. 光泽不良 光泽不良是指有光泽的涂料在施涂后，涂膜光泽未能达到规定质量要求的现象	(1) 漆基与颜料配比不当，配方中颜料浓度过高 (2) 被涂面对涂料的吸收量大且不均匀 (3) 被涂面打磨粗糙，整体打磨不均匀 (4) 过度烘干或烘干时换气不充分 (5) 喷涂虚雾附着或由补漆造成的表面粗糙失光 (6) 涂膜未干透就进行抛光作业 (7) 涂装环境温度及湿度不适宜	(1) 严格控制涂料的质量，选择涂料厂指定的溶剂 (2) 涂相应的封底漆，以消除被涂面对面漆的吸收 (3) 应细心打磨待涂表面，使待涂表面光滑，适合喷涂 (4) 严格遵守规定的烘干条件，烘干室换气要适当 (5) 按照喷涂程序，确保涂膜厚度均匀，减少喷涂虚雾的附着 (6) 在涂膜干透后进行抛光作业 (7) 控制涂装环境温度和湿度	待涂膜干固后，进行抛光打磨，使光泽重现。如果是底层被涂面污染或粗糙造成的光泽不良，则应清除涂膜，清理或整平受影响表面并重新喷涂
20. 遮盖力差 遮盖力差是指色漆层的厚度不够，透过涂膜可以看见下层表面颜色的现象	(1) 涂料混合不匀，颜色遮盖力差 (2) 涂料配制比例错误，稀释剂添加过多 (3) 喷涂方法不当，用漆量不足，不能达到涂膜应有的厚度 (4) 由于研磨、抛光过度，减少了色漆层的厚度	(1) 选择遮盖力好的面漆，喷涂前彻底搅拌，混合均匀 (2) 严格按照涂料说明书中配制比例的要求进行涂料的配制 (3) 使用正确的喷涂方法，保证涂膜的厚度 (4) 严禁对涂膜抛光过度，边角区域的抛光要特别注意	将缺陷区域打磨平整，然后重新喷涂

续表

缺陷外观	分析缺陷产生的原因	分析缺陷防治的方法	补救措施
21. 干喷 干喷是指涂料以粉末状的形式落在车身表面上，形成粉状或纤维状粗糙涂膜表面的现象	（1）稀释剂选用不当或不足，涂料黏度太大 （2）压缩空气压力调整得过高，喷枪脏污 （3）喷涂时喷枪离被涂件表面太远或喷涂速度太快 （4）喷涂时有“穿堂风”或空气流动速度太快	（1）按比例使用推荐的稀释剂 （2）保持喷枪清洁，在保证涂料充分雾化的前提下，尽量将压缩空气的压力调低 （3）喷枪与被涂件表面的距离要适当，喷涂速度符合要求 （4）在喷涂室内喷涂，室内空气流动的速度要适当	对轻微的干喷缺陷，可将缺陷区域打磨平，然后抛光。对严重的干喷缺陷，若抛光无效时，应磨平面层表面，然后重新喷涂
22. 气泡 气泡是指在涂装过程中混入了气体，涂膜表面呈泡状鼓起的现象	（1）溶剂挥发快，涂料的黏度偏高 （2）烘干时加热过急，闪干时间过短 （3）基底、底层或被涂面含有残留的溶剂、水分或气体 （4）搅拌混入涂料中的气体未释放完就涂装，或在刷涂时刷子走动过急而混入空气	（1）使用指定溶剂，涂料黏度应按涂装方法选择，不宜偏高 （2）烘干时升温不宜过急，要留有充分的闪干时间 （3）基底、底层或被涂面应干燥清洁，不含有水分和溶剂 （4）添加醇类溶剂或消泡剂，搅拌涂料的幅度不宜过大，刷涂涂料时走刷速度不能过快	涂膜出现气泡时只能进行重新涂装，应视气泡缺陷面积的大小决定是局部修补还是全部返工重新涂装

续表

缺陷外观	分析缺陷产生的原因	分析缺陷防治的方法	补救措施
23. 鼓泡 鼓泡是指涂膜下的气体发生膨胀，造成涂膜与基体材料分离，使涂膜表面出现大面积气泡的现象	（1）喷涂的压缩空气压力太高 （2）基底处理及封闭涂层施工不正确 （3）使用劣质稀释剂或稀释剂不足 （4）底漆、原子灰等的施工不当 （5）涂膜连接处的羽状边处理不当 （6）涂膜覆盖在缝隙或死角上，使涂膜下面形成空隙	（1）按正确的喷涂工艺操作，喷涂底漆时要喷得薄而湿 （2）检查基底有无气孔，仔细清理并封闭基底 （3）正确选用稀释剂，按规定的比例进行配制 （4）合理进行底漆、原子灰涂层的施工 （5）正确地制作羽状边 （6）保证涂料渗入缝隙和死角，控制好烘干涂膜的温度	涂膜出现鼓泡时，应全部磨去涂膜，修补好下层缺陷后，重新喷涂
24. 起痱子 起痱子是指涂膜表面呈现不规则气泡的现象。大气泡直径大于 1.5 mm，一般成片出现，小气泡直径一般为 0.5 mm，其分布形似指纹	（1）涂装表面或压缩空气中有水分、油、油脂等污染物，在喷涂时混入涂膜中 （2）未按规定使用固化剂或稀释剂，空气或水汽被封闭在涂层中 （3）涂膜喷涂得过厚，每道漆之间的闪干时间不够长，溶剂或稀释剂挥发出来使面层起泡 （4）喷涂后过早烘烤，红外线烤灯距离涂面太近或烘烤温度太高	（1）喷涂前的表面处理工作要彻底，并保证已彻底干燥，做好压缩空气供给系统的维护工作 （2）按规定使用配套涂料 （3）按正确的喷涂工艺进行操作，留有足够的闪干时间，尽量使溶剂或稀释剂挥发完全 （4）在涂膜完全固化之前，避免暴露在湿度太大和温度变化剧烈的环境中	当气泡发生在涂层之间时，可将外涂层打磨掉，露出完好的涂层后重新喷涂。若气泡发生在底层与基底之间时，则磨去所有涂层，重新涂装

续表

缺陷外观	分析缺陷产生的原因	分析缺陷防治的方法	补救措施
25. 针孔 针孔是指涂膜干燥后，在涂膜表面形成针状小孔的现象。通常针孔直径小于1 mm，严重时针孔大小似皮革的毛孔	（1）被涂物上有污物或底层上已经有针孔 （2）喷涂时，湿膜中溶剂挥发速度过快 （3）涂料的流动性不良，流平性差，释放气泡性差 （4）涂料变质或黏度过高 （5）涂料中混入不纯物，如溶剂型涂料中混入水分等 （6）涂装后晾干不充分，烘干时升温过急，表面干燥过快 （7）被涂物的温度过高 （8）压缩空气中存在水分、油	（1）正确处理被涂物表面，封闭底材或表面的针孔 （2）选用挥发速度较慢的稀释剂，以改善表面流平性 （3）选择流动性好、释放气泡性能好的涂料 （4）选择适宜的涂料黏度 （5）施工时注意防止水分及其他杂物混入 （6）严格按照喷涂规范进行施工，闪干、烘烤均符合要求 （7）确保被涂物温度适合喷涂 （8）用清洁的压缩空气喷涂	对于细微针孔，通过打磨和抛光处理可以消除；对于较严重的针孔，将涂膜磨至底层，填补针孔，局部喷涂底漆，打磨平滑后，重新喷涂
26. 打磨痕迹 打磨痕迹是指打磨痕迹较重，面层盖不住而出现打磨痕迹的现象	（1）打磨操作不规范、不认真 （2）打磨工具技术状况不良 （3）砂纸质量差，有掉砂现象 （4）在打磨平面时未采用磨块，局部用力过猛	（1）按操作规范认真打磨 （2）确保打磨工具良好 （3）选用优质砂纸，在用新砂纸之前，应将砂纸互相对磨一下，以消除砂纸掉砂 （4）在平面打磨时采用磨块，并注意打磨方向和打磨力度	将受影响的范围彻底打磨，使表面质量符合要求，然后重新喷涂

续表

缺陷外观	分析缺陷产生的原因	分析缺陷防治的方法	补救措施
27. 砂纸纹 喷涂面漆并干燥后仍能清楚地见到砂纸打磨痕迹的现象	（1）砂纸选用不当，打磨砂纸太粗或质量太差 （2）打磨时机不当，涂膜未干透（或未冷却）就打磨 （3）被涂物表面状态不良，有极深的锉刀纹或打磨纹 （4）涂膜厚度不足	（1）正确选用打磨砂纸 （2）打磨工序应在涂膜干透和冷却后进行，对装饰性要求较高的部位，以湿打磨取代干打磨 （3）被涂物表面状态不良时，应刮原子灰填平 （4）提高喷涂厚度	将表面打磨到平滑，喷涂适合的底漆，再重新喷涂面漆
28. 原子灰残痕 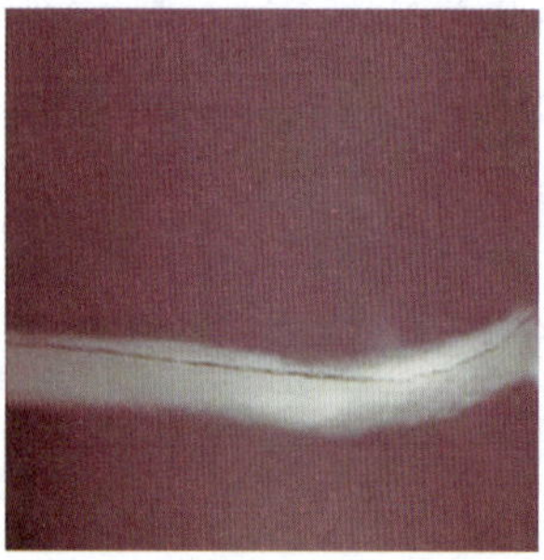 原子灰残痕是指在刮原子灰部位喷涂后，涂膜表面出现原子灰痕迹	（1）原子灰刮涂后，打磨不充分 （2）原子灰涂层上未涂中涂底漆，涂层吸漆量大，或原子灰涂层颜色与底漆颜色相差很大 （3）所用原子灰的收缩性大，固化后变形	（1）对刮原子灰的部位进行充分打磨，清除刮涂区域周围黏附的原子灰 （2）在刮原子灰的部位喷涂中涂底漆 （3）选用收缩性小的原子灰	用 P400 砂纸进行湿打磨，然后用修补专用原子灰填补平整，再重新喷涂中涂底漆和面漆
29. 抛光痕迹 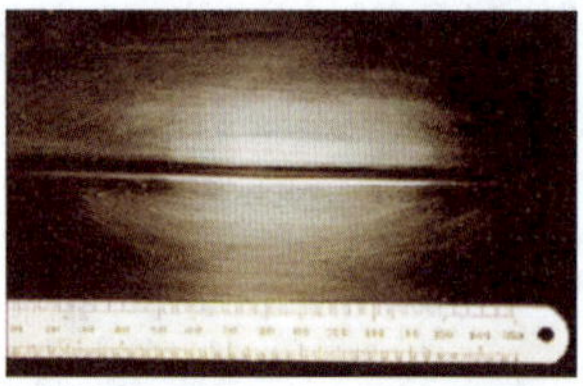 抛光痕迹是指由于抛光不当，使涂膜受到损伤，涂膜表面出现不同大小的抛光圆印或划痕的现象	（1）在面层未干透前抛光 （2）抛光机的压力太大或转速太快 （3）选用的抛光蜡太粗，或未采用细抛光蜡修整 （4）抛光垫太脏或太粗糙	（1）抛光前检查面层是否干透 （2）抛光机的压力、转速要适当 （3）使用制造商建议用于特定面漆的抛光蜡、抛光设备和抛光程序 （4）保证抛光轮柔软、清洁，抛光凸起部分的涂层时要特别小心	对于轻微的抛光痕迹，可在涂膜完全固化后磨平，然后重新抛光；对于严重的抛光痕迹，磨平涂膜，重新喷涂

续表

缺陷外观	分析缺陷产生的原因	分析缺陷防治的方法	补救措施
30. 干燥不良 干燥不良是指喷涂的涂膜干燥后，出现涂膜表干里不干、涂膜硬度低的现象	(1) 涂料中的催干剂或固化剂配比不当 (2) 自干型涂料所含干燥剂失效，或表干型干燥剂用量过多 (3) 涂料中含有抗干性的颜料 (4) 自干或烘干的温度和时间未达到工艺规范 (5) 自干场所换气不良，湿度高，温度偏低 (6) 一次喷涂得太厚 (7) 不同热容量的工件同时在一个烘干室中烘干 (8) 被涂物表面残存有石蜡、硅油、水分等	(1) 严格按照规定的配比配制涂料 (2) 确保添加的干燥剂有效，用量适当 (3) 控制涂料中的抗干性颜料 (4) 严格执行干燥工艺规范，烘干室的技术状态应达到工艺要求 (5) 确保干燥场所通风良好，湿度和温度都符合要求 (6) 一次喷涂的厚度符合要求 (7) 热容量不同的工件分不同批次烘干 (8) 严防将被涂物和压缩空气中的油污、蜡、水分等带入涂层中	将汽车置于通风、温暖的环境下加热，以加速其干燥过程
31. 开裂 开裂是指涂膜中的气泡由于气候原因膨胀，或涂膜中的内应力增大使得涂膜失效，导致涂膜发生无规则断裂的现象	(1) 待涂装表面没有清理干净或缝隙填补不当 (2) 稀释剂选用不当或不足，涂料混合不均匀 (3) 压缩空气管路中有油或水分 (4) 喷涂时，基底的温度太高或太低 (5) 涂膜太厚，各道涂膜之间的流平时间不够 (6) 在未充分固化或热塑性丙烯酸涂膜上喷涂了热固性涂料	(1) 待涂装表面应彻底处理，特别要注意羽状边周围的处理 (2) 按规定的比例和型号使用稀释剂，涂料一定要混合均匀 (3) 正确维护压缩空气供给设备 (4) 喷涂时，基底表面的温度要合适 (5) 使用正确的喷涂方法，确保每道涂膜之间的流平时间 (6) 喷一层环氧树脂漆将热塑性丙烯酸涂层封闭	对于轻微开裂，可用砂纸打磨裂纹直至露出完整表面，然后重新喷涂。对于穿透底层的严重开裂，应将缺陷区域的涂膜全部除去，修复基底缺陷，然后重新喷涂

续表

缺陷外观	分析缺陷产生的原因	分析缺陷防治的方法	补救措施
32. 剥落 剥落（又称为起皮、脱漆等）是指面层与其下层表面失去附着力，使涂膜表面出现鳞片状脱落的现象	（1）基底金属表面过分光滑，附着力不够 （2）被涂表面受到蜡、油脂、硅酮、水、铁锈或肥皂水等的污染 （3）被涂表面未使用金属表面处理剂，或者使用的处理剂型号不对 （4）喷涂底漆的方法不当，底漆未充分干燥 （5）喷涂时，底面温度太高或太低，压缩空气的压力太高 （6）涂料的黏度不当，所用稀释剂型号不对或质量太差 （7）涂膜太厚	（1）打磨被涂表面，提高待涂表面的附着力 （2）认真清洗被涂表面，并用干净布将表面擦干 （3）被涂表面要正确使用金属表面处理剂处理 （4）使用正确的工艺涂底漆，要保证底漆充分固化后才可涂面漆 （5）在保证涂料能够充分雾化的前提下，尽可能调低气压 （6）用推荐型号的稀释剂，将涂料稀释到正确的黏度范围 （7）每次喷涂的涂层要薄而湿	清除剥落的涂膜，选用正确的涂料进行调制，按要求对缺陷区域重新喷涂

训练评价

训 练 评 价

考核要求

1. 在规定的时间内完成涂膜缺陷的分析。
2. 在操作过程中出现的违规操作，应及时指正。
3. 符合安全文明生产的要求。

考核标准

考评标准表——涂膜缺陷的分析

考核时间	考核项目	分值	评分标准与指导	评价结果
10 min	涂膜缺陷外观的描述	20	按要求酌情扣分，并指正	
	分析产生涂膜缺陷的主要原因	30	按要求酌情扣分，并指正	
	分析预防涂膜缺陷产生的措施	20	按要求酌情扣分，并指正	
	分析涂膜缺陷的补救措施	20	按要求酌情扣分，并指正	

续表

考核时间	考核项目	分值	评分标准与指导	评价结果
10 min	整理工具、清理现场	10	每项扣 2 分，扣完为止	
	遵守相关安全操作规范 在规定的时间内完成		违反考评要求不听劝告者，终止考核，成绩按 0 分计；超时每分钟扣 2 分，超时 5 min 终止考核	
	分数合计	100		

实训报告

1. 涂膜出现咬底缺陷的主要原因有哪些，怎样进行补救?
2. 分析涂膜产生针孔缺陷的主要原因和防治方法。

课题 2　涂膜破坏状态与缺陷防治

学习目标

1. 了解涂膜破坏的原因和涂膜缺陷分类。
2. 熟悉涂膜缺陷的检视方法。
3. 掌握缺陷涂膜的基本修补方法。
4. 熟悉不同涂膜缺陷的外观特征。
5. 能正确分析涂膜破坏的主要原因。
6. 能总结不同涂膜缺陷的防治方法。
7. 能对缺陷涂膜采取正确的补救措施。

知识准备

一、涂膜破坏的原因和分类

汽车使用或存放过程中，随着时间变化，在环境的影响下，涂膜会出现老化或其他形式的损坏。涂膜中高分子树脂的降解和聚合作用造成了涂膜老化，涂膜老化是由各种物理或化学因素引起的。物理因素主要是由热的作用引起的降解，光的作用造成的光化学降解，机械冲击引起的破坏；化学因素包括受氧化剂的作用，特别是空气中氧作用产生的氧化降解，以及受水、酸、醇和碱等作用引起的降解。涂膜破坏的其他影响因素包括涂料的质量、涂装工艺、涂装技术和作业条件等。

涂膜破坏的种类很多，我们通常把涂膜破坏分为两大类。一类是由外界因素导致的涂膜破坏，包括水（雨）斑、污斑、汽油痕迹、返铜光、褪色或变白、粉化、分化、生锈和飞石损伤等；另一类是由涂料或喷涂操作导致的涂膜破坏，包括龟裂、剥落、渗色、返粘、溶解、膨胀和黏结不牢等。

二、涂膜缺陷的检视方法

在进行修补之前，首先要判定出引起涂膜破坏的原因，这既利于修补又利于以后涂膜缺陷的防治。为了准确查找涂膜破坏的起因，必须仔细地检查整个车身，而不只是检查涂膜破坏的局部位置，有时甚至需要到停放车辆的地方观察一下四周的环境。初步确定涂膜破坏的起因后，再进行下列各项检查。

1. 观察涂膜缺陷

首先观察被破坏涂膜的形状、大小和颜色，并且察看破坏区域周围的涂膜。仔细地观察每一个涂膜缺陷，对照缺陷范例，来确定涂膜破坏的起因。

(1) 检查的条件。某些涂膜缺陷只能在特定光源或角度下才能被识别出来，因此必须从各种不同的角度检查涂膜表面。涂膜缺陷的观察方法有正面观察、侧面观察和间接观察三种，观察时要适当地使用光源。使用较强的光源从正视的角度可以很容易地看出轻微的刮伤；使用日光灯从正视的角度，可以很容易地看出酸雨斑；通过侧面的反光，很容易看出涂膜轻微的凹陷和凸起。

(2) 表面平整度的判定。可以使用日光灯管等类似光源反射的光影来判定涂膜表面的平整度。观察涂膜破坏处日光灯管的反射光情况，若靠近日光灯管的区域较光亮，表示涂膜缺陷为凸起；相反，若离日光灯管较远的区域较光亮，则表示涂膜缺陷为凹陷。

(3) 利用放大镜观察。使用放大镜检查涂膜表面，可以比用肉眼直接观察涂膜表面获得更多的信息，如能够看到更清晰的涂膜纹理，以便于辨别缺陷的类型。

(4) 抛光。利用抛光蜡，在有缺陷的部位轻轻地进行抛光，如果抛光能够让涂膜缺陷消失或减轻，则表示该缺陷是处于涂膜的表面。

2. 全车检查

根据全车检查的结果，可以判定涂膜缺陷的分布和发生的范围。若涂膜缺陷仅出现在车身的水平表面上，可以认为是有某些物质掉落在车辆上，如雨水或花粉等；若涂膜缺陷集中在汽车的某一部位，就可以联想车辆的存放或使用的情形；若相同缺陷可以分布在车身上任一表面，就可以断定这个缺陷是由外界物质接触到涂膜表面所引起的，如污斑或漆雾。

3. 测量膜厚

测量涂膜的厚度可以用来判定车辆是否经过涂膜修补。若缺陷部位涂膜的厚度比周围区域涂膜厚得多时，表明该部位曾经修补过。在这种情况下，就可以考虑涂膜破坏的起因是否是由以前的修补作业所造成。

4. 调查车辆使用的情况

调查车辆停放的场所及使用的情况，观察车辆周围是否有影响涂膜的因素，例如，风向、有无排放污染气体的工厂、车辆是室内停放还是室外停放等。

三、修补方法

救治破坏的涂膜，通常有加热、去除污点、抛光和重新喷涂四种基本方法。

1. 加热

由于外力而导致的涂膜表面轻微变形，可用加热的方法来救治，例如，表面轻微的划痕和斑点。首先清洗车辆，去除导致涂膜缺陷的物质，然后使用红外线烤灯在 70～80℃ 的温度下烘烤 10 min，使涂膜表面恢复原来的光泽。

2. 去除污点

由于污物的渗入而导致涂膜表面出现的污点或隆起，可以通过去除涂膜表面的污物来修补。首先将涂膜表面加热至 70～80℃，然后使用蘸有稀释剂的布缓缓地轻拍表面，直到污物被清除。

3. 抛光

若涂膜已经溶解，表面出现凹陷或有粒物时，可以用抛光的方法使涂膜表面恢复光泽。如果缺陷较小，使用抛光剂抛光就可以解决；如果缺陷较大，则需要使用 P1500～P2000 砂纸打磨，涂膜表面平整后再进行抛光。

4. 重新喷涂

当加热、去除污点或抛光的方法都无法消除涂膜缺陷时，可以采用打磨的方法完全去除缺陷涂膜，然后进行重新喷涂。在实际工作中，大多数情况下都是采用这种方法对涂膜缺陷进行救治。

技能训练

缺陷外观	缺陷描述与缺陷产生原因	防治方法与补救措施
1. 雨（水）斑	缺陷描述： 雨水斑（又称水渍、雨斑等）是指水滴落在涂膜表面后蒸发，使涂膜上出现一片片圆形印记的现象 产生原因： （1）洗车后水没有擦干，或在强烈阳光下用水冲洗汽车 （2）雨水或水滴溅落在过厚的抛光蜡膜上	防治方法： （1）洗车后应尽快擦干车身，避免在强烈的阳光下冲洗汽车 （2）涂膜表面的保护蜡膜不能涂得过厚 补救措施： 水渍不太严重时，可将有水斑区域的蜡膜去掉，轻轻磨平，然后抛光即可；水渍严重时，应打磨除去水斑区域的面涂层，然后重新喷涂

续表

缺陷外观	缺陷描述与缺陷产生原因	防治方法与补救措施
2. 污斑	缺陷描述： 涂膜表面受外界物质的侵入或自身析出物的影响，产生与大部分表面颜色不相同的色斑、腐蚀点或黏附污垢 产生原因： （1）涂膜黏附有灰尘、水泥灰、焦油、煤烟、酸性物质以及昆虫和鸟类的粪便等污染物 （2）所用颜料不耐酸、碱 （3）涂膜长霉	防治方法： （1）选用耐蚀性和耐沾污性好的涂料 （2）汽车不要在室外停放，尤其不要停放在污染源附近 （3）汽车应涂漆面防护蜡 补救措施： 如污斑只在表层，可通过打磨和抛光去除；如污斑较为严重，应使用化学清洗剂进行去除；如污斑已侵入涂膜内层，则必须除掉被污染的涂膜，然后重新喷涂
3. 汽油痕迹	缺陷描述： 汽油痕迹是指涂膜表面因接触到汽油而残留的汽油流痕或变色的现象 产生原因： 涂膜表面沾上汽油后没有及时擦除或清洁不干净	防治方法： 涂膜若沾上汽油应立即清理干净 补救措施： 汽油痕迹轻微时，可在打磨后打蜡抛光；严重时，应在打磨后重新涂装
4. 返铜光 	缺陷描述： 局部或整个涂膜表面呈现铜色彩，在阳光照射下变成忽绿忽紫色彩的现象 产生原因： （1）受日光、紫外线的照射或受高温影响 （2）由红色、蓝色等颜料的迁移造成，尤其是所用颜料颗粒在约 0.1 mm 以下的情况 （3）喷涂用的压缩空气中有油	防治方法： （1）选用耐候性好的涂料 （2）在调色时应注意所用颜料的品种，选用颜料不易发生迁移的涂料 （3）除净压缩空气中的油分 补救措施： 涂膜出现轻微返铜光时，可使用中性液态抛光剂，以手工轻轻打磨即可去除；涂膜出现严重返铜光时，先要在缺陷部位进行湿打磨，然后再重新喷涂

续表

缺陷外观	缺陷描述与缺陷产生原因	防治方法与补救措施
5. 褪色	缺陷描述： 褪色是指涂膜在使用过程中颜色发生变化，其色调、亮度、饱和度明显地偏离标准颜色的现象。一般是在使用过程中，涂膜的颜色变浅 产生原因： （1）所用涂料的耐候性和耐光性差 （2）受阳光、大气污染等的作用 （3）受热、紫外线的作用使树脂变质	防治方法： （1）根据使用环境选用耐候性和耐光性优良的涂料，耐光等级一般应在四级以上 （2）选用不褪色的涂料 补救措施： 先在局部使用研磨膏或抛光剂进行打磨抛光试验，如果色泽能恢复，则可以在整个缺陷部位进行打磨抛光；如果打磨抛光无效，应以湿打磨去除面层，重新喷涂
6. 失光	缺陷描述： 失光是指涂膜表面最初有光泽，在使用过程中逐渐失去光泽的现象 产生原因： （1）涂料的耐候性差 （2）涂膜耐擦伤性能不好，擦洗过程中涂膜因擦伤而失光 （3）阳光照射、水汽（高温高湿）作用和腐蚀气体的沾污	防治方法： （1）选用耐候性好的涂料 （2）选用耐擦伤性能优良的涂料 （3）在涂膜表面打蜡，做好车身涂膜的养护工作 补救措施： 如出现轻微失光，通过抛光即可恢复光泽；如失光严重，应在打磨后重新进行喷涂
7. 起泡	缺陷描述： 起泡是指涂膜上出现颗粒状鼓起，其内部含有水分或空气的现象 产生原因： （1）涂膜的水汽渗透性、耐水性或耐潮湿性差 （2）被涂面残存有油污、汗液、指纹、盐碱、打磨灰等物质 （3）清洗被涂面的最后一道用水的纯度差，含有杂质离子 （4）涂膜干燥不充分，表面残存有水汽 （5）在高湿度下长期放置	防治方法： （1）选择合适的涂料，并严格控制配比，提高涂膜的耐水性 （2）被涂面不允许有亲水物质，尤其是水溶盐碱的残存 （3）涂装前最后一道水洗应该选用去离子水 （4）涂膜应充分干燥 （5）尽量避免高湿度的环境 补救措施： 彻底清除起泡部位的涂膜，然后重新涂装

续表

缺陷外观	缺陷描述与缺陷产生原因	防治方法与补救措施
8. 溶解 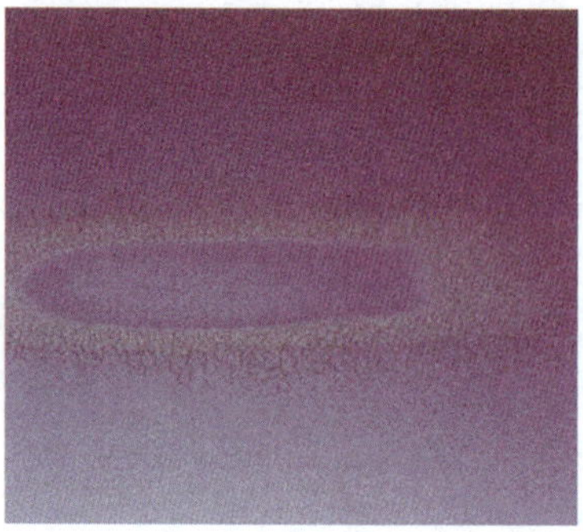	缺陷描述： 涂层在使用过程中受侵蚀性液态介质溶解而产生的涂膜破坏，伴随着涂膜厚度减薄直至露出底材的现象 产生原因： （1）所用涂料与其使用环境不相适应 （2）涂膜在使用过程中接触到某种有侵蚀的液体或气体	防治方法： （1）根据被涂物的使用条件，选用耐某种侵蚀介质性能强的涂料 （2）防止涂层与侵蚀性介质接触，避免涂膜遭到侵蚀 补救措施： 清除已经溶解的涂膜，清洁涂面，然后重新喷涂
9. 风化	缺陷描述： 风化是涂膜受到侵蚀发生分解，涂膜厚度逐渐变薄甚至露出底材，是比粉化更严重的涂膜破坏状态 产生原因： （1）所用涂料的耐候性差 （2）被涂物使用时间长或使用环境条件恶劣	防治方法： （1）根据被涂物使用条件选用耐候性优良的涂料 （2）及时对涂膜进行保养 补救措施： 根据漆面破坏状态，及时重新喷涂面漆；如果涂膜大面积风化，则应大面积除漆至裸金属，然后重新涂装
10. 粉化 	缺陷描述： 粉化是指涂膜在使用过程中受紫外线、氧气及水分的作用，老化呈粉状脱离，表面上析出有色粉末的现象 产生原因： （1）高分子成膜材料发生老化，导致不能更好地润湿颜料，在涂膜表面析出颜料粒子 （2）涂料中所用漆基和颜料的质量差 （3）涂料的耐候性差	防治方法： （1）选用耐候性优良的涂料，在涂料中加入适宜的紫外线吸收剂 （2）选用质量好的漆基材料和耐粉化性好的颜料 （3）加强涂膜的维护保养 补救措施： 涂膜出现轻度粉化，可采用微切研磨剂进行研磨即可去除；如粉化较重，应用深切研磨剂进行研磨，然后重涂

续表

缺陷外观	缺陷描述与缺陷产生原因	防治方法与补救措施
11. 返粘 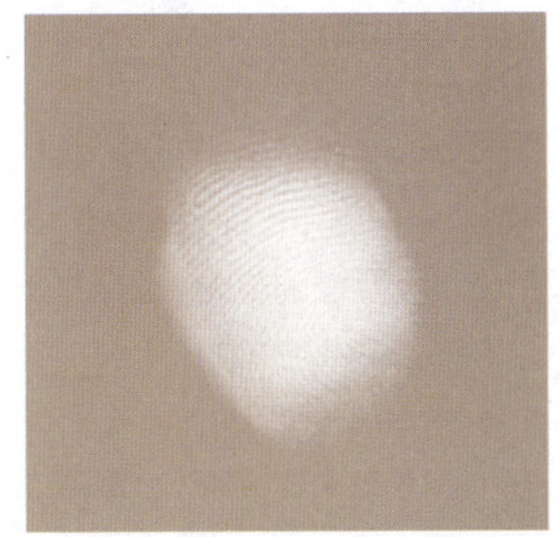	缺陷描述： 已干燥的涂膜表面又出现黏性的现象，又称回粘 产生原因： （1）所用涂料含半干性油 （2）干燥后通风不足,湿度高 （3）底材中所含的碱性物质使涂膜皂化而软化 （4）底涂层溶剂的挥发会逐渐透过面漆层引起回粘	防治方法： （1）更换涂料品种 （2）加强干燥场所的通风 （3）含碱的底材喷涂前应洗净或涂防止碱质的密封层 （4）底涂层溶剂要挥发完全，干燥后再涂面漆 补救措施： 清除回粘的涂层，彻底干燥后施涂封闭涂层，然后重新喷涂面漆
12. 膨胀 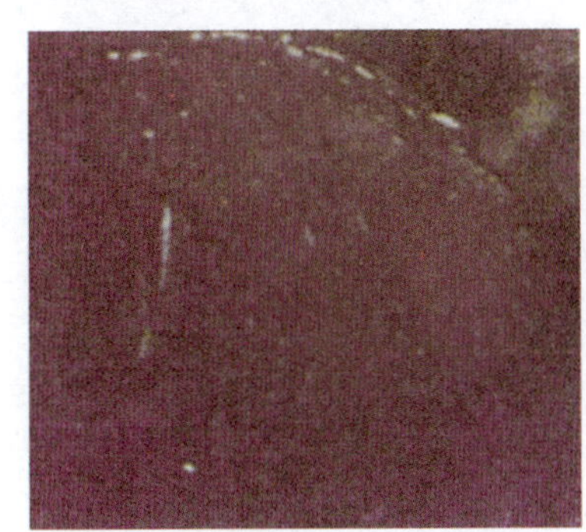	缺陷描述： 被涂物在使用过程中与溶剂、油、黏结剂等接触后，漆面产生膨胀的现象 产生原因： （1）所采用涂料耐溶剂、油、黏结剂等物的沾污性差 （2）漆面脏物未能及时清理	防治方法： （1）根据被涂物的使用条件，选用耐油污的涂料 （2）经常清理被涂物表面，消除沾染的异物 补救措施： 清除膨胀的涂膜，重新喷涂
13. 龟裂 	缺陷描述： 龟裂是指涂膜表面出现裂缝或龟裂的现象 产生原因： （1）涂膜长期受到阳光直射 （2）调制涂料时，没有添加辅助剂，使涂膜张力减弱 （3）使用非指定的固化剂，使涂膜对于日光的有害影响更为敏感 （4）旧漆或修补处对新涂色漆层有全面抗力减弱作用，影响了涂膜的性能 （5）色漆层喷涂得过厚，以至于超过正常涂膜张力而造成细裂纹	防治方法： （1）避免涂膜长期受到阳光直射 （2）在涂料调制时加入适量的防裂纹辅助剂 （3）使用涂料说明书指定的固化剂 （4）正确选用面漆，最好选用与原涂层类型一致的涂料 （5）避免喷涂得太厚，在烤漆干燥期间，不可再喷下一层烤漆 补救措施： 对于轻微细裂纹，可以采用粗蜡打磨或抛光处理；对于较为严重的细裂纹，应砂磨打平，然后重新喷涂；对于极为严重的细裂纹，应打磨至底材然后再重新喷涂

续表

缺陷外观	缺陷描述与缺陷产生原因	防治方法与补救措施
14. 开裂	缺陷描述： 在涂膜表面出现向不同方向扩展的不同长度和宽度裂纹的现象 产生原因： （1）涂层经受不住冷热、干湿或侵蚀液体的交替变化 （2）涂料在使用前未搅拌均匀 （3）涂层之间不配套，如底涂层膜比面涂层软 （4）面漆层涂得过厚，耐寒性或耐湿变性不佳 （5）底涂层未干透就喷面漆 （6）涂层老化	防治方法： （1）选用耐候性、耐温性优良的涂料 （2）在喷涂前充分搅拌涂料 （3）选择合适的涂层配套涂料 （4）耐寒性差的涂膜不能涂得过厚，按工艺要求严格控制 （5）中涂底漆层干透后再喷面漆 （6）尽量避免将被涂工件暴露在严寒之中 补救措施： 如果涂膜只有轻微裂缝，可用砂纸彻底打磨至无裂纹迹，再重新喷涂；如涂膜上有严重的裂缝，应将有裂缝的涂膜彻底铲除至基底，然后再重新涂装
15. 黏结不牢 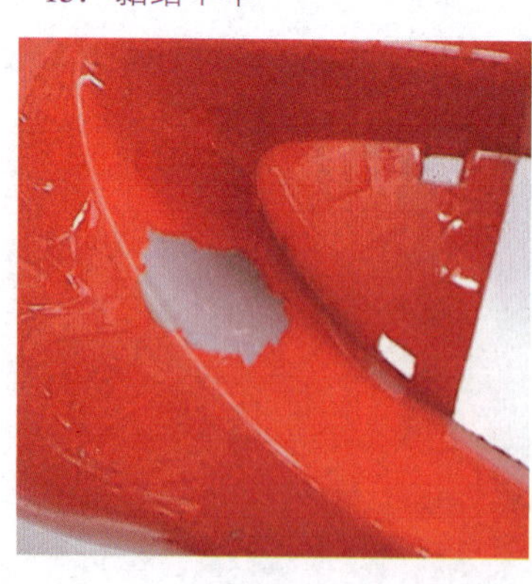	缺陷描述： 由于喷涂底材和涂层或涂层与涂层之间附着力不良，产生的涂膜剥落的现象 产生原因： （1）待涂表面处理不当，有一些影响附着的物质残留在要喷涂的表面上 （2）选用的底漆不合适 （3）待涂表面打磨不充分或未进行打磨 （4）喷涂底漆或面漆时使用干喷或面漆喷涂太厚 （5）喷涂金属银粉漆时，涂层与涂层间闪干时间太短或涂料调配黏度过高 （6）喷涂时底材表面温度太高或太低	防治方法： （1）彻底清洁待喷涂的区域 （2）在有可能发生粘接不牢的施喷件上，遵照制造商的指示，正确使用底漆 （3）待涂表面打磨要充分 （4）避免喷涂时使用干喷的喷涂方式 （5）按推荐的黏度喷涂，每道涂层之间要有充足的闪干挥发时间 （6）在喷涂时控制好环境温度 补救措施： 在黏结不牢的区域打磨，彻底清除涂膜，根据底材材质的要求，选用合适的底漆喷涂，干燥后按规范程序涂装

续表

缺陷外观	缺陷描述与缺陷产生原因	防治方法与补救措施
16. 变脆 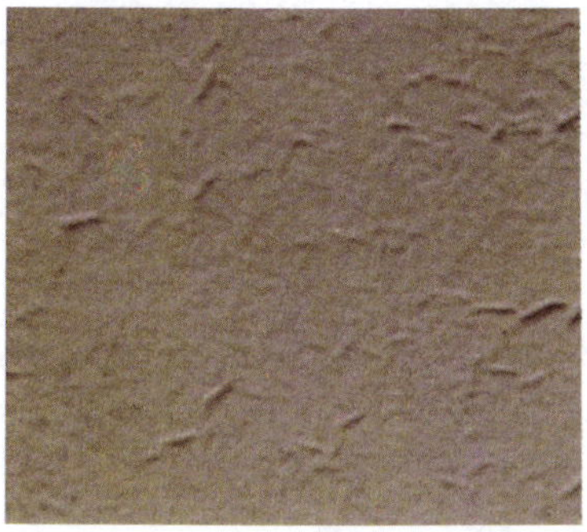	缺陷描述： 涂膜弹性变差的现象，这是涂膜开裂或剥落的前兆 产生原因： （1）过烘干造成 （2）涂层之间配套不合理 （3）附着力不好的涂膜易变脆 （4）涂膜过厚或使用环境温度过低	防治方法： （1）通过试验选择合适的烘干规范 （2）选择配套性良好的涂料 （3）选择合适的喷涂前表面处理方法，提高涂膜的附着力 （4）控制好涂膜厚度和喷涂温度 补救措施： 清除变脆涂膜，选用合适涂料重新涂装
17. 锈蚀	缺陷描述： 锈蚀是指涂装后不久，涂膜下出现红丝或锈点（斑）的现象 产生原因： （1）涂装前表面处理质量差，如手工、机械除锈及磷化处理不好 （2）表面处理后，未能及时涂装 （3）所用涂料中含有水分，或涂料的耐湿热性、耐腐蚀性差 （4）涂膜不完整，有漏涂、针孔等缺陷 （5）在高温、高湿环境下使用，或被酸、碱、盐等腐蚀性介质侵蚀	防治方法： （1）涂装前必须对基底进行认真的表面处理，对金属基底进行磷化处理 （2）表面处理后应及时涂装 （3）根据被涂物的使用环境选用耐蚀性、耐潮湿性优良的涂料，且涂料中不含水分 （4）应确保涂膜的完整性，被涂物的所有表面都应涂装到 （5）及时对涂膜进行维护 补救措施： 清除旧涂膜至裸金属，并彻底清除表面的麻坑和锈迹，磷化处理后，重新涂装

续表

缺陷外观	缺陷描述与缺陷产生原因	防治方法与补救措施
18. 划伤	缺陷描述： 车身在运输、装配和使用过程中受外力作用产生涂膜伤痕的现象 产生原因： （1）被涂物包装不好，受外力或相互冲击使涂膜损伤 （2）装配和运输过程中不注意漆面保护，发生划伤 （3）在使用过程中受风沙和外物冲击 （4）涂层耐崩裂性差	防治方法： （1）包装好被涂物，使之免受外力冲击 （2）在运输、装配被涂物过程中，应妥善包装加强漆面保护，轻拿轻放 （3）及时对车身涂膜进行保养 （4）根据被涂物的使用条件选用耐崩裂和耐划痕性好的涂料 补救措施： 根据划伤的轻重程度，采用点修补或局部小修补

训练评价

训 练 评 价

考核要求

1. 在规定的时间内完成对涂膜破坏状态的分析。
2. 在操作过程中出现的违规操作，应及时指正。
3. 符合安全文明生产的要求。

考核标准

考评标准表——涂膜破坏状态的分析

考核时间	考核项目	分值	评分标准与指导	评价结果
10 min	涂膜破坏状态的外观描述	20	工具使用不当酌情扣分，并指正	
	分析涂膜破坏的主要原因	30	按要求酌情扣分，并指正	
	分析预防涂膜破坏的措施	20	按要求酌情扣分，并指正	
	分析补救破坏的涂膜的方法	20	按要求酌情扣分，并指正	
	整理工具、清理现场	10	每项扣 2 分，扣完为止	
	遵守相关安全操作规范 在规定的时间内完成		违反考评要求不听劝告者，终止考核，成绩按 0 分计；超时每分钟扣 2 分，超时 5 min 终止考核	
	分数合计	100		

实训报告

1. 涂膜出现粉化是由哪些原因引起的，怎样进行补救？
2. 描述涂膜出现龟裂的外观形态，并分析防止涂膜龟裂的措施。